微软Excel致用系列

U0739087

微课版

Excel 在财务管理中的应用

ExcelHome 编著

人民邮电出版社
北京

图书在版编目（C I P）数据

Excel在财务管理中的应用 : 微课版 / ExcelHome编著. -- 北京 : 人民邮电出版社, 2018.1（2021.8重印）
（微软Excel致用系列）
ISBN 978-7-115-47036-2

Ⅰ. ①E… Ⅱ. ①E… Ⅲ. ①表处理软件－应用－财务管理 Ⅳ. ①F275-39

中国版本图书馆CIP数据核字(2017)第287427号

内 容 提 要

Excel 是微软办公套装软件的重要组成部分，它可以对各种数据进行处理、统计、分析等操作，广泛应用于管理、财经、金融等众多领域。

本书以 Excel 在财务管理工作中的具体应用为主线，按照财务从业人员的日常工作特点谋篇布局，通过介绍典型应用案例，在讲解具体工作方法的同时，介绍相关的 Excel 2010 常用功能。

全书共 12 章，分别介绍了 Excel 基础，Excel 在货币时间价值、内部长期投资、项目投资分析、证券投资分析、借款筹资分析、流动资产管理、销售分析、利润管理、成本费用管理、全面预算管理和杜邦分析模型中的应用等内容。

本书案例实用清晰、知识点安排深入浅出，注重理论与实际操作相结合，主要面向需要提高 Excel 应用水平的财务从业人员。本书既可作为各大中专院校讲授 Office 办公软件课程的教材和企业办公人员的自学教材，也可供广大 Excel 爱好者学习与参考。

♦ 编　　著　ExcelHome
　责任编辑　刘向荣
　责任印制　焦志炜

♦ 人民邮电出版社出版发行　　北京市丰台区成寿寺路 11 号
　邮编　100164　　电子邮件　315@ptpress.com.cn
　网址　http://www.ptpress.com.cn
　大厂回族自治县聚鑫印刷有限责任公司印刷

♦ 开本：787×1092　1/16
　印张：18　　　　2018 年 1 月第 1 版
　字数：521 千字　　　2021 年 8 月河北第 7 次印刷

定价：54.00 元（附光盘）

读者服务热线：(010)81055256　印装质量热线：(010)81055316
反盗版热线：(010)81055315
广告经营许可证：京东市监广登字 20170147 号

前言
PREFACE

在众多 Office 组件中，Excel 无疑是最具魅力的应用软件之一。Excel 能帮助用户完成多种要求的数据运算、汇总、提取以及制作可视化图表等多项工作，帮助用户将复杂的数据转换为有用的信息。

本书从现代企业的财务实务工作出发，将 Excel 各项常用功能的使用方法与职业技能充分融合，让财务从业者能够更加高效地处理工作中的实际问题。

当下，绝大多数企业都引进了财务管理软件，用于处理最基本的财务核算工作和常用财务报表的自动编制工作。Excel 作为财务软件无可替代的补充工具，可供企业根据自身的特点进行多种高效的经营分析。

针对这样的现实情况，本书的编者从实际应用出发，不过多重复财务理论和财务方法，也不过多着力于财务软件已经实现自动化处理的基本流程，而是以财务常用数据处理和分析任务的完成为目标，力求帮助读者掌握最实用的 Excel 用法。

本书秉承“授人以渔”的传授风格，操作步骤全部采用动画式的演绎图解，力争减轻读者的阅读压力，让学习过程轻松愉快。本书的最终目标就是帮助读者开启 Excel 的学习之旅，让读者能够借助 Excel 提高工作效率。

关于光盘/二维码

本书附带光盘一张，内容为图书示例文件和重、难点的视频讲解。本书实例所涉及的源文件可供读者练习操作使用，也可稍加改动，应用到日常工作中；重、难点的视频讲解，可作为课堂讲解的补充。另外，本书也将视频以二维码形式嵌入文中，便于读者使用。

声明

本书及本书附带光盘中所使用的数据均为虚拟数据，如有雷同，纯属巧合，请勿对号入座。

软件版本

本书内容适用于 Windows 7/8/10 操作系统上的中文版 Excel 2010，绝大部分内容也可以兼容 Excel 2007/2013/2016。

Excel 2010 在不同版本操作系统中的显示风格有细微差异，但操作方法完全相同。

写作团队

本书由 ExcelHome 组织策划，李锐、耿勇提供部分财务技术支持，由祝洪忠、邵武、周庆麟共同完成编写。

感谢

特别感谢由 ExcelHome 会员志愿组成的本书预读团队所做出的卓越贡献。他们用耐心和热情帮助作者团队不断优化书稿，让作为读者的您可以读到更优秀的内容。他们分别是（排名不分先后）：刘钰、俞丹、张飞燕、戴雁青。

衷心感谢 ExcelHome 论坛的近四百万会员，是他们多年来不断支持与分享，才营造出热火朝天的学习氛围，并成就了今天的 ExcelHome 系列图书。

衷心感谢 ExcelHome 微博的所有粉丝和 ExcelHome 微信的所有好友，你们的“赞”和“转”是我们不断前进的新动力。

后续服务

在本书的编写过程中，尽管每一位团队成员都未敢稍有疏虞，但纰缪和不足之处仍在所难免。敬请读者提出宝贵的意见和建议，您的反馈将是我们继续努力的动力，本书的后继版本也将会更臻完善。

您可以访问网址 http://club.excelhome.net，在我们为本书开设的专门版块讨论与交流。您也可以发送电子邮件到 book@excelhome.net，我们将尽力为您服务。

此外，我们还特别准备了 QQ 学习群。在群中，您可以与作者和其他同学共同交流学习，并且获取超过 4GB 的学习资料。

扫码入群（群号：593022430）

入群密令：ExcelHome。

最后祝广大读者在阅读本书后，能学有所成！

ExcelHome

2017 年 12 月

目录 CONTENTS

第 5 章

第 6 章

第 7 章

第1章 Excel基础

Excel 是微软公司 Office 办公系列软件的重要组件之一，凭借其强大的数据记录、处理、统计和分析功能，使财务管理工作更加便利。通过以图形、图表等多种形式展示的数据可视化效果，财务管理者可从多个角度直观分析数据。通过对数据进行提取、处理和分析，Excel 能生成可以用于进行辅助决策的信息，为企业管理者提供决策支持。

本章主要介绍 Excel 的部分基础知识，使读者能够清晰认识构成 Excel 的基本元素，了解和掌握相关的基本功能和常用操作，为深入学习 Excel 高级功能、提高财务管理工作的效率奠定基础。

1.1 Excel 工作界面介绍

工作簿是 Excel 操作的主要对象和载体。每个工作簿包含一个或多个工作表，组成工作表的基础元素是单元格，单元格中可以是数值、公式或文本等类型的数据。

Excel 窗口的主要构成元素包括标题栏、快速访问工具栏、功能区、编辑栏、工作表编辑区、状态栏、水平滚动条和垂直滚动条等部分，如图 1-1 所示。

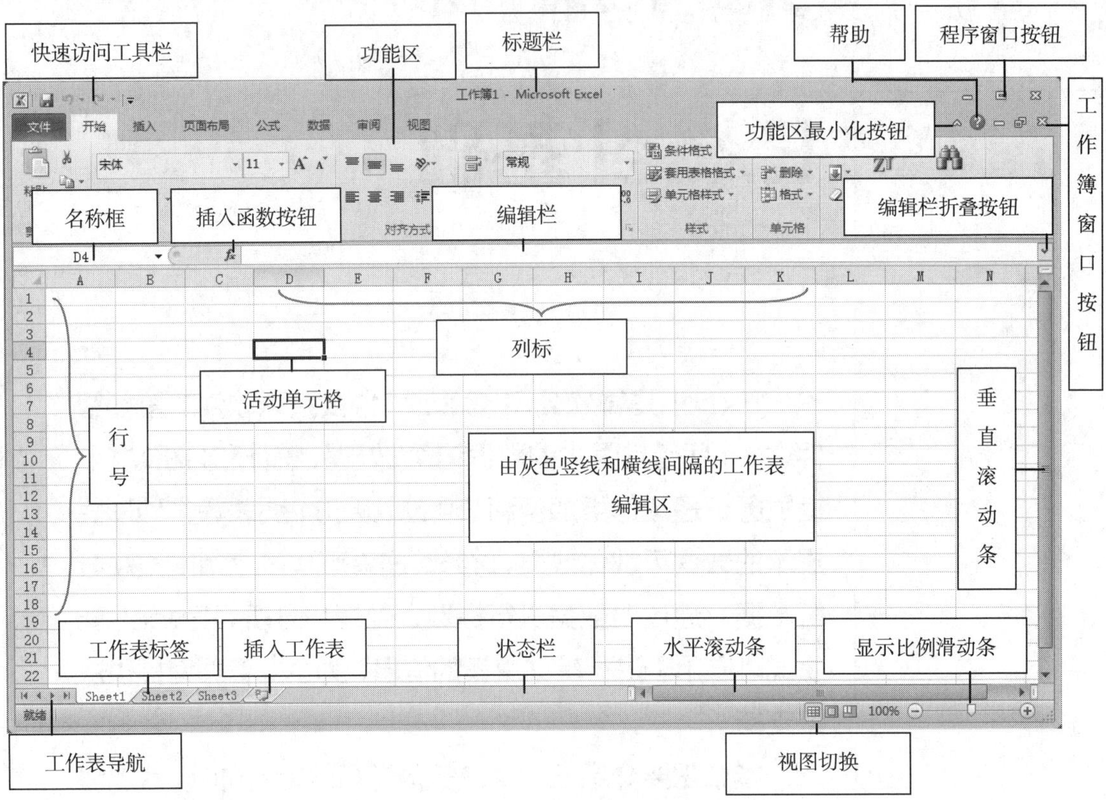

快速访问工具栏
功能区
标题栏
帮助
程序窗口按钮
功能区最小化按钮
工作簿窗口按钮
名称框
插入函数按钮
编辑栏
编辑栏折叠按钮
列标
活动单元格
行号
由灰色竖线和横线间隔的工作表编辑区
垂直滚动条
工作表标签
插入工作表
状态栏
水平滚动条
显示比例滑动条
工作表导航
视图切换

图 1-1　Excel 2010 窗口界面

1.1.1 快速访问工具栏

快速访问工具栏包括【保存】、【撤销】和【恢复】三个常用的命令快捷按钮，默认显示在 Excel【文件】选项卡的上方。快速访问工具栏里的命令按钮非常便于使用，且不会因为选项卡的切换而隐藏。用户还可以单击右侧的下拉按钮，根据需要添加其他常用命令，如图 1-2 所示。

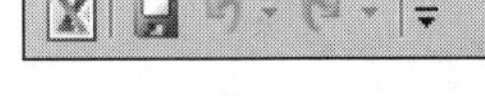

图 1-2　快速访问工具栏

1.1.2 功能区

功能区是 Excel 工作界面的重要组成部分，由一组选项卡面板组成。单击选项卡标签可以切换到不同的选项卡功能面板。默认情况下，功能区由【开始】、【插入】、【页面布局】、【公式】、【数据】、【审阅】和【视图】等选项卡组成。每个选项卡中包含了多个命令组，每个命令组通常由一些密切相关的命令所组成，如图 1-3 所示。

【文件】选项卡包含一组比较特殊的命令，在此选项卡下，可以执行与工作簿相关的各项操作，如图 1-4 所示。

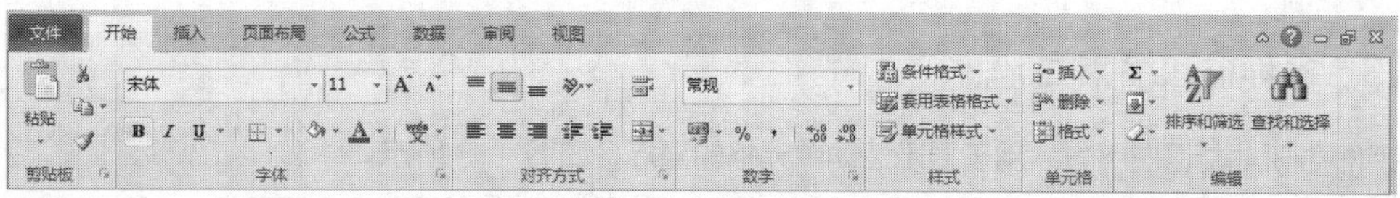

图 1-3　Excel 功能区

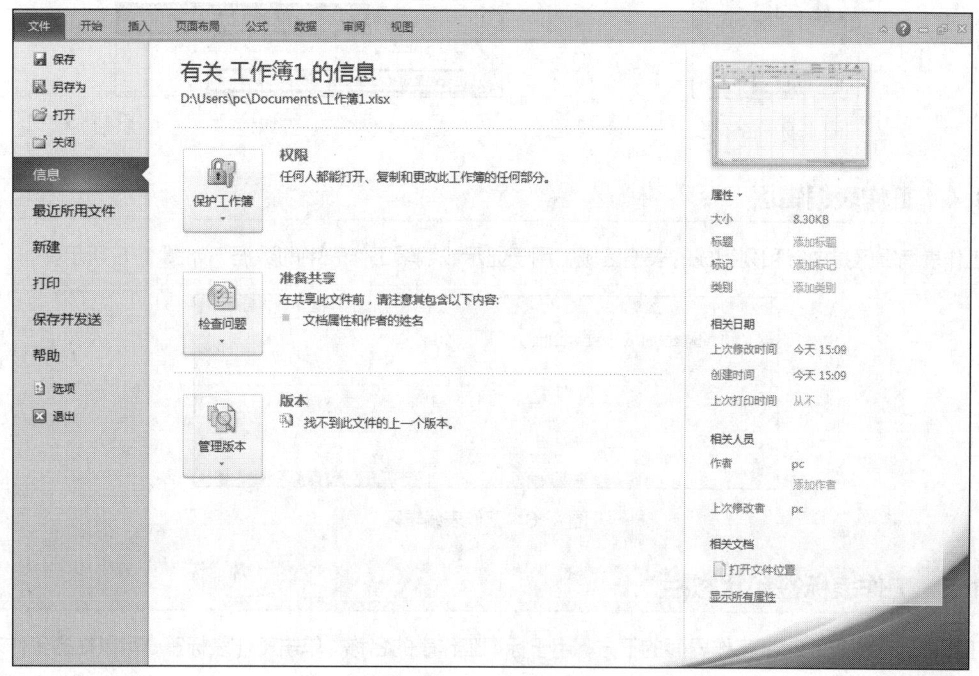

图 1-4 【文件】选项卡

除了【开始】、【插入】、【页面布局】、【公式】、【数据】、【审阅】、【视图】等常规选项卡之外，当在 Excel 中进行某些操作时，会在功能区自动显示与之有关的选项卡，因此也称为“上下文选项卡”。

如图 1-5 所示，当在工作表中选中插入的图片对象时，功能区自动显示出【图片工具】选项卡，在【格式】子选项卡中，包含了与图片操作有关的命令。

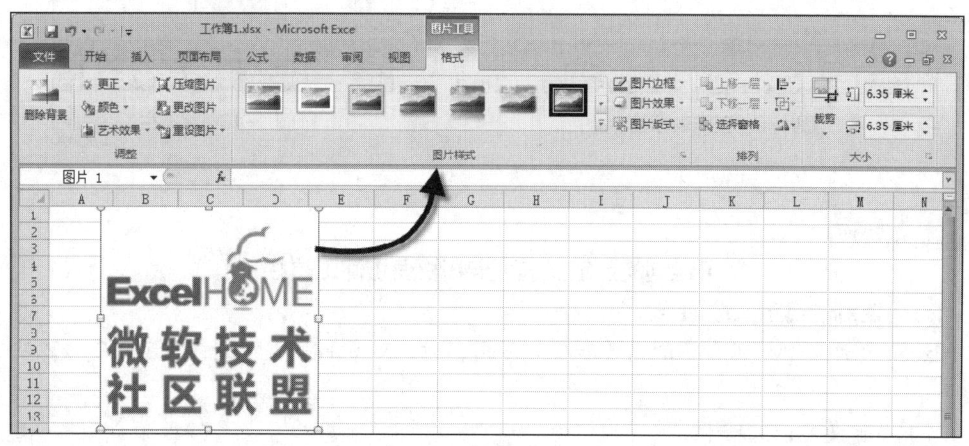

图 1-5　上下文选项卡

另外，当选中 Excel 中的不同对象时，还会有【图表工具】、【绘图工具】、【页眉和页脚工具】、【数据透视表工具】、【数据透视图工具】、【表格工具】以及【SmartArt 工具】等上下文选项卡。

1.1.3 名称框和编辑栏

名称框位于功能区左下方，用于显示活动单元格的坐标，如图 1-6 所示。

编辑栏位于名称框的右侧，用于显示活动单元格中的数据或公式，如图 1-7 所示。

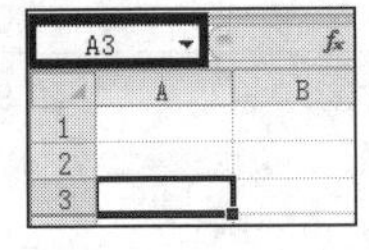

图 1-6　名称框

图 1-7　编辑栏

1.1.4 工作表编辑区

工作表编辑区是由行和列组成的表格区域，用于显示或编辑工作表中的数据，如图 1-8 所示。

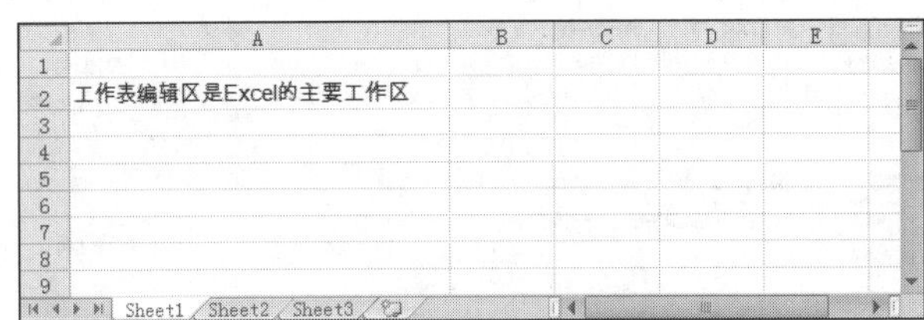

图 1-8　工作表编辑区

1.1.5 工作表标签和状态栏

工作表标签位于 Excel 工作界面的下方，用于标识工作表的名称。单击工作表标签，可以在各工作表之间切换，如图 1-9 所示。

状态栏位于 Excel 工作界面的最下方，用于显示选中的数据区域的信息。默认情况下，选中数值数据时会在状态栏显示平均值、计数和求和信息。如果选中数据文本内容，则只显示计数信息，如图 1-10 所示。

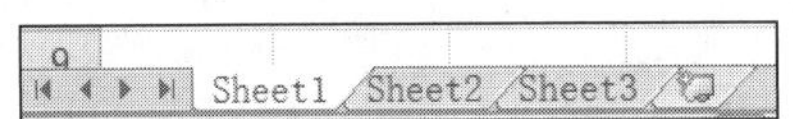

图 1-9　工作表标签

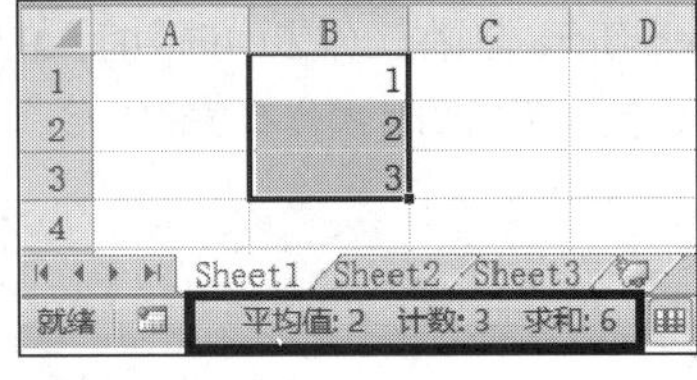

图 1-10　状态栏

可定制的自定义选项卡和快速访问工具栏

1. 可定制的自定义选项卡

Excel 允许用户根据自己的需要和使用习惯，对选项卡和命令组进行显示、隐藏以及次序的调整。

（1）自定义显示选项卡

依次单击【文件】→【选项】，打开【Excel 选项】窗口，切换到【自定义功能区】选项卡。在右侧的【自定义功能区】列表中，勾选相应的主选项卡复选框，点击【确定】按钮即可，如图 1-11 所示。

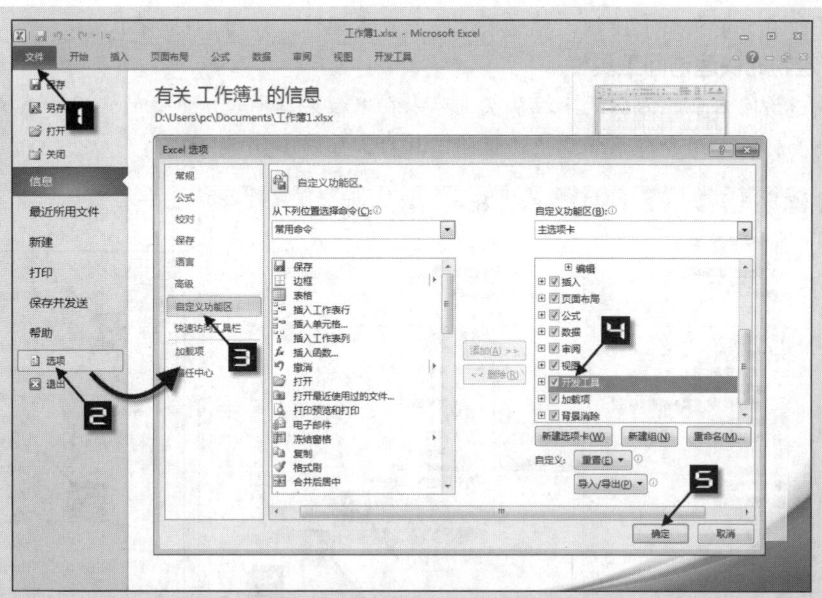

图 1-11　显示选项卡

（2）新建选项卡

在【Excel 选项】对话框中，选中【自定义功能区】选项卡，单击右侧下方的【新建选项卡】，自定义功能区列表中会显示新创建的自定义选项卡。

用户可以对新建的选项卡和其下的命令组重命名，并通过左侧的命令列表，向新建命令组添加日常工作中经常用到的命令选项，如图 1-12 所示。

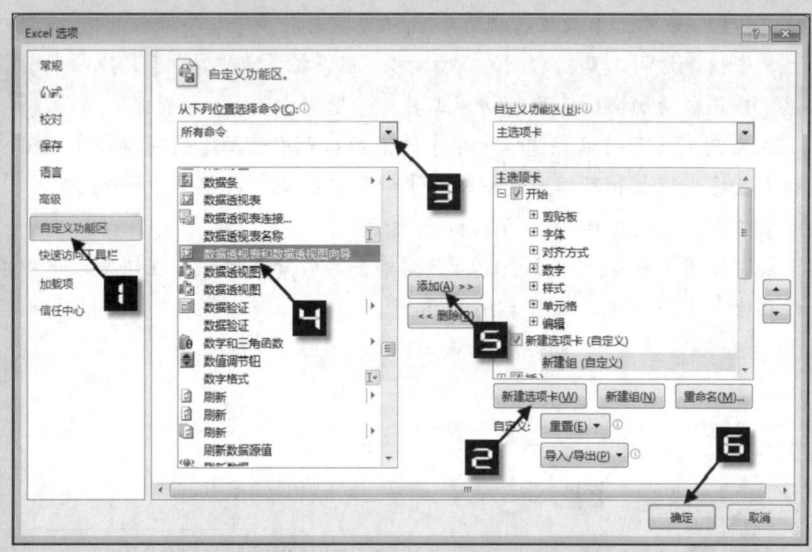

图 1-12　添加自定义选项卡和添加命令

（3）删除或重命名选项卡

如需删除自定义的选项卡，可以在选项卡列表中选中该选项卡，再单击左侧的【删除】按钮。Excel 不允许用户删除内置的选项卡，但是可以对所有选项卡重命名。

（4）恢复默认选项卡设置

如果用户需要恢复 Excel 程序默认的选项卡设置，可以单击右侧下方的【重置】下拉列表中的【重置所有自定义项】按钮，对选项卡进行重置操作，如图 1-13 所示。

2. 可定制的快速访问工具栏

单击快速访问工具栏右侧的下拉箭头，可以在下拉菜单中显示更多的常用命令按钮。用户可以根据需要，将常用命令添加到快速访问工具栏，如图 1-14 所示。

图 1-13 重置所有自定义项

图 1-14 自定义快速访问工具栏

在图 1-14 所示的【自定义快速访问工具栏】下拉菜单中，勾选【在功能区下方显示】，可更改快速访问工具栏的显示位置。

除了【自定义快速访问工具栏】下拉菜单中的几项常用命令，用户也可以根据需要将其他命令添加到此工具栏。以添加【数据透视表和数据透视图向导】命令按钮为例，操作步骤如下。

步骤 1 单击快速访问工具栏右侧的下拉箭头，在下拉菜单中单击【其他命令】，弹出【Excel 选项】对话框，并且自动切换到【快速访问工具栏】选项卡。

步骤 2 在左侧【从下列位置选择命令】的下拉列表中选择【所有命令】选项。然后在命令列表中找到【数据透视表和数据透视图向导】命令并选中，再单击中间的【添加】按钮，最后单击【确定】按钮，关闭对话框，如图 1-15 所示。

需要删除快速访问工具栏上的命令时，只需单击右键命令按钮，在快捷菜单中单击【从快速访问工具栏删除】命令即可，如图 1-16 所示。

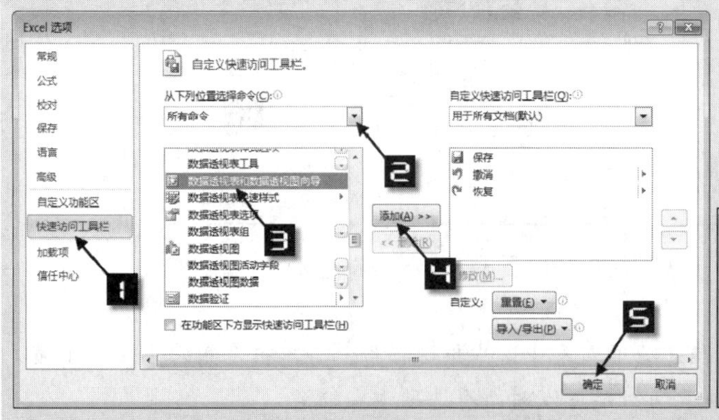

图 1-15 在快速访问工具栏添加命令

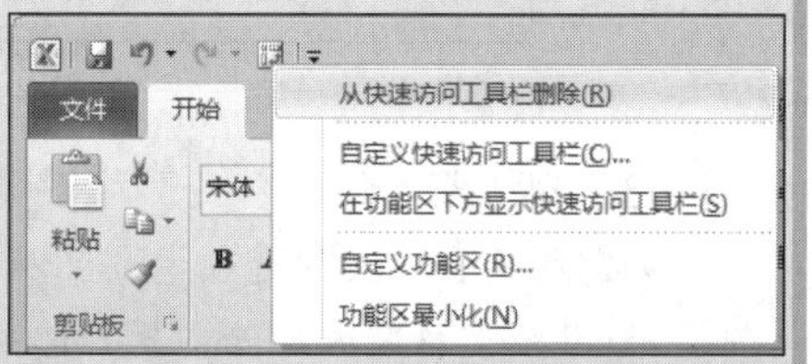

图 1-16 删除快速访问工具栏上的命令

1.2 工作簿与工作表

Excel 工作簿包含多种格式类型，当保存一个新建的工作簿时，可以在【另存为】对话框的【保存类型】下拉菜单中选择所需要保存的格式，如图 1-17 所示。

默认情况下，Excel 2010 文件保存的类型为 Excel 工作簿（*.xlsx），除此之外，Excel 程序还可以根据用户需要创建、保存为不同类型的文件，常用 Excel 文件类型包括以下几种。

Excel 工作簿(*.xlsx)
Excel 工作簿(*.xlsx)
Excel 启用宏的工作簿(*.xlsm)
Excel 二进制工作簿(*.xlsb)
Excel 97-2003 工作簿(*.xls)
XML 数据(*.xml)
单个文件网页(*.mht;*.mhtml)
网页(*.htm;*.html)
Excel 模板(*.xltx)
Excel 启用宏的模板(*.xltm)
Excel 97-2003 模板(*.xlt)
文本文件(制表符分隔)(*.txt)
Unicode 文本(*.txt)
XML 电子表格 2003 (*.xml)
Microsoft Excel 5.0/95 工作簿(*.xls)
CSV (逗号分隔)(*.csv)
带格式文本文件(空格分隔)(*.prn)
DIF (数据交换格式)(*.dif)
SYLK (符号链接)(*.slk)
Excel 加载宏(*.xlam)
Excel 97-2003 加载宏(*.xla)
PDF (*.pdf)
XPS 文档(*.xps)
OpenDocument 电子表格(*.ods)

图 1-17　工作簿类型

（1）启用宏的工作簿（.xlsm）

该文件格式是用于存储包含 VBA 宏代码或是 Excel4.0 宏表的工作簿。

（2）模板文件（.xltx 或是.xltm）

模板是用来创建具有相同特征的工作簿或者工作表的模型。通过模板文件，能够使用户创建的工作簿或工作表具有自定义的颜色、文字样式、表格样式以及显示设置等。模板文件的扩展名为“.xltx”，如果用户需要将 VBA 宏代码或是 Excel4.0 宏表存储在模板中，则需要保存为启用宏的模板文件类型，扩展名为“.xltm”。

（3）加载宏文件（.xlam）

加载宏是一些包含了 Excel 扩展功能的程序，可以包含 Excel 自带的分析工具库、规划求解等加载宏，也可以包含用户创建的自定义函数等加载宏程序。加载宏文件就是包含了这些程序的文件，通过移植加载宏文件，用户可以在不同电脑上使用加载宏程序。

（4）工作区文件（.xlw）

在处理较为复杂的 Excel 工作时，往往会同时打开多个工作簿文件。如果希望下一次继续该工作时，还需要再次打开之前的这些工作簿，可以通过保存工作区的功能来实现。能够保存用户当前打开工作簿状态的文件就是工作区文件（.xlw）。

（5）网页文件（.mht 或是.htm）

Excel 可以从网页获取数据，也可以将包含数据的表格保存为网页格式发布。Excel 保存的网页文件分为单个文件的网页（.mht）和普通的网页（.htm），这些由 Excel 创建的网页与普通的网页并不完全相同，其中包含了很多与 Excel 格式相关的信息。

除了能通过扩展名识别这些不同类型的文件之外，还可以根据文件图标进行区别，如图 1-18 所示。

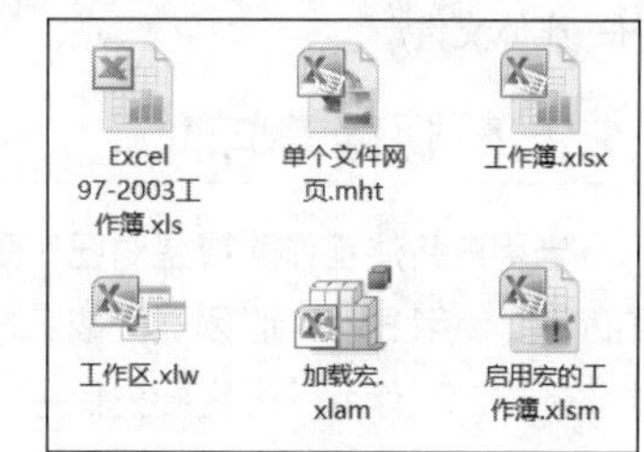

图 1-18　不同类型 Excel 文件的图标

1.2.1 创建工作簿

使用以下几种方法可以创建一个新的工作簿。

方法 1　在 Excel 工作窗口中创建

如果从桌面快捷方式启动 Excel，就会自动创建一个名为“工作簿 1”的空白工作簿。如果重复启动 Excel，工作簿名称中的编号会依次增加。

也可以在已经打开的 Excel 窗口中，依次单击【文件】→【新建】，在可用模板列表中选择【空白工作簿】，单击右侧的【创建】按钮创建一个新工作簿，如图 1-19 所示。

在已经打开的 Excel 窗口中，按<Ctrl+N>组合键，也可以快速创建一个新工作簿。

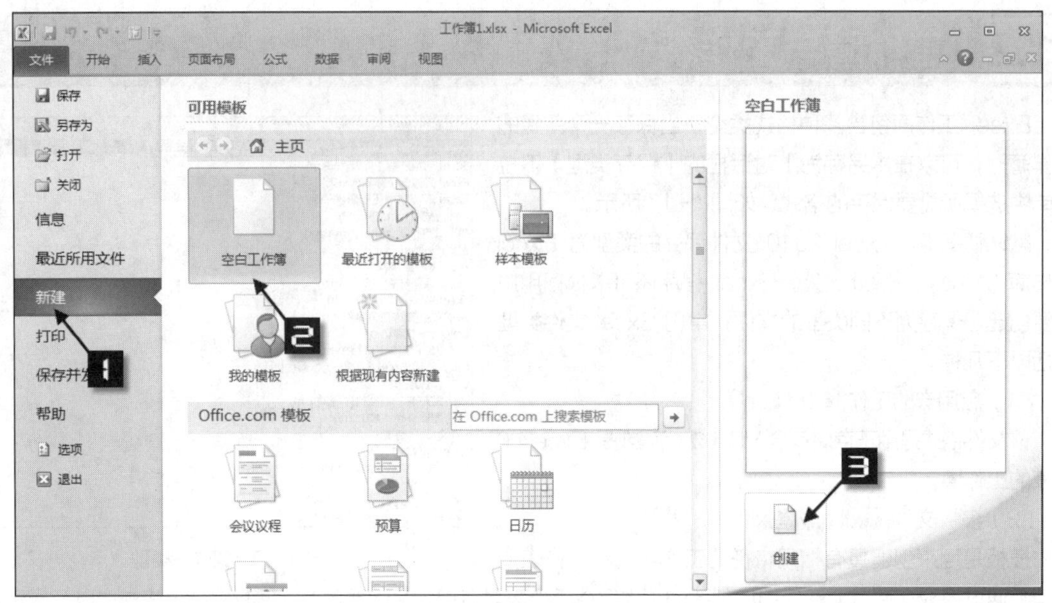

图 1-19　创建新工作簿

以上方法创建的工作簿，在用户没有保存之前只存在于内存中，没有实体文件存在。

方法 2　在系统中创建工作簿文件

在 Windows 桌面或是文件夹窗口的空白处单击鼠标右键，在弹出的快捷菜单中单击【新建】→【Microsoft Excel 工作表】，可在当前位置创建一个新的 Excel 工作簿文件，并处于重命名状态，如图 1-20 所示。

使用该命令创建的新 Excel 工作簿文件是一个存在于系统磁盘内的实体文件。

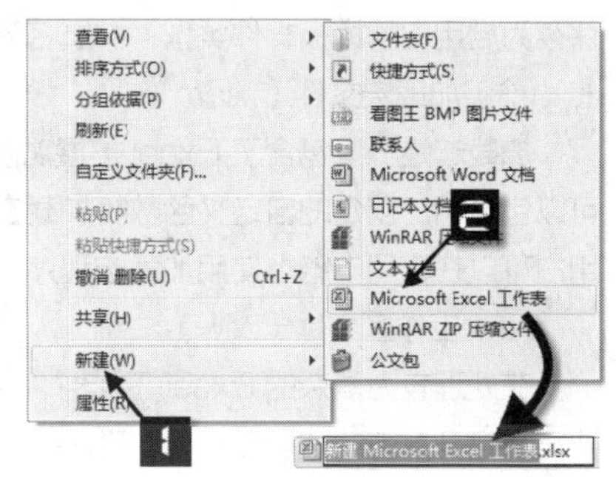

图 1-20　通过右键快捷菜单创建工作簿

1.2.2　保存工作簿

当用户新建工作簿或是对已有工作簿文件重新编辑后，要经过保存才能存储到磁盘空间，用于以后的编辑和读取。使用 Excel 必须要养成良好的保存文件习惯，经常性的保存可以避免系统崩溃或是突然断电造成的损失。新建的工作簿，一定要先保存，然后再进行数据编辑录入。

保存工作簿的方法有以下几种。

方法 1　单击快速访问工具栏的保存按钮 。

方法 2　依次单击功能区的【文件】→【保存】按钮或【另存为】按钮。

方法 3　按<Ctrl+S>组合键，或是按<Shift+F12>组合键。

当工作簿编辑修改后，如果未经保存就被关闭，Excel 会弹出提示信息，询问用户是否进行保存，单击【保存】按钮可以保存对该工作簿的更改，如图 1-21 所示。

图 1-21　Excel 提示对话框

对新建工作簿第一次保存时，会弹出【另存为】对话框，在【另存为】对话框左侧的列表框中能够选择文件存放的路径。在【文件名】文本框中为工作簿命名，然后在【保存类型】下拉列表中选择文件保存的类型，最后单击【保存】按钮，如图 1-22 所示。

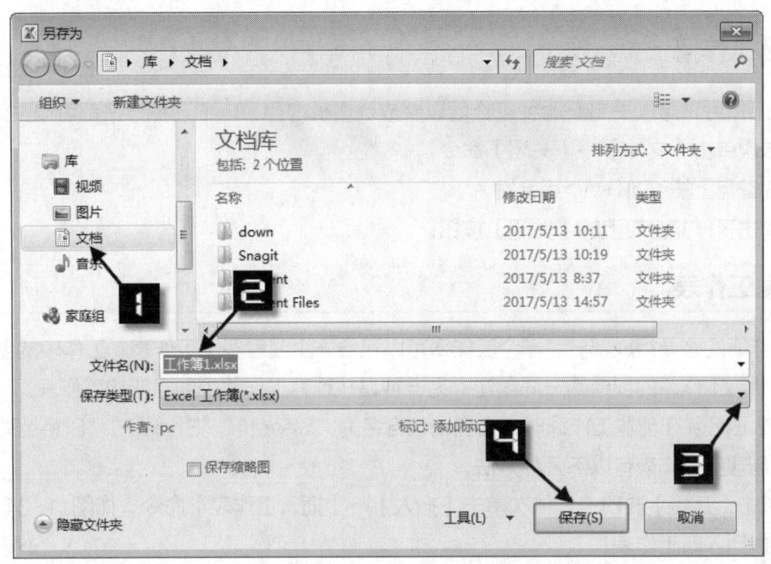

图 1-22 【另存为】对话框

【提示】"保存"和"另存为"的名字和作用接近，但在实际使用时有一定的区别。

对于通过双击桌面快捷方式新建工作簿的首次保存，"保存"和"另存为"命令的作用完全相同。对于之前已经保存过的现有工作簿，再次执行保存操作时，【保存】命令直接将编辑修改后的内容保存到当前工作簿中，工作簿的文件名和保存路径不会有任何变化。【另存为】命令则会打开【另存为】对话框，允许用户对文件名和保存路径重新进行设置，得到当前工作簿的副本。

1.2.3 打开现有工作簿

打开现有工作簿的方法如下。

方法 1 双击 Excel 工作簿文件。

方法 2 在已打开的 Excel 工作簿中依次单击【文件】→【打开】命令，或是按<Ctrl+O>组合键弹出【打开】对话框。选择文件的存放路径，找到要打开的工作簿文件，选中文件后单击【打开】按钮，如图 1-23 所示。

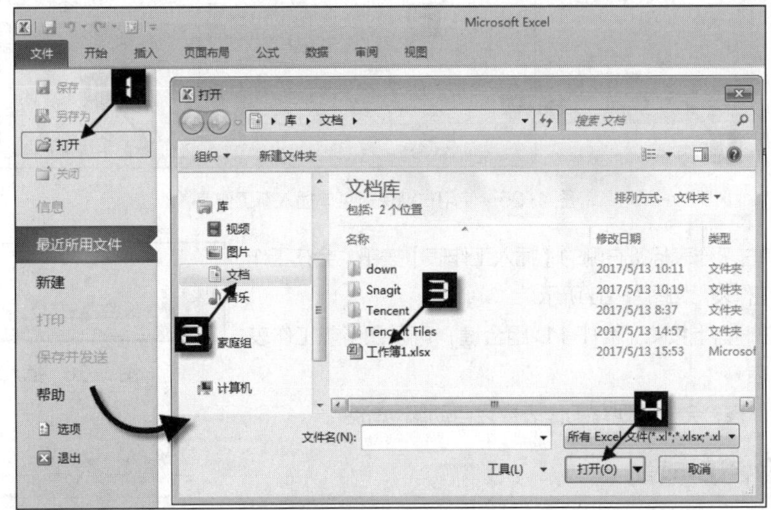

图 1-23 【打开】对话框

1.2.4 关闭工作簿

当用户结束工作后，可以关闭 Excel 工作簿以释放计算机内存，以下几种方法都可以关闭工作簿。

方法 1 依次单击【文件】→【关闭】命令。

方法 2 在键盘上按<Ctrl+W>组合键。

方法 3 单击工作簿窗口上的【关闭】按钮。

1.2.5 创建工作表

工作表是工作簿的必要组成部分，一个工作簿可以包含一个或者多个工作表。工作表的创建通常情况下分为两种，一种是随着工作簿的创建而一同创建，另一种是从现有工作簿中创建新的工作表。

默认情况下，Excel 在创建工作簿时，会自动包含名为“Sheet1”“Sheet2”“Sheet3”的工作表。

在工作簿中创建新工作表有以下几种方法。

方法 1 单击【开始】选项卡，依次单击【插入】→【插入工作表】命令，如图 1-24 所示。这样可以在当前工作表左侧插入新工作表。

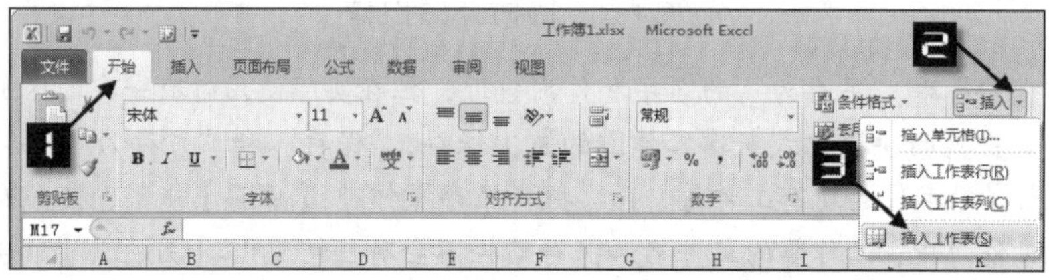

图 1-24 使用功能区命令插入新工作表

方法 2 选中工作表标签，单击鼠标右键，从弹出的快捷菜单中单击【插入】命令，在弹出的【插入】对话框中选中【工作表】，单击【确定】按钮，如图 1-25 所示。

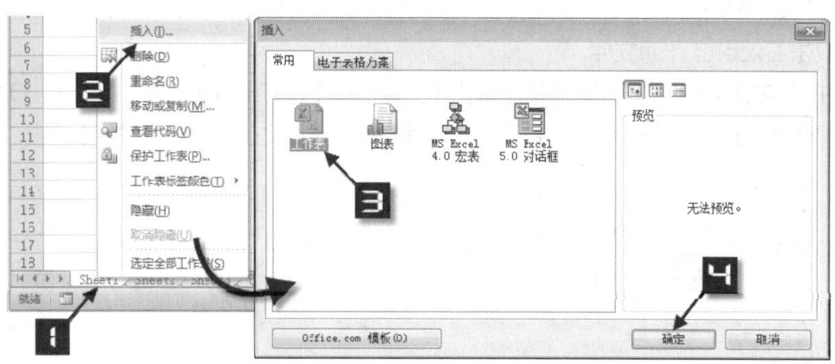

图 1-25 使用右键快捷菜单插入新工作表

方法 3 单击工作表标签右侧的【插入工作表】按钮，会在工作表的最后插入新工作表，如图 1-26 所示。

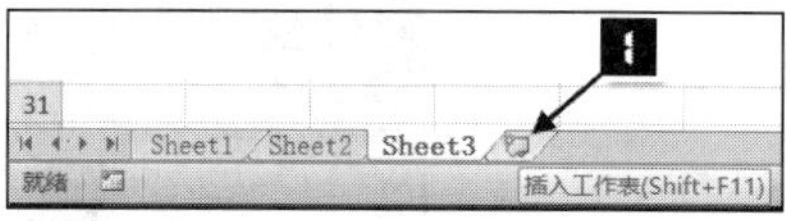

方法 4 在键盘上按<Shift+F11>组合键，可以在当前工作表左侧插入新工作表。

图 1-26 插入新工作表

新创建的工作表，会依照现有工作表数目自动编号命名。

1.2.6 重命名工作表

Excel 工作表名称默认使用 Sheet+序号的形式，在实际工作中，为了便于数据的管理维护，多数情况下需要重命名为能够概括该工作表内容主题的工作表名称，如“工资表”“销售费用表”“客户信息表”等。通常使用以下两种方法对工作表重命名。

方法 1 右键单击工作表标签，在快捷菜单中单击【重命名】命令。

方法 2 双击工作表标签，直接输入新工作表名称。

1.2.7 移动或复制工作表

用户可以根据需要在当前工作簿中调整各个工作表的位置，也可以在当前工作簿或是新建工作簿中创建工作表的副本。

常用方法是在当前工作表标签上单击鼠标右键，在弹出的快捷菜单中单击【移动或复制】命令，弹出【移动或复制工作表】对话框。在“工作簿”下拉列表中选择目标工作簿，默认为当前工作簿，也可以选择已经打开的其他工作簿或是新建工作簿。

在工作表列表框中，显示了指定工作簿中包含的所有工作表名称，单击工作表名称，选择移动/复制工作表的目标排列位置。

如果勾选【建立副本】复选框，则建立一个与原工作表内容、格式、页面设置等完全一致的工作表，并自动重命名。单击【确定】按钮，完成移动/复制工作表操作，如图 1-27 所示。

也可以直接拖曳工作表标签快速移动或复制工作表。

将鼠标指针移动到需要移动的工作表标签上，按下鼠标左键不放，鼠标指针显示出文档的图标，拖曳鼠标将工作表移动到其他位置。

如图 1-28 所示，拖曳 Sheet2 工作表标签至 Sheet1 工作表标签上方时，Sheet1 工作表标签前会出现黑色三角箭头，表示工作表的移动插入位置，此时松开鼠标左键，即可把 Sheet2 工作表移动到 Sheet1 工作表之前。

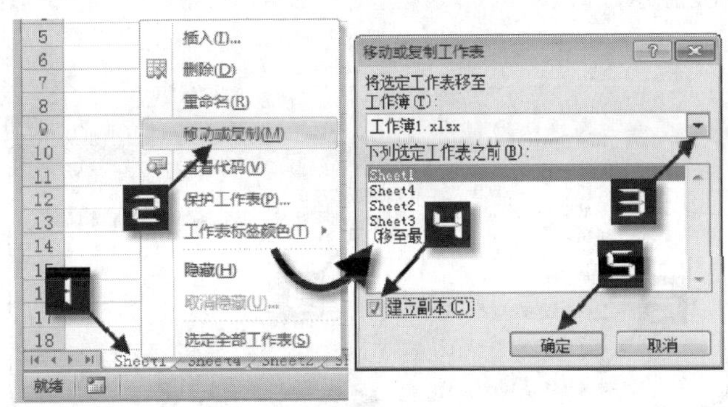

图 1-27 移动或复制工作表

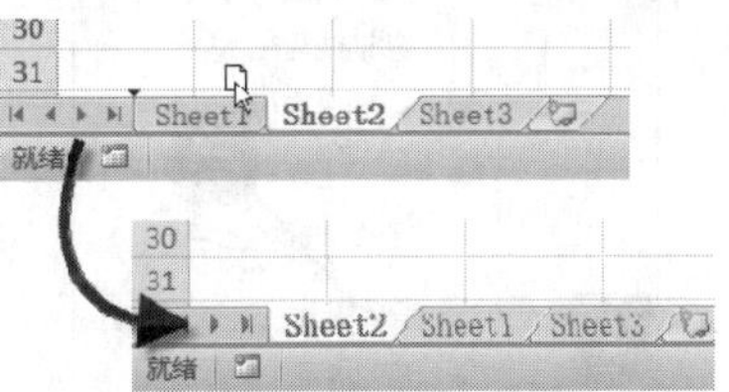

图 1-28 拖曳工作表标签移动工作表

如果在按住鼠标左键的同时再按下<Ctrl>键，则执行复制操作，鼠标指针下的文档图标会添加一个“+”号，以此来表示当前操作方式为复制；松开鼠标时，即可复制一个当前工作表的副本，并自动在工作表名称后加上带括号的序号。

1.2.8 删除工作表

使用以下两种方法，可以将工作表删除。

方法 1 单击【开始】选项卡中的【删除】下拉按钮，在快捷菜单中选择【删除工作表】命令，即可删除当前工作表，如图 1-29 所示。

方法 2 右键单击工作表标签，在快捷菜单中单击【删除】命令，可删除选定的工作表，如图 1-30 所示。

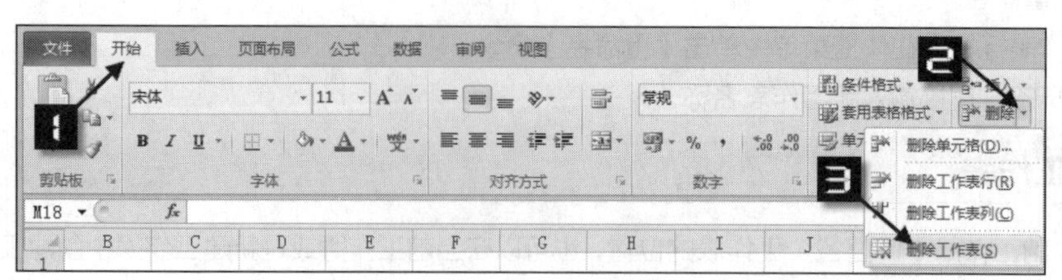

图 1-29　在选项卡中选择删除工作表命令

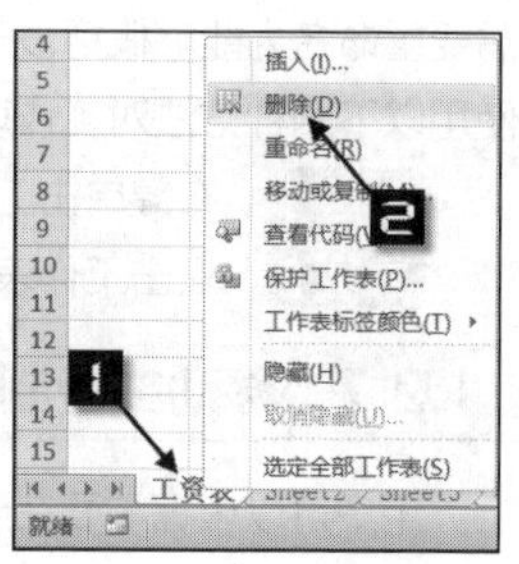

图 1-30　在右键快捷菜单中删除工作表

工作簿中至少要包含一个可视工作表，当工作簿中只剩下一个工作表时，将无法删除该工作表。

【提示】删除工作表命令不能撤销。如果用户不慎删除了工作表，可以马上关闭工作簿，在弹出的“是否保存对工作簿的更改？”对话框中，选择【不保存】，然后重新打开工作簿。

1.2.9　显示和隐藏工作表

对于一些比较重要的数据，可以使用工作表的隐藏功能。通常右键单击工作表标签，在快捷菜单中选择【隐藏】命令，如图 1-31 所示。

一个工作簿内的工作表不能全部隐藏，至少保留一个可见工作表。如果用户需要取消工作表隐藏，通常使用以下方法。

右键单击工作表标签，在快捷菜单中选择【取消隐藏】命令，在弹出的【取消隐藏】对话框中，选择要取消隐藏的工作表，单击【确定】按钮，如图 1-32 所示。

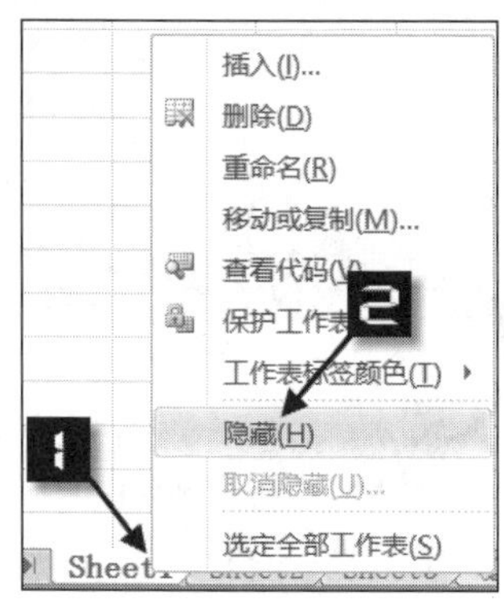

图 1-31　通过右键快捷菜单隐藏工作表

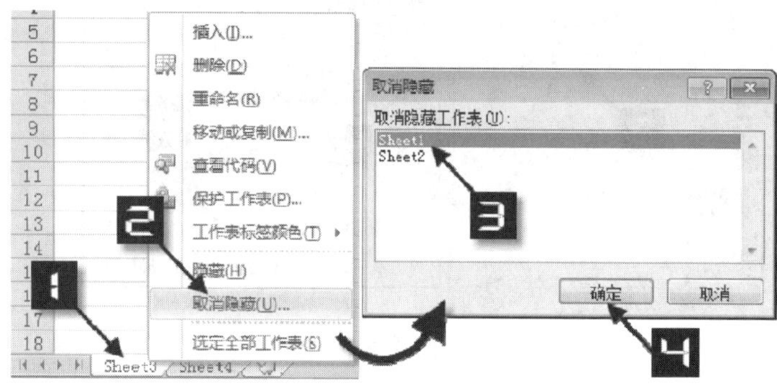

图 1-32　取消隐藏工作表

如果有多个隐藏的工作表，每次只能取消一个工作表的隐藏状态。

小技巧

更改新建工作簿时包含的工作表数

Excel 2010 新建工作簿时，默认包含 3 个工作表，用户可以根据需要设置新建工作簿时包含的工作表数。单击【文件】选项卡中的【选项】命令，打开【Excel 选项】对话框。切换到【常规】选项卡，在“新建工作簿时”区域下方单击“包含的工作表数”右侧的调节旋钮，可以更改新建工作簿时包含的工作表数，如图 1-33 所示。

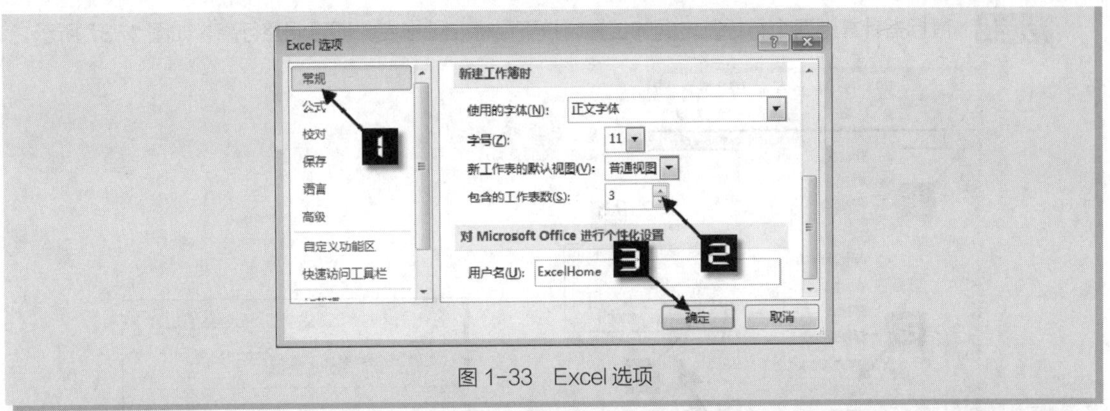

图 1-33 Excel 选项

1.3 行、列和单元格区域

1.3.1 行、列的概念和范围

在 Excel 工作表中，由浅灰色横线间隔出来的区域称为“行”，由浅灰色竖线间隔出来的区域称为“列”。行列交叉形成的一个个格子称为“单元格”。在 Excel 窗口左侧的一组垂直标签中的数字，被称为“行号”。在 Excel 窗口上部的一组水平标签中的字母，被称为“列标”。行号类似于二维坐标中的纵坐标轴，列标类似于二维坐标中的横坐标轴，单元格就相当于二维坐标轴中的某个坐标点，如图 1-34 所示。

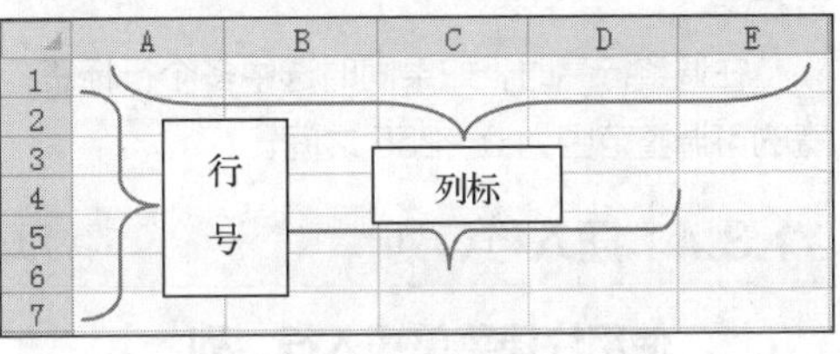

图 1-34 行号标签和列标标签

在 Excel 2010 中，工作表的最大行号为 1048576（即 1048576 行），最大列标为 XFD 列（即 16384 列）。

1.3.2 选中行、列

鼠标单击某个行号标签或者列标标签时，可以选中对应的整行或整列。

如果需要选中相邻的连续多行，可以单击某行的行号标签后，按住鼠标左键不放，向上或是向下拖曳，即可选中与该行相邻的连续多行。选取相邻的连续多列时，单击某列的列标标签，按住鼠标左键向右或是向左拖曳即可。

拖曳鼠标时，行或者列标签旁会出现一个带有数字和字母的提示框，显示当前选中的区域中包含多少行或多少列。如图 1-35 所示，第 5 行下方的提示框内容显示“3R”，表示当前选中的是 3 行；D 列右侧的提示框内容显示“2C”，表示当前选中的是两列。

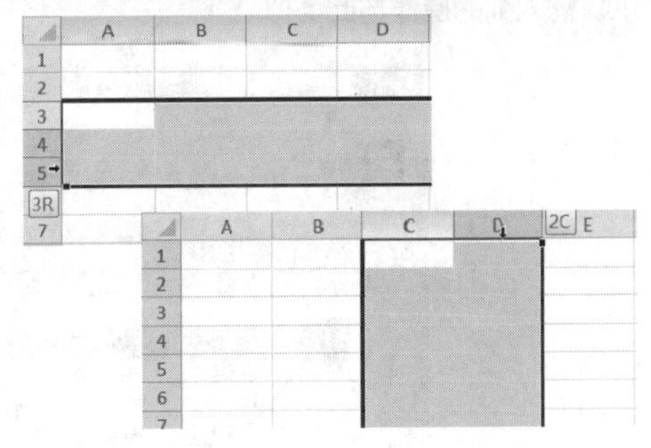

图 1-35 选中连续的多行和多列

如果需要选择不连续的多行，可以先选中行号标签，然后按住<Ctrl>键不放，再单击其他行标签，最后松开<Ctrl>键，即可选中不连续的多行。选定不相邻多列的方法与之类似。

1.3.3 设置行高和列宽

用户可以根据需要，在一定范围内调整 Excel 中的行高和列宽。一般使用以下三种方法对行高进行设置。

方法 1 选中行标签，单击鼠标右键，在快捷菜单中选择【行高】命令，打开【行高】对话框。在“行高”编辑框内可输入 0～409 的数值，如图 1-36 所示。

方法 2 鼠标指针靠近两个行标签之间的位置，按下鼠标左键拖曳，即可调整行高，如图 1-37 所示。

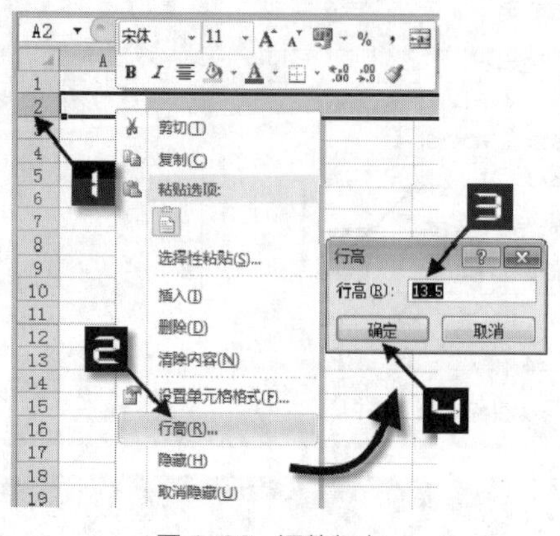

图 1-36 调整行高

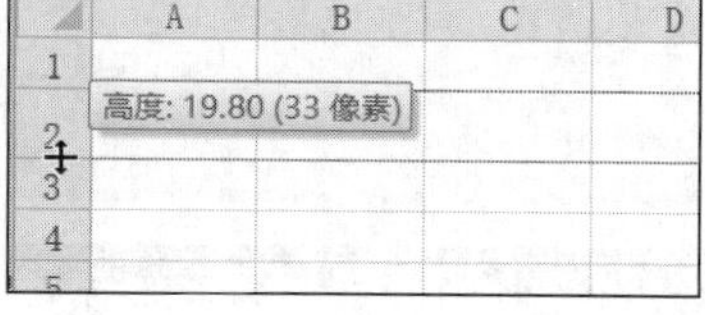

图 1-37 拖动调整行高

方法 3 鼠标指针靠近两个行标签之间的位置，双击鼠标左键，可根据单元格中的内容自动调整为最适合行高。

在调整行高时，如果同时选中多个行标签，所作调整可应用到全部所选行。调整列宽的方法与之类似，列宽的可调整范围为 0~255 之间。

1.3.4 插入行、列

1. 使用快捷菜单插入行、列

单击行标签选中整行，然后单击鼠标右键，在弹出的快捷菜单中选择【插入】命令，即可实现插入行的操作。插入列的操作与此类似。

2. 使用功能区命令插入行、列

在【开始】选项卡上依次单击【插入】→【插入工作表行】命令，即可完成插入行的操作，如图 1-38 所示。插入列的操作与此类似。

图 1-38 使用【开始】选项卡插入行

1.3.5 行、列的移动和复制

（1）移动行、列的操作步骤如下。

步骤 1 选定需要移动的行，在【开始】选项卡上单击【剪切】按钮，也可以单击鼠标右键，从快捷菜单中选择“剪切”命令，或者是在键盘上按<Ctrl+X>组合键，此时选定的行就会显示出虚线边框。

步骤 2 选定需要移动的目标位置行的下一行，在【开始】选项卡上依次单击【插入】→【插入剪切的单元格】命令，也可以单击鼠标右键，从快捷菜单中选择“插入剪切的单元格”命令，或者是在键盘上按<Ctrl+V>

组合键，即可完成移动行的操作。

移动列的操作方法与此类似。

（2）复制行、列的方法与移动行、列的方法相似，操作步骤如下。

步骤 1 选定需要复制的行，在【开始】选项卡上单击【复制】按钮，也可以单击鼠标右键，从快捷菜单中选择“复制”命令，或者是在键盘上按<Ctrl+C>组合键，此时选定的行就会显示出虚线边框。

步骤 2 选定需要移动的目标位置行的下一行（选定整行或者此行的第一个单元格），在【开始】选项卡上依次单击【插入】→【插入复制的单元格】命令，也可以单击鼠标右键，从快捷菜单中选择“插入复制的单元格”命令，即可完成复制行插入至目标位置的操作。

除此之外，在复制选定数据行后，单击【开始】选项卡下的【粘贴】按钮，也可以单击鼠标右键，从快捷菜单中选择“粘贴”命令，或者按<Ctrl+V>组合键，即可将目标行的内容用当前选定行覆盖替换。

复制列的操作方法与此类似。

1.3.6 删除行、列

对于一些不再需要的行列，用户可以选择删除整行或者整列来进行清除，操作步骤如下。

选定目标行的整行或者多行，在【开始】选项卡中依次单击【删除】→【删除工作表行】命令，或者单击鼠标右键，在弹出的快捷菜单中选择【删除】命令。

如果选定的目标是部分单元格，在【开始】选项卡中依次单击【删除】→【删除单元格】命令时，会弹出如图 1-39 所示的【删除】对话框，在对话框中选择【整行】单选按钮，然后单击【确定】按钮，即可完成目标行的删除。删除列的操作方法与此类似。

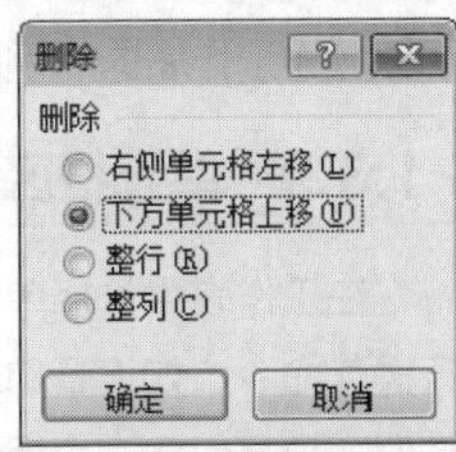

图 1-39 【删除】对话框

1.3.7 隐藏和显示行、列

如需对现有表格部分的行进行隐藏，可以使用以下方法实现。

选中要隐藏行的行标签，单击【开始】选项卡下的【格式】下拉按钮，在下拉菜单中依次单击【隐藏和取消隐藏】→【隐藏行】命令。或是单击鼠标右键，在快捷菜单中选择“隐藏”命令，隐藏行操作完成后，工作表行号不再连续显示，如图 1-40 所示。

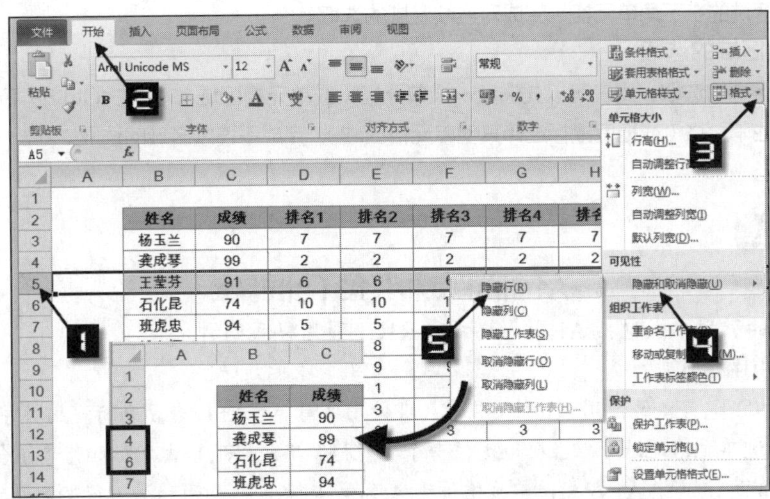

图 1-40 隐藏工作表行

如需取消隐藏的工作表行，可以先选中与隐藏行相邻的上下两行的行标签，如图 1-40 所示步骤，在下拉菜单中单击【取消隐藏行】，或是单击鼠标右键，在快捷菜单中选择“取消隐藏”命令。

隐藏与显示工作表列的操作与之类似。

也可以参考 1.3.3 的方法，设置行高列宽为 0，可以将选定行列隐藏。反之，将行高列宽设置为大于 0，则可将隐藏的行列变为可见。

1.3.8 区域的概念

在工作表中，多个单元格构成一个“区域”。构成区域的多个单元格之间通常是相互连续的，它们所构成的区域就是连续区域，连续区域的形状总是矩形。多个单元格之间也可以是相互独立不连续的，它们所构成的区域就称为不连续区域。

对于连续区域，可以使用矩形区域左上角和右下角的单元格地址进行标识，形式为“左上角单元格地址:右下角单元格地址”。比如，连续单元格地址为“A1:C5”，则表示此区域包含了从 A1 单元格到 C5 单元格的矩形区域，矩形区域宽度为 3 列，高度为 5 行，总共包含了 15 个连续单元格。

与此类似，“A5:XFD5”则表示区域为工作表的第 5 行整行，习惯表示为“5:5”。“C1:C1048576”则表示区域为工作表的 C 列整列，习惯表示为“C:C”。

1.3.9 单元格区域的选取

在工作表中选择单元格区域后，可以对区域内所有单元格同时执行操作命令，如设置单元格格式、复制粘贴、清除内容等。在选择区域时，总是包含一个活动单元格，活动单元格的地址会在名称框中显示。选中的单元格区域会以加亮突出显示，而活动单元格仍然保持正常显示，以此标识活动单元格的位置。如图 1-41 所示，在选中 C3:E8 单元格区域时，活动单元格为该区域左上角的 C3 单元格。

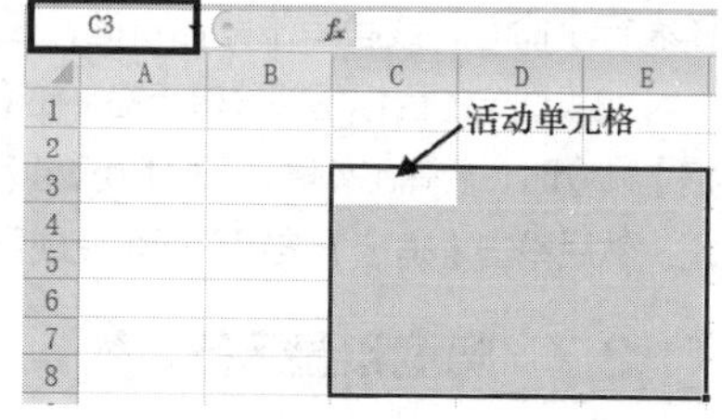

图 1-41 活动单元格

1. 连续区域的选取

对于连续单元格，用户可以先选中要选取的目标区域的左上角单元格，按住鼠标左键不松开，在工作表中拖动至目标区域的右下角单元格，完成对连续区域的选取。

当要选取的目标区域范围很大时，用户可以先选中要选取的目标区域的左上角单元格，按住<Shift>键不放，再单击目标区域的右下角单元格，完成对连续区域的选取。

2. 不连续区域的选取

对于不连续区域的选取，用户可以先选取一个单元格（或单元格区域），按住<Ctrl>键不松开，然后使用鼠标左键单击其他单元格（或拖曳鼠标选择其他单元格区域），完成不连续区域的选取。

A1 引用样式和 R1C1 引用样式

Excel 中的引用方式包括 A1 引用样式和 R1C1 引用样式两种。

1. A1 引用样式

在默认情况下，Excel 使用 A1 引用样式，即使用字母 A～XFD 表示列标，用数字 1～1048576 表示行号。通过单元格地址可以准确地定位一个单元格，单元格地址由列标和行号组合而成，列标在前，行号在后。例如，A1 即指该单元格位于 A 列第 1 行，是 A 列和第 1 行交叉处的单元格。

如果要引用单元格区域，可顺序输入区域左上角单元格的引用、冒号（:）和区域右下角单元格的引用。不同 A1 引用样式的示例，如表 1-1 所示。

表 1-1 A1 引用样式示例

表达式	引用
C5	C 列第 5 行的单元格
D15:D20	D 列第 15 行到 D 列第 20 行的单元格区域
B2:D2	B 列第 2 行到 D 列第 2 行的单元格区域
C3:E5	C 列第 3 行到 E 列第 5 行的单元格区域
9:9	第 9 行的所有单元格
9:10	第 9 行到第 10 行的所有单元格
C:C	C 列的所有单元格
C:D	C 列到 D 列的所有单元格

2. R1C1 引用样式

除了 A1 引用样式之外，还有一种 R1C1 样式。如图 1-42 所示，依次单击【文件】→【选项】按钮，在【公式】选项卡下勾选【R1C1 引用样式】的复选框，可以启用 R1C1 引用样式。

其中，字母“R”“C”分别是英文“Row”“Column”（行、列）的首字母，其后的数字则表示相应的行号列号。R1C1 即指该单元格位于工作表中的第 1 行第 1 列。如果选择第 2 行和第 3 列交叉处位置，在名称框中即显示为 R2C3。R3C2 等同于 A1 引用样式中的 B3 单元格，如图 1-43 所示。

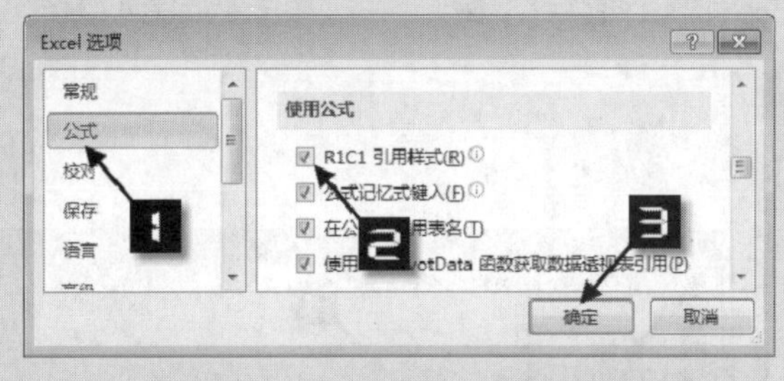

图 1-42 启用 R1C1 引用样式

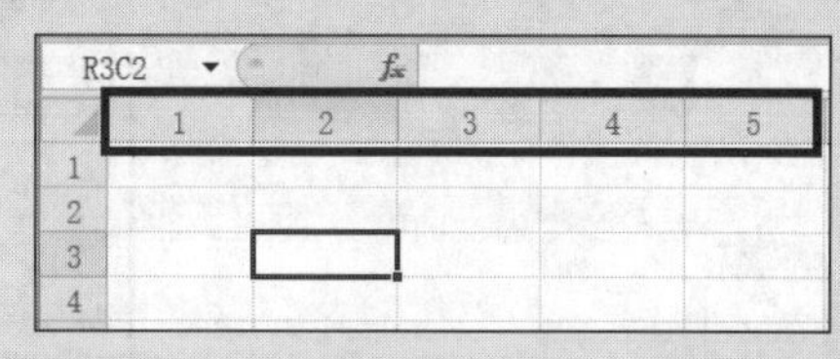

图 1-43 R1C1 引用样式

1.4 设置单元格格式

单元格的格式外观主要包括数据显示格式、字体样式、文字对齐方式、边框样式以及单元格底纹颜色等。对于单元格格式的设置和修改，可以通过功能区命令组、悬浮工具栏以及【设置单元格格式】对话框等多种方法来操作。

设置单元格格式

1.4.1 功能区中的命令组

在【开始】选项卡中，【字体】、【对齐方式】、【数字】、【样式】等多个命令组用于设置单元格格式，如图 1-44 所示。

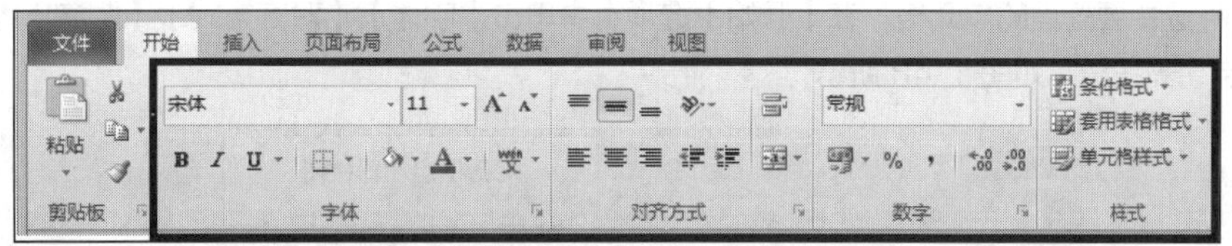

图 1-44 用于设置单元格格式的命令组

【字体】命令组中包括字体、字号、加粗、倾斜、下划线、填充色、字体颜色等命令。

【对齐方式】命令组中是针对设置单元格对齐方式的命令，包括顶端对齐、垂直居中、底端对齐、左对齐、居中、右对齐以及方向、调整缩进量、自动换行、合并居中等。

【数字】命令组中包括对数字进行格式化的各种命令。

【样式】命令组中包括条件格式、套用表格格式、单元格样式等命令。

1.4.2 浮动工具栏

如果选中单元格时单击鼠标右键，会弹出快捷菜单和【浮动工具栏】，包括常用的单元格格式设置命令，如图 1-45 所示。

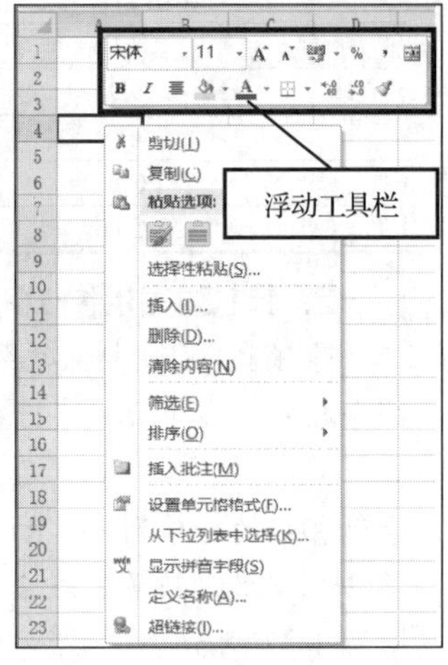

图 1-45　浮动工具栏

1.4.3 【设置单元格格式】对话框

在设置单元格格式时，需要先选中待处理的单元格或是单元格区域，然后单击功能区中的命令按钮，即可将相应命令应用于所选内容。

如图 1-46 所示，在 A1～A10 单元格中输入任意数字，在【开始】选项卡下单击“数字格式”下拉按钮，可以在下拉菜单中选择需要应用的数字格式。

如果单击下拉菜单底部的“其他数字格式”命令，还可以打开【设置单元格格式】对话框，对数字格式进行更加细致的设置，如图 1-47 所示。

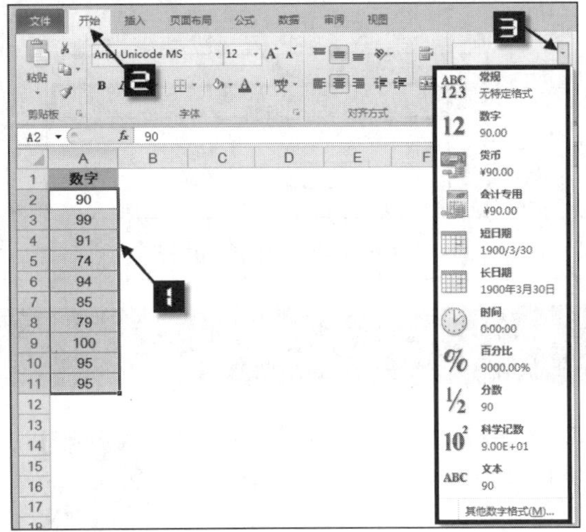

图 1-46　设置数字格式

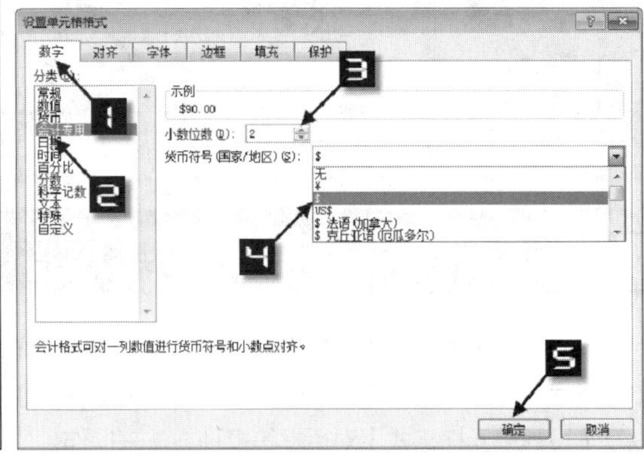

图 1-47　更加详细的数字格式设置

【设置单元格格式】对话框中包括【数字】、【对齐】、【字体】、【边框】、【填充】和【保护】共六个选项卡，能够对数字格式、对齐方式、字体字号、边框效果以及填充颜色等进行设置。

通常使用以下方法打开【设置单元格格式】对话框。

方法 1　选中要处理的单元格，在【开始】选项卡中单击【字体】、【对齐方式】、【数字】等命令组右下角的对话框启动器按钮，如图 1-48 所示。

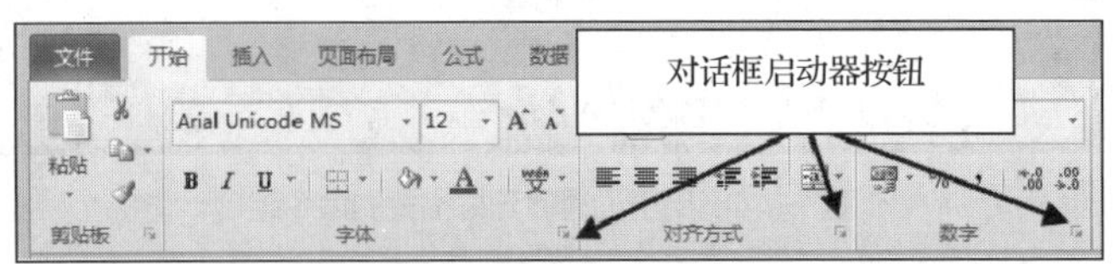

图 1-48　对话框启动器按钮

方法 2 单击鼠标右键，在快捷菜单中单击【设置单元格格式】命令。

方法 3 按<Ctrl+1>组合键。

合并单元格

“合并单元格”就是将两个或两个以上的单元格，合并成占有两个或多个单元格空间的更大的单元格。Excel 提供了三种合并单元格的方式，包括合并后居中、跨越合并和合并单元格，如图 1-49 所示。

合并后居中，就是将选取的多个单元格进行合并，并将单元格内容在水平和垂直两个方向上居中。

跨越合并，就是在选取多行多列的单元格区域后，将所选区域的每行进行合并，形成单列多行的单元格区域。

合并单元格，就是将所选单元格区域进行合并，并沿用该区域起始单元格的格式。

不同合并单元格方式的效果如图 1-50 所示。

图 1-49 合并单元格

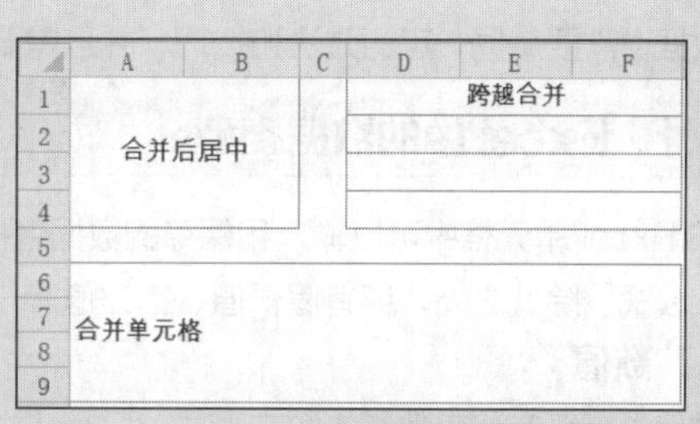

图 1-50 不同合并单元格方式的效果

【提示】使用了合并单元格的表格，会影响数据的排序、筛选等操作，而且会对数据的汇总分析有一定影响。因此，一般情况下，工作表内尽量不要使用合并单元格。

小技巧

设置单元格文本缩进

素材所在位置为：

光盘：\素材\第 1 章 Excel 基础\设置单元格文本缩进.xlsx

如图 1-51 所示，需要将费用表中的二级费用名称设置为缩进对齐，使显示更加直观清晰。

操作步骤如下。

步骤 1 选中 A2:A4 单元格区域，按下<Ctrl>键不放，再拖曳鼠标选中 A6:A8 单元格区域，按<Ctrl+1>组合键，弹出【设置单元格格式】对话框。

步骤 2 在【对齐】选项卡下，设置水平对齐方式为“靠左(缩进)”，缩进量调整为“1”，单击【确定】按钮，如图 1-52 所示。

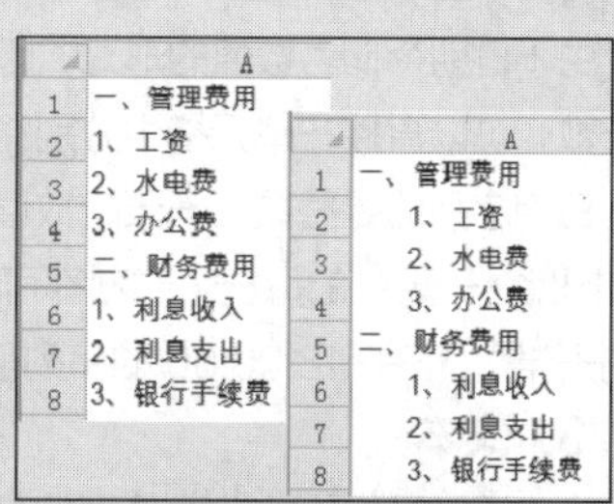

图 1-51 缩进对齐

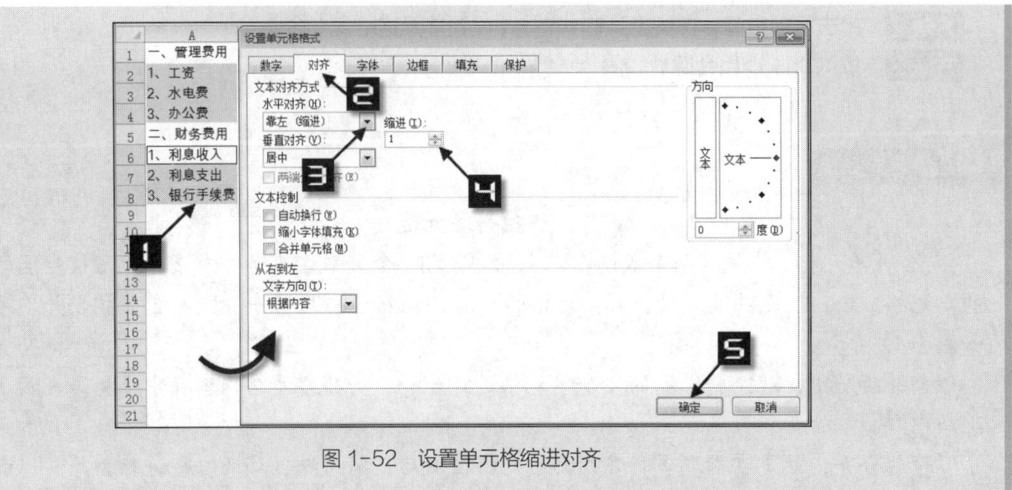

图 1-52　设置单元格缩进对齐

设置了文本缩进后，仅影响单元格中的显示效果，不会改变单元格中原有的内容。

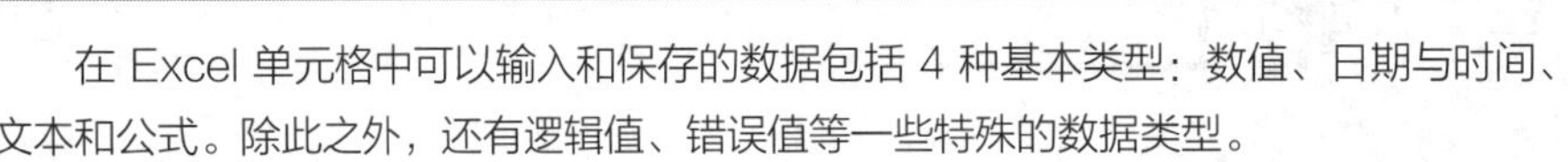

1.5 在 Excel 中输入和编辑数据

在 Excel 中输入和编辑数据

规范化输入数据，对后续的数据处理和分析具有非常高的重要性。在 Excel 表格中输入数据也需要掌握一定的方法和技巧，并且需要遵循一定的规则。

1.5.1 Excel 中的数据类型

在 Excel 单元格中可以输入和保存的数据包括 4 种基本类型：数值、日期与时间、文本和公式。除此之外，还有逻辑值、错误值等一些特殊的数据类型。

1. 数值

数值是指所有代表数量的数字形式。Excel 中可以表示和存储的数字最大精确到 15 位有效数字。对于超过 15 位的整数数字，Excel 会自动将 15 位以后的数字变为零；对于大于 15 位有效数字的小数，则会将超出的部分截去。

2. 日期和时间

在 Excel 中，日期和时间是以一种特殊的数值形式存储的，这种数值形式被称为“序列值”。

在 Windows 操作系统上所使用的 Excel 版本中，日期系统默认为“1900 日期系统”，即以 1900 年 1 月 1 日作为序列值的基准日，当日的序列值计为 1，这之后的日期均以距离基准日期的天数作为其序列值，如 2016 年 5 月 20 日的序列值为 42510。

要查看一个日期的序列值，可以在单元格内输入日期后，将其单元格数字格式设置为“常规”，这时就会在单元格中显示日期的序列值。

由于日期存储为数值的形式，因此日期数据可以参与加、减等数值运算。例如，要计算两个日期之间的相距天数，可以直接在单元格中分别输入这两个日期，再用减法运算的公式来计算。

日期序列值是整数，一天的数值单位是 1，1 小时可以表示为 1/24 天，1 分钟可以表示为 1/（24×60）天。因此，一天中的每一个时刻都可以由小数形式的序列值来表示。例如，中午 12:00:00 的序列值是 0.5（一天的一半），下午 18:00:00 的序列值则是 0.75。

3. 文本

文本通常是指一些非数值型的文字、符号等，除此之外，许多不代表数量、不需要进行数值计算的数字也可以保存为文本形式，如电话号码、身份证号码、银行卡号码等，所以文本并没有严格意义上的概念。

4. 公式

公式是 Excel 中一种非常重要的数据。Excel 作为一种电子数据表格，很多强大的计算功能都是通过公式来实现。

公式通常都是以等号“=”开头，它的内容可以是简单的数学公式，也可以包含 Excel 的内置函数，甚至是用户自定义的函数等。

如需在单元格内输入公式，需要先输入等号“=”，表示当前输入的是公式。除了等号以外，使用加号“+”或者减号“-”开头也可以使 Excel 识别其内容为公式，在按<Enter>键确认输入以后，Excel 会自动在公式开头部分加上等号“=”。

5. 逻辑值

逻辑值是比较特殊的一类参数，它只有 TRUE（真）和 FALSE（假）两种类型。

例如，在单元格 A2 中输入数字 5，在 B2 单元格中输入公式“=A2>3”就返回逻辑值 TRUE（真），在 C2 单元格中输入公式“=A2>6”就会返回逻辑值 FALSE（假）。

6. 错误值

用户在使用 Excel 的过程中，有时会遇到一些错误值，如#DIV/0!、#N/A、#NAME?等，出现这些错误值的原因有很多种，几种常见的错误值及产生的原因如表 1-2 所示。

表 1-2　常见错误值及产生的原因

错误值	原因
#####	单元格所含数字超出单元格宽度，或者单元格的日期时间公式产生了负数
#VALUE!	在需要数字或逻辑值时输入了文本，Excel 不能将文本转换为正确的数据类型
#DIV/0!	在公式中，除数使用了指向空单元格或者包含零值的单元格引用
#NAME?	公式中使用了不存在的名称或是函数名称拼写错误
#N/A	在查找类函数公式中，无法找到匹配的内容
#REF!	删除了有其他公式引用的单元格或工作表，致使单元格引用无效
#NUM!	在需要数字参数的函数中，使用了不能接受的参数

1.5.2 在单元格中输入数据

要在单元格中输入数值和文本类型的数据，可以先选中单元格，使其成为当前活动单元格后，直接向单元格内输入数据，数据输入完毕后按<Enter>键或者使用鼠标单击其他单元格都可以确认完成输入。要在输入过程中取消输入的内容，则可以按<Esc>键退出输入状态。

当用户输入数据的时候，原有编辑栏的左边出现✕和✓按钮，如图 1-53 所示。用户单击✓按钮后，可以对当前输入的内容进行确认；如果单击✕按钮，则表示取消输入。

图 1-53　输入数据时出现两个按钮

1.5.3 日期和时间内容的输入规范

默认情况下，年月日之间的间隔符号包括“/”和“-”两种，二者可以混合使用。例如，输入“2017/5-12”，Excel 能自动转化为“2017 年 5 月 12 日”。

使用其他间隔符号将无法正确识别为有效的日期格式，如使用小数点“.”和反斜杠“\”做间隔符输入的“2015.6.12”和“2015\6\12”，将被 Excel 识别为文本字符串。除此之外，在中文操作系统下使用部分英语国家所习惯的月份日期在前、年份在后的日期形式，如“4/5/2017”等，Excel 也无法正确识别。

在中文操作系统下，文本字符“年”“月”“日”可以作为日期数据的单位被正确识别，也可以识别以英文单词或英文缩写形式表示月份的日期。例如，单元格中输入“May-15”，Excel 会识别为系统当前年份的 5 月 15 日。

当单击日期所在单元格时，无论使用了哪种日期格式，编辑栏都会以系统默认的短日期格式显示，如图 1-54 所示。

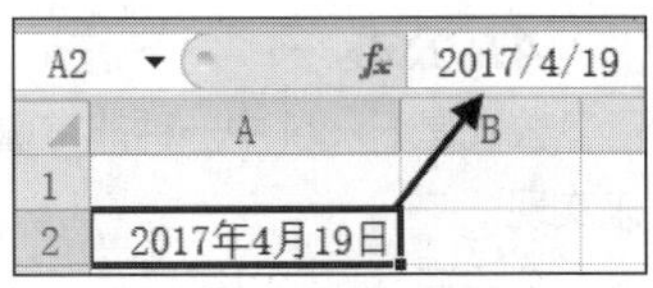

图 1-54　输入中文日期

Excel 中的日期可以使用四位数值作为年份，如“1999-2-14”；也可以使用两位数值作为年份，如“99-2-14”。以两位数字作为年份时，Excel 将 0～29 之间的数字解释为 2000～2029 年，将 30～99 之间的数字解释为 1930～1999 年。为了避免系统自动识别产生的错误理解，输入日期时建议使用四位数字表示年份。

在时间数据中，使用半角冒号“:”作为分隔符，如“21:55:32”。Excel 允许省略秒的时间数据输入，如“21 时 29 分”或“21:29”。

使用中文字符作为时间单位时，表示方式为“0 时 0 分 0 秒”。表述小时单位的“时”不能以日常习惯中的“点”代替。例如，输入“21 时 29 分 32 秒”，Excel 会自动转化为时间格式，而输入“21 点 29 分 32 秒”则会被识别为文本字符串。

小技巧

快速填充合并单元格

素材所在位置为：

光盘：\素材\第 1 章 Excel 基础\快速填充合并单元格.xlsx

快速填充合并单元格

如图 1-55 所示，数据表中的 A 列和 C 列都使用了合并单元格。为了便于数据的汇总，需要取消所有合并单元格，并且将表格填充完整。

操作步骤如下。

步骤 1 选中 A2:C12 单元格区域，在【开始】选项卡下单击【合并后居中】命令取消合并单元格，如图 1-56 所示。

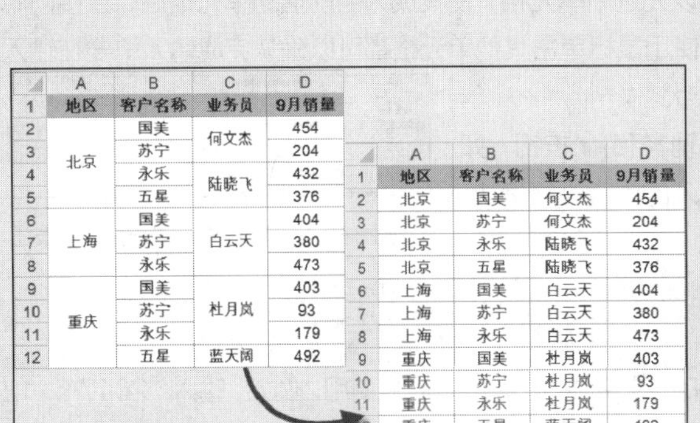

	A	B	C	D
1	地区	客户名称	业务员	9月销量
2	北京	国美	何文杰	454
3		苏宁		204
4		永乐	陆晓飞	432
5		五星		376
6	上海	国美	白云天	404
7		苏宁		380
8		永乐		473
9	重庆	国美	杜月岚	403
10		苏宁		93
11		永乐		179
12		五星	蓝天阔	492

	A	B	C	D
1	地区	客户名称	业务员	9月销量
2	北京	国美	何文杰	454
3	北京	苏宁	何文杰	204
4	北京	永乐	陆晓飞	432
5	北京	五星	陆晓飞	376
6	上海	国美	白云天	404
7	上海	苏宁	白云天	380
8	上海	永乐	白云天	473
9	重庆	国美	杜月岚	403
10	重庆	苏宁	杜月岚	93
11	重庆	永乐	杜月岚	179
12	重庆	五星	蓝天阔	492

图 1-55　快速填充合并单元格

	A	B	C	D
1	地区	客户名称	业务员	9月销量
2	北京	国美	何文杰	454
3		苏宁		204
4		永乐	陆晓飞	432
5		五星		376
6	上海	国美	白云天	404
7		苏宁		380
8		永乐		473
9	重庆	国美	杜月岚	403
10		苏宁		93
11		永乐		179
12		五星	蓝天阔	492

图 1-56　取消合并单元格

步骤 2 按<Ctrl+G>组合键，在弹出的定位对话框中单击【定位条件】按钮，打开【定位条件】对话框，单击选中“空值”单选钮，最后单击【确定】按钮，如图 1-57 所示。

操作完成后，即可选中 A2:C12 单元格区域的所有空白单元格，效果如图 1-58 所示。

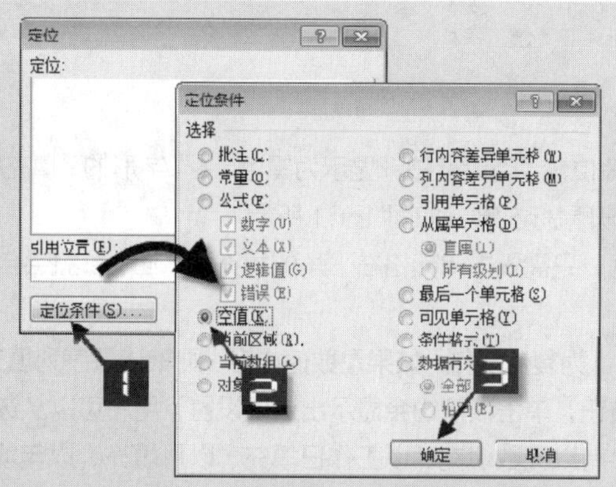

图 1-57　定位条件对话框

	A	B	C	D
1	地区	客户名称	业务员	9月销量
2	北京	国美	何文杰	454
3		苏宁		204
4		永乐	陆晓飞	432
5		五星		376
6	上海	国美	白云天	404
7		苏宁		380
8		永乐		473
9	重庆	国美	杜月岚	403
10		苏宁		93
11		永乐		179
12		五星	蓝天阁	492

图 1-58　选中所有空白单元格

步骤 3　鼠标指针定位到编辑栏内，先输入等号“=”，然后单击与活动单元格相邻的上一行单元格，本例为 C2，然后按<Ctrl+Enter>组合键，如图 1-59 所示。

步骤 4　再次选中 A2:C12 单元格区域，在【开始】选项卡下设置单元格边框，将对齐方式设置为居中，如图 1-60 所示。

C3　=C2

	A	B	C	D
1	地区	客户名称	业务员	9月销量
2	北京	国美	何文杰	454
3	北京	苏宁	何文杰	204
4	北京	永乐	陆晓飞	432
5	北京	五星	陆晓飞	376
6	上海	国美	白云天	404
7	上海	苏宁	白云天	380
8	上海	永乐	白云天	473
9	重庆	国美	杜月岚	403
10	重庆	苏宁	杜月岚	93
11	重庆	永乐	杜月岚	179
12	重庆	五星	蓝天阁	492

图 1-59　快速填充空白单元格

文件　开始　插入　页面布局　公式　数据　审阅　视图　开发工具

A2　北京

	A	B	C	D	E	F
1	地区	客户名称	业务员	9月销量		
2	北京	国美	何文杰	454		
3	北京	苏宁	何文杰	204		
4	北京	永乐	陆晓飞	432		
5	北京	五星	陆晓飞	376		
6	上海	国美	白云天	404		
7	上海	苏宁	白云天	380		
8	上海	永乐	白云天	473		
9	重庆	国美	杜月岚	403		
10	重庆	苏宁	杜月岚	93		
11	重庆	永乐	杜月岚	179		
12	重庆	五星	蓝天阁	492		

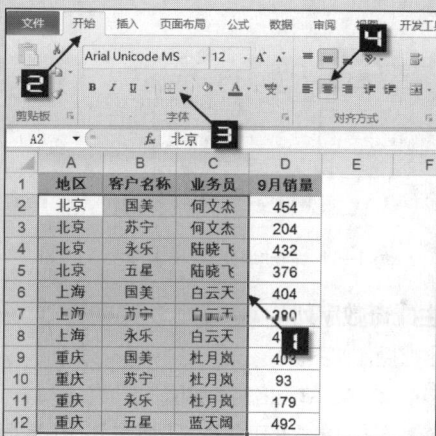

图 1-60　设置单元格格式

1.5.4　编辑单元格内容

对于已经存在数据的单元格，用户可以直接重新输入新的内容来替换原有数据。如果用户只想对其中的一部分内容进行编辑修改，则可以激活单元格进入编辑模式。以下两种方式可以进入单元格编辑模式。

方法 1　双击单元格。

方法 2　选中目标单元格后按<F2>键。

进入编辑模式后，鼠标指针所在的位置就是数据插入位置，单击鼠标左键或者使用左右方向键，可以移动鼠标指针插入点的位置。用户可在单元格中直接对其内容进行编辑修改。

1.5.5　填充与序列

在录入数据时，如果数据本身具有某些顺序上的关联性，还可以使用填充功能快速录入数据。

素材所在位置为：
光盘：\素材\第 1 章 Excel 基础\1.5.5 填充与序列.xlsx

1. 快速输入连续的合同编号

操作步骤如下。

步骤 1　选定 A2 单元格，输入“合同-001”。

步骤 2　将鼠标指针移动到 A2 单元格的右下角位置，当鼠标指针显示为黑色“+”字形的“填充柄”时，按下鼠标左键不放，向下拖曳鼠标直至 A6 单元格松开鼠标左键，如图 1-61 所示。

对于向下填充的操作，如果相邻列中已包含数据，只需双击单元格右下角的填充柄，Excel 就会自动向下填充数据，直到相邻列数据区域的底部。

拖动填充柄时，如果单元格中是文本内容，则默认为复制操作；如果是数值内容，则默认是序列填充操作。

在自动填充完成后，单元格右下角会显示选项按钮，单击该按钮会显示出选项设置，用户可以从选项菜单中改变自动填充的规则。对于日期数据的填充，还会有以天数填充、以工作日填充、以月填充、以年填充等更多的选项，如图 1-62 所示。

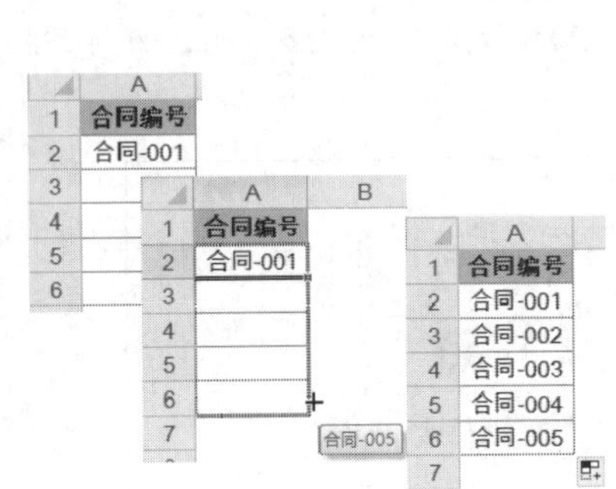

图 1-61　自动填充

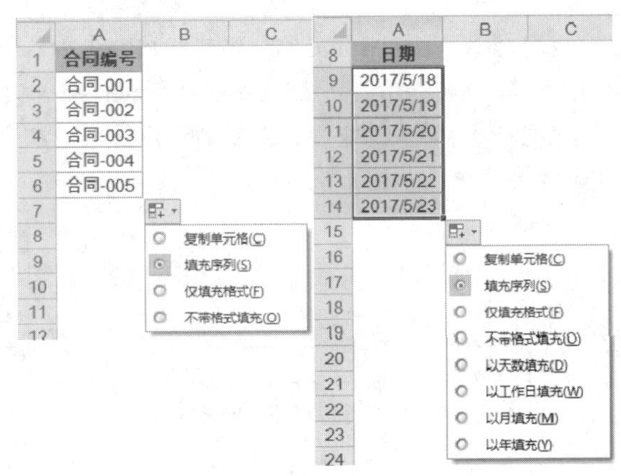

图 1-62　填充选项

2. 生成奇数序列

具体步骤操作如下。

步骤 1　在 A2 单元格输入数值 1。

步骤 2　依次单击【开始】→【填充】→【系列】命令，弹出【序列】对话框。

步骤 3　在弹出的【序列】对话框中，单击【序列产生在】下的【列】单选钮，在【步长值】文本框中输入 2，在【终止值】文本框中输入 99，最后单击【确定】按钮，如图 1-63 所示。

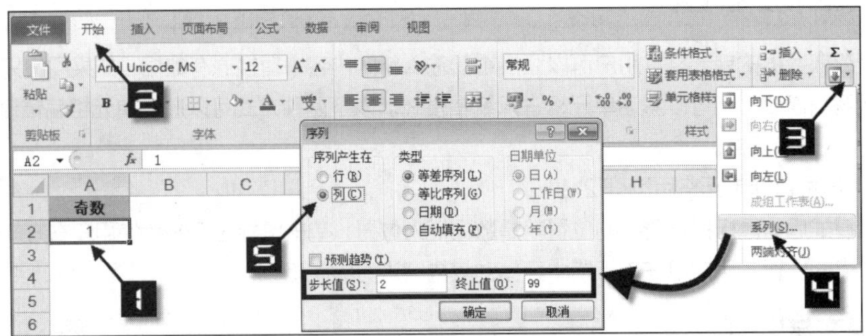

图 1-63　生成 100 以内的奇数

除此之外，也可以在 A2 单元格输入 1，在 A3 单元格输入 3。然后同时选中 A2 和 A3 单元格，拖动右下角的填充柄向下复制。

小技巧

插入带括号或带圆圈的数字

在实际工作中可能会用到带括号的数字，可以通过以下方法来实现。

步骤1 选中要输入字符的单元格，在【插入】选项卡下，单击“文本”命令组中的【符号】按钮，弹出【符号】对话框。

步骤2 在【符号】对话框中，切换到【符号】选项卡，单击“子集”右侧的下箭头按钮，在弹出的下拉菜单中选择“带括号的字母数字”，此时在备选图框里即可出现带括号的数字，选中某个字符后，单击【插入】按钮，即可输入带括号或带圆圈的数字，如图 1-64 所示。

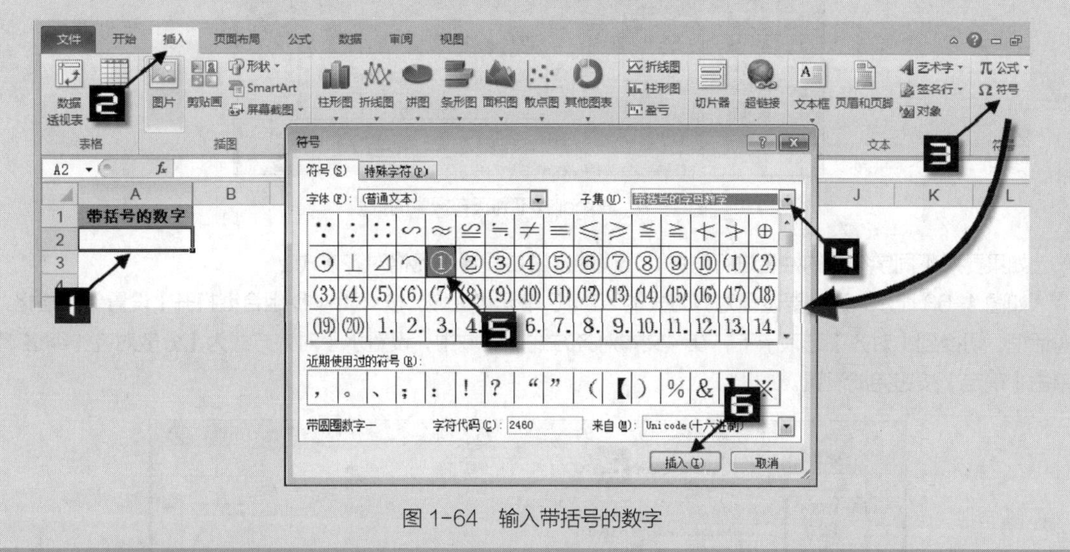

图 1-64 输入带括号的数字

1.5.6 数据输入时的常见问题

一些日常记录性质的表格，主要用途是用于打印后填写，不需要汇总分析。为了显示美观，其表格结构可以相对比较随意。如果是制作用于数据汇总、分析的基础数据表格，则需要表格结构规范化。

1. 合并单元格

我们经常可以看到类似图 1-65 这样的表格，不仅使用了双行表头，而且还使用了很多的合并单元格。在基础数据表中，要避免使用双行表头和合并单元格。这样的表格将无法排序和筛选，也无法进行分类汇总，如果要按部门汇总数据时，需要非常复杂的公式才能完成。

2. 手工添加汇总行

为了使工作表中体现更多的汇总信息，很多人习惯在单元格中手工插入小计行和总计行，如图 1-66 所示。

	A	B	C	D
1	部门	姓名	费用明细	
2			水电费	通讯费
3	采购部	蒋若涵	153	88
4		钱瑾瑜	182	66
5		李梦雪	201	78
6	财务部	欧阳秋月	135	59
7		谭赵琪	176	64

图 1-65 不规范表格

	A	B	C	D
1	部门	姓名	费用明细	
2			水电费	通讯费
3	采购部	蒋若涵	153	88
4		钱瑾瑜	182	66
5		李梦雪	201	78
6	小计		536	232
7	财务部	欧阳秋月	135	59
8		谭赵琪	176	64
9	小计		311	123
10	总计		847	355

图 1-66 手工添加的汇总行

手工添加汇总行不仅浪费了大量的时间，而且会对数据的排名、排序带来影响，一旦需要在表格中添加或删除内容，就需要重新调整表格结构，重新进行计算。

要想得到汇总数据，可以通过公式、数据透视表在新工作表中汇总统计，或是使用分类汇总功能在基础数据工作表中进行汇总。

3. 使用空格对齐文本

录入人员名单过程中，为了与三个字的名字对齐，会在两个字的名字中间加上空格，这是一种常见的错误操作习惯，在 Excel 中，空格也是一个字符，所以“张三”与“张 三”会被视作不同的内容。如图 1-67 所示的人员名单中，如果按<Ctrl+F>组合键查找姓名“李敏”，Excel 将提示找不到正在搜索的数据。

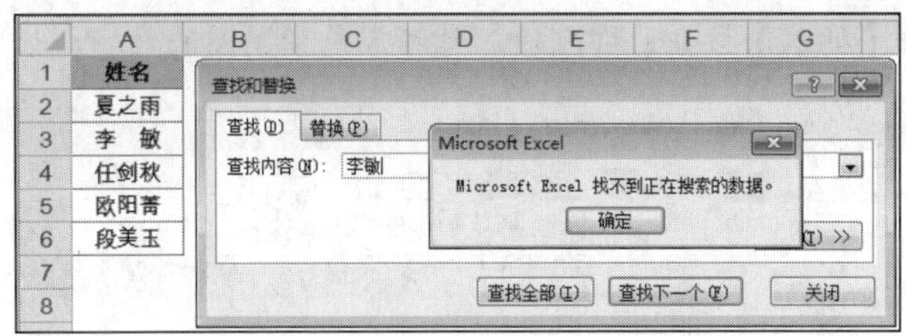

图 1-67　Excel 找不到正在搜索的数据

如果要对不同字符数的姓名进行对齐，正确的方法是设置单元格对齐方式。

如图 1-68 所示，选中要设置对齐方式的 A2:A6 单元格区域，按<Ctrl+1>组合键打开【设置单元格格式】对话框。切换到【对齐】选项卡下，在“文本对齐方式”区域中，设置水平对齐方式为【分散对齐（缩进）】，单击【确定】按钮完成设置。

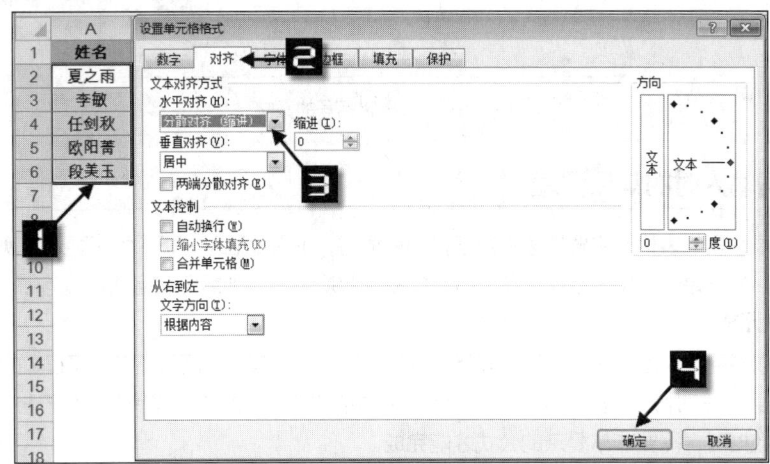

图 1-68　设置对齐方式

设置完成后，适当调整单元格列宽，不同字符数的姓名会自动对齐，既兼顾了表格美观的需要，同时单元格内的实际数据也不会受影响，如图 1-69 所示。

小技巧

输入带方框的对勾

在某些有特殊要求的表格中，需要以带方框的对勾 ☑ 表示已经完成的任务或项目，使用 ☒ 表示未完成的任务或项目。如图 1-70 所示，可以先选中要输入特殊符号的 B2:B6 单元格区域，在【开始】选项卡下设置字体为“Wingdings 2”。

设置字体后，在单元格中输入英文大写字母 R，即可显示为☑。输入英文大写字母 S，即可显示为☒，如图 1-71 所示。

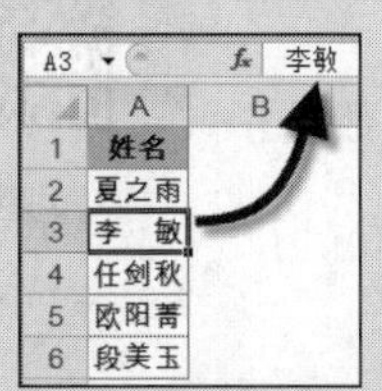

图 1-69　分散对齐

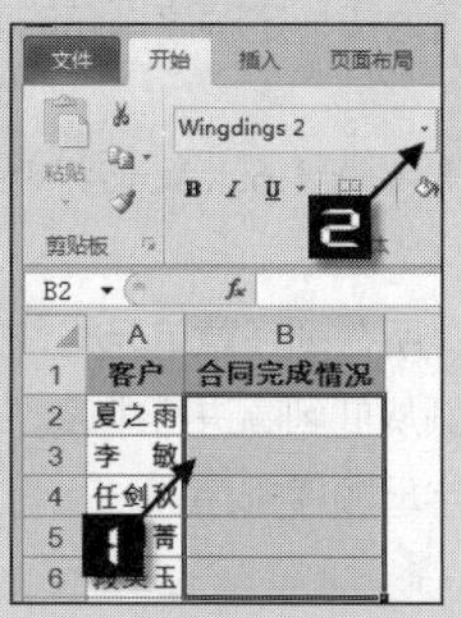

图 1-70　设置单元格字体

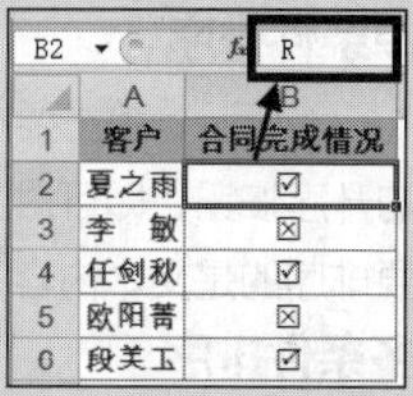

图 1-71　输入字母 R 或 S

输入银行卡号

素材所在位置为：

光盘：\素材\第 1 章 Excel 基础\输入银行卡号.xlsx

在常规格式下输入银行卡号或是身份证号码，Excel 会默认以科学计数法的形式显示，如图 1-72 所示，在 B2 单元格中输入银行卡号 6223011615008220328 后，单元格内将显示为 6.22301E+18。

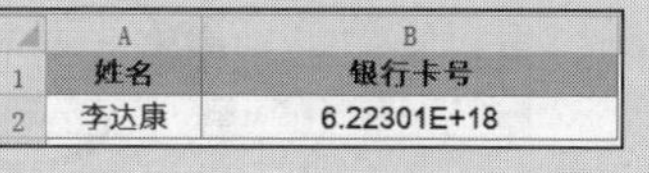

	A	B
1	姓名	银行卡号
2	李达康	6.22301E+18

图 1-72　科学计数法

当单元格中输入的数字超过 11 位时，会自动变成科学计数法。科学计数法以 E+n 替换部分数字，其中的 E 代表指数，表示将前面的数字乘以 10 的 n 次幂。

如果此时将单元格的数字格式设置为数值，并且将小数位数设置为 0，Excel 也只能正常显示前 15 位的数字，15 位之后会全部变为 0。

如果要输入 15 位以上的数字并且能够完全显示，有两种方法可以实现。

方法 1　先输入一个半角单引号，然后再输入数字。

方法 2　选中需要输入内容的单元格区域，将单元格数字格式设置为文本，然后再输入数字，如图 1-73 所示。

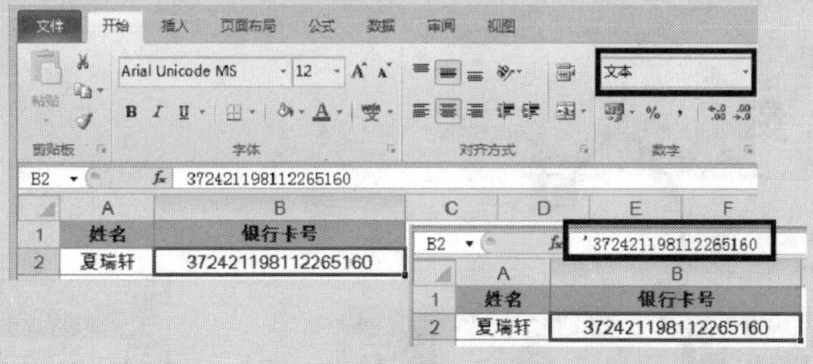

图 1-73　输入长数字

1.6　使用 Excel 处理数据

熟练使用排序、筛选、查找与替换、数字类型转换等基础功能对原始数据进行必要的处理，可以更方便地实现数据的汇总分析。

1.6.1 排序

Excel 中的排序功能可以把数据信息梳理为按一定顺序排布的表格，帮助用户更清晰地查看和处理数据。

素材所在位置为：

光盘：\素材\第 1 章 使用 Excel 处理数据\1.6.1 数据排序.xlsx

数据排序

1. 单条件排序

如图 1-74 所示，单击要排序的“金额”所在列任意单元格，如 C3，单击【数据】选项卡下的升序按钮，即可对数据表按照金额从低到高进行排序。

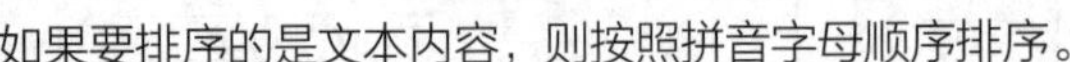

如果要排序的是文本内容，则按照拼音字母顺序排序。

2. 多条件排序

如图 1-75 所示，需要对数据中的“采购年份”和“金额”两个条件进行排序，排序规则为优先按照“采购年份”升序排列；如果“采购年份”相同则继续按照“金额”降序排列。

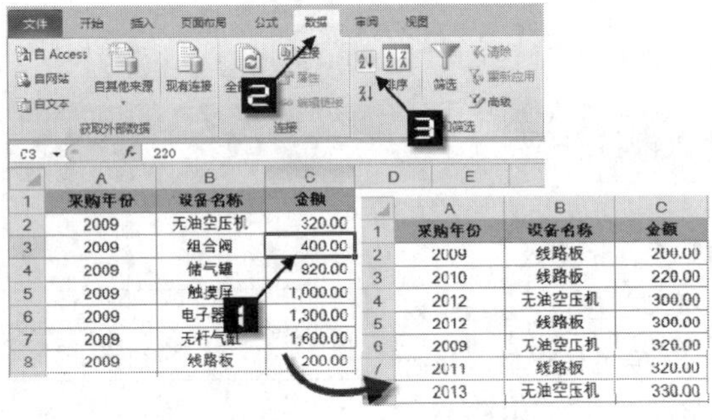

图 1-74 按金额升序排序

	A	B	C
1	采购年份	设备名称	金额
2	2009	无杆气缸	1,600.00
3	2009	电子器件	1,300.00
4	2009	触摸屏	1,000.00
5	2009	储气罐	920.00
6	2009	组合阀	400.00
7	2009	无油空压机	320.00
8	2009	线路板	200.00
9	2010	无杆气缸	1,700.00

图 1-75 多条件排序

操作步骤如下：

步骤 1 选中数据区域中的任意单元格，如 A3，在【数据】选项卡中单击【排序】按钮，弹出【排序】对话框。

步骤 2 单击【主要关键字】右侧下拉按钮，选择“采购年份”，然后单击右侧的【次序】下拉按钮，选择“升序”。

步骤 3 单击【添加条件】按钮添加次要关键字，然后单击【次要关键字】右侧下拉按钮，设置次要关键字为“金额”，单击右侧的【次序】下拉按钮，选择“降序”。最后单击【确定】按钮，如图 1-76 所示。

操作完成后，采购年份从低到高依次排列，相同年份的金额则按照从高到低的规则排列，如图 1-77 所示。

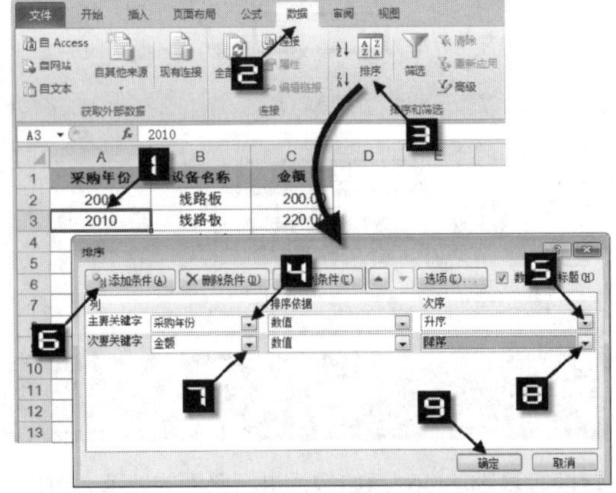

图 1-76 添加【次要关键字】排序

	A	B	C
1	采购年份	设备名称	金额
2	2009	无杆气缸	1,600.00
3	2009	电子器件	1,300.00
4	2009	触摸屏	1,000.00
5	2009	储气罐	920.00
6	2009	组合阀	400.00
7	2009	无油空压机	320.00
8	2009	线路板	200.00
9	2010	无杆气缸	1,700.00
10	2010	电子器件	1,400.00
11	2010	触摸屏	1,100.00

图 1-77 多条件排序效果

3. 自定义序列排序

在实际工作中，往往需要使用特殊的次序，实现自定义规则的排序，如按照职务排序、按照单位部门排序等。如图 1-78 所示，需要按照自定义的区域顺序对客户名单进行排序。

	A	B	C	D	E
1	客户名称	所属区域	客户代表		所属区域
2	金宇重工	西北区	赵思天		华北区
3	大地商贸	西南区	葛如蕾		华南区
4	精致电子	华南区	杨尔梅		西北区
5	骁龙工业	西南区	马觅烟		西南区
6	富力集团	西北区	杨如康		
7	长海粮油	西北区	贺问雁		
8	协盈集团	西南区	叶孤竹		
9	茂发机车	华北区	杜思天		
10	长鑫电子	华南区	于听莲		

数据表

图 1-78 人员名单

（1）编辑自定义列表，操作步骤如下。

步骤 1 首先在 E2:E5 单元格区域按自定义排序的顺序输入所属区域，然后选中该区域，依次单击【文件】→【选项】，在弹出的【Excel 选项】对话框中，切换到【高级】选项卡，单击【编辑自定义列表】按钮。

步骤 2 在弹出的【自定义序列】对话框中，单击【导入】按钮，再依次单击【确定】按钮关闭对话框，如图 1-79 所示。

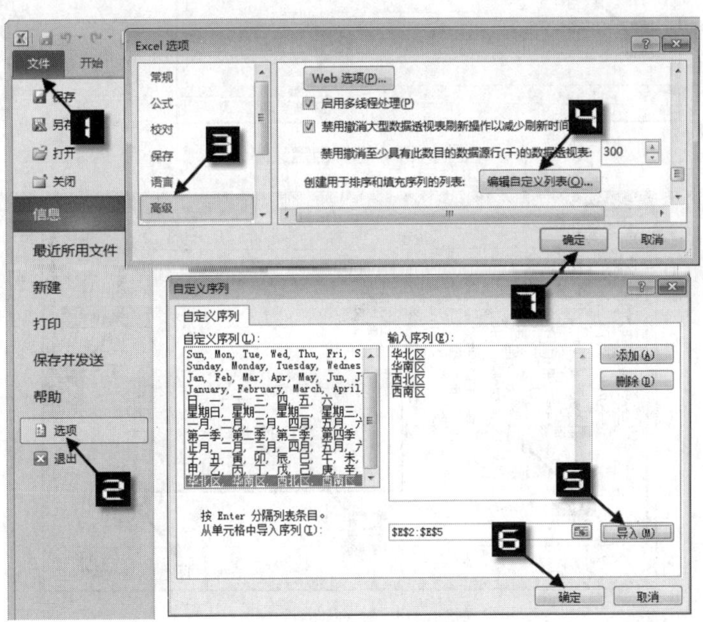

图 1-79 编辑自定义列表

（2）编辑自定义列表完成后，再按照此规则对数据进行排序操作，操作步骤如下。

步骤 1 单击数据区域任意单元格，如 B2，单击【数据】选项卡下的【排序】按钮，弹出【排序】对话框。

步骤 2 设置主要关键字为【所属区域】。在【次序】下拉列表中，选择【自定义序列...】，弹出【自定义序列】对话框。

步骤 3 在左侧的【自定义序列】列表中单击选中之前编辑的自定义序列，再单击【确定】按钮，返回【排序】对话框，单击【排序】对话框的【确定】按钮，完成自定义序列的排序，如图 1-80 所示。

（3）如需删除已有的自定义序列，可在【自定义序列】对话框的【自定义序列】列表中，单击选中之前编辑的自定义序列，再单击【删除】按钮，Excel 会弹出提示对话框，依次单击【确定】按钮关闭对话框即可，如图 1-81 所示。

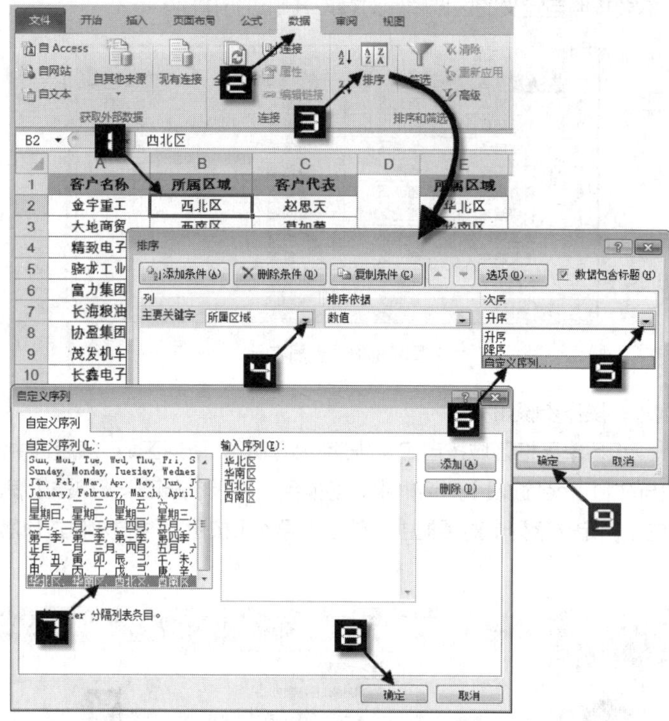

图 1-80　选择自定义序列

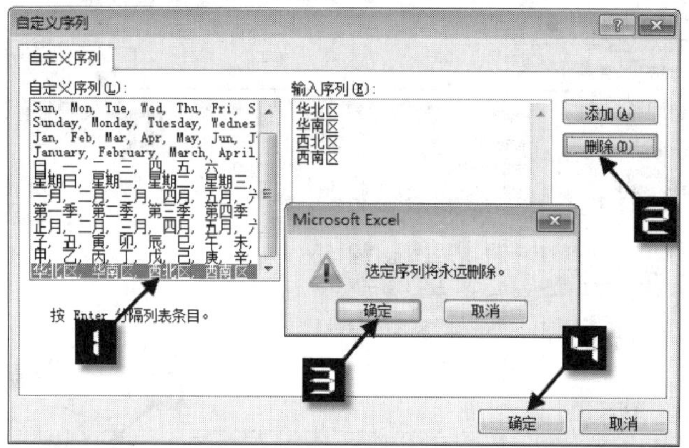

图 1-81　删除自定义序列

小技巧

快速返回未排序前的数据状态

用户在工作表进行多次排序操作后，如果要快速返回未排序前的数据状态，往往需要多次单击快速访问工具栏内的撤销按钮。可以在排序操作之前，先在数据表中增加一个空白列，然后输入 1～n 的序号。如需返回未排序前的数据状态，只需单击序号所在列的任意单元格，然后单击【数据】选项卡下的升序按钮即可。

1.6.2 筛选

数据筛选

筛选数据列表的作用是只显示符合用户指定条件的行，隐藏不符合条件的其他行。

素材所在位置为：

光盘：\素材\第 1 章 使用 Excel 处理数据\1.6.2 数据筛选.xlsx

如图 1-82 所示，需要在数据表中筛选出华北区的所有客户记录。

先选中客户区域所在列的任意单元格，如 B2，然后单击【数据】选项卡中的【筛选】按钮，即可启用筛选功能。此时，功能区中的【筛选】按钮呈现高亮显示状态，数据列表中所有字段的列标题单元格中也会出现下拉箭头，如图 1-83 所示。

	A	B	C
1	客户名称	所属区域	客户代表
2	金宇重工	西北区	赵思天
3	大地商贸	西南区	葛如蕾
4	精致电子	华南区	杨尔梅
5	骁龙工业	西南区	马觅烟
6	富力集团	西北区	杨如康

	A	B	C
1	客户名称	所属区域	客户代表
9	茂发机车	华北区	杜思天
11	东进商贸	华北区	马梦夏
12	汇中纺织	华北区	葛丹晴

图 1-82　筛选客户记录

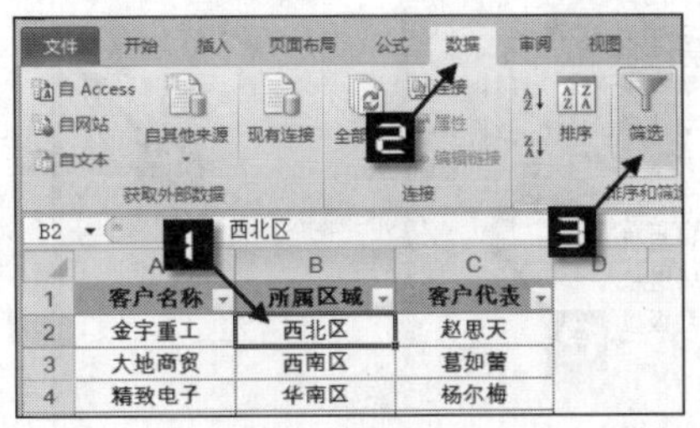

图 1-83　启用筛选功能

数据列表进入筛选状态后，单击 B1 单元格的下拉箭头，在下拉菜单中先单击取消“全选”前的复选框，然后再选中“华北区”前的复选框即可，如图 1-84 所示。

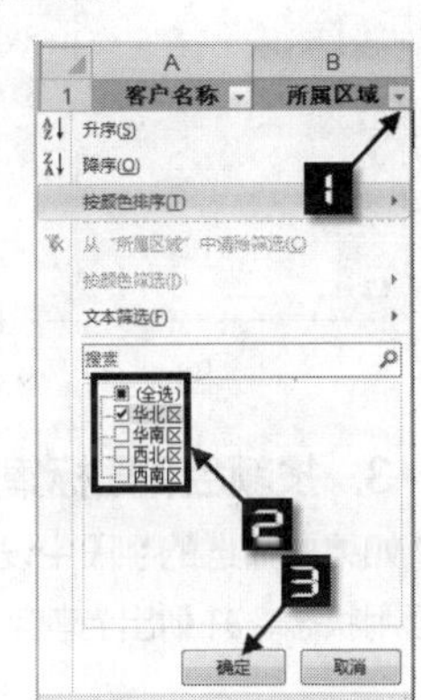

图 1-84　筛选指定条件的数据

1. 按数值条件筛选

除了直接单击下拉菜单中的复选框来选择要显示的项目，还能够根据字段类型的不同，使用更加详细的筛选选项。

按数值条件筛选，即根据数值的大小，筛选出特定范围内的数值数据。如图 1-85 所示的合同记录表中，需要提取出金额大于 100000 的记录。

操作步骤如下。

步骤 1　单击【数据】→【筛选】按钮，使表格进入筛选状态。

步骤 2　依次单击【金额】右侧的下拉按钮→【数字筛选】→【大于】命令，弹出【自定义自动筛选方式】对话框。在右侧的文本框中输入 100000，单击【确定】按钮，如图 1-85 所示。

执行筛选操作后，被筛选字段的下拉按钮形状会发生改变，同时数据列表中的行号颜色也会改变，如图 1-86 所示，是对“金额”字段执行了筛选操作后的显示结果。

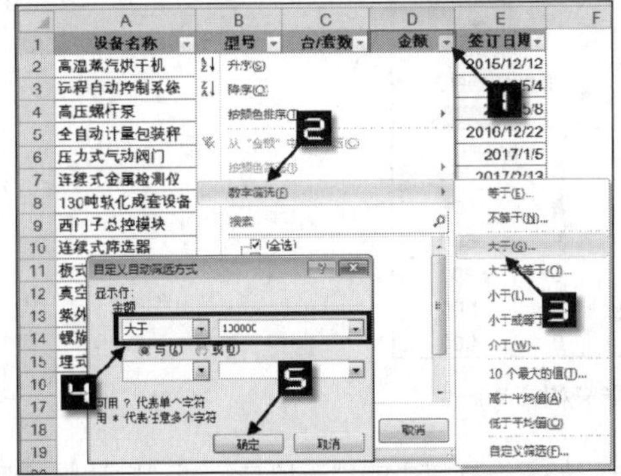

图 1-85　按数值条件筛选

	A	B	C	D	E
1	设备名称	型号	台/套数	金额	签订日期
2	高温蒸汽烘干机	130-25	1	132500	2015/12/12
5	全自动计量包装秤	125t	2	245000	2016/12/22
6	压力式气动阀门	DN250	20	200000	2017/1/5
8	130吨软化成套设备	130T	1	450000	2017/3/15
11	板式过滤机	1635C	3	540000	2017/4/10
14	螺旋输送机	300M	15	150000	2017/5/22
15	埋式刮板机	300M	8	120000	2017/5/22

图 1-86　筛选状态下的数据列表

对于已经执行筛选的字段，可以从字段中清除筛选。如图 1-87 所示，单击“金额”字段标题单元格的下拉箭头，在下拉菜单中单击【从“金额”中清除筛选】命令，可清除当前字段的筛选，工作表将恢复筛选前的状态。

2. 按日期条件筛选

按日期条件筛选，即根据日期的大小，筛选出特定范围内的日期数据，如图 1-88 所示。Excel 会根据当前日期自动提取指定范围内的数据。

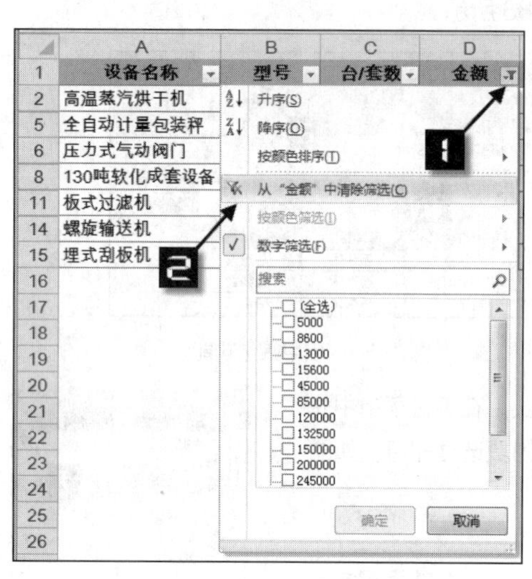

图 1-87　从字段中清除筛选

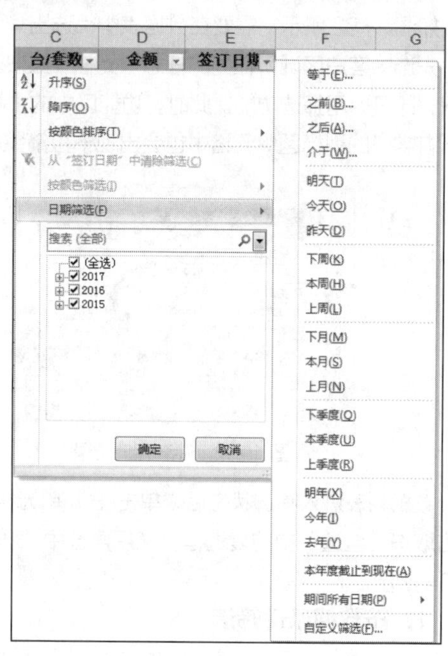

图 1-88　日期筛选菜单

3. 按颜色和图标集筛选

如果要筛选的字段中设置过字体颜色或是单元格底纹颜色时，筛选下拉菜单中的【按颜色筛选】选项会变为可用状态，并列出当前字段中应用的字体颜色和单元格颜色，如图 1-89 所示。

图 1-89　按字体颜色或单元格颜色筛选

选中相应的颜色项，即可筛选出应用了该种颜色的数据。如果选择其中的“无填充”或“自动”，则可筛选出没有应用颜色的数据。但无论是单元格颜色还是字体颜色，一次只能按一种颜色进行筛选。

如果数据列表中包含了由条件格式生成的单元格图标，Excel 还能根据不同的图标进行筛选。

4. 多条件筛选

用户可以对数据列表中的任意多列同时指定筛选条件。即先对某一列进行筛选后，再从筛选出的记录中对另一列进行筛选。在对多列同时应用筛选时，筛选条件是“与”的关系。

例如，要在如图 1-90 所示的销售表中筛选出“门店”为“北京”，并且“品名”为“按摩椅”的记录。

	A	B	C	D	E	F
1	销售日期	门店	销售人员	品名	数量	单价
2	2016/1/1	北京	张艳艳	按摩椅	197	800
3	2016/1/2	北京	张艳艳	显示器	392	1500
4	2016/1/3	北京	张艳艳	显示器	735	1500
5	2016/1/9	上海	白露露	液晶电视	258	5000
6	2016/1/10	上海	白露露	液晶电视	102	5000
7	2016/1/11	上海	白露露	微波炉	135	500
8	2016/1/12	上海	白露露	微波炉	690	500
9	2016/1/13	上海	白露露	微波炉	96	500
10	2016/1/14	上海	白露露	按摩椅	140	800
11	2016/1/15	北京	白露露	按摩椅	180	800

图 1-90 销售表

先对“门店”字段进行筛选，再对“品名”字段进行筛选，如图 1-91 所示。

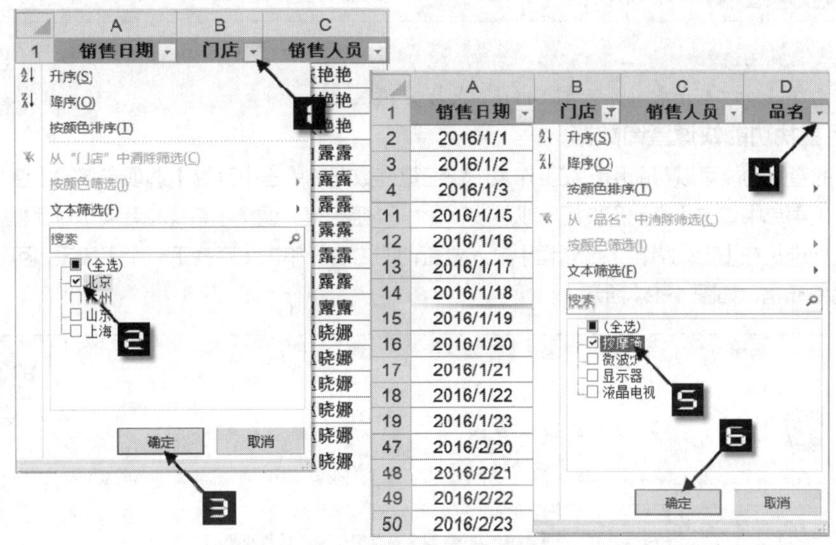

图 1-91 多条件筛选

如需添加更多条件，还可以在此基础上叠加筛选，方法与此类似。由于不同字段的筛选条件之间是相互叠加的效果，所以筛选条件越多，筛选得到的数据记录就会越少，同时筛选结果也就会越精准。

小技巧

快速调整数据结构

素材所在位置为：

光盘：\素材\第 1 章 Excel 基础\快速调整数据结构.xlsx

选择性粘贴是 Microsoft Office 组件中的一种粘贴选项。通过使用选择性粘贴，用户能够将剪贴板中的内容粘贴为不同于内容源的格式或是不同的样式效果。

如图 1-92 所示，选中 A1:E5 单元格区域，按<Ctrl+C>组合键复制，然后单击选中 A8 单元格，单击鼠标右键，在快捷菜单中选择“转置”命令。

粘贴后，数据表的行列对应位置都会发生变化，效果如图 1-93 所示。

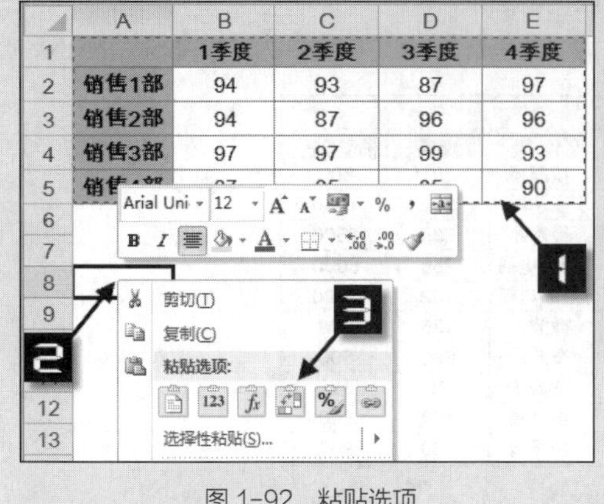

图 1-92　粘贴选项

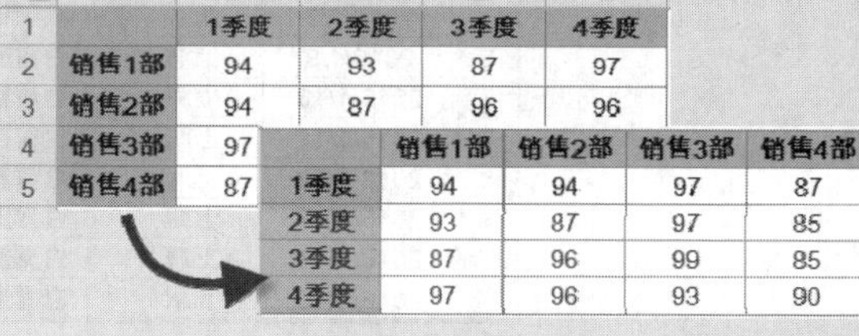

图 1-93　转置效果

1.6.3 查找与替换

素材所在位置为：

光盘：\素材\第 1 章 Excel 基础\1.6.3 查找与替换.xlsx

1. 利用查找功能快速查询数据

Excel 中的查找功能可以帮助用户在工作表中快速查询数据。单击【开始】选项卡下的【查找和选择】下拉按钮，在下拉菜单中单击【查找】按钮，或是按<Ctrl+F>组合键，调出【查找和替换】对话框，并自动切换到【查找】选项卡。在【查找内容】编辑框中输入要查询的内容，单击【查找下一个】按钮，可快速定位到查询数据所在的单元格，如图 1-94 所示。

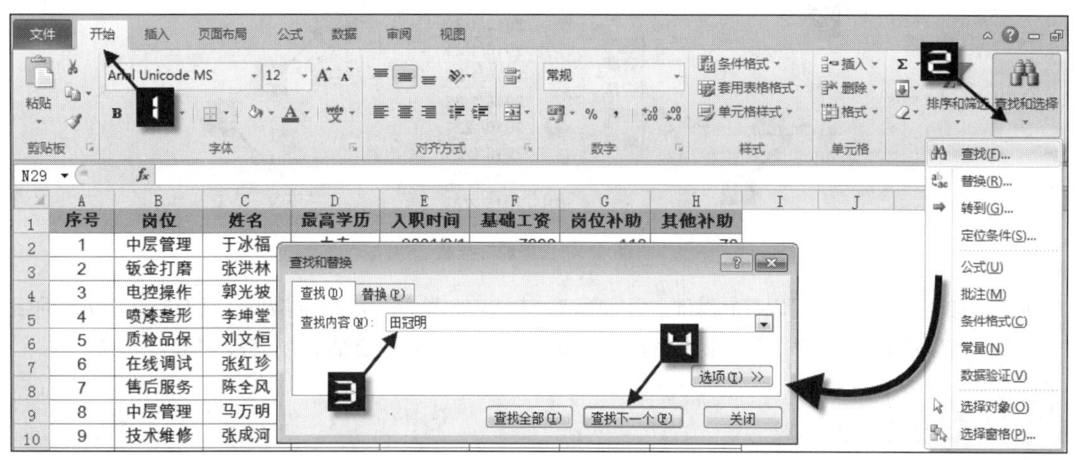

图 1-94　查找和替换对话框

如果在【查找和替换】对话框中单击【查找全部】按钮，会在对话框下方显示出所有符合条件的数据列表，单击其中一项，可定位到该数据所在的单元格，如图 1-95 所示。

单击【查找和替换】对话框中的【选项】按钮，能够展开更多查找有关的选项。除了可以选择区分大小写、单元格匹配、区分全/半角等，还可以选择范围、搜索顺序和查找的类型，如图 1-96 所示。

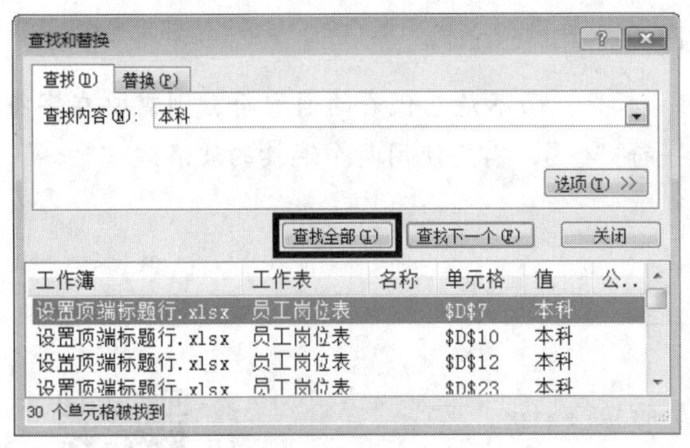

图 1-95 查找全部

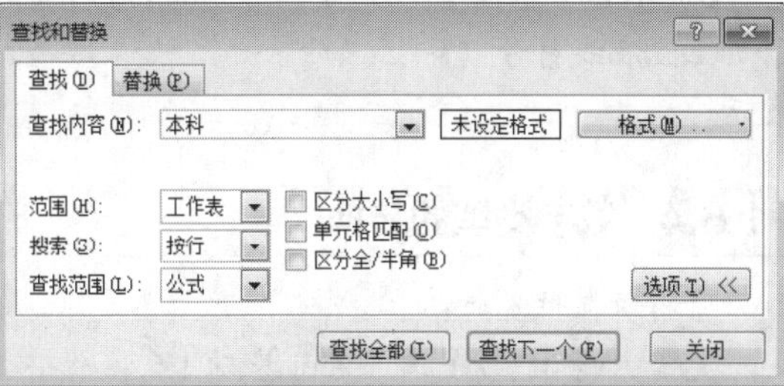

图 1-96 更多查找选项

除了以上选项外，还可以单击【查找和替换】对话框中的【格式】下拉按钮，在下拉菜单中单击【格式】按钮，对查找对象的格式进行设定。或是单击【从单元格选择格式】按钮，以现有单元格的格式作为查找条件，便在查找时只返回包含特定格式的单元格，如图 1-97 所示。

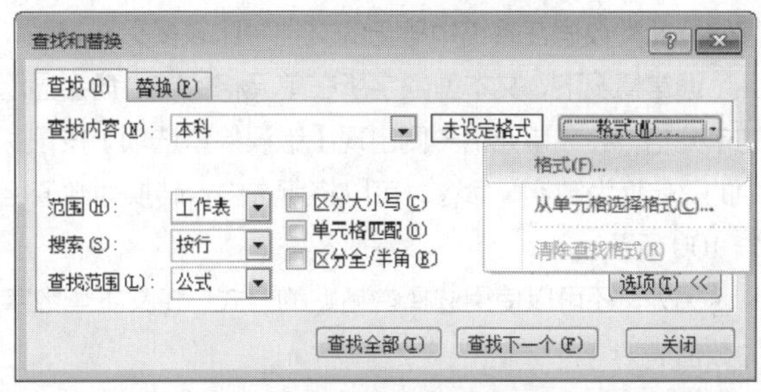

图 1-97 查找指定格式的内容

2. 使用替换功能快速更改数据内容

使用替换功能，可以快速更改表格中的符合指定条件的数据内容。

单击【开始】选项卡下的【查找和选择】下拉按钮，在下拉菜单中单击【替换】按钮，或是按<Ctrl+H>组合键调出【查找和替换】对话框，并自动切换到【替换】选项卡。在【查找内容】编辑框中输入要查询的内容，在【替换为】编辑框中输入要替换的内容，单击【替换】按钮，可逐条进行替换。如果单击【全部替换】按钮，可快速将所有符合查找条件的单元格快速替换为指定的内容，如图 1-98 所示。

与查找功能类似，替换功能也有多种选项供用户选择，并且可以指定查找内容和替换内容的格式，如图 1-99 所示。

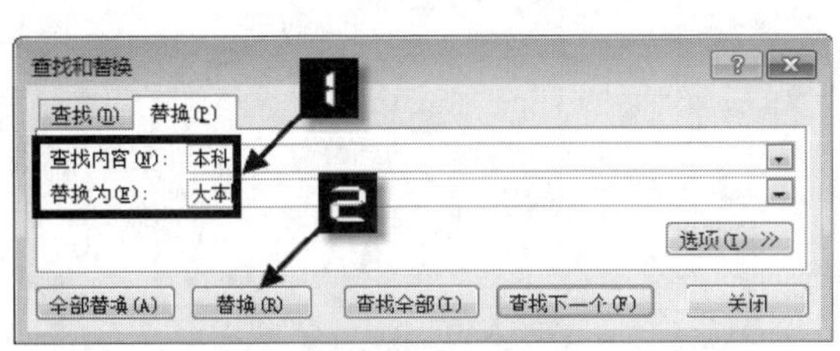

图 1-98 替换对话框

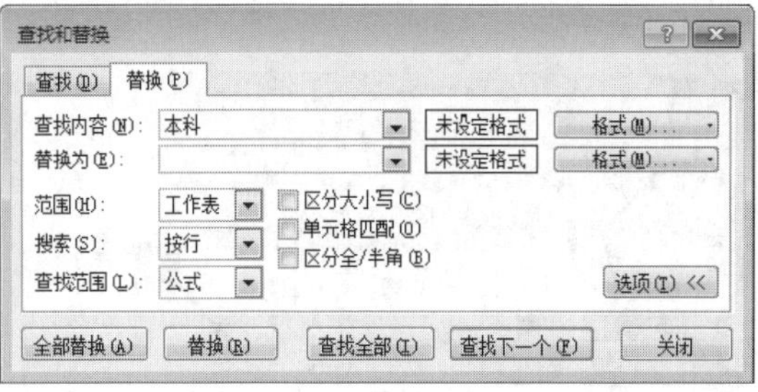

图 1-99 丰富的替换选项

3. 使用通配符实现模糊查找

Excel 支持的通配符包括星号“*”和半角问号“?”，星号“*”可替代任意数目的字符，可以是单个字符，也可以是多个字符。半角问号“?”可替代任意单个字符。

使用包含通配符的模糊查找方式，可以完成更为复杂的查找需求。

例如，要查找以字母“E”开头，并且以字母“l”结尾的内容，可以在【查找内容】编辑框中输入“E*l”，此时表格中包含“Excel”“Email”“Eternal”等单词的单元格都会被查找到。假如需要查找以“E”开头、以“l”结尾的五个字母的单词，则可以在【查找内容】编辑框中输入“E???l”，三个问号“?”表示任意三个字符，此时的查找结果就会在以上三个单词中仅返回“Excel”和“Email”。

【提示】如果要查找星号“*”和半角问号“?”本身，而不是它代表的通配符，则需要在字符前加上波浪线符号“～”，如“～*”。如果要查找字符“～”，需要使用两个连续的波浪线“～～”表示。

1.6.4 数字类型的转换

素材所在位置为：
光盘：\素材\第 1 章 Excel 基础\1.6.4 数字类型的转换.xlsx

数字类型的转换

1. 转换文本型数字

文本型数字是一种比较特殊的数据类型，它的数据内容是数值，但作为文本类型进行存储，此类数据在系统中导出的文档中比较多见。

通常情况下，文本型数字所在单元格的左上角会显示绿色三角形的错误检查符号。如果选中带文本型数字的单元格，会在单元格一侧出现【错误检查选项】按钮，单击按钮右侧的下拉菜单，会显示选项菜单，单击其中的“转换为数字”命令，可以将所选内容转换为数值格式，如图 1-100 所示。

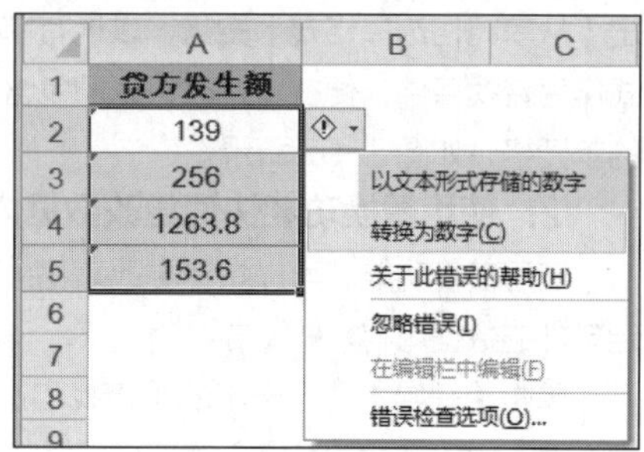

图 1-100　错误检查选项

另外，还可以使用选择性粘贴的方式，将文本型数字快速转换为数值。

如图 1-101 所示，在任意空白单元格内输入数字 0，选中后单击【开始】选项卡下的【复制】命令按钮，也可以按<Ctrl+C>组合键复制。然后选中需要处理的数据区域，再单击鼠标右键，在弹出的快捷菜单中单击“选择性粘贴”命令，打开【选择性粘贴】对话框，分别选中“数值”和“加”单选钮，最后单击【确定】按钮。

操作完成后，即可实现从文本型数字到数值的转换。

2. 处理不可见字符

在系统中导出的文档中往往还会有不可见字符。对于此类数据将无法直接进行求和等汇总，并且也没有特别的标识，如图 1-102 所示，选中单元格区域后，状态栏内仅有计数选项。

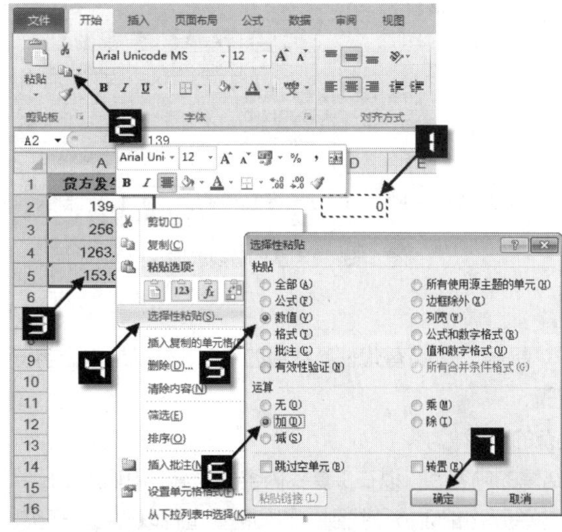

图 1-101　选择性粘贴

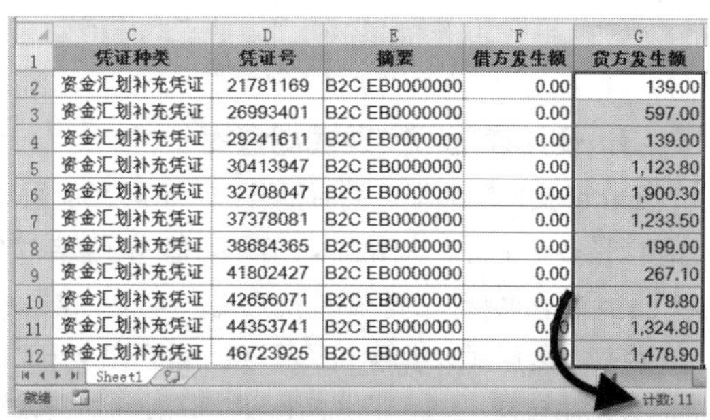

	C	D	E	F	G
1	凭证种类	凭证号	摘要	借方发生额	贷方发生额
2	资金汇划补充凭证	21781169	B2C EB0000000	0.00	139.00
3	资金汇划补充凭证	26993401	B2C EB0000000	0.00	597.00
4	资金汇划补充凭证	29241611	B2C EB0000000	0.00	139.00
5	资金汇划补充凭证	30413947	B2C EB0000000	0.00	1,123.80
6	资金汇划补充凭证	32708047	B2C EB0000000	0.00	1,900.30
7	资金汇划补充凭证	37378081	B2C EB0000000	0.00	1,233.50
8	资金汇划补充凭证	38684365	B2C EB0000000	0.00	199.00
9	资金汇划补充凭证	41802427	B2C EB0000000	0.00	267.10
10	资金汇划补充凭证	42656071	B2C EB0000000	0.0	178.80
11	资金汇划补充凭证	44353741	B2C EB0000000	0.	1,324.80
12	资金汇划补充凭证	46723925	B2C EB0000000	0.	1,478.90

图 1-102　带有不可见字符的表格

使用分列功能可以对数据进行重新识别与存储，能够快速清除单元格中的不可见字符，操作步骤如下。

单击 G 列列标，再单击【数据】选项卡下的【分列】按钮。在弹出的【文本分列向导-第 1 步，共 3 步】对话框中，单击【完成】按钮，如图 1-103 所示。

分列处理完成后，再选中 G 列数据进行，状态栏内即可显示出求和、平均值等信息，如图 1-104 所示。

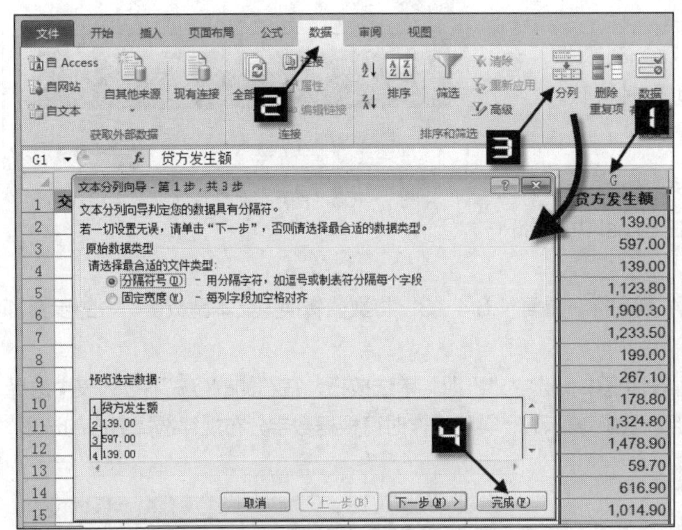

图 1-103　使用分列快速清除不可见字符

凭证号	摘要	借方发生额	贷方发生额
21781169	B2C EB0000000	0.00	139
26993401	B2C EB0000000	0.00	597
29241611	B2C EB0000000	0.00	139
30413947	B2C EB0000000	0.00	1,123.80
32708047	B2C EB0000000	0.00	1,900.30
37378081	B2C EB0000000	0.00	1,233.50
38684365	B2C EB0000000	0.00	199

平均值: 986.1828571　计数: 71　求和: 69032.8

图 1-104　分列后的数据

使用此方法，还可以将一列数据由文本型快速转换为数值型数字。

3. 将数值转换为文本型数字

将已经输入数值的单元格格式更改为文本格式后，Excel 仍然会将其视为数值处理，直到重新输入或是编辑数据才会转换为文本型数字。而部分需要导入 ERP 系统的数据，在导入之前需要先将数值转换为文本型数字。使用分列功能，可以实现从数值到文本型数字的快速转换，操作步骤如下。

步骤 1　如图 1-105 所示，单击 G 列列标，再单击【数据】选项卡下的【分列】按钮。在弹出【文本分列向导-第 1 步，共 3 步】的对话框中，单击【下一步】按钮。

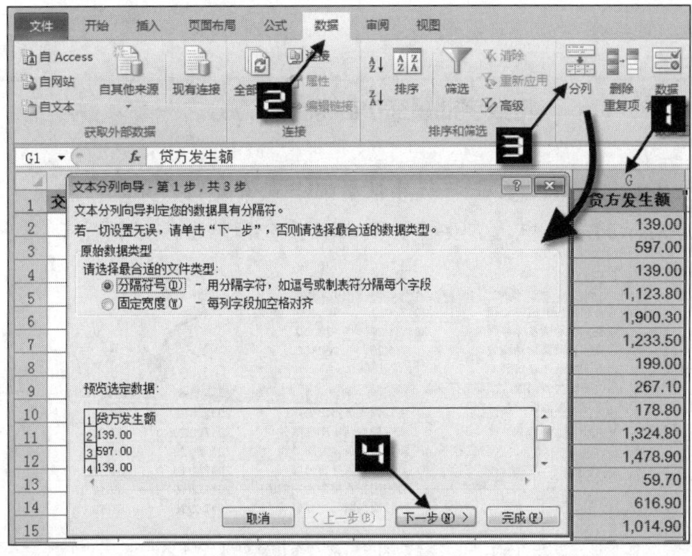

图 1-105　使用分列快速转换数字格式 1

步骤 2 在弹出【文本分列向导-第 2 步，共 3 步】的对话框中，单击【下一步】按钮，弹出【文本分列向导-第 3 步，共 3 步】对话框。

步骤 3 在列数据格式区域选中“文本”单选按钮，单击【完成】按钮，如图 1-106 所示。

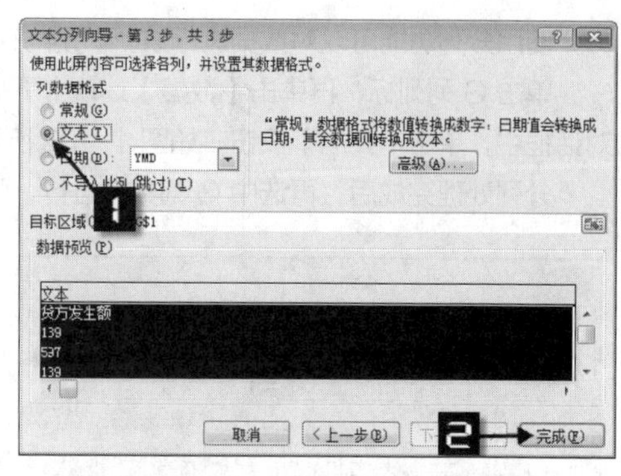

图 1-106 使用分列快速转换数字格式 2

【提示】使用分列功能每次只能处理一列数据，如果有多列需要处理的数据，则需要重复分列操作。

4. 批量修正不规范的日期格式

如图 1-107 所示，是某企业的提现登记表。其中 A 列以 8 位数字来表示日期，这样的录入形式在 Excel 中只能识别为数值，而不能作为日期处理。

如需修正为规范的日期格式，可单击 A 列列标，重复 1.6.4“3. 将数值转换为文本型数字”中的步骤 1 和步骤 2。

在【文本分列向导-第 3 步，共 3 步】对话框中，选中“日期”单选按钮，在右侧的格式下拉列表中选择“YMD”。其中的“Y”表示年，“M”表示月，“D”表示天，实际操作时可根据数字分布规律选择对应的选项，最后单击【完成】按钮，如图 1-108 所示。

	A	B	C	D	E	F
1	日期	银行名称	账号	用途	提取金额	经办人
2	20170301	建设银行	6227 0852 2582 3225 78	转账	23000.00	张杰
3	20170301	交通银行	6222 0244 1785 2582 32	采购	5000.00	张杰
4	20170301	交通银行	6222 0244 1785 2582 32	发工资	65000.00	张杰
5	20170301	工商银行	0125 0852 2582 3225 78	房屋租金	15000.00	李丽
6	20170301	工商银行	0125 0852 2582 3225 78	水电费	2680.00	李丽
7	20170301	工商银行	0125 0852 2582 3225 78	押金	5000.00	李丽
8	20170302	建设银行	6227 0852 2582 3225 78	转账	15000.00	张杰
9	20170302	交通银行	6222 0244 1785 2582 32	采购	8500.00	张杰
10	20170302	工商银行	0125 0852 2582 3225 78	转账	3600.00	李丽

图 1-107 提现登记表

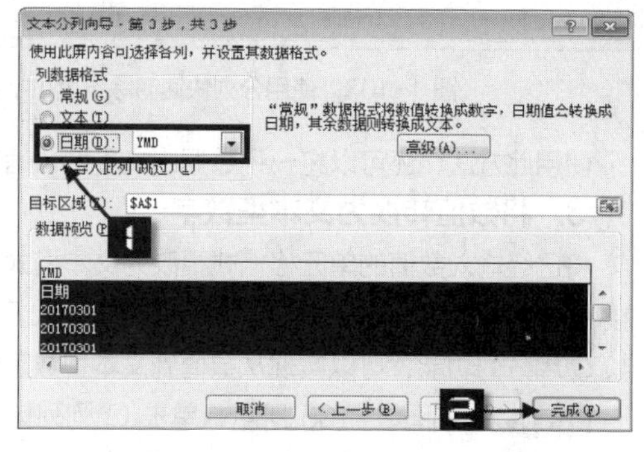

图 1-108 使用分列转换日期格式

小技巧

将数字批量缩小到原数的万分之一

素材所在位置为：

光盘：\素材\第 1 章 Excel 基础\将数字批量缩小到原数的万分之一.xlsx

在如图 1-109 所示的表格中，需要将 C 列的开票金额缩小一万倍显示。

	A	B	C
1	客户名称	开票日期	开票金额
2	上广食品进出口公司	2017/1/22	955000
3	安东粮油储备库有限公司	2017/1/29	476000
4	天津嘉德液体油脂公司	2017/1/29	960600
5	石家庄北辰经贸公司		
6	合肥阳光食用添加剂制造厂		
7	平城亚东国际贸易公司		

	A	B	C
1	客户名称	开票日期	开票金额（万）
2	上广食品进出口公司	2017/1/22	95.50
3	安东粮油储备库有限公司	2017/1/29	47.60
4	天津嘉德液体油脂公司	2017/1/29	96.06
5	石家庄北辰经贸公司	2017/2/15	64.63
6	合肥阳光食用添加剂制造厂	2017/2/15	80.16
7	平城亚东国际贸易公司	2017/2/18	67.59

图 1-109 将数字批量缩小到原数的万分之一

操作方法如下。

步骤 1 在任意空白单元格（如 E3），输入 10000。然后选中该单元格，按<Ctrl+C>组合键复制。

步骤 2 选中 C2:C7 单元格区域，单击鼠标右键，在扩展菜单中单击“选择性粘贴”命令。在弹出的【选择性粘贴】对话框中，选中“粘贴”区域的“数值”单选按钮和“运算”区域的“除”单选按钮，最后单击【确定】按钮，如图 1-110 所示。

步骤 3 选中 C2:C7 单元格区域，在【开始】选项卡下，单击“增加小数位数”命令按钮，最后在列标题文字后加上括号和说明文字，如图 1-111 所示。

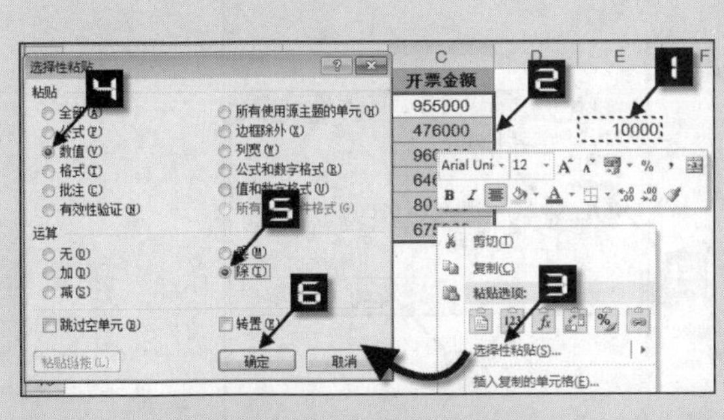

图 1-110　选择性粘贴

	A	B	C	D
1	客户名称	开票日期	开票金额(万元)	
2	上广食品进出口公司	2017/1/22	95.50	
3	安东粮油储备库有限公司	2017/1/29	47.60	
4	天津嘉德液体油脂公司	2017/1/29	96.06	
5	石家庄北辰经贸公司	2017/2/15	64.63	
6	合肥阳光食用添加剂制造厂	2017/2/15	80.16	
7	平城亚东国际贸易公司	2017/2/18	67.59	

图 1-111　增加小数位数

1.7 对重要的文件进行保护

为了避免信息泄露或是被其他人误操作，可以使用以下两种方法对重要文件进行加密，限制访问权限。

对重要的文件进行保护

方法 1 打开需要加密的工作簿，按 F12 键，在弹出的【另存为】对话框底部，单击【工具】→【常规选项】，将弹出【常规选项】对话框，用户可以为工作簿设置更多的保存选项，如图 1-112 所示。

在【打开权限密码】编辑框中输入密码，可以为当前工作簿设置打开文件的密码保护，如果没有正确的密码，则无法打开该工作簿文件。

在【修改权限密码】编辑框中设置密码，可以保护工作簿不能被意外修改。当打开设置了修改权限密码的工作簿时，会弹出对话框要求用户输入修改密码或是以只读方式打开文件，如图 1-113 所示。

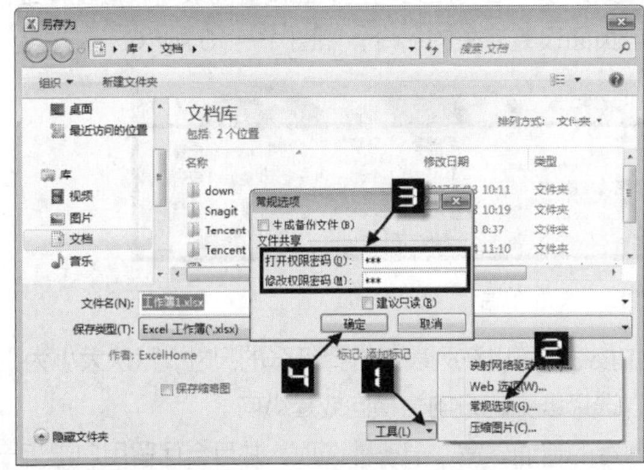

图 1-112　【常规选项】对话框

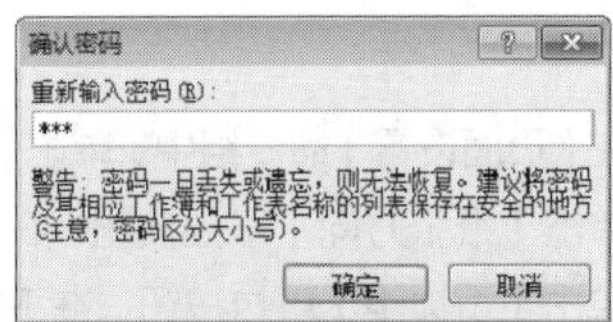

图 1-113　输入密码对话框

在只读方式下，用户对工作簿所做的修改无法保存到原文件，只能保存到其他副本中。

方法2 单击【文件】选项卡，再依次单击【保护工作簿】→【用密码进行加密】，在弹出的【加密文档】对话框中输入密码，单击【确定】按钮，Excel会要求再次输入密码进行确认，如图1-114所示。

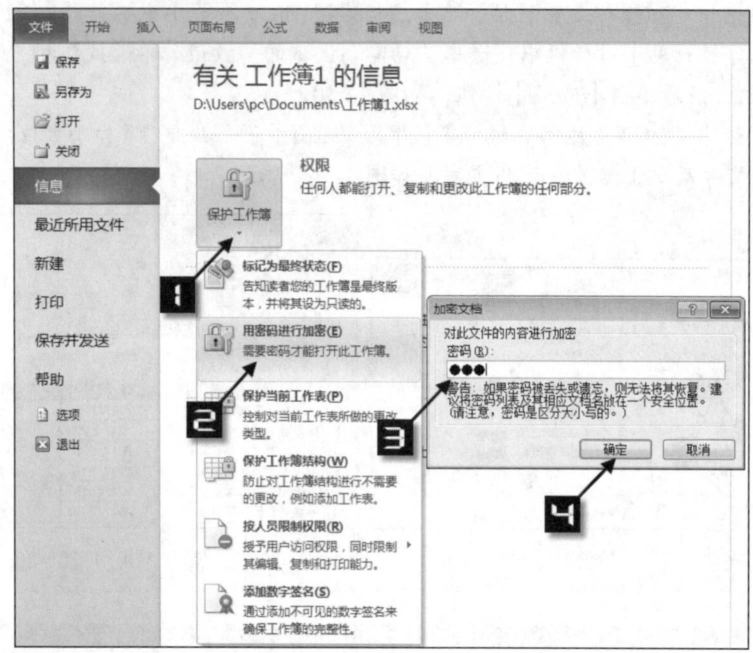

图1-114 用密码加密文档

设置密码后，此工作簿下次被打开时将提示输入密码，如果不能提供正确的密码，将无法打开此工作簿。如需解除工作簿的打开密码，可以按上述步骤再次打开【加密文档】对话框，删除现有密码即可。

1.8 工作表打印

在Excel表格中输入内容并且设置格式后，多数情况下还需要将表格打印输出，最终形成纸质的文档。

1.8.1 页面设置

页面设置包括纸张大小、纸张方向、页边距和页眉页脚等。通常情况下，如果制作的Excel表格需要打印输出，在录入数据之前就要先进行页面设置，以免在数据录入后，因为调整页面设置而破坏表格整体结构。

在【页面布局】选项卡下，包含了三组常用的与页面设置有关的命令，如图1-115所示。

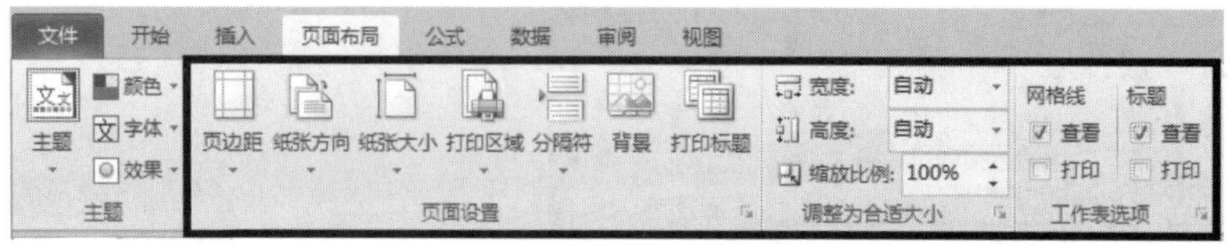

图1-115 页面布局

在【页面设置】命令组中，单击【纸张大小】下拉按钮，可以在列表中选择纸张的尺寸，默认大小为“A4”。

单击【纸张方向】下拉按钮，在下拉列表中可以选择纸张的方向为横向或是纵向。

单击【页边距】下拉按钮，在下拉列表中包括内置的普通、宽、窄三种选项，并且会保留用户最近一次设置的自定义页边距设置，如图1-116所示。

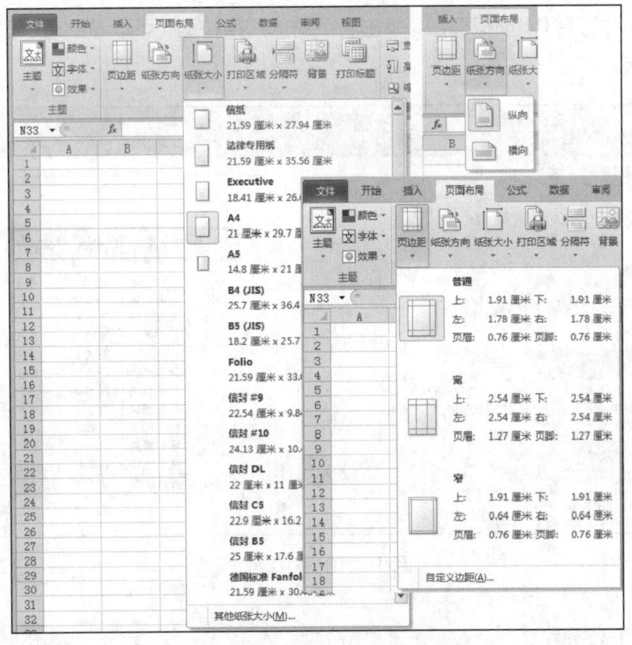

图 1-116　常用纸张设置选项

1.8.2 设置顶端标题行

素材所在位置为：

光盘：\素材\第 1 章 Excel 基础\1.8.2 设置顶端标题行.xlsx

设置顶端标题行

在打印内容较多的表格时，通过设置，可以将标题行和标题列重复打印在每个页面上，使打印出的表格每页都有相同的标题行或是标题列。

图 1-117 是某公司的员工岗位表，需要对其设置顶端标题行，以保证打印效果。

根据 1.8.1 所示步骤，设置纸张大小和页边距。

然后在【页面布局】选项卡下单击【打印标题】命令，弹出【页面设置】对话框，并且自动切换到【工作表】选项卡。

在【顶端标题行】编辑框内输入“$1:$1”，或是点击右侧的折叠按钮选取顶端标题行。最后单击【确定】按钮完成设置，如图 1-118 所示。

序号	岗位	姓名	最高学历	入职时间	基础工资	岗位补助	其他补助
1	中层管理	于冰福	大专	2001/6/1	7330	110	70
2	钣金打磨	张洪林	大专	2001/6/1	5650	100	140
3	电控操作	郭光坡	大专	2001/6/1	4920	50	140
4	喷漆整形	李坤堂	大专	2001/6/1	5080	70	120
5	质检品保	刘文恒	研究生	2001/6/1	5070	170	140
6	在线调试	张红珍	本科	2001/6/1	6120	50	80
7	售后服务	陈全凤	大专	2001/6/1	6130	160	90
8	中层管理	马万明	硕士	2002/11/1	6990	120	180
9	技术维修	张成河	本科	2002/11/1	5660	120	100

员工岗位表

图 1-117　员工岗位表

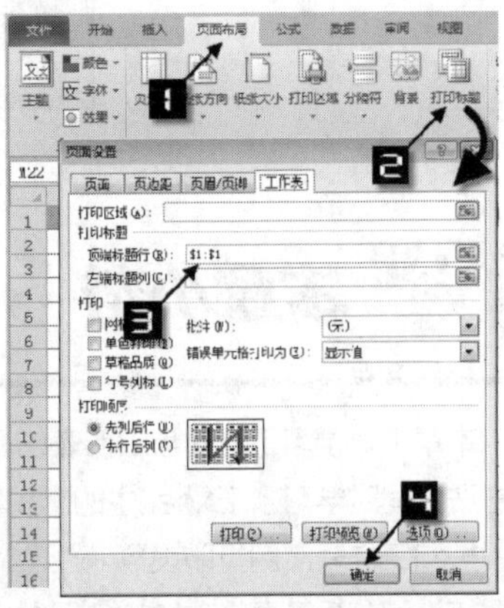

图 1-118　设置顶端标题行

按<Ctrl+P>组合键，打开打印预览窗口，单击右下角的切换按钮，可以看到每一页都设置了相同的顶端标题行，如图 1-119 所示。

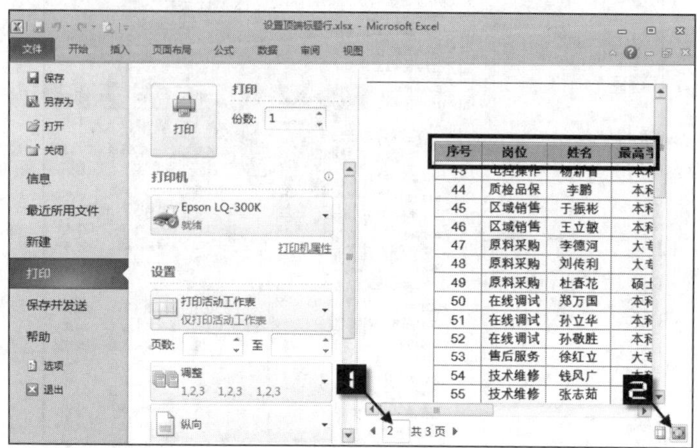

图 1-119　打印预览

1.8.3 打印整个工作簿

如果打印当前工作簿中的全部工作表，可以按<Ctrl+P>组合键打开打印预览窗口，在左侧的【设置】区域中，将“打印活动工作表”更改为“打印整个工作簿”即可，如图 1-120 所示。

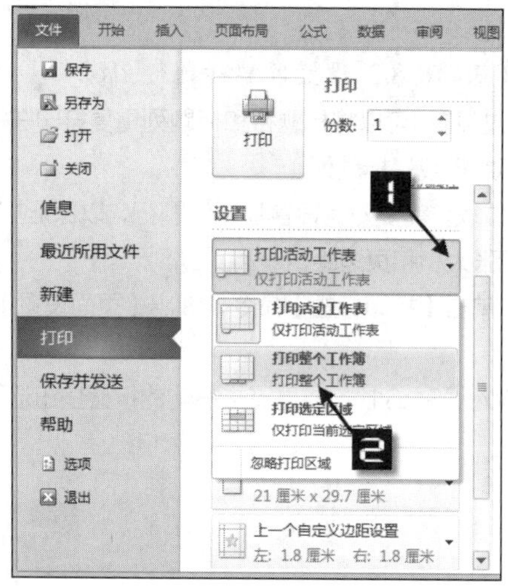

图 1-120　打印整个工作簿

本章小结

本章主要学习工作簿与工作表的基本操作和排序、筛选、查找与替换、数据类型转换等常用数据整理的方法。同时学习了 Excel 中的常见数据类型，以及在 Excel 中输入和编辑数据的方法，最后学习了文件保护和工作表常用打印设置。通过本章的学习，大家能够为熟练操作和应用 Excel 打下基础，为后续的数据统计和分析等高级功能的应用做好准备。

思考与练习

1. 熟悉 Excel 2010 的窗口界面，能够说出各个选项卡下的主要命令。
2. Excel 2010 工作表的默认格式是____。
3. 创建新工作簿有哪几种方法?
4. 在一个工作簿内，能够隐藏全部工作表吗?
5. 能够熟练完成移动和复制工作表行列的操作。
6. 常用的重命名工作表的方法有哪几种?
7. 在选中 D5:G10 单元格区域时，活动单元格是哪个?
8. 选取不连续单元格区域的方法有哪几种?
9. Excel 中的数据类型包括哪几种?
10. 要对单元格中的部分内容进行编辑修改，如何进行操作?
11. 简述设置工作表保护的两种方法。
12. 独立完成快速填充合并单元格的操作。
13. 设置顶端标题行的作用是什么?
14. 请在工作表中输入自己的身份证号码。
15. 简述多条件排序的步骤。
16. 建立一个班级人员职务的表格，按班级职务对本班级人员排序。
17. 简述按数值条件筛选的步骤。
18. 如何清除工作表中的筛选?
19. 查找和替换的快捷键分别是哪两个?
20. 要查找以字母“E”开头，并且以字母“l”结尾的内容，需要在【查找内容】编辑框中输入什么内容?
21. 如果要查找星号“*”和半角问号“?”本身，需要在字符前加上什么符号?
22. 简述转换文本型数字的两种方法。
23. 简述将数值转换为文本型数字的步骤。
24. 使用分列功能时，每次能处理几列数据?

第 2 章

货币时间价值

Excel 提供了丰富的财务函数，可分为投资评价计算、折旧计算、债券相关计算等几类。这些函数可以将原本复杂的计算过程变得简单，为财务分析提供极大的便利。本章将重点介绍常用财务函数的应用方法。

2.1 终值计算

素材所在位置为：
光盘：\素材\第 2 章 货币时间价值\2.1 终值计算.xlsx

2.1.1 单利终值计算

终值是指现在的一笔资金在一定时期之后的本利或未来值。单利终值是指对一笔资金按单利的方法对最初的本金计算利息，而不对各期产生的利息再次计算利息，在一定时期内得到的本金利息之和。

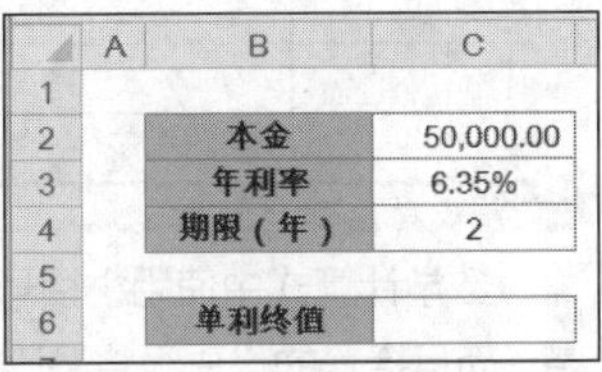

	A	B	C
1			
2		本金	50,000.00
3		年利率	6.35%
4		期限（年）	2
5			
6		单利终值	

图 2-1 计算单利终值

以图 2-1 为例，要计算一笔资金在两年后的单利终值。

单利终值的计算规则为：

=现有资金×（1+年利率×计息期限）

单击选中 C6 单元格，输入以下公式，计算结果为 56350。

```
=C2*(1+C3*C4)
```

1. 认识公式

Excel 公式是通过运算符、函数、参数等按照一定的顺序组合进行数据运算处理的等式。输入到单元格的公式包含以下 5 种元素。

（1）运算符：是指一些符号，如加（+）、减（-）、乘（*）、除（/）等。

（2）单元格引用：可以是当前工作表中的单元格，也可以是当前工作簿其他工作表中的单元格或是其他工作簿中的单元格。

（3）值或字符串：如数字 8 或字符“A”。

（4）工作表函数和参数：如 SUM 函数以及它的参数。

（5）括号：控制着公式中各表达式的计算顺序。

在单元格中输入公式可以使用手工输入和单元格引用两种方式。

（1）手工方式输入公式

激活一个单元格，然后输入一个等号“=”，再键入公式。输入公式后按<Enter>键，单元格会显示公式的计算结果。

（2）使用单元格引用方式输入公式

输入公式的另一种方法需要手工输入一些运算符，但是指定的单元格引用可以通过鼠标选取，而不需要手工输入的方式来完成。例如，在 A3 单元格输入公式“=A1+A2”，可以执行下列步骤：

单击目标单元格 A3，输入等号“=”，再单击 A1 单元格，然后输入加号“+”，接下来单击 A2 单元格，最后按<Enter>键结束公式输入。

2. 公式中的运算符

运算符是构成公式的基本元素之一，每个运算符分别代表一种运算方式。Excel 中的运算符有：算术运算符、比较运算符、文本运算符和引用运算符 4 种类型。

当公式中使用多个运算符时，Excel 将根据各个运算符的优先级顺序进行运算，对于同一级次的运算符，则按从左到右的顺序运算，如表 2-1 所示。

表 2-1　　Excel 公式中的运算优先级

顺序	符号	说明
1	:（空格）,	引用运算符：冒号、单个空格和逗号
2	-	算术运算符：负号（取得与原值正负号相反的值）
3	%	算术运算符：百分比
4	^	算术运算符：乘幂
5	*和/	算术运算符：乘和除（注意区别数学中的×、÷）
6	+和-	算术运算符：加和减
7	&	文本运算符：连接文本
8	=,<,>,<=,>=,<>	比较运算符：比较两个值（注意区别数学中的≠、≤、≥）

数学计算式中使用小括号()、中括号[ ]和大括号{ }，以改变运算的优先级别。在 Excel 中均使用小括号代替，而且括号的优先级将高于表 2-1 中所有运算符，括号中的算式优先计算。如果在公式中使用多组括号进行嵌套，其计算顺序是由最内层的括号逐级向外层进行计算。

2.1.2 普通复利终值计算

复利终值是指现在的一笔资金按复利的方法，对本金和各期产生的利息同时计算利息，在一定时期以后得到的本金利息之和。复利终值的计算规则为：

=现有资金×(1+年利率)^{期限}

如图 2-2 所示，将 50000 元投资用于某个项目，预计可实现的年报酬率为 6.25%，按复利计算，计算该公司 4 年后可获得的资金总额。

	A	B	C
1			
2		投资额	50,000.00
3		年利率	6.25%
4		期限	4
5			
6		复利终值	¥63,721.47

图 2-2　普通复利终值计算

在 Excel 中，可以使用以下公式计算复利终值，结果为 63721.47。

```
=C2*(1+C3)^C4
```

由财务函数得到的金额，默认会将单元格格式设置为“货币”格式。

也可以使用 FV 函数计算普通复利条件下投资金额的终值。在 C6 单元格中输入以下公式，同样可以计算出复利终值结果。

```
=FV(C3,C4,,-C2)
```

1. 认识 Excel 函数

Excel 函数是由 Excel 内部预先定义，并按照特定的顺序和结构来执行计算、分析等数据处理任务的功能模块。Excel 函数的名称是唯一的，且不区分大小写，每个函数都有特定的功能和用途。

在公式中使用函数时，通常由表示公式开始的等号、函数名称、左括号、以半角逗号相间隔的参数和右括号构成。此外，公式中允许使用多个函数或计算式，使用运算符进行连接。函数的参数由数值、日期、单元格引用和文本等元素组成，也可以将一个函数的结果用作另一个函数的参数。

函数具有简化公式、提高编辑效率的特点，某些简单的计算可以通过自行设计的公式完成。例如对 A1:A3 单元格求和，可以使用以下公式：

```
=A1+A2+A3
```

但如果要对 A1～A100 单元格或者更多单元格区域求和，逐个单元格相加的做法将变得无比繁杂、低效，而且容易出错。使用 SUM 函数则可以大大简化这些公式，使之更易于输入、查错和修改，以下公式可以得到 A1～A100 单元格的和。

```
=SUM(A1:A100)
```

其中 SUM 是求和函数，A1:A100 是需要求和的区域，表示对 A1:A100 单元格区域执行求和计算。可以根据实际数据情况，将求和区域写成多行多列的单元格区域引用。

此外，有些函数的功能是自编公式无法完成的。例如，使用 RAND 函数，可以产生大于等于 0 小于 1 的随机值。

使用函数公式对数据汇总，相当于在数据之间搭建了一个关系模型，当数据源中的数据发生变化时，无需对函数公式再次编辑，即可实时得到最新的计算结果。同时，可以将已有的函数公式快速应用到具有相同样式和相同运算规则的新数据源中。

Excel 2010 中的内置函数有 300 多个，但是这些函数并不需要全部学习，掌握使用频率较高的几十个函数以及这些函数的组合嵌套使用，就可以应对工作中的绝大部分任务。

2. 函数的输入与编辑

如果知道所需函数名的全部或开头部分字母，可直接在单元格或编辑栏中手工输入函数。当用户编辑或输入公式时，Excel 会自动显示以输入的字符开头的函数名称列表。

例如，在单元格中输入“=SU”后，Excel 将自动显示所有以“SU”开头的函数名称扩展下拉菜单。通过在扩展下拉菜单中移动上、下方向键或鼠标选择不同的函数，其右侧将显示该函数功能提示，双击鼠标或者按<Tab>键可将此函数添加到当前的编辑位置，既提高了输入效率，又能确保输入函数名称的准确性。随着进一步输入，扩展下拉菜单将逐步缩小范围，如图 2-3 所示。

在【公式】选项卡的【函数库】命令组中，用户可以根据需要和分类插入函数，还可以从【最近使用的函数】下拉菜单中选取最近使用过的 10 个函数，如图 2-4 所示。

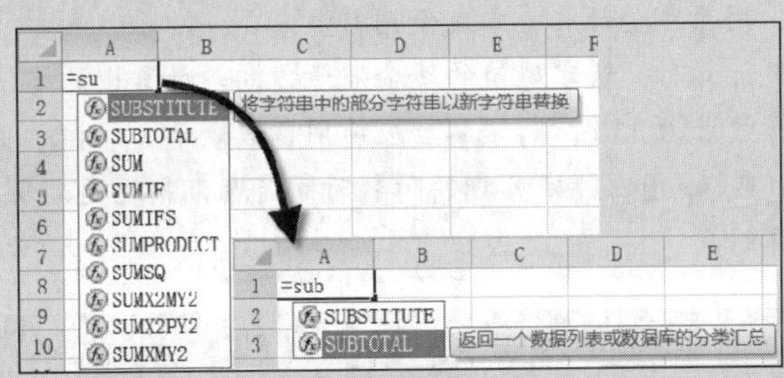

图 2-3 公式记忆式键入

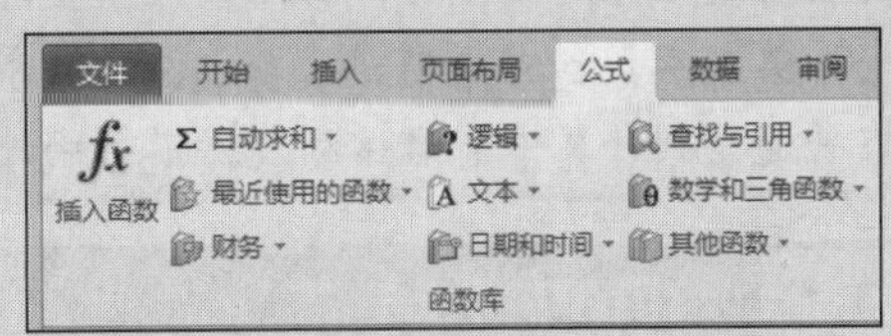

图 2-4 在函数库命令组中选择

如果对函数所归属的类别不熟悉，还可以使用“插入函数”向导选择或搜索所需函数。以下几种方法均可打开“插入函数”对话框。

方法 1 单击【公式】选项卡上的【插入函数】按钮，如图 2-5 所示。

方法 2 单击编辑栏左侧的【插入函数】按钮，如图 2-6 所示。

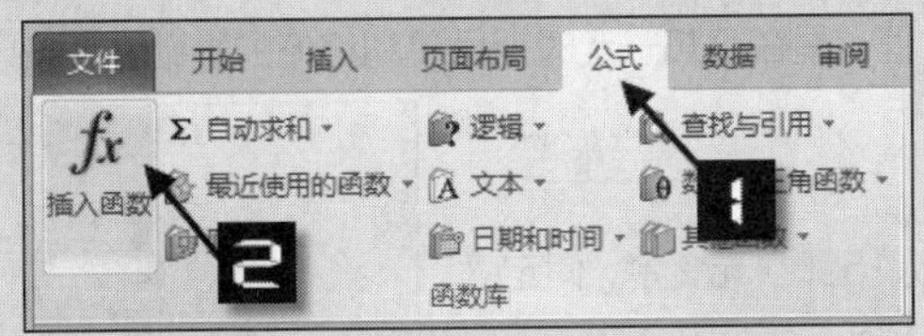

图 2-5 【插入函数】按钮 1

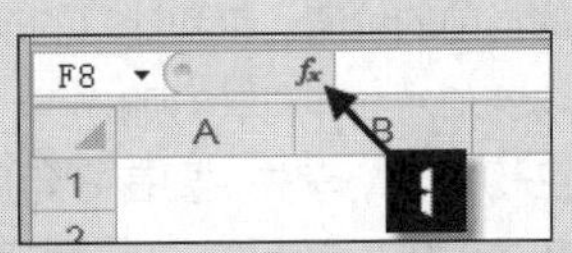

图 2-6 【插入函数】按钮 2

方法 3 按<Shift+F3>组合键。

如图 2-7 所示，在【搜索函数】编辑框中输入关键字“最小值”，单击【转到】按钮，对话框中将显示推荐的函数列表，选择某个函数后，单击【确定】按钮，即可插入该函数并切换到【函数参数】对话框。

在【函数参数】对话框中，从上而下主要由函数名、参数编辑框、函数简介及参数说明和计算结果等几部分组成。参数编辑框内允许直接输入参数，或是单击右侧折叠按钮以选取单元格区域，编辑框右侧将实时显示输入参数的值，如图 2-8 所示。

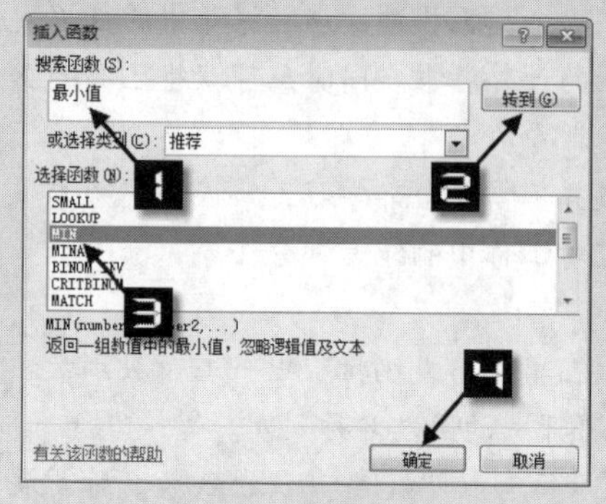

图 2-7　搜索函数

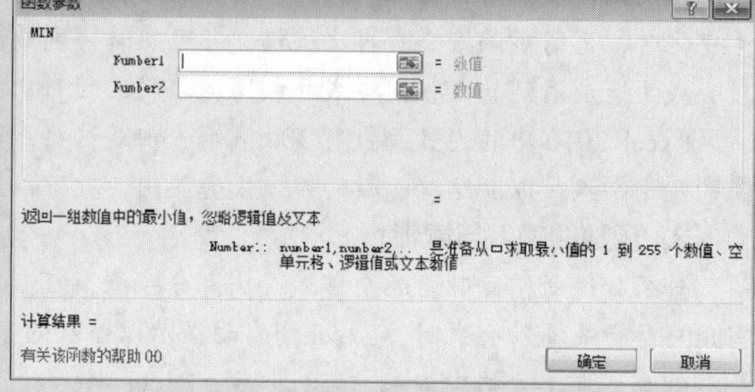

图 2-8　函数参数对话框

3. FV 函数

FV 函数的作用是基于固定利率及等额分期付款方式，返回某项投资的未来值。该函数语法为：

```
FV(rate,nper,pmt,[pv],[type])
```

第一参数 rate 代表各期利率，本例中为 6.25%。

第二参数 nper 代表期数，本例中为 4 年。

第三参数 pmt 代表每期等额支付金额，用于年金计算，本例使用 0。

第四参数 pv 代表原始投资额。FV 函数计算时，认定现值的现金流量方向与计算出的终值现金流量方向是相反的，因此如果希望计算结果为正数，则该参数应该用负数表示。

第五参数 type 是可选参数，值为数字 0 或 1，用以指定各期的付款时间是在期初还是期末。在普通复利计算中省略该参数，不影响计算结果。

2.2 现值计算

素材所在位置为：

光盘：\素材\第 2 章　货币时间价值\2.2　现值计算.xlsx

现值是指未来的一笔资金按照给定的利率计算所得到的当今的价值。

2.2.1 单利现值计算

单利现值计算相当于单利终值计算的逆运算过程，是在已知一定时期后单利终值的基础上，按照指定的利率计算出的当前的价值。单利计算的规则为：

现值=未来值/(1+年利率×期限)

如图 2-9 所示，李先生要在 3 年后从银行提取 15000 元资金，假定 3 年期的存款单利年利率为 6.5%，要计算现在应存入银行多少元。

C6 单元格输入以下公式，计算结果为-12631.58。

```
=-C2/(1+C3*C4)
```

	A	B	C
1			
2		终值	15,000.00
3		年利率	6.25%
4		期限	3
5			
6		单利现值	

图 2-9　单利现值计算

1. 现金的流入与流出

所有的财务公式都基于现金流，即现金流入与现金流出，所有的交易也都伴随着现金流入与现金流出。

例如，买车对于购买者是现金流出，而对于销售者就是现金流入。如果是存款，对于存款人是现金流出，取款是现金流入。而对于银行，存款是现金流入，取款则是现金流出。

所以在构建财务公式的时候，首先要确定行为主体，以确定每一个参数应是现金流入还是现金流出。在 Excel 内置的财务函数计算结果和参数中，正数代表现金流入，负数代表现金流出。

2. Excel 中的数据比较原则

除了错误值外，文本、数值与逻辑值比较时按照以下顺序排列：

…、-2、-1、0、1、2、…、A-Z、FALSE、TRUE

数值小于文本，文本小于逻辑值 FALSE，逻辑值 TRUE 最大，错误值不参与排序。文本值之间比较时是按照字符串从左至右每个字符依次比较，如 a1、a2、……a10 这 10 个字符串升序排列为 a1、a10、a2、……a9。

2.2.2 普通复利现值计算

如果已知一笔款项在一定时期后的复利终值和利率，可以以此计算出该笔款项在当前的价值。如图 2-10 所示，李先生要在 3 年后从银行提取 15000 元资金，假定 3 年期的存款复利年利率为 6.5%，要计算现在应存入银行多少元。

	A	B	C
1			
2		终值	15,000.00
3		年利率	6.25%
4		期限	3
5			
6		复利现值	

图 2-10 普通复利现值计算

C6 单元格输入以下公式，计算结果为 12505.60 元。

```
=PV(C3,C4,0,-C2)
```

PV 函数

PV 函数用于返回普通复利情况下的投资现值，该函数语法为：

```
PV(rate,nper,pmt,[fv],[type])
```

第 1 参数 rate 表示利率，本例中为 6.25%。

第 2 参数 nper 表示期限，本例中为 3 年。

第 3 参数 pmt 代表每期等额支付金额，本例为 0。

第 4 参数 fv 代表未来值，与 FV 函数一样，如果希望计算结果为正数，则该参数应该用负数表示。

第 5 参数 type 是可选参数，值为数字 0 或 1，用以指定各期的付款时间是在期初还是期末。本例中省略该参数，表示期末。

2.3 单利和复利的对比

单利是指按照固定的本金计算的利息，而本金所产生的利息不再计算利息。复利是指在每经过一个计息期后，都要将所生利息加入本金，以计算下期的利息。如果分别使用单利和复利两种方式来计算收益，随着期数增多，两者的差异越大。

素材所在位置为：
光盘：\素材\第 2 章 货币时间价值\2.3 单利和复利的对比.xlsx

2.3.1 使用公式计算不同计息方式的结果

假定本金为 100 元，利率为 10%，需要在 C6～C15 单元格和 D6～D15 单元格中，分别使用公式计算各期不同计息方式的结果，如图 2-11 所示。

	A	B	C	D
1				
2		年利率	10.00%	
3		本金	100	
4				
5		期数	单利	复利
6		1	10	¥10.00
7		2	20	¥21.00
8		3	30	¥33.10
9		4	40	¥46.41
10		5	50	¥61.05
11		6	60	¥77.16
12		7	70	¥94.87
13		8	80	¥114.36
14		9	90	¥135.79
15		10	100	¥159.37

图 2-11　两种计息方式的差异

1. 在 C6 单元格输入以下公式，用于计算每期的单利。

```
=$C$2*$C$3*B6
```

鼠标指针移动到 C6 单元格的右下角，变成黑色“+”字形的填充柄时，按住鼠标左键不放，向下拖动到 C15 单元格后释放鼠标，将公式复制到 C15 单元格。

公式使用 C2 单元格中的年利率乘以 C3 单元格的本金，然后乘以 B6 单元格中的期数。

2. 在 D6 单元格输入以下公式，用于计算每期的复利，拖动填充柄将公式复制到 D15 单元格。

```
=FV($C$2,B6,,-$C$3)-$C$3
```

公式使用 FV 函数计算出每一期的复利终值，再用计算结果减去 C3 单元格的本金，得到每期的利息结果。

1. 相对引用、绝对引用和混合引用

认识 Excel 中的引用方式

在公式中，如果 A1 单元格公式为“=B1”，那么 A1 就是 B1 的引用单元格，B1 就是 A1 的从属单元格。从属单元格与引用单元格之间的位置关系称为单元格引用的相对性，可分为 3 种不同的引用方式，即相对引用、绝对引用和混合引用，不同引用方式之间用美元符号“$”进行区别。

（1）相对引用

当复制公式到其他单元格时，Excel 保持从属单元格与引用单元格的相对位置不变，称为相对引用。

例如，在 B2 单元格输入公式“=A1”，当向右复制公式时，将依次变为“=B1”“=C1”“=D1”……，当向下复制公式时，将依次变为“=A2”“=A3”“=A4”……，始终保持引用公式所在单元格的左侧 1 列、上方 1 行位置的单元格。

本例公式中的“B6”就是使用了相对引用的方式，当公式向下复制时，会依次变成 B7、B8、B9……

（2）绝对引用

当复制公式到其他单元格时，Excel 保持公式所引用的单元格绝对位置不变，称为绝对引用。

如果希望复制公式时能够固定引用某个单元格地址，需要在行号或列标前使用绝对引用符号$。如在B2单元格输入公式“=$A$1”，当向右复制公式或向下复制公式时，始终为“=$A$1”，保持引用A1单元格不变。

本例中的“$C$2”和“$C$3”就是使用了绝对引用的方式，当公式向下复制时，引用位置始终不会发生变化。

（3）混合引用

当复制公式到其他单元格时，Excel仅保持所引用单元格的行或列方向之一的绝对位置不变，而另一个方向位置发生变化，这种引用方式称为混合引用。可分为对行绝对引用、对列相对引用和对行相对引用、对列绝对引用。

编辑公式时，在编辑栏内选中单元格地址部分，然后依次按<F4>键，可以在不同单元格引用方式之间进行切换：

绝对引用→对行绝对引用、对列相对引用→对行相对引用、对列绝对引用→相对引用。

例如，在B1单元格输入公式“=A1”，选中B1单元格后，再单击编辑栏，依次按下<F4>键时，公式中的“A1”部分会依次显示为：

$A$1→A$1→$A1→A1

各引用类型的特性如表2-2所示。

表2-2　　单元格引用类型及特性

引用类型	A1样式	特性
绝对引用	=$A$1	公式向右向下复制时，都不会改变引用关系
行绝对引用、列相对引用	=A$1	公式向下复制时，不改变引用关系。公式向右复制时，引用的列标发生变化
行相对引用、列绝对引用	=$A1	公式向右复制时，不改变引用关系。公式向下复制时，引用的行号发生变化
相对引用	=A1	公式向右、向下复制均会改变引用关系

决定引用方式的$符号，可以看作是一个“S”形的挂钩，当使用“对行绝对引用、对列相对引用”方式时，$符号的位置在单元格行号之前，即表示在水平方向（列与列之间）可以自由移动，但是垂直方向（行与行之间）则无法移动，如图2-12所示。

如果将图2-12逆时针旋转90度，则可以看作是“对行相对引用、对列绝对引用”的示意图。$符号的位置在单元格列号之前，即表示在垂直方向（行与行之间）可以自由移动，但是水平方向（列与列之间）则无法移动。

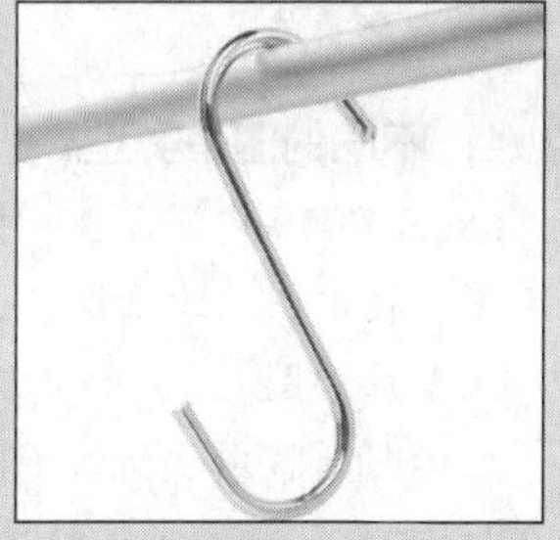

图2-12　“列相对引用、行绝对引用”方式示意图

2. 公式的复制和填充

当在工作表中需要使用相同的计算方法时，可以通过复制公式的方法实现，而不必逐个单元格编辑公式。常用复制公式的方法有以下几种。

方法1　拖曳填充柄

单击已输入公式的单元格，鼠标指针指向该单元格右下角，当鼠标指针变为黑色“+”字形填充柄时，按住鼠标左键向下拖曳。

方法2　双击填充柄

如果相邻的单元格内已经输入其他内容，可以双击已输入公式单元格右下角的填充柄，公式将向下填充到连续数据区域的最后一行。

方法3　粘贴公式

单击已输入公式的单元格，按<Ctrl+C>组合键复制。选中目标单元格区域，按<Ctrl+V>组合键粘贴。

方法 4 多单元格同时输入

选中要输入公式的单元格区域，在编辑栏中输入公式，最后按<Ctrl+Enter>组合键，则在所选单元格区域中输入相同的公式。

2.3.2 使用图表展示不同计息方式的差异

相对于普通的数据内容，使用图表可以更加直观地看出两种计息方式所获得收益的差异。

单击数据区域任意单元格，如 B7，在【插入】选项卡下单击【散点图】下拉按钮，在下拉列表中选择“带平滑线和数据标记的散点图”，如图 2-13 所示。

此时，Excel 会插入一个默认效果的散点图，如图 2-14 所示。

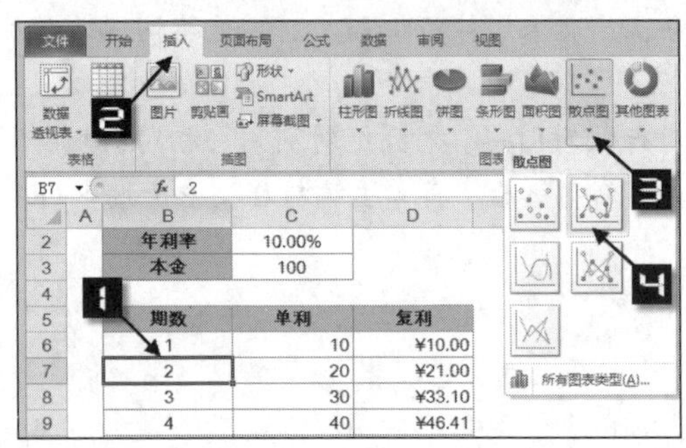

图 2-13 插入散点图

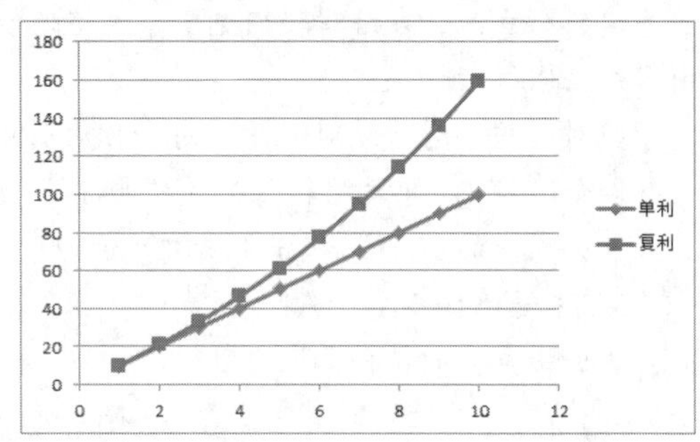

图 2-14 默认效果的散点图

从图 2-14 可以看出，单利终值和复利终值都会随着期数变化逐步增加。随着期数的增加，使用两种计息方法的差异越来越大。

1. 不同的图表类型

Excel 2010 内置了 11 种图表类型，包括：柱形图、折线图、饼图、条形图、面积图、XY 散点图、股价图、曲面图、圆环图、气泡图和雷达图，每种图表类型还包含多种子图表类型。

（1）柱形图

柱形图通常用于反映不同项目之间的分类对比，也可以用来反映数据在时间上的趋势。如图 2-15 所示，用簇状柱形图反映不同分公司销售额之间的并列对比关系。

（2）折线图

折线图用于反映数据随时间变化的趋势，与同样可以反映时间趋势的柱形图相比，折线图更加强调数据起伏变化的波动趋势。如图 2-16 所示，用折线图展示了全年各月份销售额的走势。

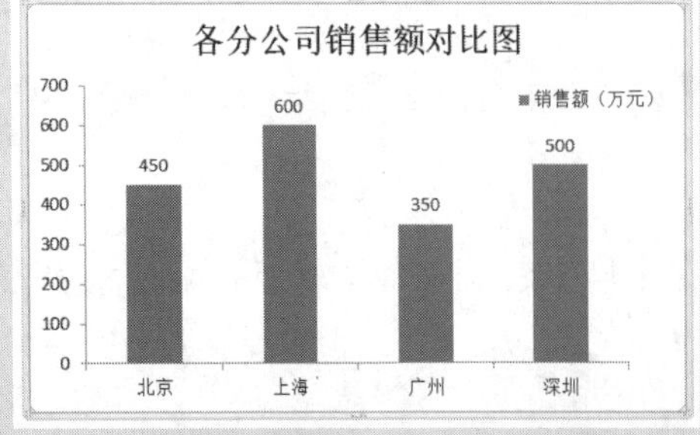

图 2-15 各分公司销售额对比图

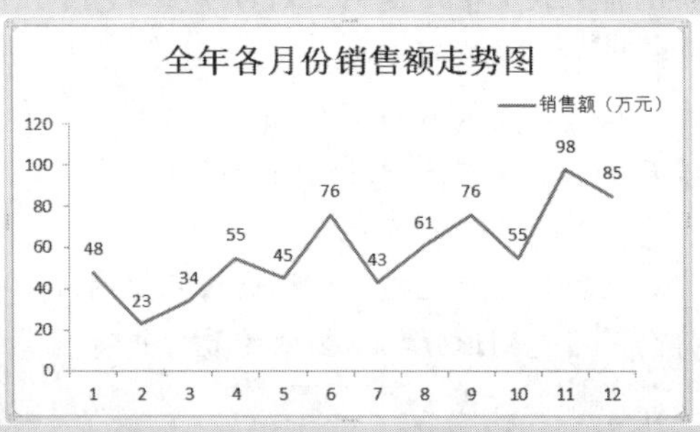

图 2-16 全年各月份销售额走势图

（3）饼图

饼图用于反映各部分数据在总体中的构成及占比情况，每一个扇区表示一个数据系列，扇区面积越大，表示占比越高。使用饼图时需要注意选取的数值应没有负值和零值。如图 2-17 所示，用饼图展示了总体销售中的各区域占比情况。

（4）条形图

条形图用于反映不同项目之间的对比情况。与柱形图相比，条形图更适合于展示排名。如图 2-18 所示，用条形图展示了各分公司的销售额排名情况。

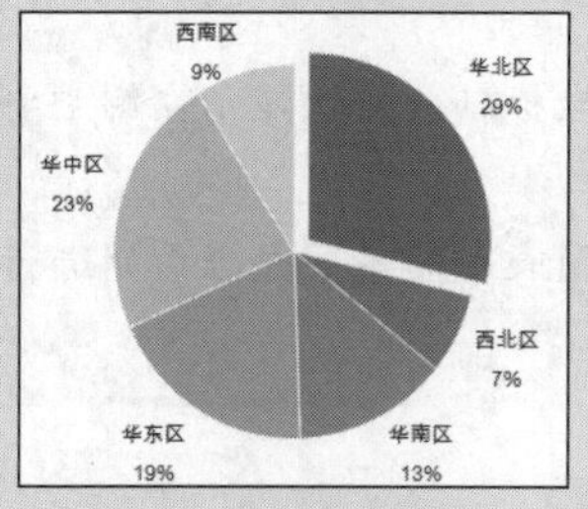

图 2-17　销售区域占比

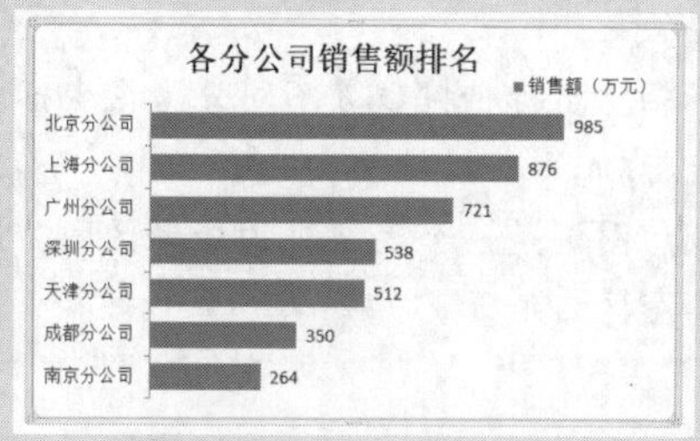

图 2-18　各分公司销售额排名

（5）散点图

散点图通常用于反应成对数据之间的相关性和分布特性。如图 2-19 所示，用散点图展示了某企业在不同产品上投入的广告费以及产出的收入情况。

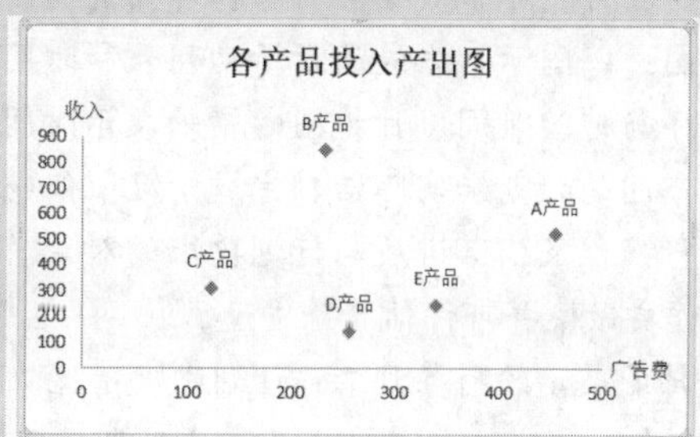

图 2-19　各产品投入产出图

除了内置的图表类型，用户还可以根据需要设置多种样式的组合类图表。

2. 认识图表元素

Excel 图表由图表区、绘图区、图表标题、数据系列、图例和网格线等基本元素构成，各个元素能够根据需要设置显示或隐藏，如图 2-20 所示。

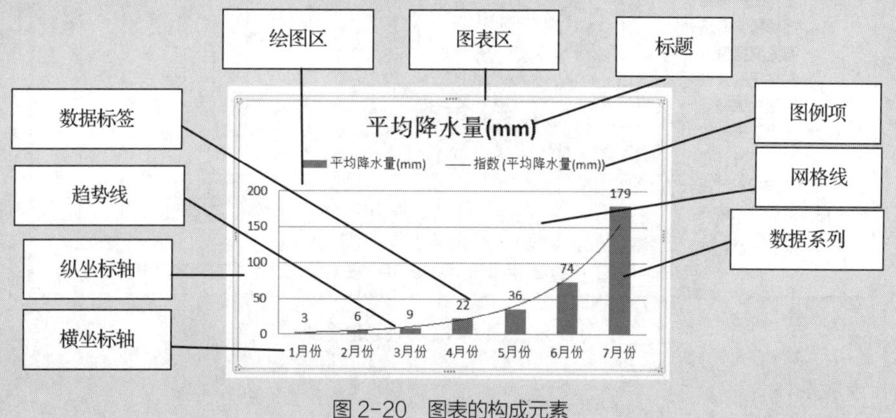

图 2-20　图表的构成元素

（1）图表区。图表区是指图表的全部范围，选中图表区时，将显示图表对象边框和用于调整图表大小的控制点。

（2）绘图区。绘图区是指图表区内以两个坐标轴为边组成的矩形区域，选中绘图区时，将显示绘图区边框和用于调整绘图区大小的控制点。

（3）标题。图表标题显示在绘图区上方，用于说明图表要表达的主要内容，体现图表要表达的主题。

（4）数据系列和数据点。一个或多个数据点构成数据系列，每个数据点对应工作表中某个单元格的数据。

（5）坐标轴。坐标轴按位置不同分为主坐标轴和次坐标轴，默认显示左侧主要纵坐标轴和底部主要横坐标轴。

（6）图例。图例是一个无边框的矩形区域，用于对图表中的不同数据系列进行标注说明，默认显示在绘图区右侧。

制作财务月工作计划进度图

素材所在位置为：

光盘：\素材\第 2 章 货币时间价值\制作财务月工作计划进度图.xlsx

制作财务月
工作计划进度图

甘特图又称为项目进度图，以图示的方式展示活动列表和时间刻度，形象地表示出项目的活动顺序与持续时间。甘特图的横轴表示时间，纵轴表示项目，线条表示在整个期间的计划和实际活动完成情况，能够直观地表明任务计划在什么时候进行，以及实际进展与计划要求的对比。由此可发现某项任务还剩下哪些工作要做，并可评估工作进度。

如图 2-21 所示，是用甘特图展示的财务月工作计划进度情况。图中的横条表示各个项目的开始日期和结束日期计划，颜色加深部分的背景表示在项目期间已经过去的日期，白色背景表示在项目期间剩余的日期，随着系统日期的变化，图表背景色会自动向右推进。

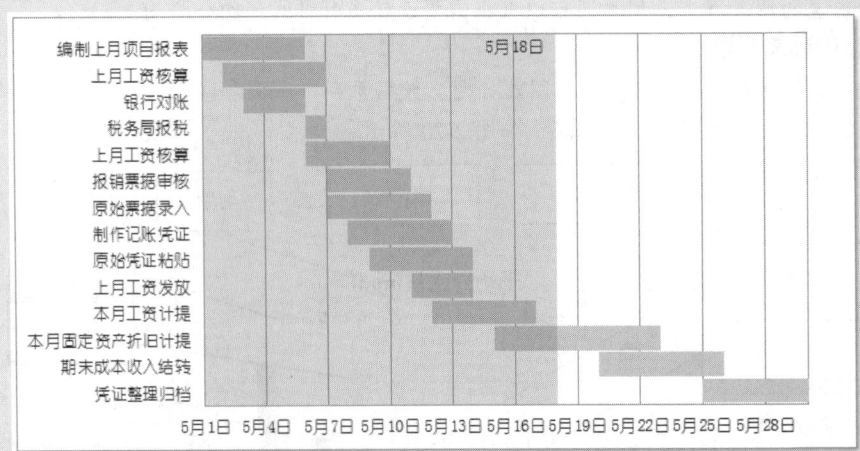

图 2-21 财务月工作计划进度图

操作步骤如下。

步骤 1 新建一个工作簿，删除 Sheet2 和 Sheet3 工作表，将工作簿保存为“财务月工作计划进度图.xlsx”。

步骤 2 在工作表内输入项目内容、开始日期、计划天数等基础数据，并调整格式，效果如图 2-22 所示。

步骤 3 在 B2 单元格输入以下公式，计算出今天的日期，并将公式向下复制到 B15 单元格，如图 2-23 所示。

```
=TODAY()
```

	A	B	C	D	E
1		今天日期	开始日期	计划天数	结束日期
2	编制上月项目报表		5月1日	5	
3	上月工资核算		5月2日	5	
4	银行对账		5月3日	3	
5	税务局报税		5月6日	1	
6	上月工资核算		5月6日	4	
7	报销票据审核		5月7日	4	
8	原始票据录入		5月7日	5	
9	制作记账凭证		5月8日	5	
10	原始凭证粘贴		5月9日	5	
11	上月工资发放		5月11日	3	
12	本月工资计提		5月12日	5	
13	本月固定资产折旧计提		5月15日	8	
14	期末成本收入结转		5月20日	6	
15	凭证整理归档		5月25日	6	

图 2-22　输入基础数据

B2　　fx　=TODAY()

	A	B	C	D	E
1		今天日期	开始日期	计划天数	结束日期
2	编制上月项目报表	5月18日	5月1日	5	
3	上月工资核算	5月18日	5月2日	5	
4	银行对账	5月18日	5月3日	3	
5	税务局报税	5月18日	5月6日	1	
6	上月工资核算	5月18日	5月6日	4	
7	报销票据审核	5月18日	5月7日	4	
8	原始票据录入	5月18日	5月7日	5	
9	制作记账凭证	5月18日	5月8日	5	
10	原始凭证粘贴	5月18日	5月9日	5	
11	上月工资发放	5月18日	5月11日	3	
12	本月工资计提	5月18日	5月12日	5	
13	本月固定资产折旧计提	5月18日	5月15日	8	
14	期末成本收入结转	5月18日	5月20日	6	
15	凭证整理归档	5月18日	5月25日	6	

图 2-23　用函数获取今天的日期

TODAY 函数的作用是获取系统当前的日期，并且能够随着日期的变化自动更新。该函数在使用时不需要参数，但是不能省略函数名称后面的括号。

步骤 4 在 E2 单元格输入以下公式，向下复制到 E15 单元格，计算各项目的结束日期，如图 2-24 所示。

```
=C2+D2-1
```

步骤 5 选中 A1:D15 单元格区域，在【插入】选项卡下单击【条形图】下拉按钮，在下拉菜单中选择“堆积条形图”，插入一个默认样式的堆积条形图，如图 2-25 所示。

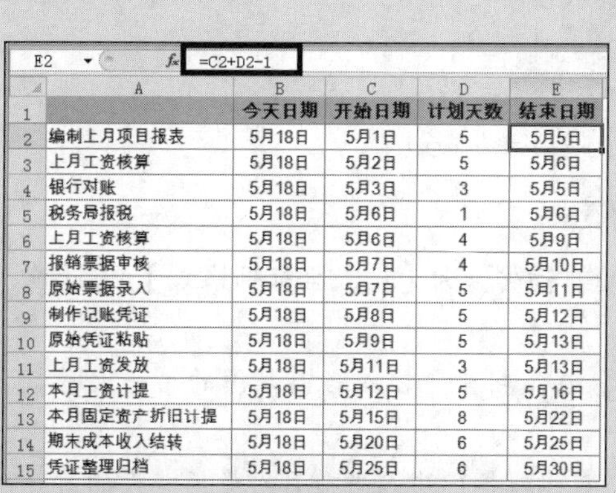
E2　　fx　=C2+D2-1

	A	B	C	D	E
1		今天日期	开始日期	计划天数	结束日期
2	编制上月项目报表	5月18日	5月1日	5	5月5日
3	上月工资核算	5月18日	5月2日	5	5月6日
4	银行对账	5月18日	5月3日	3	5月5日
5	税务局报税	5月18日	5月6日	1	5月6日
6	上月工资核算	5月18日	5月6日	4	5月9日
7	报销票据审核	5月18日	5月7日	4	5月10日
8	原始票据录入	5月18日	5月7日	5	5月11日
9	制作记账凭证	5月18日	5月8日	5	5月12日
10	原始凭证粘贴	5月18日	5月9日	5	5月13日
11	上月工资发放	5月18日	5月11日	3	5月13日
12	本月工资计提	5月18日	5月12日	5	5月16日
13	本月固定资产折旧计提	5月18日	5月15日	8	5月22日
14	期末成本收入结转	5月18日	5月20日	6	5月25日
15	凭证整理归档	5月18日	5月25日	6	5月30日

图 2-24　计算各项目结束日期

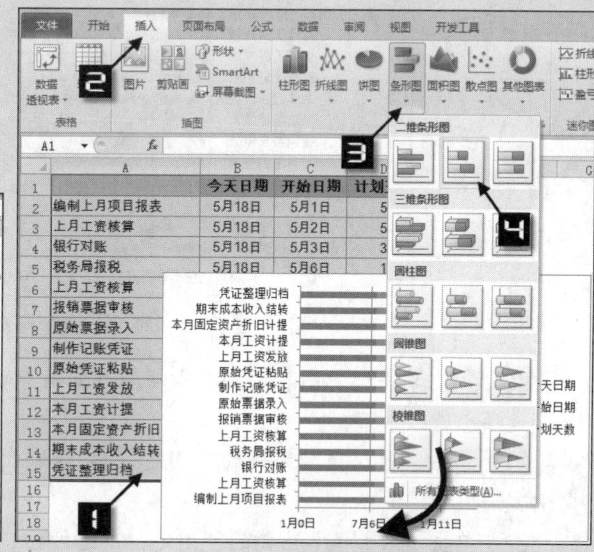

图 2-25　插入堆积条形图

步骤 6 双击“今天日期”数据系列，在弹出的【设置数据系列格式】对话框中，拖动“分类间距”下的滑块到最左侧，将分类间距设置为 0%。单击选中“系列绘制在”下的“次坐标轴”单选按钮，如图 2-26 所示。

步骤 7 在【设置数据系列格式】对话框中，切换到【填充】选项卡下。单击选中“纯色填充”单选按钮。然后单击“颜色”右侧的下拉按钮，在颜色面板中选择一种颜色，如“水绿色，强调文字颜色为 5，深色为 25%”。在“透明度”右侧的微调框中输入 70，不要关闭【设置数据系列格式】对话框，如图 2-27 所示。

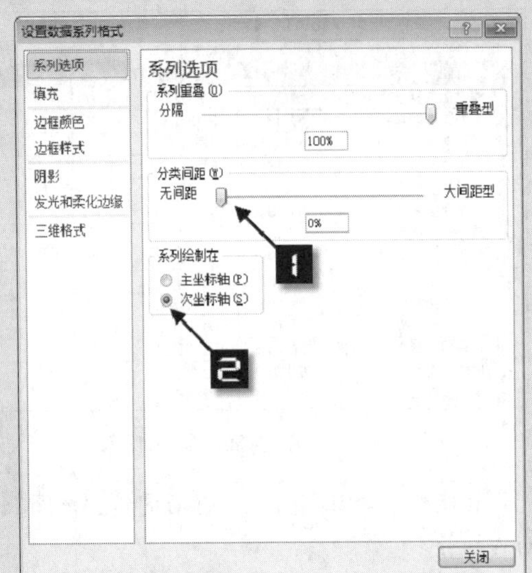

图 2-26　设置“今天日期”数据系列格式　　图 2-27　设置数据系列填充

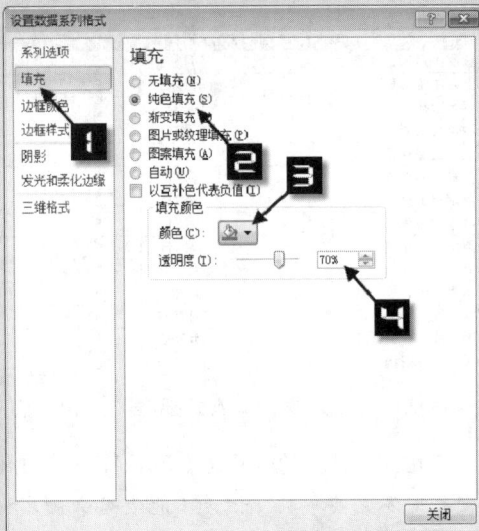

此时的图表效果如图 2-28 所示。

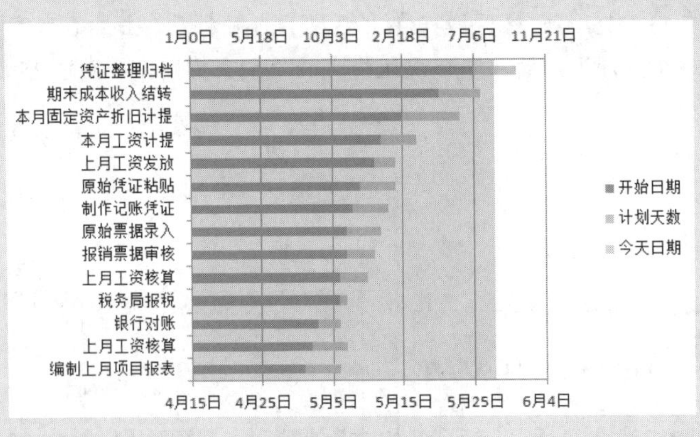

图 2-28　图表效果 1

步骤 8 单击选中图表主要水平轴，对话框标题自动转换为【设置坐标轴格式】。在【坐标轴选项】选项卡下：

（1）单击“最小值”右侧的“固定”单选按钮，在编辑框中输入当前月份的第一天日期“2017/5/1”；

（2）单击“最大值”右侧的“固定”单选按钮，在编辑框中输入当前月份最后一天的日期“2017/5/31”；

（3）单击“主要刻度单位”右侧的“固定”单选按钮，在编辑框中输入3；

（4）单击“主要刻度线类型”右侧的下拉按钮，在下拉菜单中选择“无”，如图2-29所示。

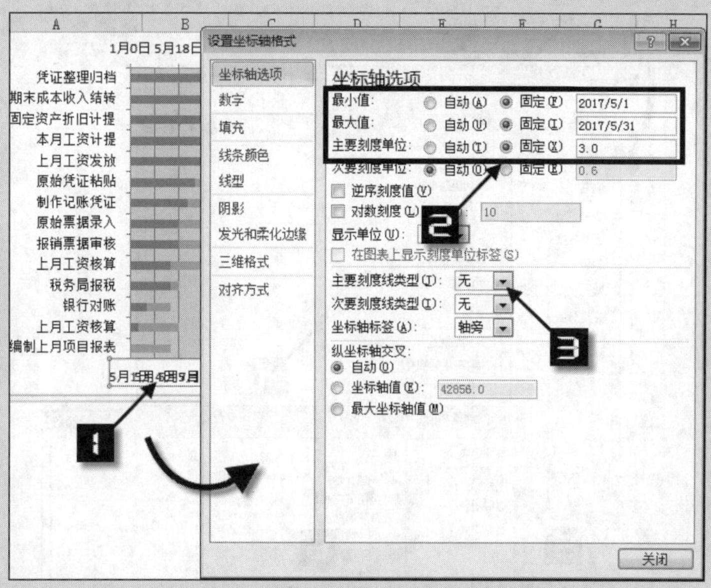

图2-29 设置主要水平轴格式

步骤9 如图2-30所示，选中次要水平轴，重复步骤8的方法，设置次要水平轴的最小值和最大值以及主要刻度单位，以保持图表中水平轴日期的一致。然后将主要刻度线类型设置为“无”，将坐标轴标签设置为“无”。设置完成后，图表中不再显示次要水平轴。

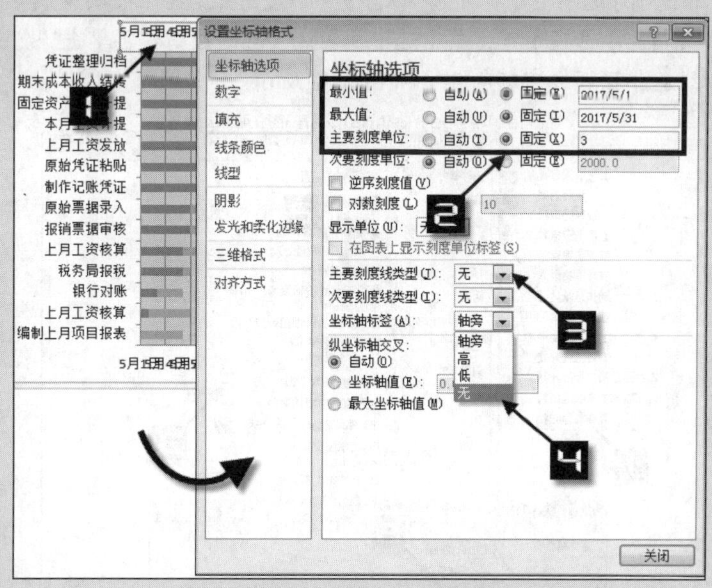

图2-30 设置次要水平轴格式

步骤10 在【布局】选项卡下，单击功能区左侧的【图表元素】下拉按钮，在下拉列表中选择“系列"开始日期"”，然后单击“设置所选内容格式”按钮，在【设置数据系列格式】对话框中将分类间距设置为10%。切换到【填充】选项卡下，选中【无填充】单选按钮，如图2-31所示。

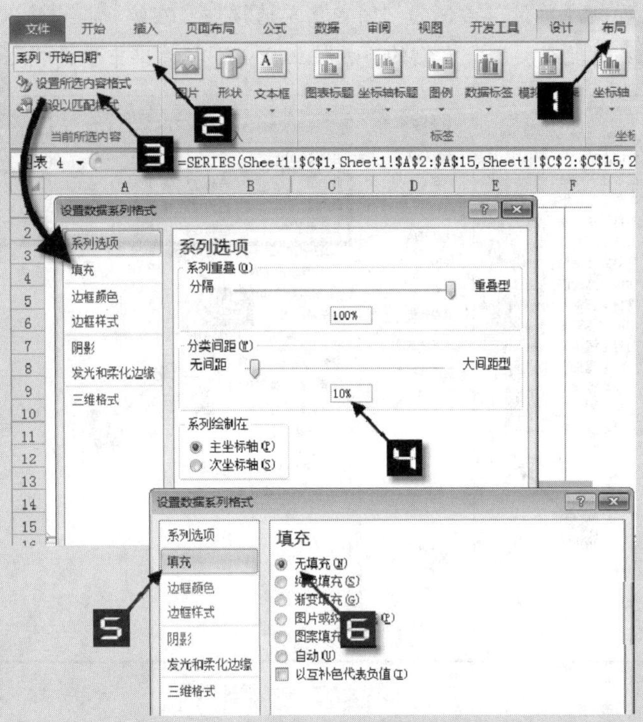

图 2-31　设置“开始日期”系列格式

步骤 11　不要关闭【设置数据系列格式】对话框。单击垂直轴，在【设置坐标轴格式】对话框的【坐标轴选项】选项卡下，勾选“逆序类别”复选框，将主要刻度线类型设置为“无”。

切换到【线条颜色】选项卡下，单击选中“实线”单选按钮，再单击“颜色”右侧的下拉按钮，选择“水绿色，强调文字颜色 5”，如图 2-32 所示。

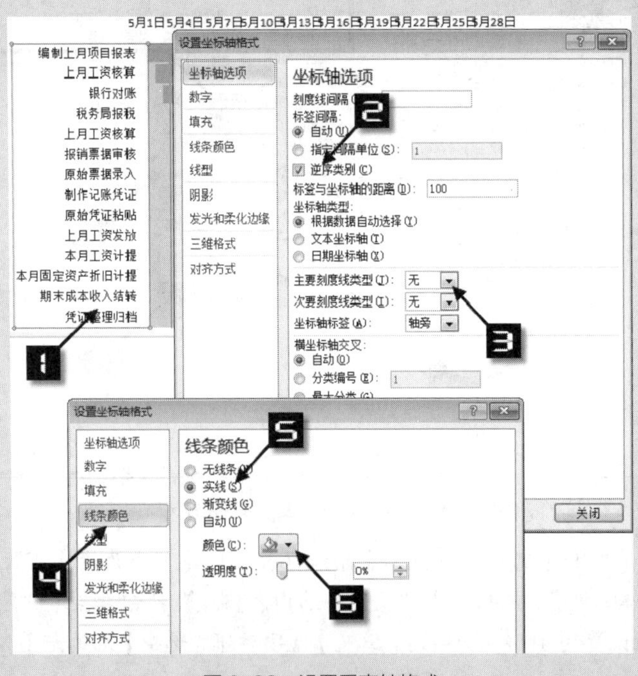

图 2-32　设置垂直轴格式

在条形图中，默认情况下将数据系列显示为与数据表相反的顺序，使用逆序类别的作用是将条形图中的数据点按数据表中的顺序排列。

步骤 12 垂直轴设置为逆序类别后，水平轴会在图表上方显示。选中水平轴，在【设置数据系列格式】对话框中将坐标轴标签设置为“高”。

切换到【线条颜色】选项卡下，选中“实线”单选按钮，将颜色设置为“水绿色，强调文字颜色 5”，单击【关闭】按钮关闭对话框，如图 2-33 所示。

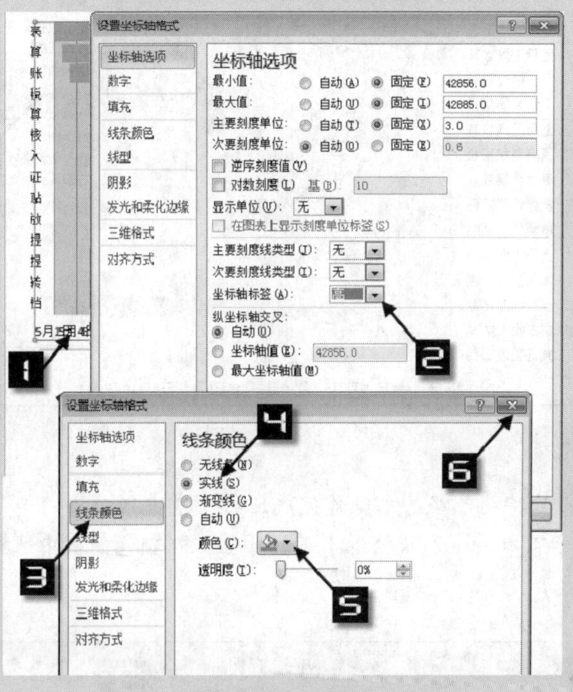

图 2-33 设置水平轴格式

步骤 13 单击选中图例项，按<Delete>键删除，如图 2-34 所示。

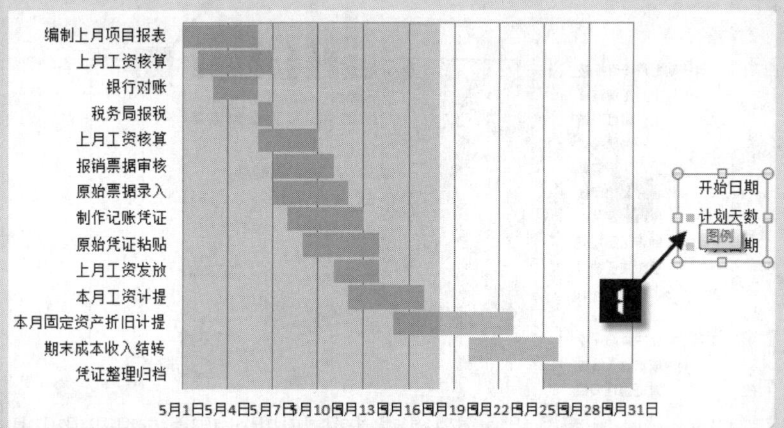

图 2-34 删除图例项

步骤 14 单击“今天日期”数据系列，再单击选中最顶部的数据点，在【布局】选项卡下单击【数据标签】下拉按钮，在下拉菜单中选择【数据标签内】命令，如图 2-35 所示。

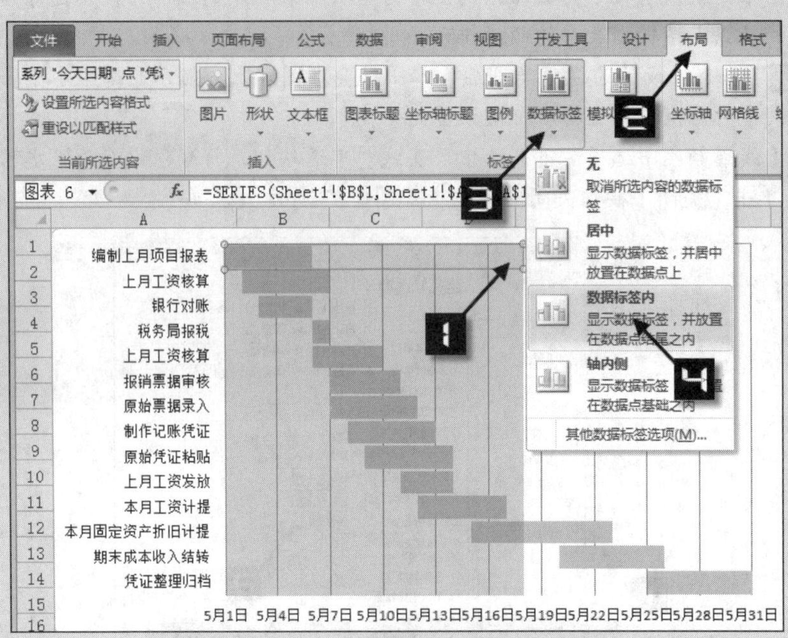

图 2-35　添加数据标签

步骤 15　至此，甘特图已经基本制作完成，接下来进行必要的美化。单击选中图表绘图区，在【格式】选项卡下单击【形状轮廓】下拉按钮，在颜色面板中选择“水绿色，强调文字颜色 5”，如图 2-36 所示。

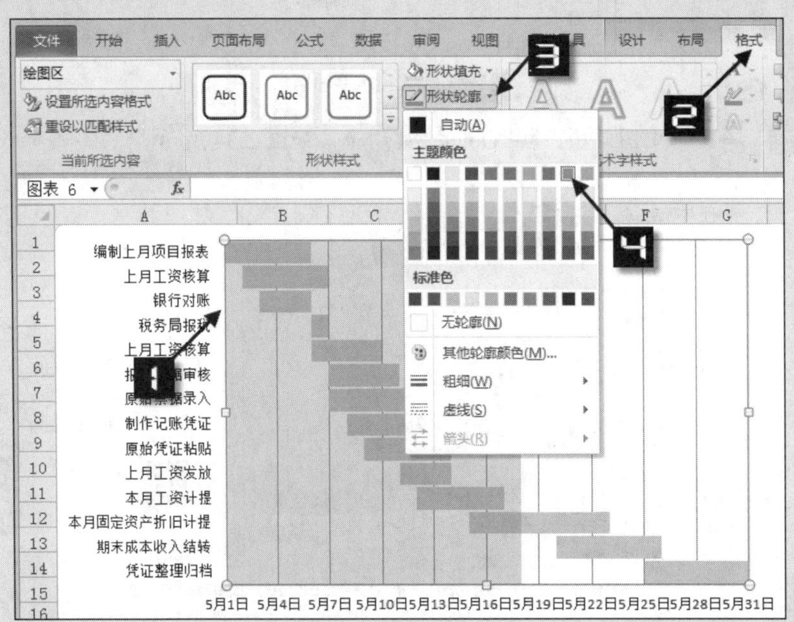

图 2-36　设置绘图区形状轮廓

步骤 16　单击选中图表网格线，在【格式】选项卡下单击【形状轮廓】按钮，Excel 会自动应用上一次设置的主题颜色，如图 2-37 所示。

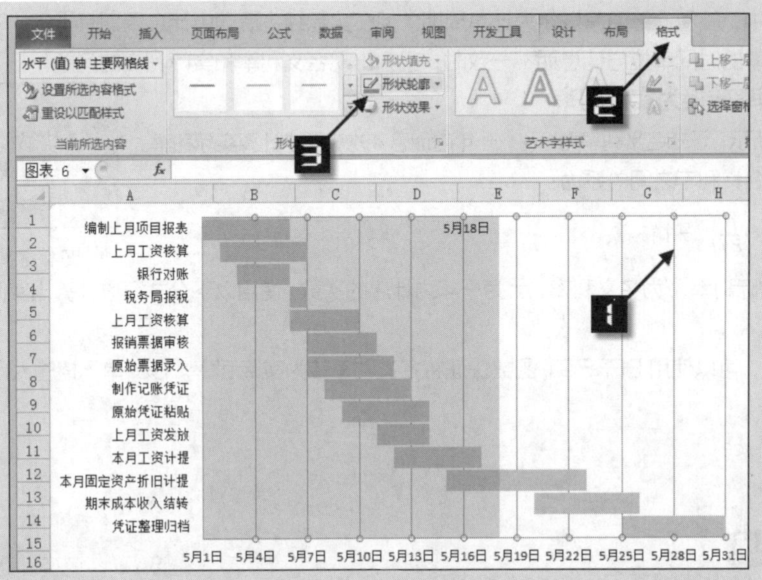

图 2-37　设置网格线形状轮廓

步骤 17　单击选中图表区，在【格式】选项卡下单击【形状轮廓】按钮。然后切换到【开始】选项卡下，单击“字体”右侧下拉按钮，在字体下拉列表中选择“幼圆”，完成图表制作，如图 2-38 所示。

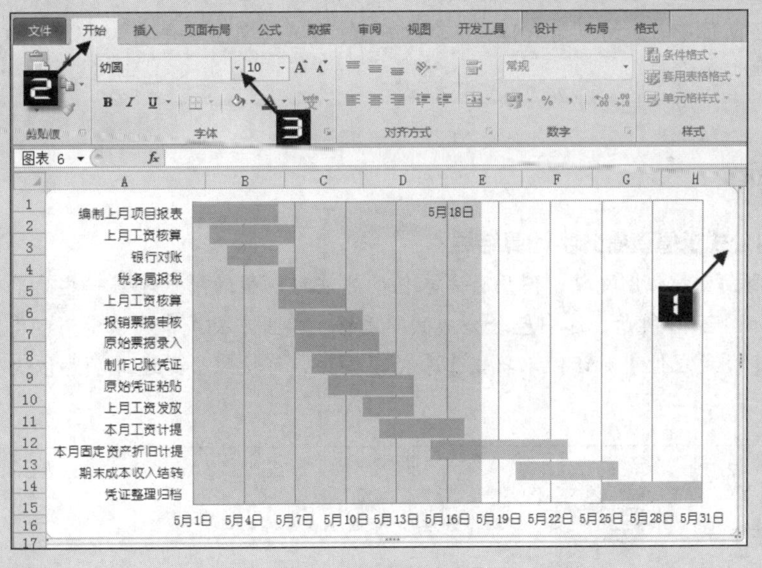

图 2-38　设置图表字体

2.4 计息周期与终值和现值

2.4.1 名义利率与实际利率

素材所在位置为：

光盘：\素材\第 2 章 货币时间价值\2.4.1 名义利率与实际利率.xlsx

在经济分析中，复利计算通常以年为计息周期。但在实际经济活动中计息周期有半年、季、月、周、日等多种形式，当利率的时间单位与计息期不一致时，就会出现名义利率和实际利率的问题。

1. 名义利率转换为实际利率

如图 2-39 所示，已知名义利率为 6%，一年内计息 4 次，要求计算实际利率。

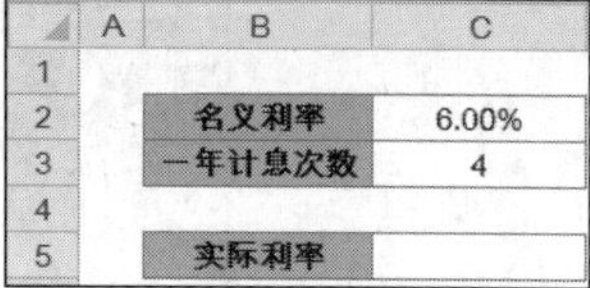

	A	B	C
1			
2		名义利率	6.00%
3		一年计息次数	4
4			
5		实际利率	

图 2-39　计算实际利率

实际利率与名义利率之间关系为：

$$R=\left(1+\frac{i}{m}\right)^m-1$$

其中 R 为实际利率，i 为名义利率，m 为一年内计息的次数。使用以下公式可以计算出实际利率为 6.14%。

```
=(1+C2/C3)^C3-1
```

在 Excel 中，可以使用 EFFECT 函数快速将名义利率转为实际利率。C5 单元格输入以下公式，计算结果为 6.14%。

```
=EFFECT(C2,C3)
```

EFFECT 函数

该函数表示利用给定的名义年利率和每年的复利期数，计算有效的年利率。函数语法为：

```
EFFECT(nominal_rate, npery)
```

第一个参数 nominal_rate 是名义利率，本例中为 C2 单元格的 6%。

第二个参数 npery 为每年的复利期数，本例中为 C3 单元的 4。

计算保留 2 位小数，结果为 6.14%，表示 6%的名义利率在一年内 4 次付息的情况，实际利率为 6.14%。

1. 使用公式求值查看分步计算结果

在学习函数公式初期阶段，使用公式求值的方法可以帮助用户理解一些简单公式的含义和计算过程。如图 2-40 所示，选中包含公式的单元格，单击【公式】选项卡下的【公式求值】按钮，将弹出【公式求值】对话框。单击【求值】按钮，可按照公式运算顺序依次查看公式的分步计算结果。

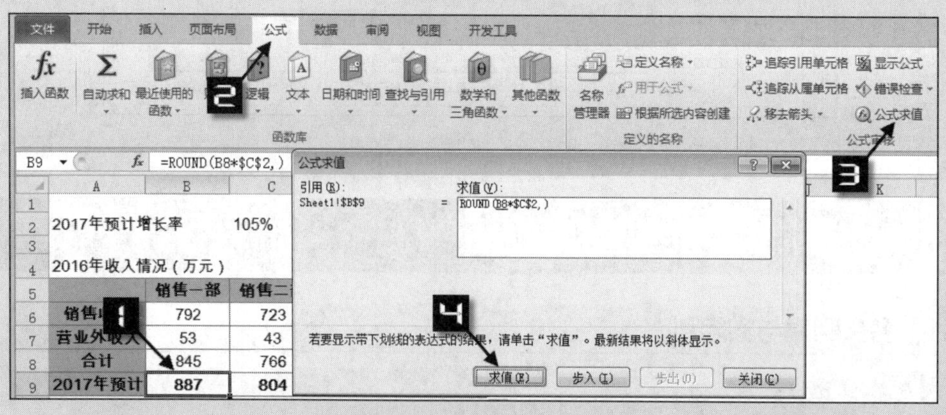

图 2-40　公式求值

如果单击【步入】按钮，可以查看公式中引用的单元格是通过哪些单元格计算而来。查看完毕后，单击【关闭】按钮，关闭当前对话框即可。

2. 自动重算和手动重算

在第一次打开工作簿以及编辑工作簿时，工作簿中的公式会默认执行重新计算。当工作簿中使用了大量的公式时，在录入数据期间会因为不断的重新计算而导致工作表运行缓慢。通过设置 Excel 重新计算公式的时间和方式，可以避免不必要的公式重算，减少对系统资源的占用。

开启手工重算有以下两种方法。

方法1 单击【公式】选项卡下的【计算选项】下拉按钮，在下拉菜单中选择【手动】，如图 2-41 所示。

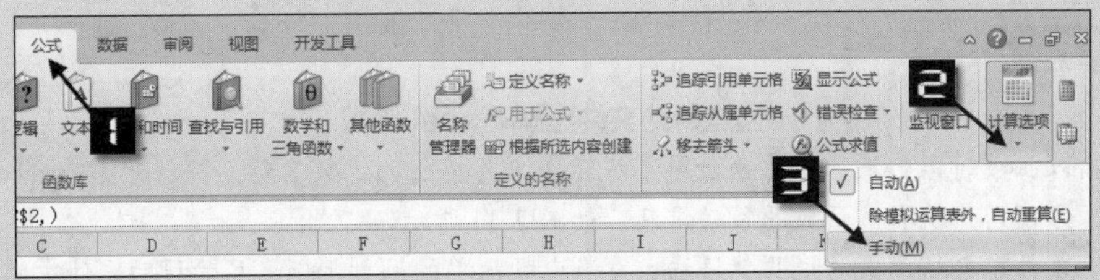

图 2-41　手动重算

方法2 在【文件】选项卡下单击【选项】按钮，打开【Excel 选项】对话框。在【公式】选项卡下的计算选项中，选择【手动重算】单选钮，如图 2-42 所示。

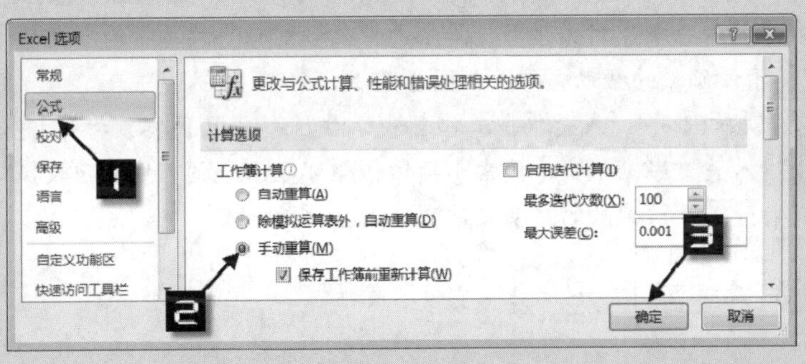

图 2-42　在 Excel 选项中设置手动重算

2. 将实际利率转为名义利率

用户可以根据需要，通过已知实际利率计算出名义利率。如图 2-43 所示，已知实际利率为 6.14%，一年内计息次数为 4 次，要求计算该条件下的名义利率。

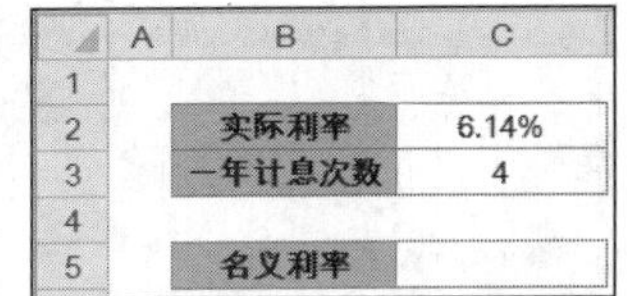

	A	B	C
1			
2		实际利率	6.14%
3		一年计息次数	4
4			
5		名义利率	

图 2-43　将实际利率转为名义利率

实际利率转为名义利率的公式为：

$$I = m[(r+1)^{\frac{1}{m}} - 1]$$

其中 I 为名义利率，r 为实际利率，m 为一年内计息的次数。使用下列公式可以计算出名义利率为 6.0%。

```
=C3*((C2+1)^(1/C3)-1)
```

在 Excel 中，可以使用 NOMINAL 函数快速将实际利率转为名义利率。C5 单元格输入以下公式，计算结果为 6.0%。

```
=NOMINAL(C2,C3)
```

NOMINAL 函数

NOMINAL 函数能够基于给定的实际利率和年复利期数，返回名义年利率。该函数语法为：

```
NOMINAL(effect_rate, npery)
```

第一参数 effect_rate 为实际利率，本例中为 C2 单元格的 6.14%。

第二参数 npery 为每年的复利期数，本例为 C3 单元格的 4。

计算结果为 6%。表示实际利率如果是 6.14%，在一年内 4 次付息的情况下，名义利率为 6%。

通过帮助文件理解 Excel 函数

在输入函数时，如果单击【函数屏幕提示】工具条上的函数名称，将打开【Excel 帮助】对话框，方便用户获取该函数的帮助信息，如图 2-44 所示。

帮助文件中包括函数的说明、语法、参数以及简单的函数示例，尽管帮助文件中的函数说明有些还不够透彻，甚至有部分描述是存在错误的，但仍然不失为学习函数公式的好帮手。

除了单击【函数屏幕提示】工具条上的函数名称，使用以下方法也可以打开【Excel 帮助】对话框。

方法 1 在公式中输入函数名称后按<F1>键，将打开关于该函数的帮助文件。

方法 2 在【插入函数】对话框中，单击选中函数名称，再单击右下角的【有关该函数的帮助】，将打开关于该函数的帮助文件，如图 2-45 所示。

方法 3 直接按<F1>键，或是单击工作表窗口右上角的 图标，打开【Excel 帮助】对话框，在搜索栏中输入关键字，单击【搜索】按钮，即可显示与之有关的函数帮助信息列表。单击函数名称，将打开关于该函数的帮助文件，如图 2-46 所示。

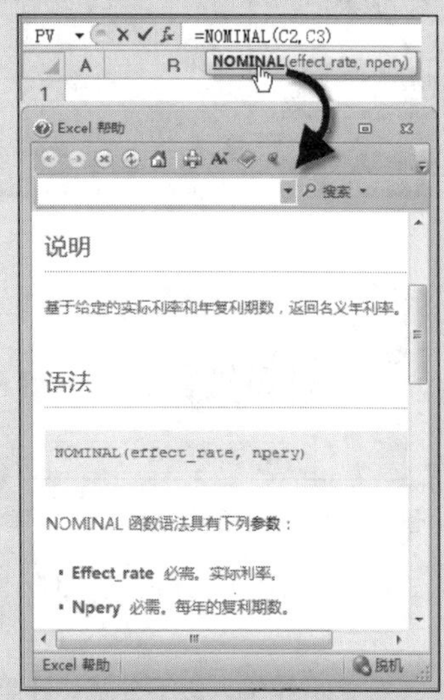

图 2-44　获取函数帮助信息

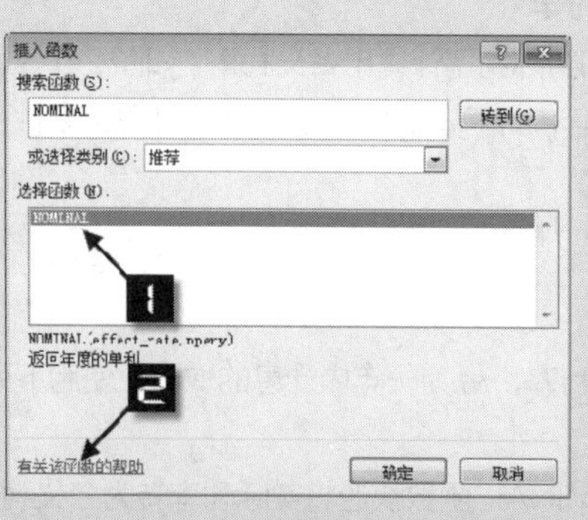

图 2-45　在【插入函数】对话框中打开帮助文件

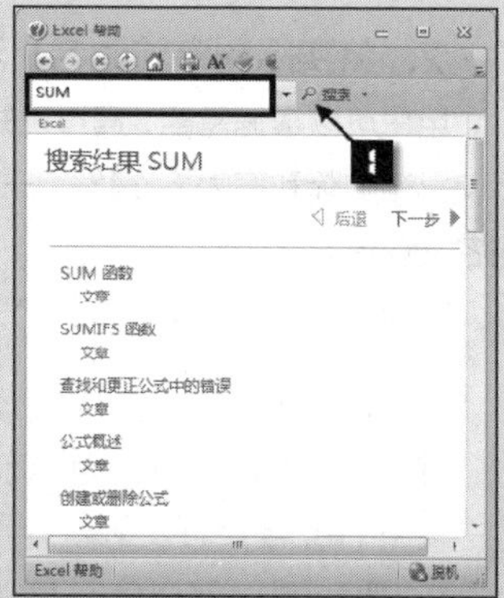

图 2-46　在【Excel 帮助】对话框中搜索关键字

小技巧

使用自定义格式展示数据变化

素材所在位置为：

光盘：\素材\第 2 章 货币时间价值\使用自定义格式展示数据变化.xlsx

如图 2-47 所示，在销售数据表中的 C 列设置自定义格式后，箭头朝向和字体颜色可以随着数据变化自动改变。

C 列的负数表示低于平均值，文字显示为绿色，并且添加下箭头。正数表示高于平均值，文字显示为红色，并且添加上箭头。

首先选中 C2:C13 单元格区域，按<Ctrl+1>组合键，弹出【设置单元格格式】对话框。在【数字】选项卡下的分类列表中选择“自定义”，然后在右侧的“类型”格式编辑框中输入以下格式代码，单击【确定】按钮，如图 2-48 所示。

```
[颜色 3]↑0.0%;[颜色 10]↓0.0%;0.0%
```

	A	B	C
1	月份	销售额	高于/低于均值
2	1月	84	18.7%
3	2月	70.8	0.0%
4	3月	44	-37.8%
5	4月	98	38.5%
6	5月	87	22.9%
7	6月	45	-36.4%
8	7月		
9	8月		
10	9月		
11	10月		
12	11月		
13	12月		

月份	销售额	高于/低于均值
1月	84	↑18.7%
2月	70.8	↑0.0%
3月	44	↓37.8%
4月	98	↑38.5%
5月	87	↑22.9%
6月	45	↓36.4%
7月	97	↑37.1%
8月	98	↑38.5%
9月	62	↓12.4%
10月	41	↓42.1%
11月	70.6	↑10.9%
12月	44	↓37.8%

图 2-47 使用自定义格式展示增减状况

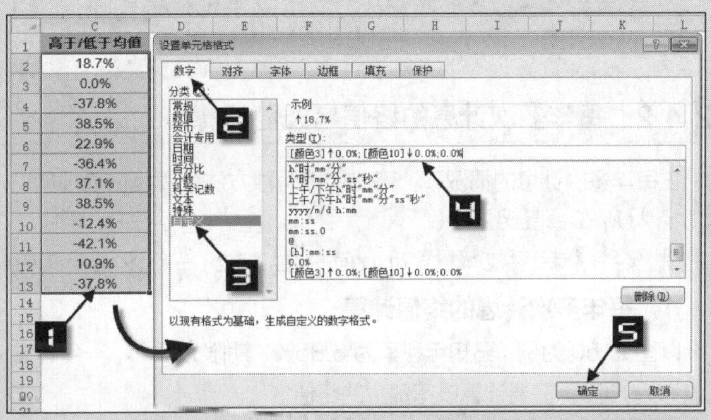

图 2-48 设置自定义格式

格式分为三部分，用半角分号隔开。

第一部分是对大于 0 的值设置格式：[颜色 3]↑0.0%

表示字体颜色使用 Office 内置调色板的第 3 种颜色红色，显示上箭头↑，百分数保留一位小数位。

第二部分是对小于 0 的值设置格式：[颜色 10]↓0.0%

表示字体颜色使用 Office 内置调色板的第 10 种颜色绿色，显示下箭头↓，百分数保留一位小数位。

第三部分“0.0%”是对等于 0 的值设置格式，表示百分数保留一位小数位。

自定义格式中的颜色代码部分，也可以直接使用以下几种：

[黑色]、[蓝色]、[蓝绿色]、[绿色]、[洋红色]、[红色]、[白色]、[黄色]

如果使用“[颜色 n]”，则能够显示更多种颜色。其中 n 为 1～56 的整数，表示 56 种不同的颜色，例如橙色的格式代码可以表示为“[颜色 46]”。

在自定义格式中输入上下箭头↑↓时，可以在【插入】选项卡下单击【符号】按钮，弹出【符号】对话框。单击【子集】右侧的下拉按钮，在下拉菜单中选择“箭头”，这样就可以在显示框中看到不同方向的箭头。选中箭头。再单击【插入】按钮，将箭头插入到单元格中，如图 2-49 所示。

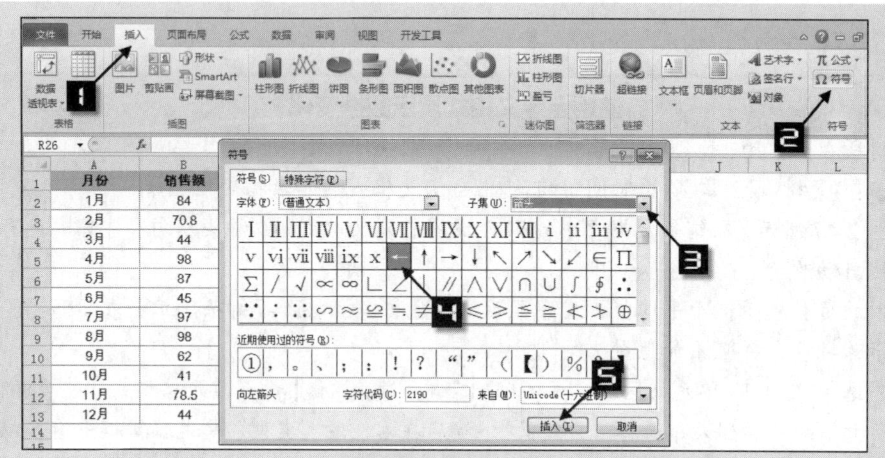

图 2-49　插入箭头

然后复制单元格中的箭头，在设置单元格格式时，按<Ctrl+V>组合键粘贴到格式编辑框中即可。

2.4.2　每年多次计息的终值与现值计算

在每年多次计息的情况下，可以使用两种方法计算终值或现值。

素材所在位置为：

光盘：\素材\第 2 章　货币时间价值\2.4.2　每年多次计息的终值与现值计算.xlsx

1. 每年多次计息的终值计算

以图 2-50 为例，已知年利率为 6.85%，期限为 5 年，一年计息 4 次，现值为 50000，需要计算该笔资金的终值。

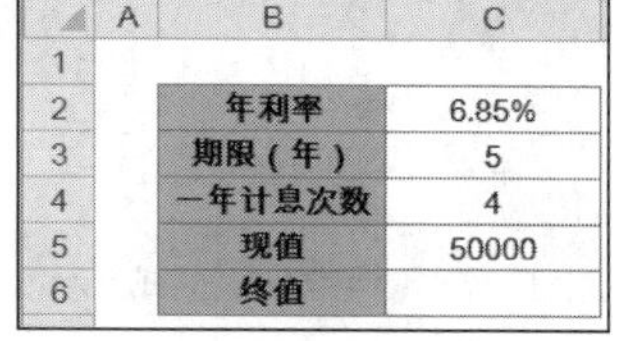

	A	B	C
1			
2		年利率	6.85%
3		期限（年）	5
4		一年计息次数	4
5		现值	50000
6		终值	

图 2-50　每年多次计息的终值计算

方法 1　先使用年利率/每年计息次数得到期利率，再以每年计息次数×期限年数得到总计息期数，然后使用 FV 函数计算出终值结果。

C6 单元格输入以下公式，计算结果为 70219.31。

```
=FV(C2/C4,C3*C4,0,-C5)
```

方法 2　先使用 EFFECT 函数计算出有效年利率，再以期限年数为总的计息期数，使用 FV 函数计算出终值结果。

C7 单元格输入以下公式，计算出同样的结果。

```
=FV(EFFECT(C2,C4),C3,0,-C5)
```

2. 每年多次计息的现值计算

以图 2-51 为例，已知年利率为 6.85%，期限为 5 年，一年计息 4 次，终值为 70219.31，需要计算该笔资金的现值。

	A	B	C	D	E
1					
2		年利率	6.85%		
3		期限（年）	5		
4		一年计息次数	4		
5		终值	70219.31		
6		现值	¥-50,000.00	=PV(C2/C4,C3*C4,0,C5)	
7			¥-50,000.00	=PV(EFFECT(C2,C4),C3,0,C5)	

图 2-51　每年多次计息的现值计算

方法 1 在 C5 单元格输入以下公式，计算结果为-50000。

```
=PV(C2/C4,C3*C4,0,C5)
```

方法 2 在 C6 单元格输入以下公式，计算出相同的结果。

```
=PV(EFFECT(C2,C4),C3,0,C5)
```

两种方法的计算思路与每年多次计息的终值计算思路相同，不再赘述。

嵌套函数

当一个函数的结果用作另一个函数的参数时，称为嵌套函数。以本例中的方法 2 使用的公式为例，EFFECT 函数就是 PV 函数的嵌套函数，如图 2-52 所示。

图 2-52 第一参数使用嵌套函数

可选参数与必需参数

有些函数可以仅使用其部分参数。例如，SUM 函数可支持 255 个参数，其中第 1 个参数为必需参数不能省略，而第 2 个～第 255 个参数都可以省略。

在函数语法中，可选参数一般用一对方括号“[ ]”包含起来，当函数有多个可选参数时，可从右向左依次省略参数，如图 2-53 所示。

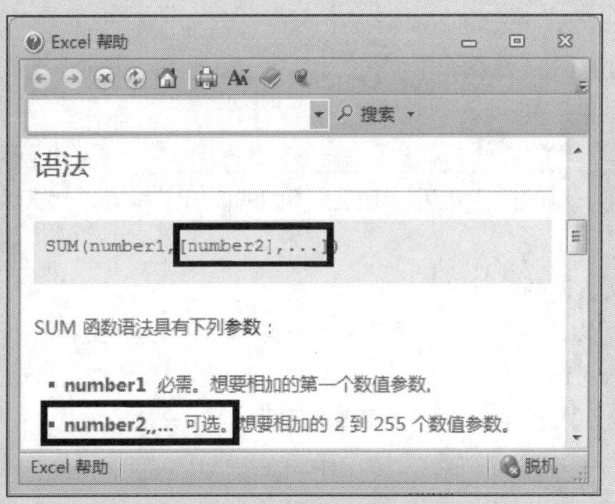

图 2-53 SUM 函数的帮助文件

此外，在公式中有些参数可以省略参数值，在前一参数后仅跟一个逗号，用以保留参数的位置，这种方式称为“省略参数的值”或“简写”，常用于代替逻辑值 FALSE、数值 0 或空文本等参数值。

本章小结

本章以货币时间价值为主线，学习了普通复利现值计算和普通复利终值计算、名义利率与实际利率的转换方法，还学习了单元格引用、公式中的运算符、函数的输入与编辑方法、Excel 中的数据类型，以及相对引用、绝对引用和混合引用的概念，不同的图表类型以及图表中的主要元素等知识点。

思考与练习

1. Excel 中的引用方式包括 A1 引用样式和________引用样式两种。

2. EXCEL 公式是指以等号“=”为引导，通过运算符、函数、参数等按照一定的顺序组合进行数据运算处理的等式。输入到单元格的公式包含 5 种元素，分别是________、________、________、________和________。

3. 运算符是构成公式的基本元素之一，每个运算符分别代表一种运算方式。Excel 中的运算符有________、________、________和________4 种类型。

4. 在公式中使用函数时，通常有表示公式开始的________、________、________、以半角逗号相间隔的参数和________构成。

5. 数学计算式中使用小括号( )、中括号[ ]和大括号{ }，以改变运算的优先级别。在 Excel 中均使用________代替。

6. 编辑公式时，在编辑栏内选中单元格地址部分，然后依次按________键，可以在不同单元格引用方式之间进行切换。

7. Excel 中的数据主要包括________、________、________、________以及逻辑值和错误值等类型。

8. 逻辑值通常表示对一个条件的判定结果，包括________和________两种类型。

9. 当在工作表中需要使用相同的计算方法时，可以通过复制公式的方法实现，而不必逐个单元格编辑公式。常用复制公式的方法有哪几种?

10. Excel 2010 内置了 11 种图表类型，每种图表类型还包含多种子图表类型，请说出五种以上的图表类型名称。

11. Excel 图表由________、________、________、________、图例和网格线等基本元素构成。

12. 在工作表中模拟一组数据，然后分别插入不同的内置图表类型，观察不同图表类型在展示数据方面的特点。

13. 说说开启手工重算的两种方法。

14. 在 Excel 中，可以使用________函数快速将实际利率转为名义利率。

15. 在函数语法中，可选参数一般用________包含起来。

16. 以练习 2-1.xlsx 中提供的数据，计算单利现值。

17. 以练习 2-2.xlsx 中提供的数据，计算复利现值。

18. 以练习 2-3.xlsx 中提供的数据，计算复利终值。

19. 以练习 2-4.xlsx 中提供的数据，根据已知实际利率转换为名义利率。

20. 以练习 2-5.xlsx 中提供的数据，根据已知名义利率转换为实际利率。

第3章

内部长期投资

企业把资金投放到企业内部生产经营所需的长期资产上，称为内部长期投资。内部长期投资包括固定资产投资和无形资产投资两种，本章主要学习 Excel 在固定资产投资评估中的应用方法。

3.1 固定资产折旧管理

在进行内部长期投资决策时，通常需要计算投资项目的现金流量，因此需要先了解固定资产折旧的概念和计算方法。

固定资产是指企业为生产产品、提供劳务、出租或者经营管理而持有的、使用时间超过 12 个月，并且价值达到一定标准的非货币性资产，包括房屋、建筑物、机器、机械、运输工具以及其他与生产经营活动有关的设备、器具、工具等。固定资产折旧是指固定资产在使用过程中因为损耗而消失的价值部分。该部分价值以折旧费用的形式计入各期成本费用，并从企业的营业收入中得到补偿，转化为货币资金。

固定资产折旧的方法主要包括直线折旧法和加速折旧法两类，大部分企业固定资产折旧一般采用直线折旧法计算。

直线折旧法又称为平均年限法，是指按照一定标准平均分摊折旧总额的计算方法，采用该方法计算年折旧额的公式为：

年折旧额=（固定资产原值-预计净残值）/预计使用年限

其中，预计净残值是指固定资产报废时预计可以收回的残余价值。净残值率是指净残值占固定资产原值的百分比。

加速折旧法是指在固定资产使用前期计提较多折旧，而后期计提较少的折旧计算方法，包括余额递减法、双倍余额递减法和年数总和法。

3.1.1 制作固定资产管理表

企业管理固定资产的内容不但包括登记录入固定资产的名称、原值、折旧年限、净残值率等，而且包括年折旧额、净残值、累计折旧额、账面价值等计算。如果手工进行，不仅工作量大，而且录入的准确性差。

应用 Excel 管理固定资产有以下几点必要性。

（1）可以根据录入的基础信息自动生成各种计算结果，且结果支持数据源变更后的自动更新。

（2）可以根据企业需求选择不同的折旧计算方式计提折旧，简单、准确、高效地完成工作。

（3）便于管理者快速查询、统计和分析固定资产的使用状况，及时掌握企业真实的财务状况。

使用 Excel 制作固定资产管理表，可以使会计人员更加方便记录、修改、查询和删除固定资产信息，以下介绍在 Excel 中制作固定资产管理表的方法。

素材所在位置为：
光盘：\素材\第 3 章 内部长期投资\3.1.1 制作固定资产管理表.xlsx

具体操作步骤如下。

步骤 1 创建一个新工作簿，按<Ctrl+S>组合键，保存为“固定资产管理表”，将工作表 Sheet1 和 Sheet2 分别命名为“设置”和“固定资产管理表”，删除多余的工作表。

步骤 2 在“设置”工作表中输入当前核算日期和资产类型，设置字体字号，添加边框和单元格填充色，如图 3-1 所示。

	A	B
1	核算日期	资产类型
2	2016/12/31	办公设备
3		运输设备
4		机器设备
5		建筑物

设置 / 固定资产管理表

图 3-1 输入资产类型

步骤 3 在“固定资产管理表”工作表中输入基础字段标题。

包括“购置日期”“资产类型”“资产名称”“数量”“原值”“使用年限”“净残值率”“净残值”“年折旧额”“核算日期”“已计提年数”“累计折旧额”和“账面价值”等，如图 3-2 所示。

	A	B	C	D	E	F	G	H	I	J	K	L	M
1	购置日期	资产类型	资产名称	数量	原值	使用年限	净残值率	净残值	年折旧额	核算日期	已计提年数	累计折旧额	账面价值
2													
3													

图 3-2 输入基础字段信息

步骤 4 设置数据有效性。

选中 B2:B14 单元格区域，在【数据】选项卡下单击【数据有效性】命令按钮。在弹出的【数据有效性】对话框中，单击“允许”右侧下拉箭头，在下拉列表中选择“序列”。

单击“来源”编辑框右侧的折叠按钮，然后鼠标单击“设置”工作表标签切换到“设置”工作表，拖曳鼠标选中 B2:B5 单元格区域，再次单击折叠按钮返回【数据有效性】对话框，最后单击【确定】按钮，如图 3-3 所示。

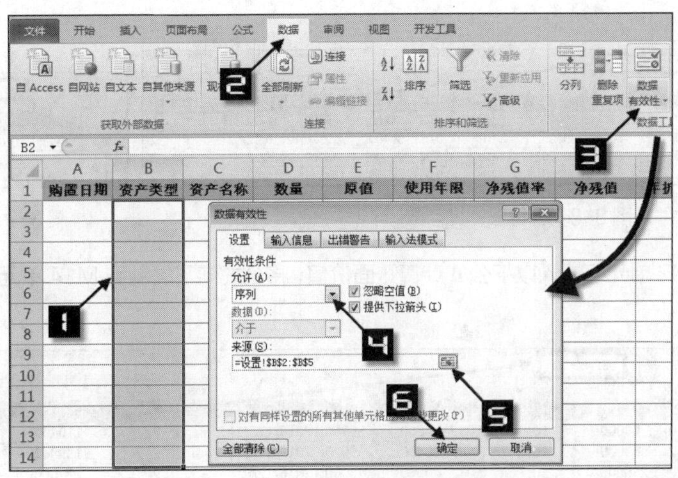

图 3-3 设置“资产类型”序列来源

设置完成后，选中 B2:B14 单元格区域的任意单元格，然后单击单元格右侧的下拉按钮，即可通过鼠标指针选取不同的类型在单元格中快速输入内容，如图 3-4 所示。

步骤 5 在固定资产管理表中输入对应的固定资产信息，如图 3-5 所示。

	A	B	C
1	购置日期	资产类型	资产名称
2		办公设备	
3		运输设备	
4		建筑物	
5		办公设备 运输设备 机器设备 建筑物	
6			

图 3-4 使用下拉列表选择输入内容

	A	B	C	D	E	F	G
1	购置日期	资产类型	资产名称	数量	原值	使用年限	净残值率
2	2014/3/10	机器设备	车床	10	60000	10	0.08
3	2014/3/10	机器设备	液压机	2	380000	10	0.08
4	2014/3/10	机器设备	天车	2	250000	10	0.08
5	2014/6/12	建筑物	车间	2	2000000	30	0.03
6	2014/6/20	办公设备	台式电脑	6	5000	5	0.05
7	2014/8/10	办公设备	针式打印机	3	5500	5	0.05
8	2014/12/31	办公设备	激光打印机	3	3000	5	0.05
9	2014/12/31	办公设备	复印机	2	12000	5	0.05
10	2015/5/21	办公设备	笔记本电脑	5	6000	5	0.05
11	2015/5/21	办公设备	空调	5	3600	5	0.03
12	2015/7/8	运输设备	宝马	1	950000	10	0.03
13	2015/7/8	运输设备	本田	2	300000	10	0.03
14	2015/7/8	运输设备	大众	3	80000	10	0.03

图 3-5 填写固定资产信息

步骤 6 在 H2 单元格输入以下公式计算净残值，然后将公式向下复制到 H14 单元格，如图 3-6 所示。

```
=E2*G2
```

步骤 7 在 I2 单元格输入以下公式计算年折旧额，然后将公式向下复制到 I14 单元格，如图 3-7 所示。

```
=D2*SLN(E2,H2,F2)
```

H2 fx =E2*G2

	E	F	G	H
1	原值	使用年限	净残值率	净残值
2	60000	10	0.08	4800
3	380000	10	0.08	30400
4	250000	10	0.08	20000
5	2000000	30	0.03	60000

图 3-6 计算净残值

I2 fx =D2*SLN(E2, H2, F2)

	E	F	G	H	I
1	原值	使用年限	净残值率	净残值	年折旧额
2	60000	10	0.08	4800	55200
3	380000	10	0.08	30400	69920
4	250000	10	0.08	20000	46000
5	2000000	30	0.03	60000	129333

图 3-7 计算年折旧额

步骤 8 在 J2 单元格输入以下公式，调取“设置”工作表中的“核算日期”，然后将公式向下复制到 J14 单元格。

```
=设置!$A$2
```

步骤 9 在 K2 单元格输入以下公式计算已计提年数，将公式向下复制到 K14 单元格，如图 3-8 所示。

```
=MIN(F2,DATEDIF(A2,J2,"y"))
```

步骤 10 在 L2 单元格输入以下公式计算累计折旧额，将公式向下复制到 L14 单元格，如图 3-9 所示。

```
=I2*K2
```

K2 =MIN(F2,DATEDIF(A2,J2,"y"))

	A	B	C	D	E	F	G	H	I	J	K
1	购置日期	资产类型	资产名称	数量	原值	使用年限	净残值率	净残值	年折旧额	核算日期	已计提年数
2	2014/3/10	机器设备	车床	10	60000	10	0.08	4800	55200	2016/12/31	2
3	2014/3/10	机器设备	液压机	2	380000	10	0.08	30400	69920	2016/12/31	2
4	2014/3/10	机器设备	天车	2	250000	10	0.08	20000	46000	2016/12/31	2
5	2014/6/12	建筑物	车间	2	2000000	30	0.03	60000	129333	2016/12/31	2

图 3-8 计算已计提年数

L2 =I2*K2

	I	J	K	L
1	年折旧额	核算日期	已计提年数	累计折旧额
2	55200	2016/12/31	2	110400
3	69920	2016/12/31	2	139840
4	46000	2016/12/31	2	92000

图 3-9 计算累计折旧额

步骤 11 在 M2 单元格输入以下公式计算账面价值，将公式向下复制到 M14 单元格，如图 3-10 所示。

```
=E2*D2-L2
```

M2 =E2*D2-L2

	D	E	F	G	H	I	J	K	L	M
1	数量	原值	使用年限	净残值率	净残值	年折旧额	核算日期	已计提年数	累计折旧额	账面价值
2	10	60000	10	0.08	4800	55200	2016/12/31	2	110400	489600
3	2	380000	10	0.08	30400	69920	2016/12/31	2	139840	620160
4	2	250000	10	0.08	20000	46000	2016/12/31	2	92000	408000

图 3-10 计算账面价值

步骤 12 选中 E2:E14 单元格区域，然后按住<Ctrl>键不放，依次选中 H2:I14 和 L2:M14 单元格区域。按<Ctrl+1>组合键，弹出【设置单元格格式】对话框。在【数字】选项卡下的分类列表中选择“会计专用”，然后在右侧的“货币符号”下拉列表中选择“无”，最后单击【确定】按钮，如图 3-11 所示。

设置完成后的表格局部效果如图 3-12 所示。

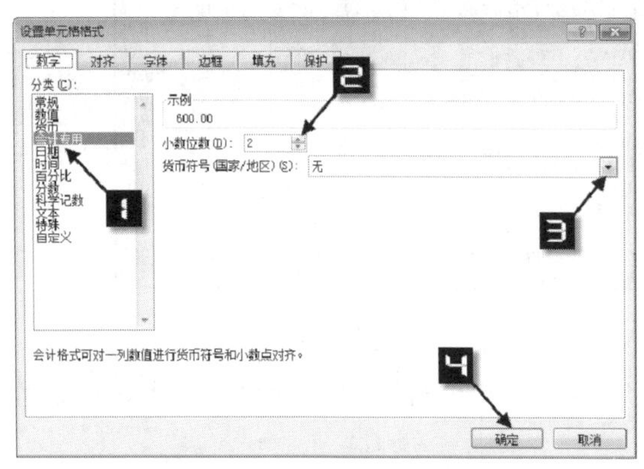

图 3-11 设置单元格格式

	A	B	C	D	E	F	G	H
1	购置日期	资产类型	资产名称	数量	原值	使用年限	净残值率	净残值
2	2014/3/10	机器设备	车床	10	60,000.00	10	0.08	4,800.00
3	2014/3/10	机器设备	液压机	2	380,000.00	10	0.08	30,400.00
4	2014/3/10	机器设备	天车	2	250,000.00	10	0.08	20,000.00
5	2014/6/12	建筑物	车间	2	2,000,000.00	30	0.03	60,000.00
6	2014/6/20	办公设备	台式电脑	6	5,000.00	5	0.05	250.00
7	2014/8/10	办公设备	针式打印机	3	5,500.00	5	0.05	275.00
8	2014/12/31	办公设备	激光打印机	3	3,000.00	5	0.05	150.00
9	2014/12/31	办公设备	复印机	2	12,000.00	5	0.05	600.00
10	2015/5/21	办公设备	笔记本电脑	5	6,000.00	5	0.05	300.00
11	2015/5/21	办公设备	空调	5	3,600.00	5	0.03	108.00

图 3-12 固定资产管理表

【公式讲解】

（1）H2 单元格计算净残值公式为=E2*G2，即原值乘以净残值率。

（2）SLN 函数用于返回某项资产在一个期间中的线性折旧值。函数语法为：

```
SLN(cost,salvage,life)
```

第一参数 cost 表示资产原值。

第二参数 salvage 表示资产在折旧期末的价值（有时也称为资产残值）。

第三参数 life 表示资产的折旧期数（有时也称作资产的使用寿命）。

I2 单元格计算年折旧额公式为：

```
=D2*SLN(E2,H2,F2)
```

首先用 SLN 函数计算出一台设备每年的折旧额 5520，然后乘以 D2 单元格的设备数量，计算出所有设备的年折旧额。

（3）K2 单元格已计提年数的公式为：

```
=MIN(F2,DATEDIF(A2,J2,"y"))
```

先使用 DATEDIF 函数计算从资产购置日期到核算日期的整年数，再利用 MIN 函数，实现当已计提年数超出固定资产的使用年限时，按最大使用年限计算。

（4）L2 单元格计算累计折旧额的公式为=I2*K2，即年折旧额乘以已计提年份。

（5）M2 单元格计算账面价值公式为=E2*D2-L2，即原值乘以设备数量再减去累计折旧额。

1. DATEDIF 函数

DATEDIF 函数用于计算两个日期之间的天数、月数或年数。该函数是一个隐藏的日期函数，在 Excel 的函数列表中没有显示此函数，帮助文件中也没有相关说明。

DATEDIF 函数

其基本语法为：

```
DATEDIF(start_date,end_date,unit)
```

第一参数表示时间段内的起始日期，日期可以是单元格引用，也可以写成带引号的字符串（如本例中的 "2017-5-31"）。

第二参数代表时间段内的结束日期。第三参数为所需信息的返回类型，该参数不区分大小写。

不同第三参数返回的结果如表 3-1 所示。

表 3-1　DATEDIF 函数不同参数的作用

第三参数	函数返回结果
"Y"	时间段中的整年数
"M"	时间段中的整月数
"D"	时间段中的天数
"MD"	日期中天数的差。忽略日期中的月和年
"YM"	日期中月数的差。忽略日期中的日和年
"YD"	日期中天数的差。忽略日期中的年

DATEDIF 函数在使用"MD""YM""YD"三个参数时会存在一些 BUG，导致计算结果不准确。而在计算两个日期的间隔天数时，用结束日期直接减去开始日期的方法会更加简便，因此该函数第三参数使用"M"计算间隔月份和使用"Y"计算间隔年份最为常用。

本例中，先使用 DATEDIF 函数计算出从 A2 单元格的购置日期 2014/3/10 到 J2 单元格的核算日期 2016/12/31 的整年数，不满整年的部分将被舍去，计算结果为 2。

2. MIN 函数

MIN 函数用于返回一组值中的最小值。本例中对已计提年数和固定资产使用年限两个数值进行判断并返回最小值。目的是如果已计提年数超出固定资产的使用年限时，按最大使用年限计算。

与 MIN 函数对应的是 MAX 函数，作用是返回一组值中的最大值。

3. 数据有效性

数据有效性用于定义允许在单元格中输入哪些数据，防止用户输入无效数据。使用数据有效性，不仅能够实现限制数值输入位数和限定数值输入的范围，而且能够防止数据重复输入等，从而提高输入的准确性。

单击【数据】选项卡下的【数据有效性】命令按钮，可以打开【数据有效性】对话框。在该对话框的【设置】选项卡下，单击“允许”右侧的下拉按钮，可以选择允许输入的类型和范围。允许类型包括任何值、整数、小数、系列、日期、时间、文本长度和自定义等选项，用户可以根据需要选择。

例如，输入员工年龄时，我们知道员工实际年龄不会小于 18 岁，也不会大于 60 岁，就可以通过数据有效性设置年龄输入的区间范围。

首先选中需要输入年龄的单元格区域，依次单击【数据】→【数据有效性】，打开【数据有效性】对话框。

在【设置】选项卡下，“允许”类型选择“整数”，“数据”选择“介于”，再分别设置最小值为 18，设置最大值为 60，最后单击【确定】按钮，如图 3-13 所示。

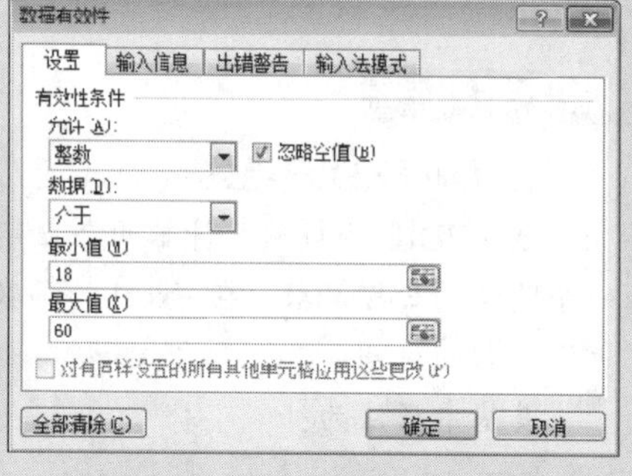

图 3-13　设置数据输入的范围

在数据有效性的有效性条件设置为“自定义”时，还可以使用函数公式指定规则。数据有效性中的公式用法与在工作表中应用函数公式类似，但只能是结果返回逻辑值 TRUE 或 FALSE 的公式。当公式结果返回 TRUE 时，Excel 允许输入；如果返回 FALSE，则拒绝输入。

如果数据有效性中的公式结果为数值，等于 0 时，作用相当于逻辑值 FALSE；如果返回不等于 0 的数值时，作用相当于逻辑值 TRUE。

1. 定义名称

素材所在位置为：

光盘：\素材\第 3 章　内部长期投资\定义名称.xlsx

名称是一类较为特殊的公式，多数情况下是由用户预先自行定义，也有部分名称可以在创建表格、设置打印区域等操作时自动产生。

名称是被特殊命名的公式，也是以等号“=”开头，组成元素可以是常量数据、常量数组、单元格引用、函数公式等，已定义的名称可以在其他名称或公式中调用。

创建名称可以通过模块化的调用，使公式变得更加简洁。在高级图表制作时，创建名称可以生成动态的数据源，是动态图表制作的必要步骤之一。

以下四种方式都可以创建名称。

方法 1　使用【定义名称】命令创建名称。

单击【公式】选项卡下的【定义名称】按钮，弹出【新建名称】对话框。在【新建名称】对话框中对名称命名。单击【范围】右侧的下拉按钮，能够将定义名称指定为工作簿范围或是某个工作表范围。在【备注】文本框内可以添加注释，以便于使用者理解名称的用途。

在【引用位置】编辑框中可以直接输入公式，也可以单击右侧的折叠按钮选择单元格区域作为引用位置。最后单击【确定】按钮完成设置，如图 3-14 所示。

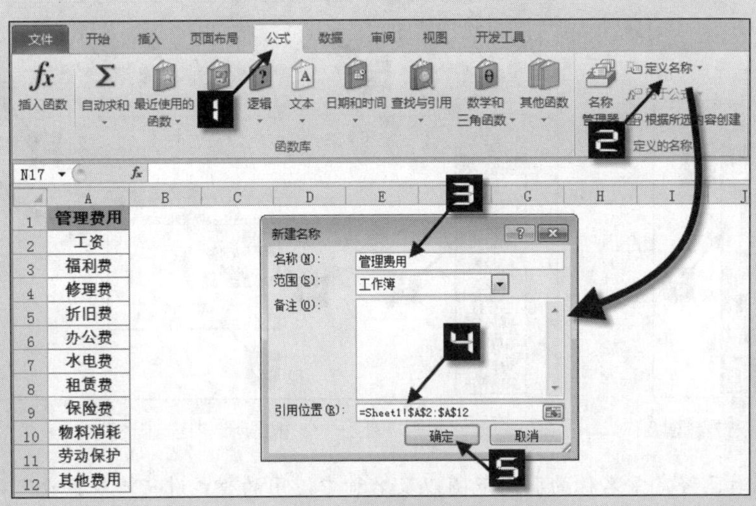

图 3-14　定义名称

方法 2　使用名称管理器新建名称。

单击【公式】选项卡下的【名称管理器】按钮，在弹出的【名称管理器】对话框中，单击【新建】按钮，弹出【新建名称】对话框。之后的设置步骤与方法 1 相同，如图 3-15 所示。

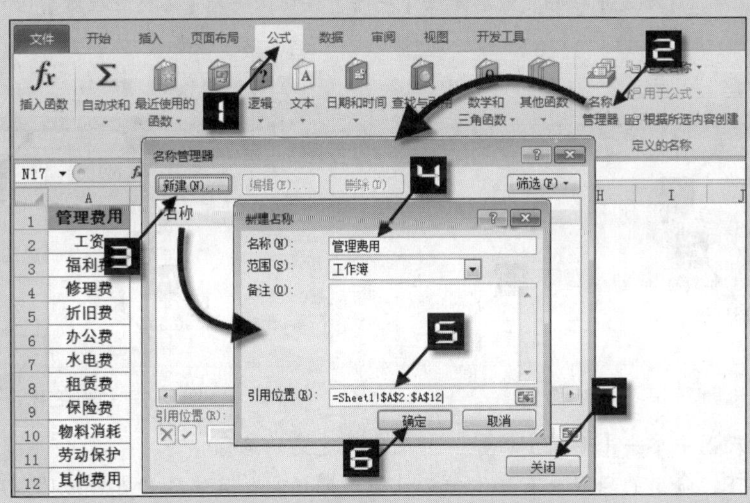

图 3-15　使用名称管理器新建名称

方法 3　使用名称框定义名称。

如图 3-16 所示，选中 A2:A12 单元格区域，鼠标指针定位到名称框内，输入“管理费用”，按<Enter>键，即可将 A2:A12 单元格区域定义名称为“管理费用”。

方法 4　根据所选内容创建名称。

如图 3-17 所示，选中 A1:A12 单元格区域，依次单击【公式】→【根据所选内容创建】命令，在弹出的【以选定区域创建名称】对话框中，可以指定要以哪个区域的值来命名自定义名称。保持“首行”的勾选，单击【确定】按钮，可将 A2:A12 单元格区域定义名称为“管理费用”。

根据作用范围的不同，Excel 的名称可分为工作簿级名称和工作表级名称。默认情况下，新建的名称作用范围均为工作簿级，作用范围涵盖整个工作簿。

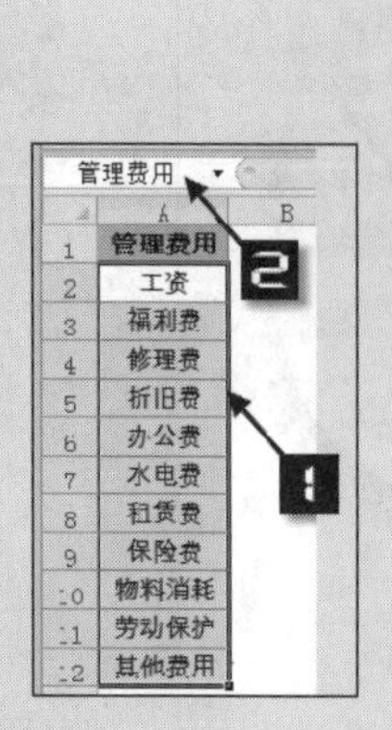

图 3-16　名称框创建名称

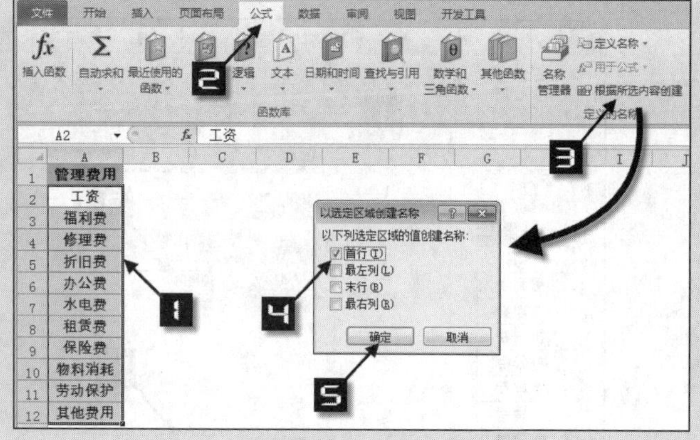

图 3-17　根据所选内容创建名称

用户可以对已经定义名称的引用范围以及名称中使用的公式进行修改，也可以重命名已有的名称。单击【公式】选项卡下的【名称管理器】按钮，或是按<Ctrl+F3>组合键，在弹出的【名称管理器】对话框中单击定义的名称，在引用位置编辑框中，修改引用的单元格地址或是公式后，单击左侧的确认按钮☑，最后单击【关闭】按钮，如图 3-18 所示。

也可以在【名称管理器】中单击【编辑】按钮，打开【编辑名称】对话框，重命名名称或是修改引用位置后，单击【确定】按钮，最后单击【关闭】按钮，关闭【名称管理器】，如图 3-19 所示。

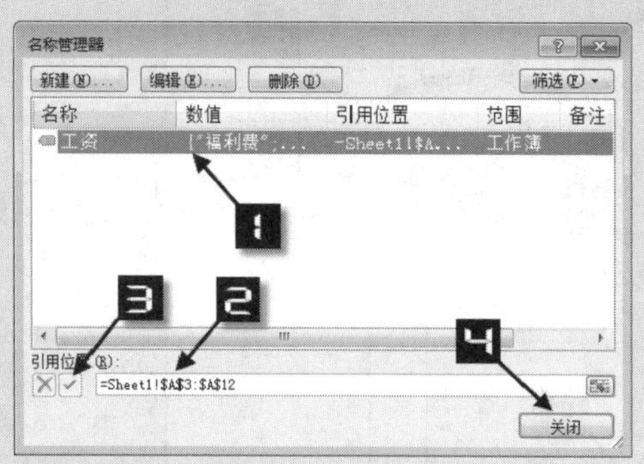

图 3-18　编辑名称 1

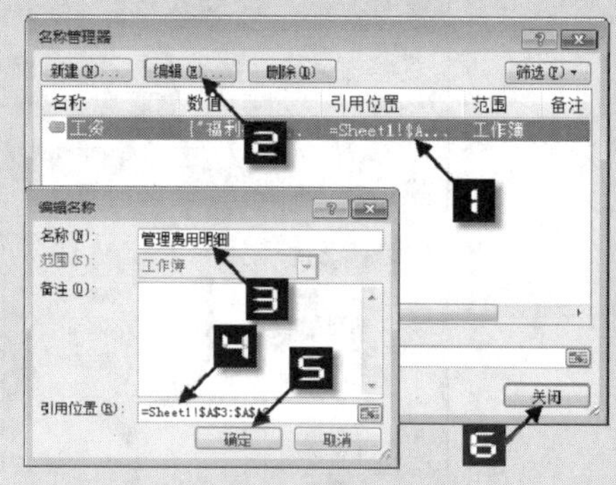

图 3-19　编辑名称 2

在名称管理器中单击【删除】按钮，可删除已定义的名称。

一般情况下，命名的原则应有具体含义且便于记忆，并且能尽量直观地体现所引用数据或公式的含义，不使用可能产生歧义的名称。

名称作为公式的一种存在形式，同样受函数与公式关于嵌套层数、参数个数、计算精度等方面的限制。除此之外，还应遵守以下规则。

（1）名称的命名可以用任意字母与数字组合在一起，但不能以纯数字命名或以数字开头，如“1Pic”将不被允许。

（2）因为字母 R、C 在 R1C1 引用样式中表示工作表的行、列，所以除了 R、C、r、c，其他单个字母均可作为名称的命名。命名也不能与单元格地址相同，如“B3”“D5”等。

（3）不能使用除下划线、点号和反斜线(\)、问号（?）以外的其他符号，使用问号（?）时不能作为名称的开头，如可以用“Name?”，但不可以用“?Name”。

（4）自定义名称的命名中不能包含空格，并且不区分大小写。如“DATA”与“Data”是相同的，Excel 会按照定义时键入的命名进行保存，但在公式中使用时视为同一个名称。

2. 认识INDIRECT函数

素材所在位置为：

光盘：\素材\第 3 章 内部长期投资\认识 INDIRECT 函数.xlsx

INDIRECT 函数能够根据第一参数的文本字符串生成具体的单元格引用，该函数的语法如下：

```
INDIRECT(ref_text,[a1])
```

第一参数 ref_text 是一个表示单元格地址的文本。

第二参数[all]用于指定使用哪一种引用样式。通常情况下该参数为 TRUE 或省略，第一参数中的文本被解释为 A1 样式的引用。

以下通过三个简单的示例来了解 INDIRECT 函数。

如图 3-20 所示，在 C1 单元格输入以下公式：

```
=INDIRECT("A1")
```

INDIRECT 函数的参数为文本字符串"A1"，能够将字符串“A1”变成实际的引用，因此返回的是对 A1 单元格的引用。

如图 3-21 所示，A1 单元格输入文本“B5”，在 C1 单元格输入以下公式：

```
=INDIRECT(A1)
```

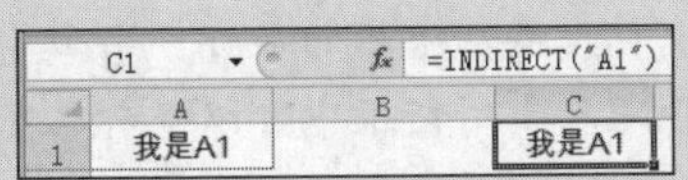

图 3-20 文本“A1”变成实际的引用

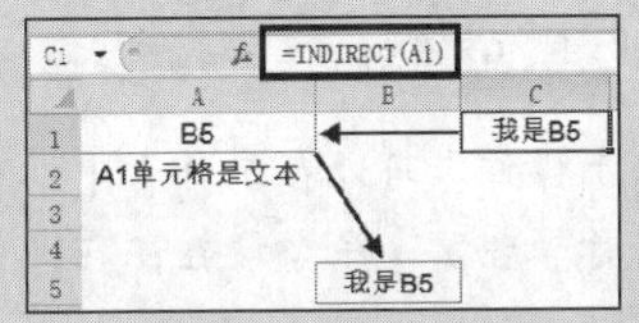

图 3-21 间接引用单元格

INDIRECT 函数将 A1 单元格内的文本字符串“B5”变成实际的引用，实现对 B5 单元格的间接引用效果。

3. 制作简单的二级下拉菜单

素材所在位置为：

光盘：\素材\第 3 章 内部长期投资\制作简单的二级下拉菜单.xlsx

制作简单的二级下拉菜单

利用 Excel 中的数据有效性和定义名称的综合方法，能够实现二级下拉菜单式输入。例如，在一级菜单中输入资产类别，在二级菜单中即可直接选择该类别下的资产名称，如图 3-22 所示。

操作步骤如下。

步骤 1 首先在“对照表”工作表内输入基础数据，在第一行内依次输入资产类别，然后在每一列分别输入不同类别的资产名称。然后在“二级下拉菜单”工作表内依次输入列标题，如图 3-23 所示。

图 3-22 二级下拉菜单

机器设备	建筑物	运输设备	办公设备	专用设备
预涂循环罐	1#储存仓	本田汽车	激光打印机	摄影机
安全过滤器	2#储存仓	江铃皮卡	针式打印机	放映机
捕集暂存罐	3#储存仓	现代汽车		
泡沫捕集器	生产车间1#线	拖拉机		
预涂循环泵	生产车间2#线			
滤网洗涤箱	办公楼			
蒸汽分水器				
油水分离器				
减压稳压器				
安全过滤器				

图 3-23 输入基础信息

步骤 2　在“对照表”工作表内按<Ctrl+G>组合键，调出【定位】对话框，单击【定位条件】按钮，在弹出的【定位条件】对话框中单击选中“常量”单选按钮，如图 3-24 所示。

此时工作表中所有包含数据的单元格都被选中。

步骤 3　单击【公式】选项卡下的【根据所选内容创建】命令按钮。在弹出的【以选定区域创建名称】对话框中选中“首行”复选框，最后单击【确定】按钮，如图 3-25 所示。

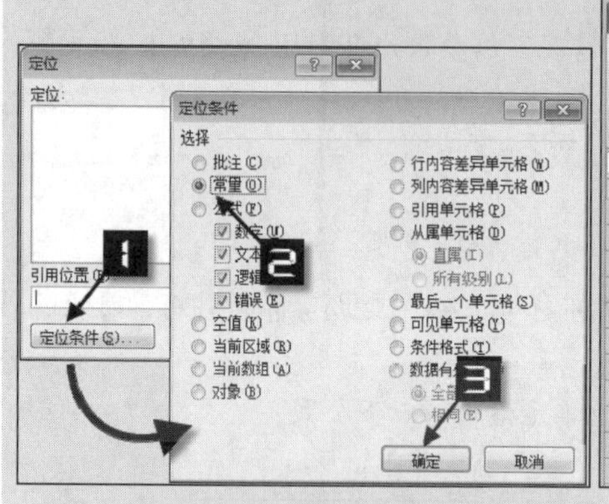

图 3-24　设置定位条件

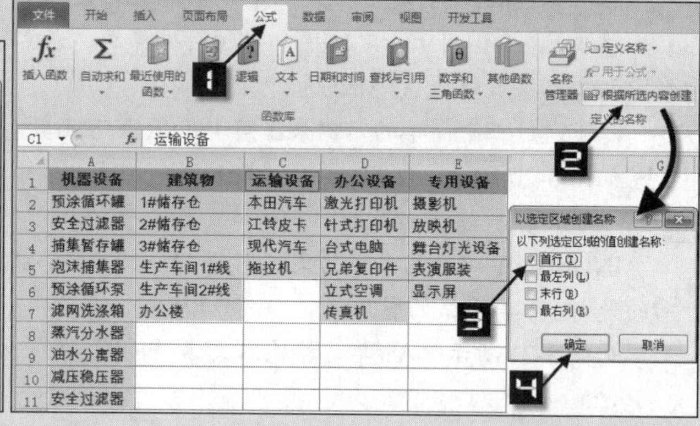

图 3-25　创建名称

通过以上操作，可以在工作表中批量创建一组以资产类别命名的名称。单击【公式】选项卡下的【名称管理器】命令按钮，在弹出的【名称管理器】对话框中可以查看已定义的名称，如图 3-26 所示。

步骤 4　如图 3-27 所示，切换到“二级下拉菜单”工作表，选中 A2:A10 单元格区域，参考 3.1.1 步骤 4，在“允许”下拉菜单中选择“序列”，设置数据有效性的序列来源为：

```
=对照表!$A$1:$E$1
```

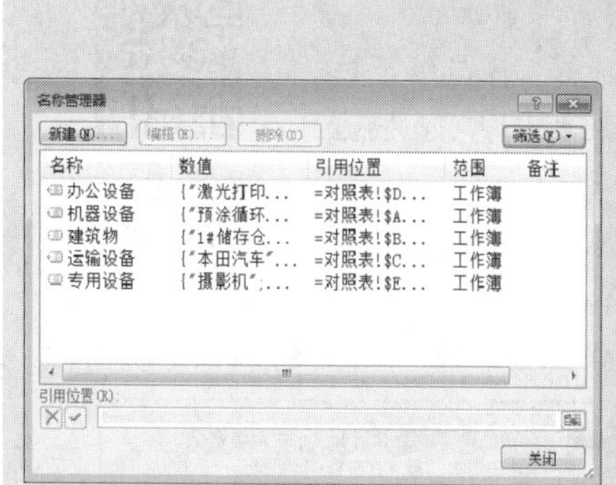

图 3-26　查看已定义的名称

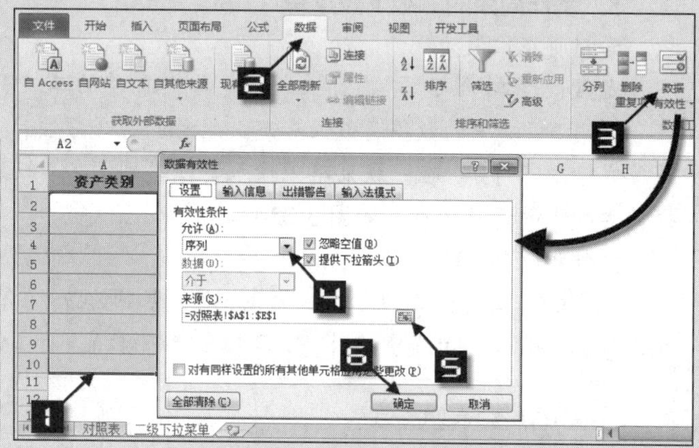

图 3-27　设置数据有效性 1

步骤 5　如图 3-28 所示，选中 B2:B10 单元格区域，设置数据有效性的序列来源为：

```
=INDIRECT(A2)
```

由于 A 列中还没有输入资产类别，因此 INDIRECT 函数会出现引用错误。在 B 列设置数据有效性后，Excel 将弹出提示对话框，直接单击【确定】即可，如图 3-29 所示。

设置完成后，即可通过 A 列单元格右侧的下拉菜单选择资产类别，然后单击 B 列单元格右侧的下拉菜单选择与 A 列资产类别对应的资产名称。

4. 使用数据有效性限制录入重复数据

素材所在位置为：

光盘：\素材\第 3 章 内部长期投资\使用数据有效性限制录入重复数据.xlsx

数据有效性中使用函数公式，可以使数据有效性的应用场景更加广泛。以如图 3-30 所示的客户信息表为例，使用数据有效性，可以限制重复录入姓名。

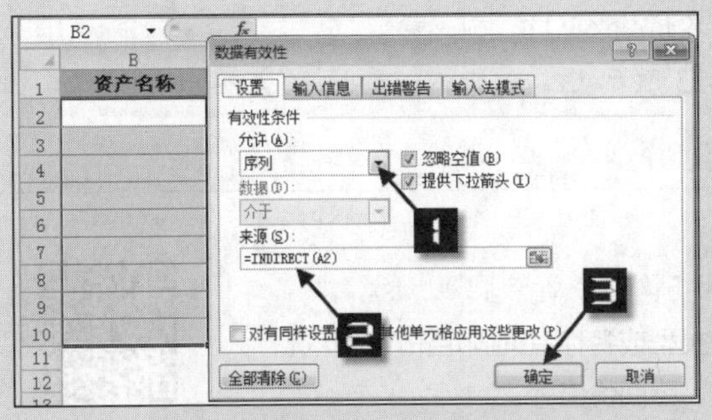

图 3-28 设置数据有效性 2

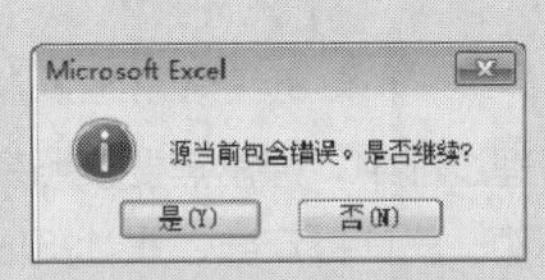

图 3-29 提示对话框

序号	姓名
1	叶知秋
2	上官翎
3	尚元香
4	
5	
6	
7	
8	

图 3-30 客户信息表

操作步骤如下。

步骤 1 选中 B2:B9 单元格区域，单击【数据】选项卡下的【数据有效性】按钮，打开【数据有效性】对话框。

步骤 2 在【设置】选项卡下的“允许”下拉列表中选择“自定义”，在公式编辑框中输入以下公式。

```
=COUNTIF(B:B,B2)=1
```

COUNTIF 函数的作用是对区域中符合指定条件的单元格进行计数。第一参数是要统计的区域，第二参数是要统计的条件。

本例先使用 COUNTIF 函数，统计 B 列中有多少个与 B2 单元格中的姓名相同的单元格。再使用数据有效性限制 COUNTIF 函数的结果只能等于 1。

在数据有效性中使用公式时，可以针对活动单元格进行设置，设置完成后，就会将该规则应用到所选单元格区域的每个单元格。

设置完毕，如果在 B2:B9 单元格区域中输入该区域已有内容，则公式 COUNTIF(B:B,B2)的计算结果超过 1，数据有效性的公式“COUNTIF(B:B,B2)=1”返回逻辑值 FALSE，Excel 会弹出警告对话框，拒绝输入，如图 3-31 所示。

5. 使用数据有效性设置屏幕输入提示

素材所在位置为：

光盘：\素材\第 3 章 内部长期投资\使用数据有效性设置屏幕输入提示.xlsx

使用数据有效性的输入信息功能，能够在单击单元格时，显示屏幕提示信息，提高数据录入的准确性，如图 3-32 所示。

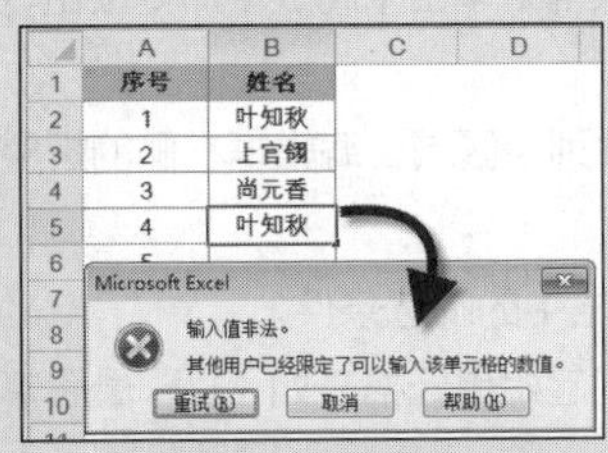

图 3-31 输入信息重复

客户姓名	通讯地址	联系电话
蒋忠和	富塘乡五候村2组	
黄莉霞	东阳四组	
刘敏英	富塘乡五里牌村1组	
陈小明	富塘乡李家园1组	
张华娟	荷叶塘居委会3组	
陈勇兵	东阳居委会	
罗玉红	荷叶塘宾馆旁	

请输入11位手机号码

图 3-32 屏幕提示信息

操作步骤如下。

步骤 1 选中要设置屏幕提示的 C2:C8 单元格区域，依次单击【数据】→【数据有效性】命令，打开【数据有效性】对话框。

步骤 2 切换到【数据有效性】对话框的【输入信息】选项卡下，在输入信息编辑框内输入提示信息“请输入 11 位手机号码”，最后单击【确定】按钮，如图 3-33 所示。

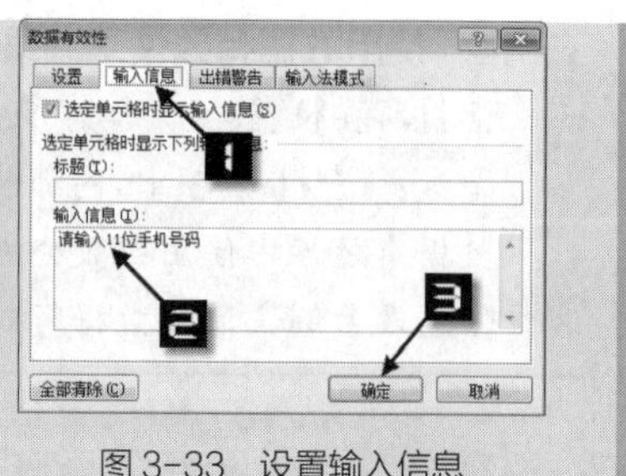

图 3-33 设置输入信息

3.1.2 快速查询固定资产状况

素材所在位置为：

光盘：\素材\第 3 章 内部长期投资\3.1.2 快速查询固定资产状况.xlsx

快速查询固定资产状况

在企业固定资产的管理过程中，经常需要按照资产类型或名称查询固定资产的状况，如查询固定资产的年折旧额、已计提年数、累计折旧额、账面价值等。

1. 利用高级筛选查询固定资产记录

如需在固定资产管理表中筛选出所有净残值大于 10000 的资产记录，操作步骤如下。

步骤 1 首先在固定资产管理表的首行之前插入三个空行，用于存放高级筛选的条件。

步骤 2 在 A1 单元格输入列标题，列标题应和数据表中的标题相同。在 A2 单元格输入高级筛选的条件“>10000”，如图 3-34 所示。

	A	B	C	D	E	F	G	H
1	净残值							
2	>10000							
3								
4	购置日期	资产类型	资产名称	数量	原值	使用年限	净残值率	净残值
5	2014/3/10	机器设备	车床	10	60,000.00	10	8%	4,800.00
6	2014/3/10	机器设备	液压机	2	380,000.00	10	8%	30,400.00
7	2014/3/10	机器设备	天车	2	250,000.00	10	8%	20,000.00
8	2014/6/12	建筑物	车间	2	2,000,000.00	30	3%	60,000.00
9	2014/6/20	办公设备	台式电脑	6	5,000.00	5	5%	250.00
10	2014/8/10	办公设备	针式打印机	3	5,500.00	5	5%	275.00
11	2014/12/31	办公设备	激光打印机	3	3,000.00	5	5%	150.00
12	2014/12/31	办公设备	复印机	2	12,000.00	5	5%	600.00
13	2015/5/21	办公设备	笔记本电脑	5	6,000.00	5	5%	300.00
14	2015/5/21	办公设备	空调	5	3,600.00	5	3%	108.00
15	2015/7/8	运输设备	宝马	1	950,000.00	10	3%	28,500.00
16	2015/7/8	运输设备	本田	2	300,000.00	10	3%	9,000.00
17	2015/7/8	运输设备	大众	3	80,000.00	10	3%	2,400.00

图 3-34 设置高级筛选条件

步骤 3 单击数据区域任意单元格，如 A6，在【数据】选项卡下单击【高级】命令按钮，打开【高级筛选】对话框。

单击选中“将筛选结果复制到其他位置”单选钮，然后单击“列表区域”编辑框右侧的折叠按钮，选中需要筛选的数据区域。

单击“条件区域”编辑框右侧的折叠按钮，选中 A1:A2 单元格中的筛选条件。

单击“复制到”编辑框右侧的折叠按钮，选择存放筛选结果的起始单元格，如 O1，最后单击【确定】按钮，如图 3-35 所示。

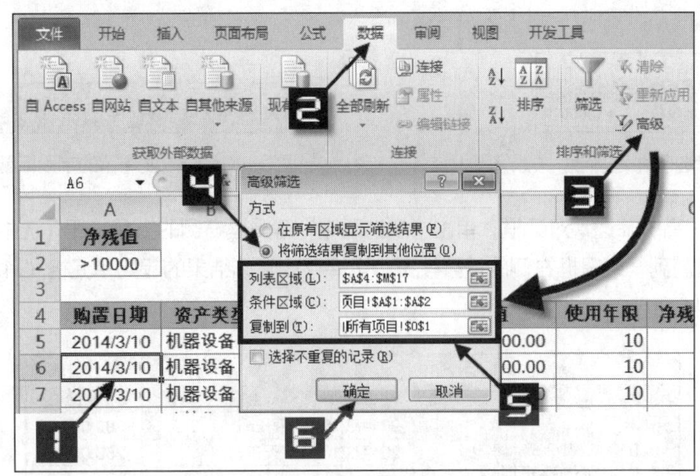

图 3-35　高级筛选

筛选后的结果如图 3-36 所示。

	O	P	Q	R	S	T	U	V
1	购置日期	资产类型	资产名称	数量	原值	使用年限	净残值率	净残值
2	2014/3/10	机器设备	液压机	2	380,000.00	10	8%	30,400.00
3	2014/3/10	机器设备	天车	2	250,000.00	10	8%	20,000.00
4	2014/6/12	建筑物	车间	2	2,000,000.00	30	3%	60,000.00
5	2015/7/8	运输设备	宝马	1	950,000.00	10	3%	28,500.00

图 3-36　筛选后的局部结果

2. 筛选符合条件的部分项目

如果仅需要符合高级筛选条件的部分项目，可以在存放筛选结果区域中预先输入需要保留的字段标题。

如图 3-37 所示，在 O1～R1 单元格中依次输入“资产名称”“数量”“净残值”和“账面价值”，注意列标题应和数据表中的标题相同。

打开【高级筛选】对话框，单击“复制到”编辑框右侧的折叠按钮，选择存放筛选结果的起始单元格 O1:R1，最后单击【确定】按钮，即可得到符合条件的部分项目，如图 3-38 所示。

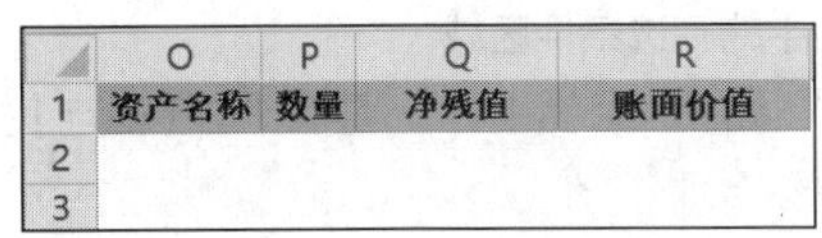

	O	P	Q	R
1	资产名称	数量	净残值	账面价值
2				
3				

图 3-37　需要保留的字段标题

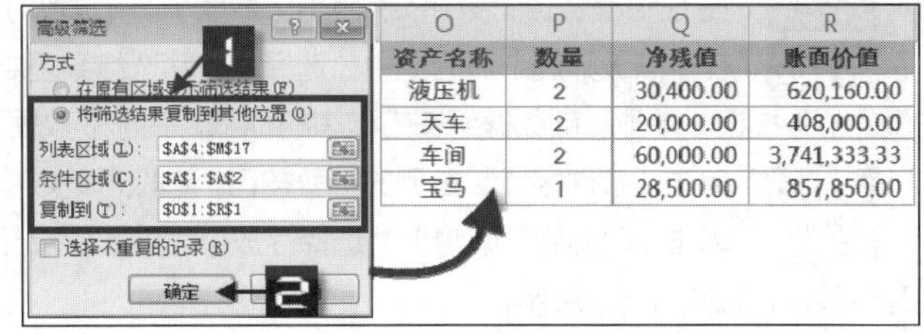

O	P	Q	R
资产名称	数量	净残值	账面价值
液压机	2	30,400.00	620,160.00
天车	2	20,000.00	408,000.00
车间	2	60,000.00	3,741,333.33
宝马	1	28,500.00	857,850.00

图 3-38　筛选符合条件的部分项目

3. 筛选同时符合多个条件的资产记录

位于同一行的各个条件表示相互之间是“与”关系。如需在固定资产管理表中筛选出所有资产类型为“机器设备”、并且净残值在 10000 以上的资产记录，操作步骤如下。

步骤 1　在 A1～B1 单元格中分别输入筛选的字段标题“资产类型”和“净残值”，在 A2～B2 单元格中依次输入筛选条件“机器设备”和“>10000”，如图 3-39 所示。

步骤 2　在存放筛选结果的 O1～R1 单元格内依次输入需要保留的字段标题“购置日期”“资产名称”“数量”和“原值”，如图 3-40 所示。

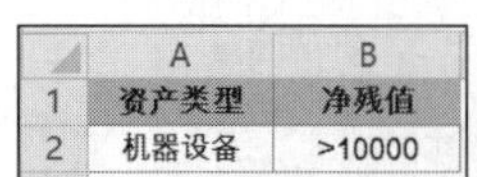

	A	B
1	资产类型	净残值
2	机器设备	>10000

图 3-39　筛选条件为“与”关系

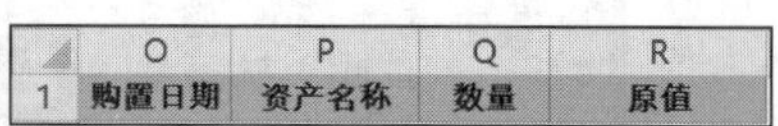

	O	P	Q	R
1	购置日期	资产名称	数量	原值

图 3-40　输入要保留的字段标题

步骤 3　打开【高级筛选】对话框，单击“条件区域”编辑框右侧的折叠按钮，选中 A1:B2 单元格中的筛选条件。单击“复制到”编辑框右侧的折叠按钮，选择存放筛选结果的起始单元格 O1:R1，最后单击【确定】按钮，如图 3-41 所示。

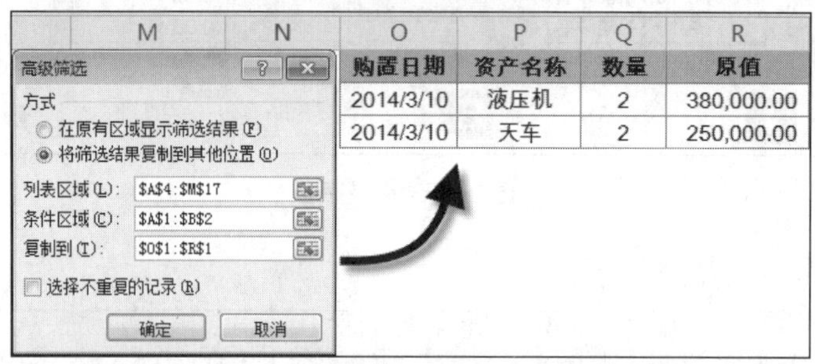

图 3-41　筛选符合多个条件的资产记录

4. 筛选符合多个条件之一的资产记录

两个筛选条件放在不同行，表示各个条件相互之间为“或”关系。如需在固定资产管理表中筛选出所有资产类型为“机器设备”、或者净残值在 10000 以上的资产记录，可以在 A1～B3 单元格中分别输入如图 3-42 所示的筛选字段标题和筛选条件。

设置完成后，再执行高级筛选操作即可。

5. 将筛选结果提取到其他工作表

默认情况下，高级筛选的结果只能存放到活动工作表内。如需在固定资产管理表中筛选出所有资产类型为“机器设备”、或者净残值在 10000 以上的资产记录，并且需要将筛选结果提取到 Sheet1 工作表，操作步骤如下。

步骤 1　在 Sheet1 工作表中依次单击【数据】→【高级】，打开【高级筛选】对话框。

步骤 2　在【高级筛选】对话框中，选择“将筛选结果复制到其他位置”单选钮，然后单击“列表区域”右侧的折叠按钮，单击基础数据所在工作表的标签，并选取数据表中实际的数据区域。

步骤 3　单击“条件区域”右侧的折叠按钮，选取基础数据表中的筛选条件区域。

步骤 4　单击“复制到”编辑框，选择存放位置的起始单元格，如“Sheet1!A1”，最后单击【确定】按钮完成筛选，如图 3-43 所示。

	A	B
1	资产类型	净残值
2	运输设备	
3		>10000

图 3-42　筛选条件为“或”关系

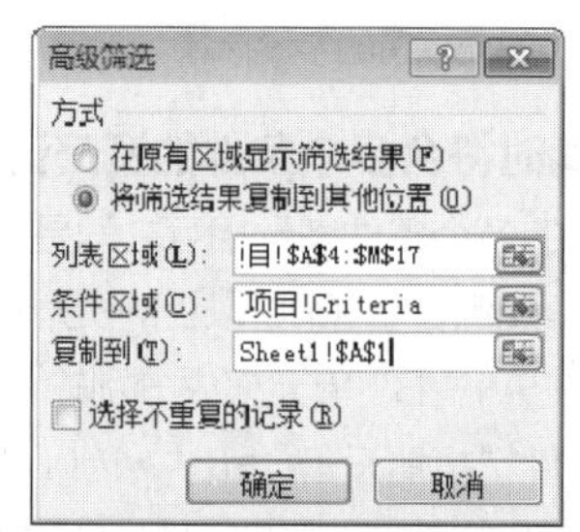

图 3-43　将筛选结果提取到其他工作表

高级筛选

高级筛选功能是自动筛选的升级，不仅包含了自动筛选的所有功能，而且能够设置更多更复杂的筛选条件。

高级筛选的筛选条件需要在一个工作表区域内单独指定，并需要与基础数据区域分开。通常情况下，高级筛选的条件区域放置在数据列表的上部或是底部。一个高级筛选的条件区域至少要包含两行：第一行是列标题，列标题应和数据列表中的标题相同；第二行是高级筛选的条件值。

高级筛选使用“或”条件和使用“与”条件设置条件区域的都要求首行必须是标题行，区别在于条件值的描述区域：

（1）位于同一行的各个条件表示相互之间是“与”的关系；

（2）位于不同行的各个条件则表示相互之间是“或”的关系。

如果数据区域中有多个符合条件的重复记录，可以在【高级筛选】对话框中勾选“选择不重复的记录”复选框，即可得到符合条件的不重复记录。

使用冻结窗格功能，让行、列标题始终显示

素材所在位置为：

光盘：\素材\第 3 章 内部长期投资\使用冻结窗格功能，让行、列标题始终显示.xlsx

对于一些数据量比较大的表格，往往需要拖动滚动条查看数据。使用冻结窗格功能，可以在拖动滚动条浏览数据时，始终显示表格的标题行或标题列。

如需要冻结第 1 行的列标题，可以依次单击【视图】选项卡下的【冻结窗格】→【冻结首行】命令，此时会在第一行数据之下出现一条黑色的冻结线，再次拖动工作表右侧的滚动条时，首行即可始终显示，如图 3-44 所示。冻结首列的操作方法与此相似。

如果工作表中包含多行或多列表头，用户可以指定冻结的位置。如需同时冻结 A、B 两列以及第一行，可以单击位于 A、B 列之后和第一行之下的 C2 单元格，然后依次单击【视图】→【冻结窗格】→【冻结拆分窗格】命令即可，如图 3-45 所示。

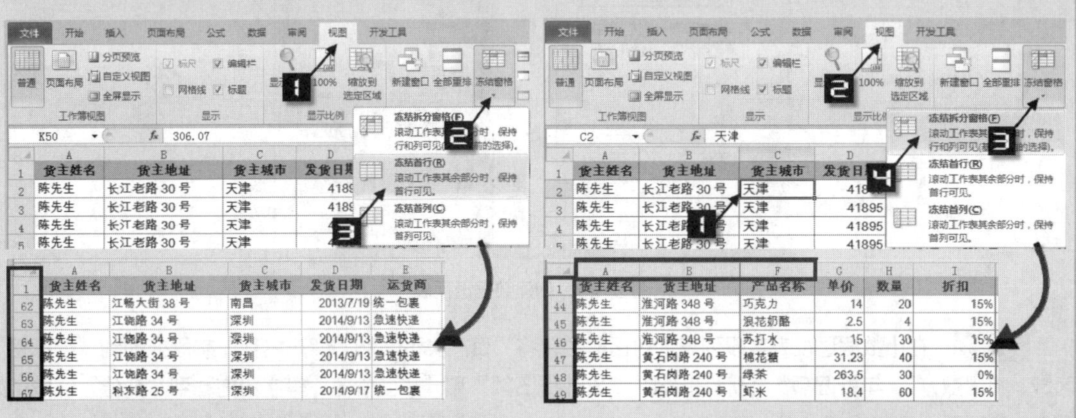

图 3-44 冻结首行　　图 3-45 冻结拆分窗格

冻结拆分窗格操作完成后，沿水平方向拖动滚动条浏览表格内容时，A、B 列冻结区域始终显示；沿垂直方向拖动滚动条浏览表格内容时，第 1 行始终显示。

要取消工作表的冻结窗格状态，可以依次单击【视图】选项卡的【冻结窗格】→【取消冻结窗格】命令。

在使用【冻结拆分窗格】命令后，如需变换冻结窗格位置，需要先取消冻结窗格，再执行一次冻结拆分窗格操作。

3.1.3 利用数据透视表查询固定资产状况

素材所在位置为：
光盘：\素材\第 3 章 内部长期投资\3.1.3 利用数据透视表查询固定资产状况.xlsx

在管理固定资产状况时，不仅需要查询固定资产明细记录，有时还要对查询出来的数据进行汇总，利用数据透视表可以实现快速从多个角度汇总分析数据状况。

如果需要查询固定资产类型为“办公设备”的记录，并对查询结果进行汇总，计算所有办公设备的年折旧额、累计折旧额和账面价值。操作步骤如下。

步骤 1 以固定资产管理表为数据源，单击数据区域任意单元格，如 A5，单击【插入】选项卡下的【数据透视表】命令，弹出【创建数据透视表】对话框。Excel 会自动选取当前连续的数据区域，单击【确定】按钮，在新工作表内创建一个空白的数据透视表，如图 3-46 所示。

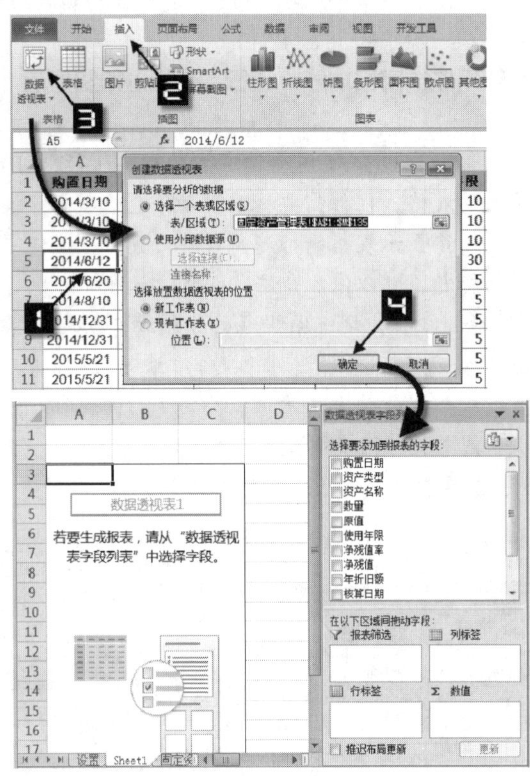

图 3-46 创建数据透视表

步骤 2 在【数据透视表字段列表】对话框中，将“资产类型”和“资产名称”字段拖动到“行标签”区域，将“数量”“年折旧额”“已计提年数”“累计折旧额”和“账面价值”等字段拖动到“数值”区域，如图 3-47 所示。

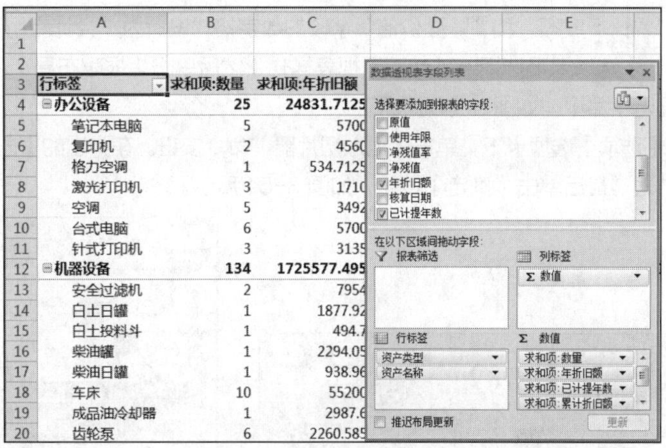

	A	B	C
1			
2			
3	行标签	求和项:数量	求和项:年折旧额
4	⊟办公设备	25	24831.7125
5	笔记本电脑	5	5700
6	复印机	2	4560
7	格力空调	1	534.7125
8	激光打印机	3	1710
9	空调	5	3492
10	台式电脑	6	5700
11	针式打印机	3	3135
12	⊟机器设备	134	1725577.495
13	安全过滤机	2	7954
14	白土日罐	1	1877.92
15	白土投料斗	1	494.7
16	柴油罐	1	2294.05
17	柴油日罐	1	938.96
18	车床	10	55200
19	成品油冷却器	1	2987.6
20	齿轮泵	6	2260.585

图 3-47　调整数据透视表布局

步骤 3　按<Ctrl+H>组合键调出【查找和替换】对话框，将“求和项:”全部替换为空格。

步骤 4　右键单击“年折旧额”字段任意单元格，如 C4，在扩展菜单中单击“值字段设置”命令。在弹出的【值字段设置】对话框中单击【数字格式】按钮，如图 3-48 所示。

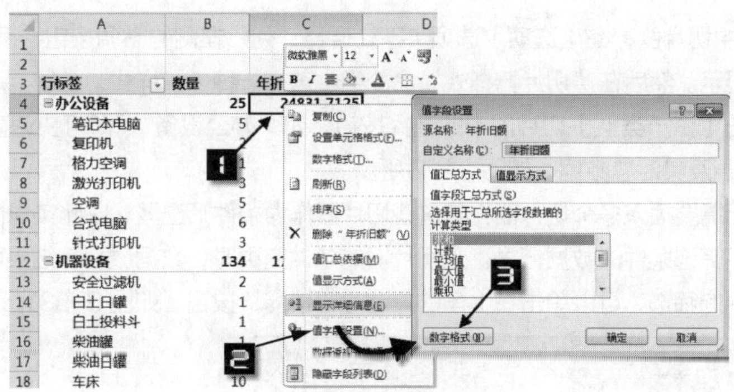

图 3-48　值字段设置

步骤 5　在弹出的【设置单元格格式】对话框中，数字格式选择“会计专用”，货币符号选择为“无”，最后依次单击【确定】按钮关闭对话框，如图 3-49 所示。

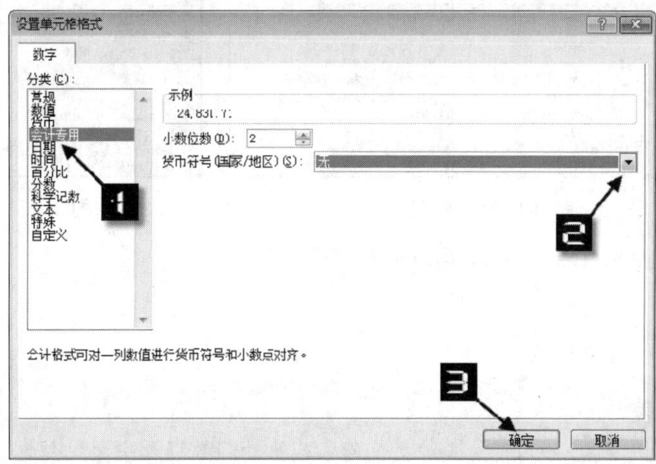

图 3-49　设置单元格格式

同样的方法，将“累计折旧额”和“账面价值”字段的数字格式设置为“会计专用”。

步骤 6 在【设计】选项卡下选择一种数据透视表样式，然后单击【报表布局】下拉按钮，在下拉菜单中选择【以表格形式显示】命令，如图 3-50 所示。

步骤 7 切换到【选项】选项卡下，单击【插入切片器】命令按钮。在弹出的【插入切片器】对话框中，勾选“资产类型”复选框，最后单击【确定】按钮，如图 3-51 所示。

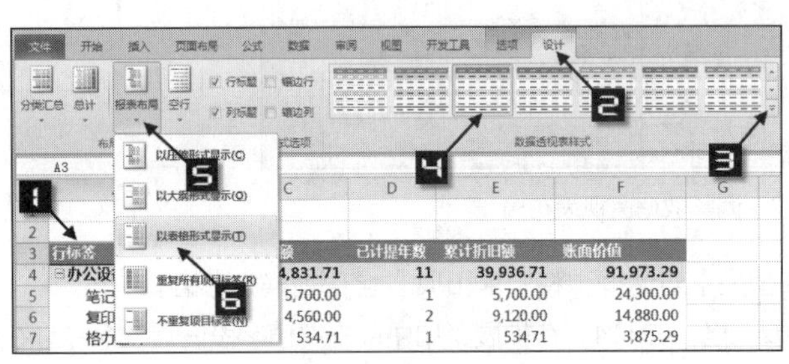

图 3-50 设置数据透视表样式

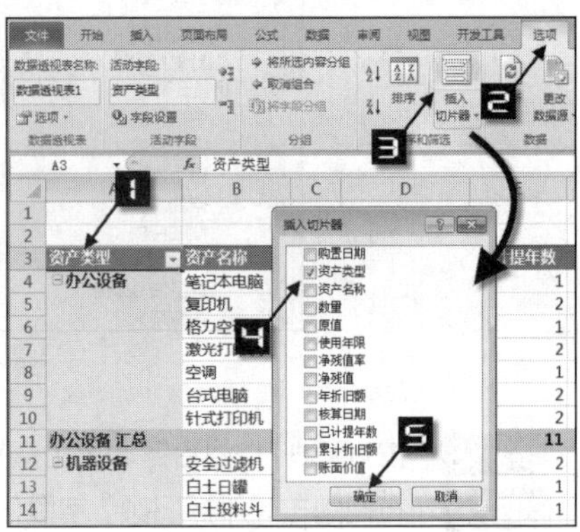

图 3-51 插入切片器

步骤 8 单击选中切片器，在【选项】选项卡下，调整“列”左侧的微调按钮，设置为 4 列，使切片器中的按钮并排在一行显示。然后在“切片器样式”命令组中选择一种内置样式。

设置完成后，单击【资产类型】切片器中的选择按钮，如“办公设备”，即可快速查询到固定资产类型为“办公设备”的所有记录及其汇总数据，如图 3-52 所示。

用户可以根据实际需要插入多个切片器，将这些切片器作为条件筛选器，以此实现快速查询。查询结果为同时满足多个切片器下筛选条件的数据记录。当切片器的条件变更时，数据透视表结果可以保持同步更新。

如需清除切片器中的筛选，可以单击右上角的“清除筛选器”按钮，如图 3-53 所示。

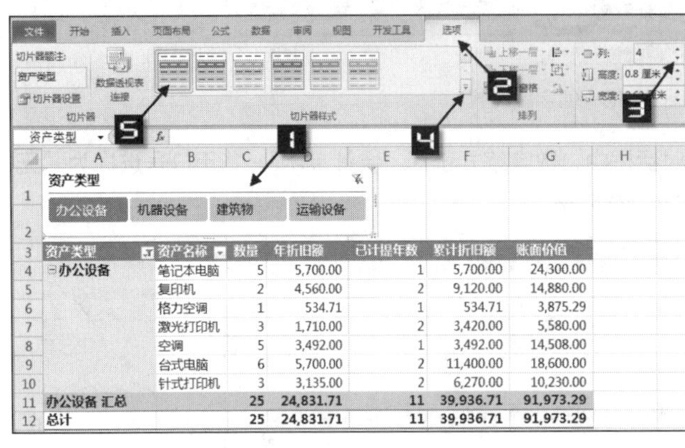

图 3-52 借助切片器快速查询

图 3-53 清除筛选器

单击选中切片器之后按<Delete>键，可以快速删除切片器。

1. 数据透视表

数据透视表是用来从 Excel 数据列表或是从其他外部数据源中总结信息的分析工具，可以从基础数据中快速分析汇总，并可以通过选择其中的不同元素，从多个角度进行分析汇总。

数据透视表综合了数据排序、筛选、分类汇总等数据分析工具的功能，能够方便地调整分类汇总的方式，以多种不同方式展示数据的特征。数据透视表功能强大，但是操作却比较简单，仅靠鼠标移动字段位置，即可形成各种不同类型的报表。该工具也是最常用的Excel数据分析工具之一。

（1）数据透视表结构

数据透视表结构分为4个部分，如图3-54所示。

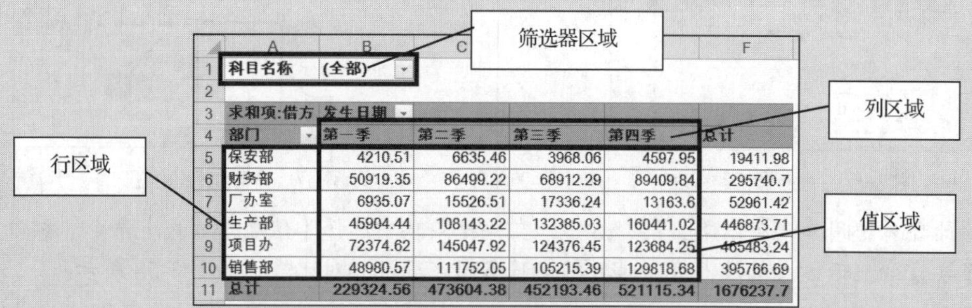

科目名称	(全部)				
求和项:借方	发生日期				
部门	第一季	第二季	第三季	第四季	总计
保安部	4210.51	6635.46	3968.06	4597.95	19411.98
财务部	50919.35	86499.22	68912.29	89409.84	295740.7
厂办室	6935.07	15526.51	17336.24	13163.6	52961.42
生产部	45904.44	108143.22	132385.03	160441.02	446873.71
项目办	72374.62	145047.92	124376.45	123684.25	465483.24
销售部	48980.57	111752.05	105215.39	129818.68	395766.69
总计	229324.56	473604.38	452193.46	521115.34	1676237.7

图3-54　数据透视表结构

① 筛选器区域，该区域的字段将作为数据透视表的报表筛选字段。

② 行区域，该区域中的字段将作为数据透视表的行标签显示。

③ 列区域，该区域中的字段将作为数据透视表的列标签显示。

④ 值区域，该区域中的字段将作为数据透视表显示汇总的数据。

单击数据透视表，默认会显示【数据透视表字段列表】对话框，在该对话框中可以清晰地反映出数据透视表的结构，如图3-55所示。借助【数据透视表字段列表】对话框，用户可以方便地向数据透视表内添加、删除和移动字段。

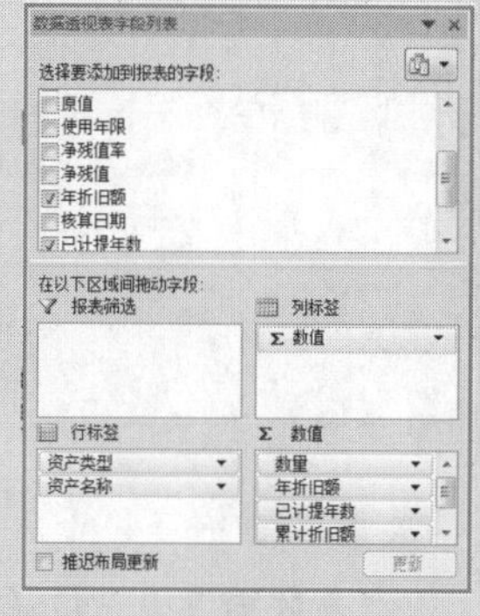

图3-55　数据透视表字段列表

（2）数据透视表常用术语

数据透视表中的常用术语及其具体含义如表3-2所示。

表3-2　数据透视表常用术语

术语	含义
数据源	用于创建数据透视表的数据列表
列字段	等价于数据列表中的列
行字段	在数据透视表中具有行方向的字段
页字段	数据透视表中进行分页的字段
字段标题	用于描述字段内容
项	组成字段的成员
组	一组项目的组合
分类汇总	数据透视表中对一行或一列单元格的分类汇总
刷新	重新计算数据透视表，反映目前数据源的状态

（3）数据透视表的刷新

如果数据透视表的数据源内容发生变化，数据透视表中的汇总结果不会实时自动更新，需要用户手动刷新才能得到最新的结果。刷新方法是选中数据透视表区域的任意单元格，单击鼠标右键，在快捷菜单中单击【刷新】命令，或选中数据透视表任意单元格，在【选项】选项卡下单击【刷新】按钮，如图3-56所示。

（4）值汇总依据和值显示方式

在数据透视表的值区域单击鼠标右键，在快捷菜单中单击【值汇总依据】命令，可以根据需要选择求和、计数、平均值、最大值、最小值、乘积等多种汇总方式，如图3-57所示。

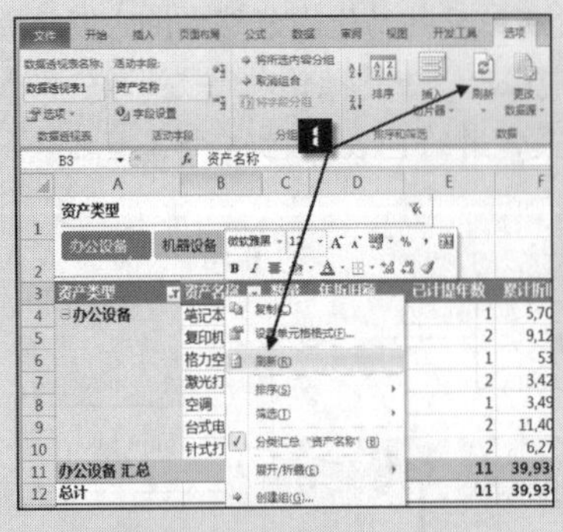

图 3-56　刷新数据透视表

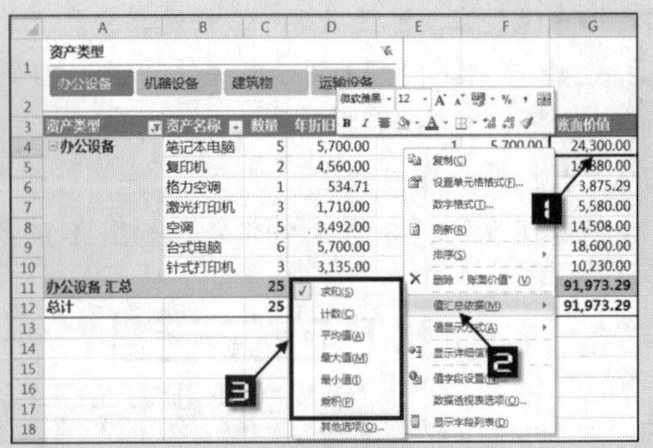

图 3-57　多种值汇总依据

除此之外，用户还可以单击鼠标右键，在快捷菜单中选择【值显示方式】命令。该命令组提供了丰富的显示方式选项，可以对数据按照不同字段做相对比较，如图 3-58 所示。

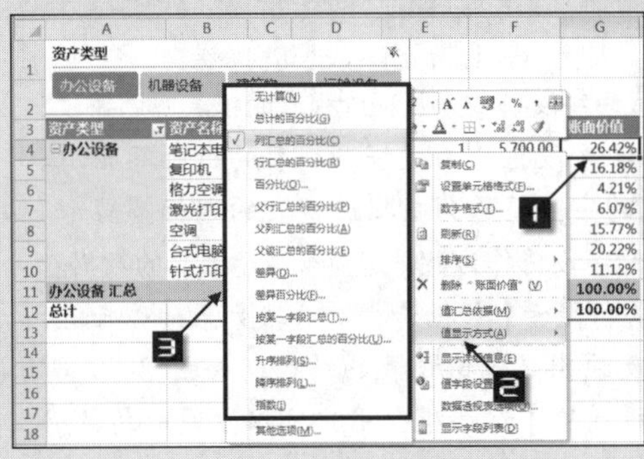

图 3-58　值显示方式

有关数据透视表值显示方式功能的简要说明，如表 3-3 所示。

表 3-3　数据透视表值显示方式

选项	数值区域字段显示为
无计算	数据透视表中的原始数据
总计的百分比	每个数值项占所有汇总的百分比值
列汇总的百分比	每个数值项占列汇总的百分比值
行汇总的百分比	每个数值项占行汇总的百分比值
百分比	以选定的参照项为 100%，其余项基于该项的百分比
父行汇总的百分比	在多个行字段的情况下，以父行汇总为 100%，计算每个数值项的百分比
父列汇总的百分比	在多个列字段的情况下，以父列汇总为 100%，计算每个数值项的百分比
父级汇总的百分比	某一项数据占父级总和的百分比
差异	以选中的某个基本项为参照，显示其余项与该项的差异值
差异百分比	以选中的某个基本项为参照，显示其余项与该项的差异值百分比
按某一字段汇总	根据选定的某一字段进行汇总
按某一字段汇总的百分比	将根据字段汇总的结果显示为百分比
升序排列	对某一字段进行排名，显示按升序排列的序号
降序排列	对某一字段进行排名，显示按降序排列的序号
指数	计算数据的相对重要性。使用公式：单元格的值×总体汇总之和/（行总计×列总计）

（5）调整数据透视表布局

数据透视表创建完成后，通过对数据透视表布局的调整，可以得到新的报表，实现不同角度的数据分析需求。

在【数据透视表字段列表】中拖动字段按钮，可以重新安排数据透视表的布局，也可以将字段拖动到【数据透视表字段列表】之外的区域，在数据透视表中删除该字段的显示。如图 3-59 所示，“行标签”区域仅保留“资产类型”字段，“数值”区域仅保留“账面价值”字段，即可汇总不同“资产类型”的“账面价值”总额。

也可以在同一个区域内，通过调整字段的位置，来改变数据透视表的布局。如图 3-60 所示，单击【数据透视表字段列表】中的“累计折旧额”字段右侧的下拉按钮，在弹出的扩展菜单中选择【下移】命令。

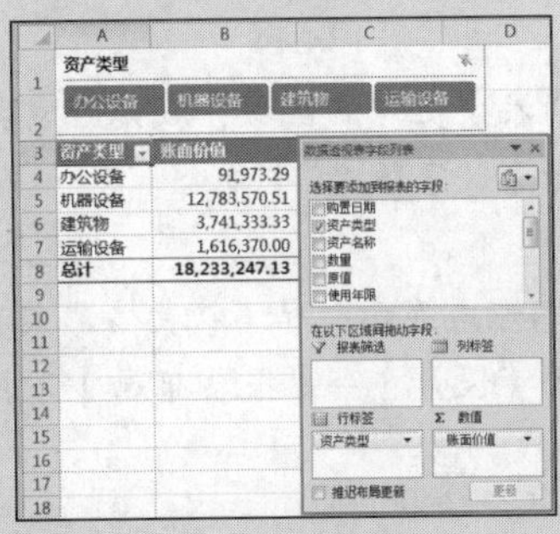

资产类型	账面价值
办公设备	91,973.29
机器设备	12,783,570.51
建筑物	3,741,333.33
运输设备	1,616,370.00
总计	18,233,247.13

图 3-59　调整数据透视表布局 1

资产类型	累计折旧额	账面价值
办公设备	39936.7125	91,973.29
机器设备	1896697.495	12,783,570.51
建筑物	258666.6667	3,741,333.33
运输设备	173630	1,616,370.00
总计	2368930.874	18,233,247.13

资产类型	账面价值	累计折旧额
办公设备	91,973.29	39936.7125
机器设备	12,783,570.51	1896697.495
建筑物	3,741,333.33	258666.6667
运输设备	1,616,370.00	173630
总计	18,233,247.13	2368930.874

图 3-60　调整数据透视表布局 2

除此之外，在【数据透视表字段列表】中的各个区域间拖动字段，也能够实现对数据透视表的重新布局。

（6）报表筛选器的使用

当字段显示在“列标签”区域或“行标签”区域时，能够显示字段中的所有项。当字段位于“报表筛选”区域时，字段中的所有项都会成为数据透视表的筛选条件。

单击筛选字段右侧的下拉箭头，在下拉列表中会显示该字段的所有项目，选中一项，单击【确定】按钮，数据透视表将以此项进行筛选，如图 3-61 所示。

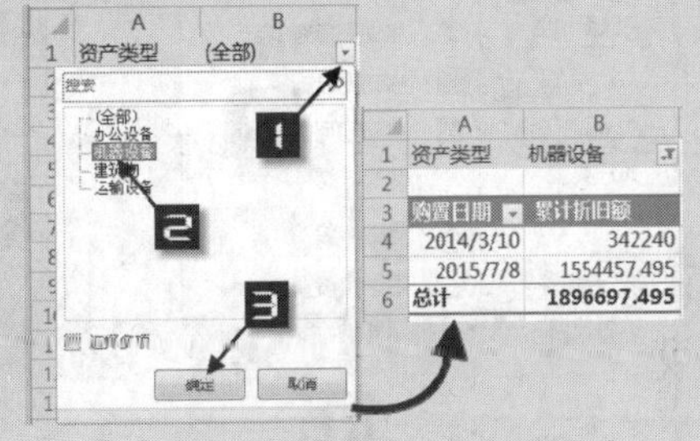

资产类型	机器设备
购置日期	累计折旧额
2014/3/10	342240
2015/7/8	1554457.495
总计	1896697.495

图 3-61　筛选器的使用

如果希望对报表筛选字段中的多个项进行筛选，可以单击该字段右侧的下拉按钮，在弹出的下拉列表中勾选“选择多项”复选框，依次去掉不需要显示项目的勾选，单击【确定】按钮。

报表筛选字段“季度”的内容由“(全部)”变为“(多项)”，数据透视表的内容也发生相应变化，只显示用户选中项目的汇总数据，如图 3-62 所示。

（7）整理数据透视表字段

向数据透视表中添加汇总字段后，Excel 会自动对其重命名，即在数据源字段标题基础上加上“求和项:”“计数项:”的汇总方式说明，如图 3-63 所示。

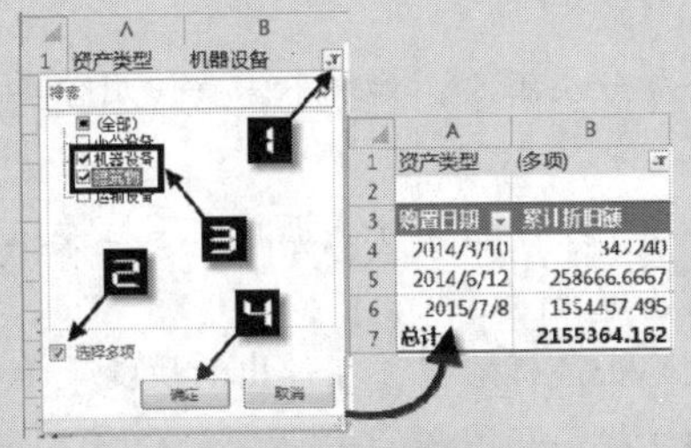

资产类型	(多项)
购置日期	累计折旧额
2014/3/10	342240
2014/6/12	258666.6667
2015/7/8	1554457.495
总计	2155364.162

图 3-62　在筛选器中选择多个项目

资产类型	(全部)	
购置日期	求和项:累计折旧额	求和项:账面价值
2014/3/10	342240	1517760
2014/6/12	258666.6667	3741333.333
2014/6/20	11400	18600
2014/8/10	6270	10230
2014/12/31	12540	20460
2015/5/21	9192	38808
2015/7/8	1728622.208	12886055.79
总计	2368930.874	18233247.13

图 3-63　默认的数据字段名

通过修改数据透视表的字段名称，能够使标题更加简洁，但是数据透视表字段名称与数据源的标题行名称不能相同。

常用的方法是按<Ctrl+H>组合键，使用替换功能将“求和项：”“计数项：”的汇总方式说明替换为空格，也可以直接输入其他内容作为字段标题。

（8）删除字段

对数据透视表中不再需要显示的字段，可以通过【数据透视表字段列表】删除。

在【数据透视表字段列表】底端区域中单击需要删除的字段，在弹出的快捷菜单中选择【删除字段】即可，如图3-64所示。

除此之外，也可以将字段拖动到【数据透视表字段列表】之外的区域，或是在需要删除的数据透视表字段上单击鼠标右键，在快捷菜单中单击【删除“字段名”】命令。

（9）改变数据透视表的报告格式

数据透视表报表布局分为“以压缩形式显示”“以大纲形式显示”和“以表格形式显示”三种显示形式。选中数据透视表任意单元格，然后依次单击【设计】→【报表布局】下拉按钮，在下拉菜单中能够选择不同的显示形式，如图3-65所示。

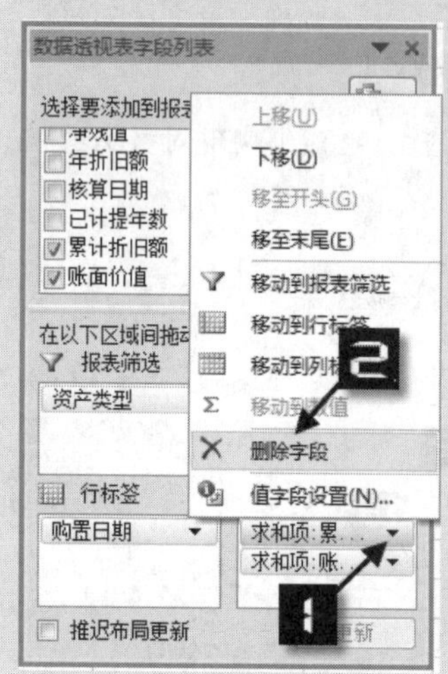

图3-64 删除字段

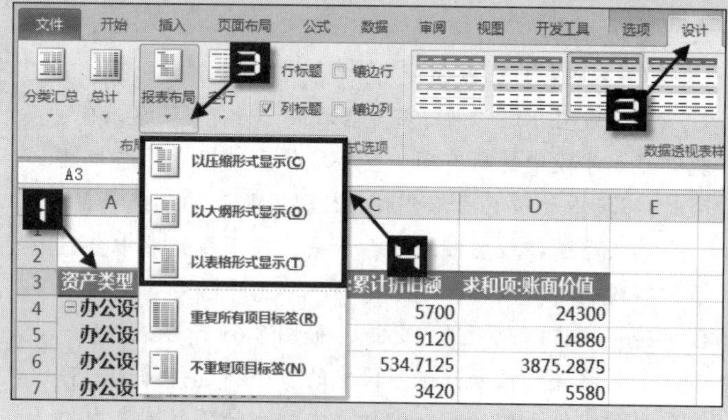

图3-65 选择不同的报表布局

新创建的数据透视表显示方式默认“以压缩形式显示”，所有行字段都压缩在一列内，不便于数据的观察，可以选择“以表格形式显示”命令，使数据透视表以表格的形式显示。以表格形式显示的数据透视表会更加直观，并且便于阅读，多数情况下数据透视表都会以此形式显示。

如果在【报表布局】下拉列表选择【重复所有项目标签】命令，能够将数据透视表中的空白字段填充相应的数值，使数据透视表的显示方式更接近于常规表格形式。

（10）分类汇总的显示方式

以表格形式显示的数据透视表中，会自动添加分类汇总，如果不需要使用分类汇总，可以将分类汇总删除。

选中数据透视表任意单元格，在【设计】选项卡下单击【分类汇总】下拉按钮，在弹出的下拉菜单中选择【不显示分类汇总】命令，如图3-66所示。

除此之外，也可以在数据透视表的相应字段单击鼠标右键，在弹出的快捷菜单中选择【分类汇总“字段名”】，实现显示或隐藏分类汇总的切换，如图3-67所示。

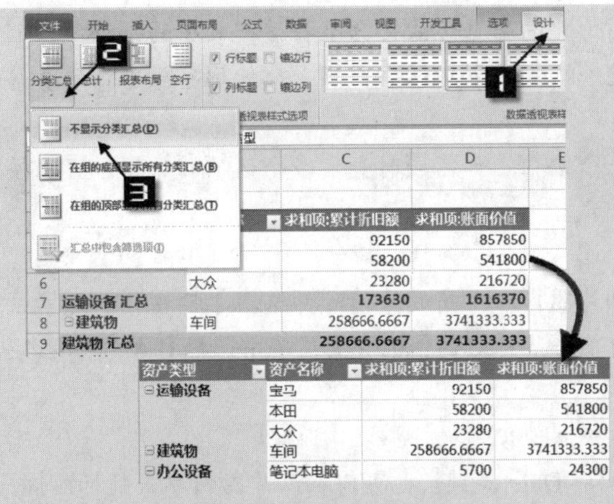

图3-66　不显示分类汇总

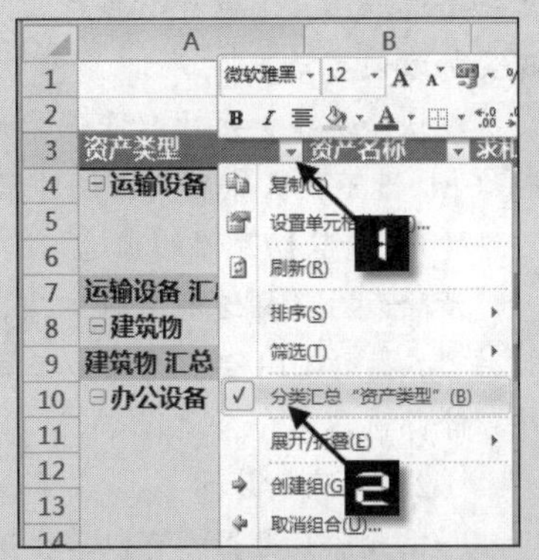

图3-67　在右键菜单中操作

（11）套用数据透视表样式

创建完成后的数据透视表，可以对其进一步修饰美化。除了常规的单元格格式设置，Excel还内置了数十种数据透视表样式，并允许用户自定义修改设置。

单击数据透视表，在【设计】选项卡下的数据透视表样式命令组中，单击某种内置样式，数据透视表则会自动套用该样式，如图3-68所示。

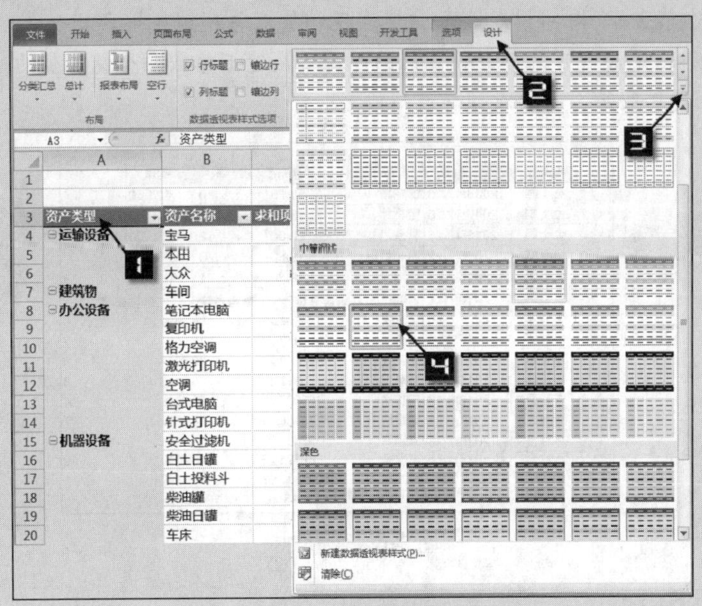

图3-68　数据透视表样式

在【数据透视表样式选项】命令组中，还提供了【行标题】、【列标题】、【镶边行】、【镶边列】的选项。勾选【行标题】或【列标题】复选框时，将对数据透视表的行标题和列标题应用特殊格式；勾选【镶边行】或【镶边列】时，将对数据透视表的奇数行（列）和偶数行（列）分别应用不同的格式。

2. 切片器

使用切片器功能，不仅能够对数据透视表字段进行筛选操作，而且能够直观地在切片器中查看该字段的所有数据项信息。

数据透视表的切片器，可以看作是一种图形化的筛选方式，为数据透视表中的每个字段创建一个选取器，浮动于数据透视表之上。通过选取切片器中的字段项，比使用字段下拉列表筛选更加方便灵活。

默认情况下，每次只能选中切片器中的一个按钮。如需同时查看多个选项的数据，可以按住<Ctrl>键不放，然后单击切片器中的按钮即可。

（1）清除切片器的筛选

清除切片的筛选有多种方法，一是单击切片器内右上角的【清除筛选器】按钮；二是单击切片器，按<ALT+C>组合键；三是在切片器内单击鼠标右键，从快捷菜单中选择【从“字段名”中清除筛选器】命令。

（2）删除切片器

如需删除切片器，可以单击选中切片器后按<Delete>键。也可以在切片器内单击鼠标右键，在右键快捷菜单中选择【删除“字段名”】命令即可。

快速实现销售汇总和销售排名

快速实现销售汇总和销售排名

素材所在位置为：

光盘：\素材\第3章 内部长期投资\快速实现销售汇总和销售排名.xlsx

如图3-69所示是某超市的部分销售记录。需要快速汇总出每个销售员的个人完成总额、销售业绩占比以及销售业绩排名。

	A	B	C	D	E	F
1	业务员	业务日期	产品名称	单价	数量	金额
2	金士鹏	2016/12/26	棉花糖	31.23	20	624.60
3	金士鹏	2016/12/26	蜜桃汁	18.00	30	540.00
4	金士鹏	2016/12/26	薯条	20.00	42	756.00
5	金士鹏	2016/7/27	温馨奶酪	12.50	20	237.50
6	金士鹏	2016/7/27	虾米	18.40	24	419.52
7	金士鹏	2016/7/27				
8	李芳菲	2017/2/26				
9	李芳菲	2017/2/26				
10	李芳菲	2016/8/16				
11	李芳菲	2016/8/16				
12	李芳菲	2016/8/16				
13	郑建杰	2017/3/21				
14	孙林茂	2016/7/26				
15	孙林茂	2016/7/26				

姓名	销售总额	销售占比	销售排名
金士鹏	124568.22	9.84%	6
李芳菲	202812.82	16.02%	2
刘英玫	126862.27	10.02%	5
孙林茂	73913.13	5.84%	8
王伟达	166537.75	13.16%	4
张雪眉	78186.04	6.18%	7
张颖廷	192488.27	15.21%	3
赵军来	68792.25	5.43%	9
郑建杰	231682.83	18.30%	1
总计	1265843.58	100.00%	

图3-69 销售记录

操作步骤如下。

步骤1 单击数据区域任意单元格，如A4，在【插入】选项卡下单击【数据透视表】按钮，生成一个空白的数据透视表。

步骤2 在【数据透视表字段列表】中，拖动“业务员”字段到“行标签”区域，重复拖动三次“金额”字段到数值区域，然后单击【数据透视表字段列表】右上角的关闭按钮，如图3-70所示。

步骤3 右键单击“金额2”字段的任意单元格，如C4，在快捷菜单中依次选择“值显示方式”→“列汇总的百分比”，如图3-71所示。

步骤4 右键单击“金额3”字段的任意单元格，如D4，在快捷菜单中依次选择“值显示方式”→“降序排列”，在弹出的【值显示方式】对话框中保留默认设置，单击【确定】按钮，如图 3-72 所示。

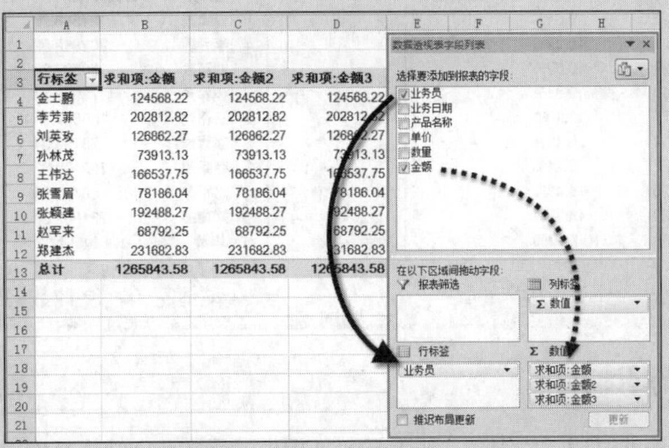

图 3-70 调整数据透视表字段布局

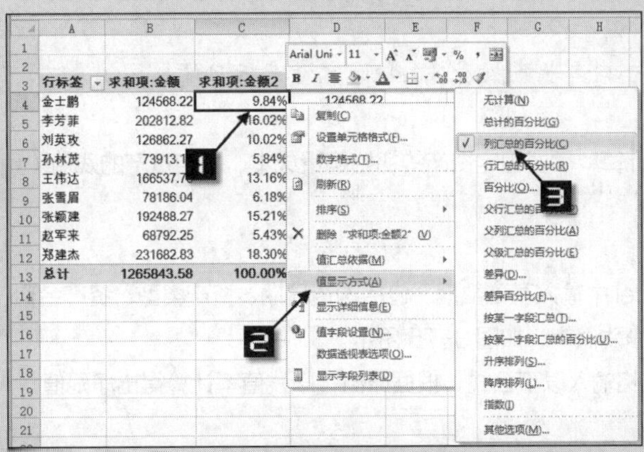

图 3-71 设置“金额 2”字段的值显示方式

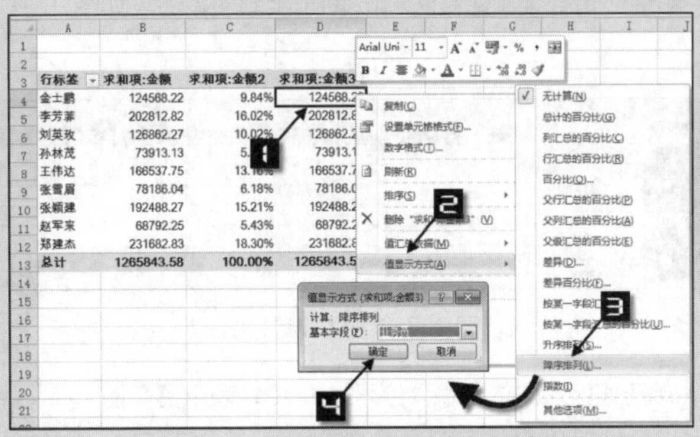

图 3-72 设置“金额 3”字段的值显示方式

此时的数据透视表效果如图 3-73 所示。

步骤 5 单击数据透视表中的行标签标题，即 A3 单元格，输入新的标题“姓名”。

同样的方法，将 B3 单元格中的“求和项：金额”修改为“销售总额”。将 C3 单元格中的“求和项：金额 2”修改为“销售占比”，将 D3 单元格中的“求和项：金额 3”修改为“销售排名”，效果如图 3-74 所示。

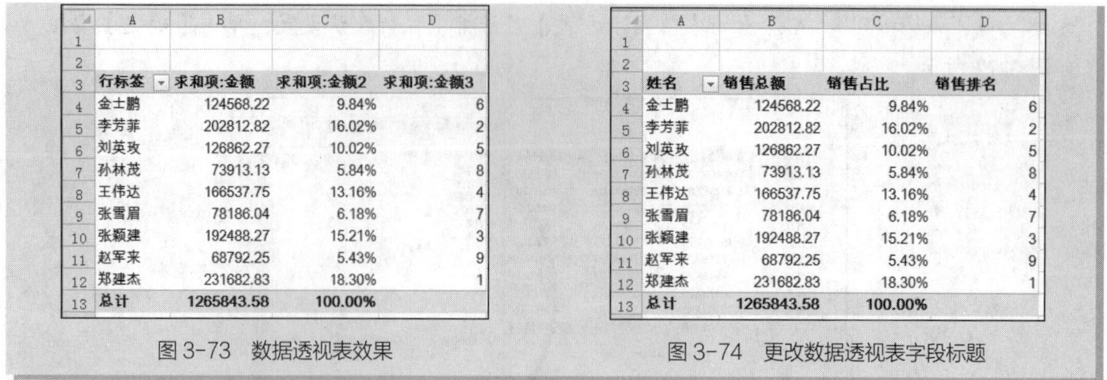

	A	B	C	D
1				
2				
3	行标签	求和项:金额	求和项:金额2	求和项:金额3
4	金士鹏	124568.22	9.84%	6
5	李芳菲	202812.82	16.02%	2
6	刘英玫	126862.27	10.02%	5
7	孙林茂	73913.13	5.84%	8
8	王伟达	166537.75	13.16%	4
9	张雪眉	78186.04	6.18%	7
10	张颖建	192488.27	15.21%	3
11	赵军来	68792.25	5.43%	9
12	郑建杰	231682.83	18.30%	1
13	总计	1265843.58	100.00%	

图 3-73 数据透视表效果

	A	B	C	D
1				
2				
3	姓名	销售总额	销售占比	销售排名
4	金士鹏	124568.22	9.84%	6
5	李芳菲	202812.82	16.02%	2
6	刘英玫	126862.27	10.02%	5
7	孙林茂	73913.13	5.84%	8
8	王伟达	166537.75	13.16%	4
9	张雪眉	78186.04	6.18%	7
10	张颖建	192488.27	15.21%	3
11	赵军来	68792.25	5.43%	9
12	郑建杰	231682.83	18.30%	1
13	总计	1265843.58	100.00%	

图 3-74 更改数据透视表字段标题

3.1.4 固定资产折旧计算

手工计算固定资产折旧的过程较为繁琐，利用 Excel 提供的函数可以快捷准确地自动生成固定资产的折旧金额。Excel 有 5 个函数用于折旧计算，分别使用不同的规则计提固定资产折旧。

素材所在位置为：

光盘：\素材\第 3 章 内部长期投资\3.1.4 固定资产折旧计算.xlsx

1. 准备数据

要进行固定资产折旧计算，需要固定资产的初始购置成本、固定资产的残值（预估金额）以及固定资产的使用年限等基础数据。

具体操作步骤如下。

步骤 1 首先在 Excel 中输入基础数据，包括购置日期、资产类型、资产名称、数量、原值、使用年限和净残值率，如图 3-75 所示。

	A	B
1	购置日期	2014/3/10
2	资产类型	机器设备
3	资产名称	车床
4	数量	10
5	原值	60000
6	使用年限	10
7	净残值率	8%
8	净残值	

图 3-75 输入基础数据

步骤 2 在 B8 单元格输入以下公式，根据原值和净残值率计算得出净残值。

```
=B5*B7
```

步骤 3 在 D1:I1 单元格分别输入字段标题，包括“使用年限”“直线折旧法”“双倍余额递减法”“年数总和法”“可变余额递减法”和“固定余额递减法”，如图 3-76 所示。

	A	B	C	D	E	F	G	H	I
1	购置日期	2014/3/10		使用年限	直线折旧法	双倍余额递减法	年数总和法	可变余额递减法	固定余额递减法
2	资产类型	机器设备							
3	资产名称	车床							
4	数量	10							
5	原值	60000							
6	使用年限	10							
7	净残值率	8%							
8	净残值	4800							

图 3-76 输入字段标题

步骤 4 在 D2:D11 单元格区域内依次输入序号 1～10，表示资产使用年限。

2. 直线折旧法

直线折旧法是常用的一种折旧计提法，按固定资产的使用年限平均计提折旧，又称直线法或平均法。具体方法是将固定资产的原值减去净残值后的净额，再按照使用年限平均分配到每一年。

在 E2 单元格中输入以下公式后向下复制，如图 3-77 所示。

```
=SLN($B$5,$B$8,$B$6)
```

E2 =SLN($B$5, $B$8, $B$6)

	A	B	C	D	E
1	购置日期	2014/3/10		使用年限	直线折旧法
2	资产类型	机器设备		1	¥5,520.00
3	资产名称	车床		2	¥5,520.00
4	数量	10		3	¥5,520.00
5	原值	60000		4	¥5,520.00
6	使用年限	10		5	¥5,520.00
7	净残值率	8%		6	¥5,520.00
8	净残值	4800		7	¥5,520.00
9				8	¥5,520.00
10				9	¥5,520.00
11				10	¥5,520.00

图 3-77 直线折旧法

SLN 函数

SLN 函数用于返回指定固定资产使用直线折旧法计算出的每期折旧金额。

本例中 B5 单元格表示固定资产原值，即初始购置成本。B8 单元格是固定资产的净残值。B6 单元格是固定资产的使用年限。

3. 双倍余额递减法

双倍余额递减法是在固定资产使用年限最后两年的前面各年，用年限平均法折旧率的两倍作为固定的折旧率，乘以逐年递减的固定资产期初净值，得出各年应提折旧额的方法。在固定资产使用年限的最后两年改用年限平均法，将倒数第 2 年初的固定资产账面净值扣除预计净残值后的余额平均分摊到两年。

双倍余额递减法是加速折旧法的一种，是假设固定资产的服务潜力在前期消耗较大，在后期消耗较少，为此在使用前期多提折旧，后期少提折旧，从而相对加速折旧。

在 F2 单元格输入以下公式，向下填充到 F9 单元格。

```
=DDB($B$5,$B$8,$B$6,D2)
```

在 F10 单元格输入以下公式，向下复制到 F11 单元格，计算最后两年的平均折旧额，如图 3-78 所示。

```
=ROUND((B$5-B$8-SUM(F$2:F$9))/2,2)
```

	A	B	C	D	E	F
1	购置日期	2014/3/10		使用年限	直线折旧法	双倍余额递减法
2	资产类型	机器设备		1	¥5,520.00	¥12,000.00
3	资产名称	车床		2	¥5,520.00	¥9,600.00
4	数量	10		3	¥5,520.00	¥7,680.00
5	原值	60000		4	¥5,520.00	¥6,144.00
6	使用年限	10		5	¥5,520.00	¥4,915.20
7	净残值率	8%		6	¥5,520.00	¥3,932.16
8	净残值	4800		7	¥5,520.00	¥3,145.73
9				8	¥5,520.00	¥2,516.58
10				9	¥5,520.00	2633.16
11				10	¥5,520.00	2633.16

图 3-78 双倍余额递减法

1. DDB 函数

DDD 函数用于使用双倍余额递减法或其他指定方法，计算资产在给定期间内的折旧值。其语法如下。

```
DDB(cost,salvage,life,period,[factor])
```

第一参数 cost 指固定资产原值，即初始购置成本。

第二参数 salvage 指固定资产的净残值。

第三参数 life 指固定资产的使用年限。

第四参数 period 是要计算折旧的日期，与第三参数必须使用相同的单位。

第五参数 factor 用于指定余额递减的速率。如果该参数被省略，其假定值为 2，即双倍余额递减法。

F10 单元格中的公式使用 B5 单元格中的原值依次减去 B8 单元格中的净残值和已计提折旧额 SUM(F$2:F$9)，得到的余额除以 2，平均分摊到两年。最后使用 ROUND 函数，将结果四舍五入保留两位小数。

2. ROUND 函数

ROUND 函数是最常用的四舍五入函数之一，用于将数字四舍五入到指定的位数。该函数对需要保留位数的右边 1 位数值进行判断，若小于 5 则舍弃，若大于等于 5 则进位。

其语法结构为：

```
ROUND(number,num_digits)
```

第二参数是小数位数。如果该参数是正数，则对小数部分进行四舍五入；如果该参数为负数，则对整数部分进行四舍五入。

例如，对数值 728.49 四舍五入保留 1 位小数，可以使用以下公式，结果为 728.5。

```
=ROUND(728.49,1)
```

以下公式可以将数值-257.1 四舍五入到十位，结果为-260。

```
=ROUND(-257.1,-1)
```

常用取舍函数

在对数值的处理中，经常会遇到进位或舍去的情况。例如去掉某数值的小数部分、按 1 位小数四舍五入或保留 4 位有效数字等。

Excel 2010 提供了以下常用的取舍函数，如表 3-4 所示。

表 3-4　常用取舍函数汇总

函数名称	功能描述	用法示例
INT	取整函数，将数字向下舍入为最接近的整数	=INT(1.852)　结果=1
TRUNC	根据指定取整精度，将数字截尾取整	=TRUNC(1.852,1)　结果=1.8
ROUND	将数字四舍五入到指定位数	=ROUND(1.852,1)　结果=1.9
MROUND	返回参数按指定基数进行四舍五入后的数值	=MROUND(1.13,2)　结果=2
ROUNDUP	将数字朝远离零的方向舍入，即向上舍入	=ROUNDUP(1.852,2)　结果=1.86
ROUNDDOWN	将数字朝向零的方向舍入，即向下舍入	=ROUNDDOWN(1.852,2)　结果=1.85
CEILING	将数字向上舍入为最接近的整数，或最接近的指定基数的整数倍	=CEILING(1.852,2) 结果=2
FLOOR	将数字向下舍入为最接近的整数，或最接近的指定基数的整数倍	=FLOOR(1.852,1) 结果=1
EVEN	将正数向上舍入、负数向下舍入为最接近的偶数	=EVEN(1.852) 结果=2 =EVEN(-1.852) 结果=-2
ODD	将正数向上舍入、负数向下舍入为最接近的奇数	=ODD(1.852) 结果=3 =ODD(-1.852) 结果=-3

4. 年数总和法

年数总和法又称总和年限法、折旧年限积数法、年数比率法、级数递减法或年限合计法，是固定资产加速折旧法的一种。

在 G2 单元格输入以下公式，向下复制到 G11 单元格，如图 3-79 所示。

```
=SYD($B$5,$B$8,$B$6,D2)
```

G2　=SYD($B$5, $B$8, $B$6, D2)

	A	B	C	D	E	F	G
1	购置日期	2014/3/10		使用年限	直线折旧法	双倍余额递减法	年数总和法
2	资产类型	机器设备		1	¥5,520.00	¥12,000.00	¥10,036.36
3	资产名称	车床		2	¥5,520.00	¥9,600.00	¥9,032.73
4	数量	10		3	¥5,520.00	¥7,680.00	¥8,029.09
5	原值	60000		4	¥5,520.00	¥6,144.00	¥7,025.45
6	使用年限	10		5	¥5,520.00	¥4,915.20	¥6,021.82
7	净残值率	8%		6	¥5,520.00	¥3,932.16	¥5,018.18
8	净残值	4800		7	¥5,520.00	¥3,145.73	¥4,014.55
9				8	¥5,520.00	¥2,516.58	¥3,010.91
10				9	¥5,520.00	2633.16	¥2,007.27
11				10	¥5,520.00	2633.16	¥1,003.64

图 3-79　年数总额法

SYD 函数

SYD 函数用于返回指定固定资产在某段日期内按年数合计法计算出的每期折旧金额。其语法如下。

```
SYD(cost,salvage,life,per)
```

第一参数 cost 指固定资产原值，即初始购置成本。

第二参数 salvage 指固定资产的净残值。

第三参数 life 指固定资产的使用年限。

第四参数 per 指要计算的某段时期，必须与第三参数使用相同的单位。

5. 可变余额递减法

可变余额递减法也是加速折旧法的一种，是指以不同倍率的余额递减速率，计算一个时期内折旧额的方法。在 H2 单元格输入以下公式，向下复制到 H11 单元格，如图 3-80 所示。

```
=VDB($B$5,$B$8,$B$6,D2-1,D2)
```

H2 =VDB($B$5, $B$8, $B$6, D2-1, D2)

	A	B	C	D	E	F	G	H
1	购置日期	2014/3/10		使用年限	直线折旧法	双倍余额递减法	年数总和法	可变余额递减法
2	资产类型	机器设备		1	¥5,520.00	¥12,000.00	¥10,036.36	¥12,000.00
3	资产名称	车床		2	¥5,520.00	¥9,600.00	¥9,032.73	¥9,600.00
4	数量	10		3	¥5,520.00	¥7,680.00	¥8,029.09	¥7,680.00
5	原值	60000		4	¥5,520.00	¥6,144.00	¥7,025.45	¥6,144.00
6	使用年限	10		5	¥5,520.00	¥4,915.20	¥6,021.82	¥4,915.20
7	净残值率	8%		6	¥5,520.00	¥3,932.16	¥5,018.18	¥3,932.16
8	净残值	4800		7	¥5,520.00	¥3,145.73	¥4,014.55	¥3,145.73
9				8	¥5,520.00	¥2,516.58	¥3,010.91	¥2,594.30
10				9	¥5,520.00	2633.16	¥2,007.27	¥2,594.30
11				10	¥5,520.00	2633.16	¥1,003.64	¥2,594.30

图 3-80　可变余额递减法

VDB 函数

VDB 函数用于使用双倍余额递减法或其他指定的方法，返回指定的任何期间内的资产折旧值。其语法如下。

```
VDB(cost,salvage,life,start_period,end_period,[factor],[no_switch])
```

第一参数 cost 指固定资产原值，即初始购置成本。

第二参数 salvage 指固定资产的净残值。

第三参数 life 指固定资产的使用年限。

第四参数 start_period 用于指定折旧数额的计算是从第几期开始，必须与第三参数使用相同的单位。

第五参数 end_period 用于指定折旧数额的计算是要算到第几期为止，必须与第三参数使用相同的单位。

第六参数 factor 用于指定余额递减的速率。如果省略该参数，则使用默认值 2，即采用双倍余额递减法。

第七参数 no_switch 为逻辑值，指定当折旧值大于余额递减计算值时，是否转用直线折旧法。

使用 VDB 函数计算每年的折旧额时需要指定开始期次和结束期次，比如计算第一年折旧额时，开始期次应为 0，结束期次应为 1。

6. 固定余额递减法

固定余额递减法也是加速计提折旧方法之一，其特点是在使用年限内将后期折旧的一部分移到前期，在前期加速消化折旧。

在 D12 单元格输入 11，然后在 I2 单元格输入以下公式，向下填充到 I12 单元格，如图 3-81 所示。

```
=DB($B$5,$B$8,$B$6,D2,9)
```

I2　=DB($B$5, $B$8, $B$6, D2, 9)

	A	B	C	D	E	F	G	H	I
1	购置日期	2014/3/10		使用年限	直线折旧法	双倍余额递减法	年数总和法	可变余额递减法	固定余额递减法
2	资产类型	机器设备		1	¥5,520.00	¥12,000.00	¥10,036.36	¥12,000.00	¥10,035.00
3	资产名称	车床		2	¥5,520.00	¥9,600.00	¥9,032.73	¥9,600.00	¥11,142.20
4	数量	10		3	¥5,520.00	¥7,680.00	¥8,029.09	¥7,680.00	¥8,657.49
5	原值	60000		4	¥5,520.00	¥6,144.00	¥7,025.45	¥6,144.00	¥6,726.87
6	使用年限	10		5	¥5,520.00	¥4,915.20	¥6,021.82	¥4,915.20	¥5,226.78
7	净残值率	8%		6	¥5,520.00	¥3,932.16	¥5,018.18	¥3,932.16	¥4,061.20
8	净残值	4800		7	¥5,520.00	¥3,145.73	¥4,014.55	¥3,145.73	¥3,155.56
9				8	¥5,520.00	¥2,516.58	¥3,010.91	¥2,594.30	¥2,451.87
10				9	¥5,520.00	2633.16	¥2,007.27	¥2,594.30	¥1,905.10
11				10	¥5,520.00	2633.16	¥1,003.64	¥2,594.30	¥1,480.26
12				11					¥287.54

图 3-81　固定余额递减法

DB 函数

DB 函数用于返回利用固定余额递减法计算在一定日期内固定资产的折旧值。其语法如下。

```
DB(cost,salvage,life,period,[month])
```

第一参数 cost 指固定资产原值，即初始购置成本。

第二参数 salvage 指固定资产的净残值。

第三参数 life 指固定资产的使用年限。

第四参数 period 指要计算折旧的期间，必须与第三参数使用相同的单位。

第五参数 month 用于指定第 1 年的月份数。如果省略该参数，则默认其值为 12。

本例中第 1 期是从 3 月份开始计提，所以第五参数写成 9，表示第 1 年的折旧月份数是 9 个月。由于第 1 年只计提 9 个月，因此在第 11 个会计年度还需要计提固定资产第 10 个折旧年度剩余 3 个月的折旧。即第 1 年度的折旧是 9 个月，第 11 年度的折旧是 3 个月，其余年度均为 12 个月。

【提示】使用固定余额递减法计算固定资产折旧，在使用年限结束时，固定资产的折余价值有可能与净残值不完全相等。

3.1.5　不同折旧计算方法的对比分析

不同的折旧计算方法得到的折旧金额都有所差异，企业在选择折旧方法时，需要考虑每一种折旧方法对企业自身发展的影响，因此需要对不同的折旧方法计算出来的折旧额进行对比分析，从中选出最适合企业的折旧方法。不同折旧方法下的年折旧额变化情况，如图 3-82 所示。

从以上的不同折旧计算方法对比图可以看出，利用直线折旧法是最简单的计算方法，每一年的折旧金额相同，因此直线折旧法也是在计提固定资产折旧时最普遍使用的方法。

年数总和法的曲线斜率固定，折旧率平稳减少。其他三种方法都属于加速折旧法，在初期折旧率较大，随着期数增大折旧率快速减少，到后期折旧率变化趋于平缓。

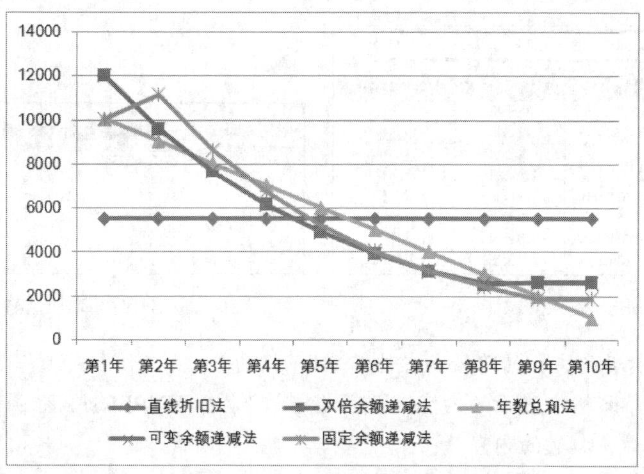

图 3-82　不同折旧计算方法对比

快速查看固定资产图片

素材所在位置为：

光盘：\素材\第 3 章　内部长期投资\快速查看固定资产图片

财务人员在计提固定资产折旧时，为了更加方便的对应实物，可以在查询固定资产信息的同时，将固定资产的实物图片同时在工作表中进行展示，如图 3-83 所示。

操作步骤如下。

步骤 1　首先准备固定资产的实物图片，并将所有图片存放到同一个文件夹内。本例存放位置为 D 盘的“固定资产图片”文件夹，如图 3-84 所示。

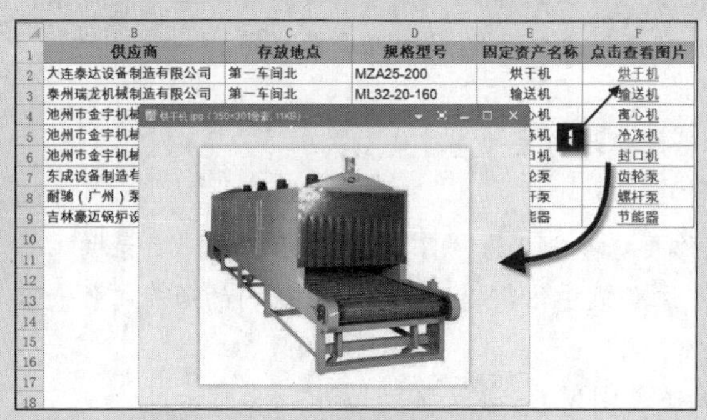

图 3-83　查看固定资产图片

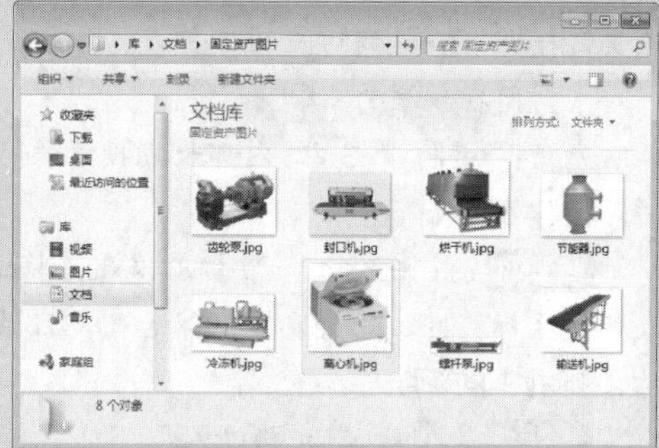

图 3-84　准备固定资产图片

步骤 2　在 F2 单元格输入以下公式，并将公式向下复制，如图 3-85 所示。

```
=HYPERLINK("D:\固定资产图片\"&E2&".jpg",E2)
```

设置完成后，鼠标指针悬停到 F 列带有公式的单元格时会变成手指样式，表示该单元格具有超链接功能，单击鼠标左键即可打开对应的固定资产照片，如图 3-86 所示。

HYPERLINK 函数是 Excel 中唯一一个可以生成链接的特殊函数。函数语法如下：

```
HYPERLINK(link_location,friendly_name)
```

F2 =HYPERLINK("D:\固定资产图片\"&E2&".jpg",E2)

	C	D	E	F
1	存放地点	规格型号	固定资产名称	点击查看图片
2	第一车间北	MZA25-200	烘干机	烘干机
3	第一车间北	ML32-20-160	输送机	输送机
4	第一车间	960-18.5	离心机	离心机
5	第一车间	33.3-2.2	冷冻机	冷冻机
6	第一车间	NM045BY01L06V	封口机	封口机
7	第一车间	200-4	齿轮泵	齿轮泵
8	第一车间二楼	NM045BY01L06V	螺杆泵	螺杆泵
9	第一车间一楼中间	换热面积28m2	节能器	节能器

图 3-85 输入公式

	C	D	E	F	G	H
1	存放地点	规格型号	固定资产名称	点击查看图片		
2	第一车间北	MZA25-200	烘干机	烘干机		
3	第一车间北	ML32-20-160	输送机	输送机		
4	第一车间	960-18.5	离心机	离心机		
5	第一车间	33.3-2.2	冷冻机	冷冻机		
6	第一车间	NM045BY01L06V	封口机	封口机		
7	第一车间	200-4	齿轮泵	齿轮泵		
8	第一车间二楼	NM045BY01L06V	螺杆泵	螺杆泵		
9	第一车间一楼中间	换热面积28m2	节能器	节能器		

D:\固定资产图片\烘干机.jpg - 单击一次可跟踪超链接。单击并按住不放可选择此单元格。

图 3-86 单击超链接打开图片

第一参数是要打开的文档的路径和文件名。可以指向 Excel 工作表或工作簿中特定的单元格。

第二参数表示单元格中显示的内容，如果省略该参数，HYPERLINK 函数建立超链接后，单元格中将显示为第一参数的内容。

其语法可以理解为：

```
HYPERLINK(要跳转的位置,要显示的内容)
```

本例中，先使用图片所在路径“D:\固定资产图片\”和 E2 单元格中的固定资产名称以及图片后缀名“.jpg”，连接成一个带有文件路径和文件名以及后缀名的字符串“D:\固定资产图片\烘干机.jpg”，以此作为 HYPERLINK 函数的第一参数。

第二参数使用 E2，单元格中将显示为 E2 单元格的固定资产名称。

【提示】公式中的文件后缀名“.jpg”需要根据实际的图片格式确定。另外需要注意图片名称应与工作表中的固定资产名称相同。

小技巧

制作有超链接的工作表目录

如果同一个工作簿内包含的工作表数量较多，可以制作一个有超链接功能的工作表目录，点击链接即可跳转到对应的工作表，方便用户在不同工作表之间切换查看数据。

素材所在位置为：

光盘：\素材\第 3 章 内部长期投资\制作带超链接的工作表目录.xlsx

操作步骤如下。

步骤 1 首先插入一个新工作表，将工作表标签命名为“目录”，然后拖动“目录”工作表标签至标签区域的最左侧，然后在“目录”工作表中依次输入当前工作簿内的所有工作表名称，如图 3-87 所示。

步骤 2 在 B2 单元格输入以下公式，向下复制到 B6 单元格，如图 3-88 所示。

```
=HYPERLINK("#"&A2&"!A1",A2)
```

公式中“"#"&A2&"!A1"”部分，用前缀“#”号来代替当前工作簿名称。使用连接符&连接各个单元格和字符串，结果为“#资产负债表!A1”，以此指定链接跳转的具体单元格位置为当前工作簿“资产负债表”工作表 A1 单元格。

第二参数为 A2，表示建立超链接后，将显示 A2 单元格的文字“资产负债表”。设置完成后单击超链接，即可跳转到相应工作表的 A1 单元格。

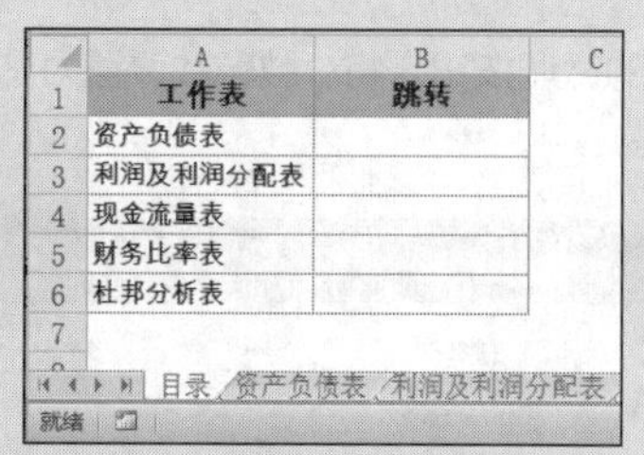

图 3-87 “目录”工作表

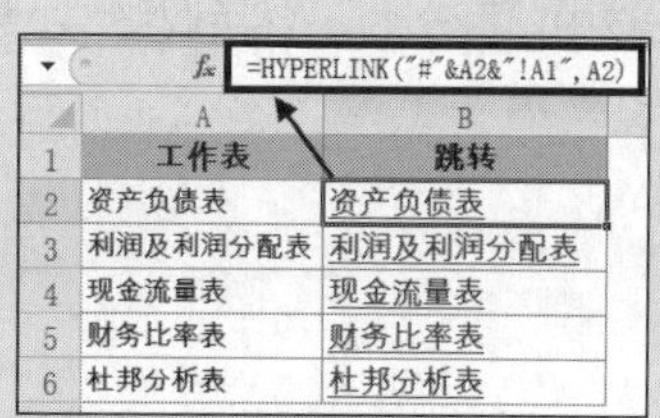

图 3-88 输入公式

步骤3 如图 3-89 所示，在“资产负债表”工作表的 A1 单元格内输入以下公式，生成返回目录的超链接。此处的 A1 单元格，可以是工作表中的任意空白单元格。

```
=HYPERLINK("#目录!B1","返回")
```

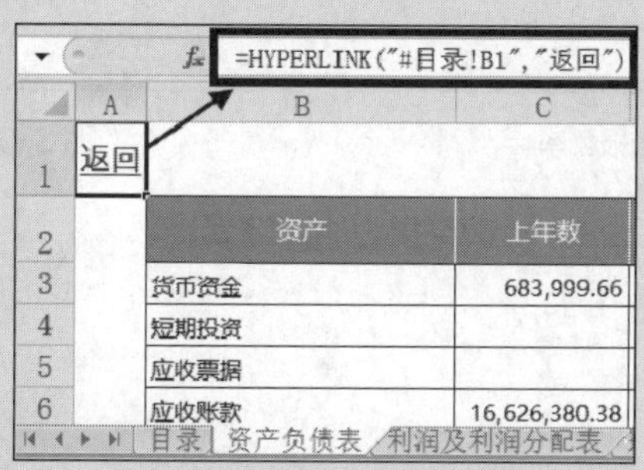

图 3-89 生成返回目录的超链接

步骤4 单击“资产负债表”工作表的 A1 单元格后按住鼠标左键不放，直到指针变成空心十字“✜”时释放鼠标，选中该单元格。按<Ctrl+C>组合键复制，再依次粘贴到其他工作表的 A1 单元格，即可在多个工作表中生成用于返回“目录”工作表的超链接。

3.2 长期投资决策

长期投资决策是指拟定长期投资方案，用科学的方法对长期投资方案进行分析、评价，选择最佳长期投资方案的过程，最终目的是为了提高企业总体经营能力和获利能力。对投资项目的经济可行性进行评估是长期投资决策中比较重要的环节，主要包括平均报酬率法、投资回收期计算法、净现值法以及内部收益率法等。

3.2.1 平均报酬率计算

平均报酬率是指投资项目经营期各年度平均净现金流量与初始投资额的百分比，计算公式为：

平均报酬率=年均净现金流量/初始投资×100%

用平均报酬率法对投资项目进行评价时，需要将项目的平均报酬率与投资者预期的报酬率进行比较，当计算出的平均报酬率不低于投资者预期报酬率时，即为可行性项目。

平均报酬率的优点是容易计算，其缺点是没有考虑资金的时间价值。因此在多数情况下，平均报酬率法仅作为辅助评价方法使用。

素材所在位置为：
光盘：\素材\第 3 章 内部长期投资\3.2.1 平均报酬率计算.xlsx

以图 3-90 为例，是某公司拟定新项目的有关数据，需要计算其平均报酬率。

步骤1 选中 B6 单元格，按<Ctrl+1>组合键，弹出【设置单元格格式】对话框。在【数字】选项卡下的分类列表单击选中“百分比”，然后调整“小数位数”右侧的微调按钮，将小数位数设置为 2，单击【确定】按钮，如图 3-91 所示。

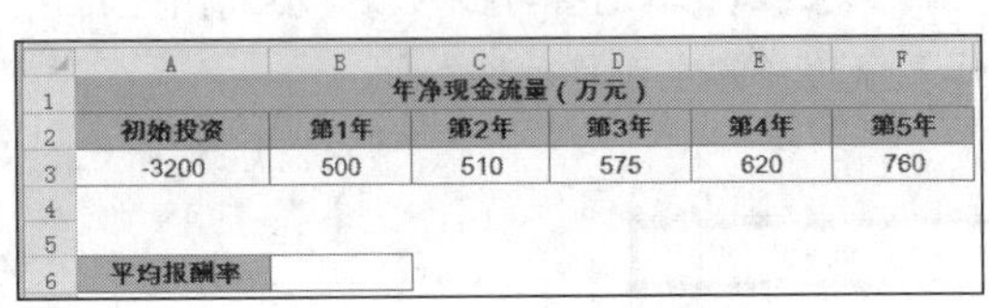

	A	B	C	D	E	F
1	年净现金流量（万元）					
2	初始投资	第1年	第2年	第3年	第4年	第5年
3	-3200	500	510	575	620	760
4						
5						
6	平均报酬率					

图 3-90　计算平均报酬率

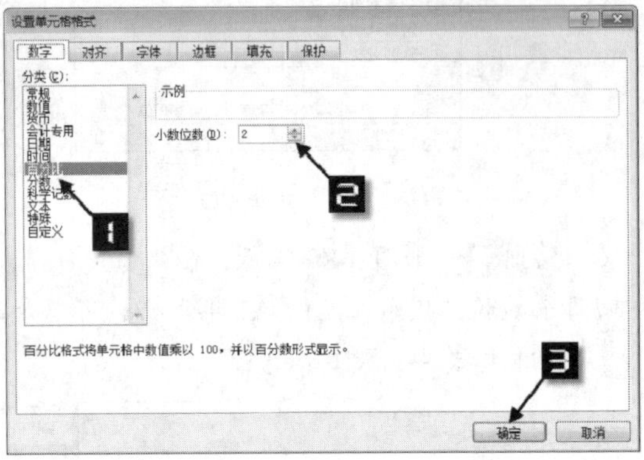

图 3-91　设置单元格格式

步骤 2　B6 单元格输入以下公式，计算结果为 18.53%。

```
=AVERAGE(B3:F3)/-A3
```

AVERAGE 函数

AVERAGE 函数返回参数的算术平均值，如果参数中包含文本、逻辑值或空单元格，则这些值将被忽略，但包含零值的单元格将被计算在内。

本例中，先使用 AVERAGE 函数计算 B3:F3 单元格区域中各年度净现金流量的平均值，然后再将计算结果除以 A3 单元格中的初始投资额。因为 A3 单元格中的初始投资额以负数表示，所以使用负号将其转换为正数再进行计算。

AVERAGEIF 函数和 AVERAGEIFS 函数

素材所在位置为：

光盘：\素材\第 3 章　内部长期投资\AVERAGEIF 函数和 AVERAGEIFS 函数.xlsx

AVERAGEIF 函数的作用是按指定条件计算平均值，其语法为：

```
AVERAGEIF(range,criteria,[average_range])
```

第一参数是要判断条件的单元格区域。

第二参数是指定的条件。

第三参数是计算平均值的实际单元格区域。

如果省略第三参数，将计算第一参数的平均值。

指定的条件可以是数字、表达式，也可以是单元格引用或文本，如 33、">5"、A6、"北京"等。

如图 3-92 所示，要计算北京销售区的平均销售额，可以使用以下公式计算。

```
=AVERAGEIF(A:A,F2,D:D)
```

=AVERAGEIF(A:A,F2,D:D)

	A	B	C	D	E	F	G
1	销售区	销售人员	品名	销售金额		销售区	销售金额
2	北京	叶知秋	显示器	52000		北京	180333.3
3	北京	叶知秋	微波炉	35000			
4	北京	叶知秋	跑步机	295000			
5	北京	叶知秋	按摩椅	432000			
6	北京	苏珊娜	跑步机	220000			
7	北京	苏珊娜	按摩椅	48000			
8	杭州	叶知秋	显示器	116000			
9	杭州	叶知秋	微波炉	29000			
10	杭州	叶知秋	跑步机	212500			

图 3-92　按指定条件计算平均值

如果需要在指定的条件中使用比较运算符，需要加上成对的半角双引号。

例如，要计算 50000 以上部分的平均销售金额，可以使用以下公式：

```
=AVERAGEIF(D:D,">50000")
```

公式省略第三参数，AVERAGEIF 函数判断 D 列是否符合指定的条件">50000"，然后对 D 列中符合条件的数值计算平均值。

还可以在条件中使用通配符问号“?”和星号“*”，实现模糊条件的计算，问号匹配任意单个字符，星号匹配任意一串字符。如果指定的条件是实际的问号或星号，需要在字符前加上波形符“~”，如“~*”“~?”。

例如，使用以下公式，将得到最后一个字符是“机”的全部商品的平均销售额。

```
=AVERAGEIF(C:C,"*机",D:D)
```

【提示】通配符只能在文本条件中使用，如果指定条件是数值，则不能使用通配符。

AVERAGEIFS 函数返回符合多个条件的算术平均值，其基本语法为：

```
AVERAGEIFS(average range,criteria_range1,criteria1,[criteria_range2,criteria2],...)
```

第一参数 average_range 要计算平均值的单元格区域，之后的参数则是成对的区域和判断条件。可以理解为：

```
AVERAGEIFS(要计算平均值的单元格区域,区域1,条件1,区域2,条件2……)
```

如图 3-93 所示，要计算销售区为“北京”，并且销售额大于 50000 部分的平均销售额，可以使用以下公式计算。

```
=AVERAGEIFS(D:D,A:A,F2,D:D,G2)
```

=AVERAGEIFS(D:D,A:A,F2,D:D,G2)

	A	B	C	D	E	F	G
1	销售区	销售人员	品名	销售金额		销售区	销售金额
2	北京	叶知秋	显示器	52000		北京	>50000
3	北京	叶知秋	微波炉	35000			
4	北京	叶知秋	跑步机	295000			
5	北京	叶知秋	按摩椅	432000		249750	
6	北京	苏珊娜	跑步机	220000			
7	北京	苏珊娜	按摩椅	48000			
8	杭州	叶知秋	显示器	116000			

图 3-93　符合多个条件的算术平均值

公式中第一参数 D:D 是指定要计算平均值的单元格区域。之后的“A:A,F2”部分是第一个指定的条件，要求 A 列中的销售区等于 F2 单元格指定的内容。“D:D,G2”部分是第二个指定的条件，要求 D 列中的销售金额符合 G2 单元格中指定的表达式>50000。

如果两个指定的条件同时符合，AVERAGEIFS 函数则计算 D 列中对应数值的平均值。

【提示】要注意与 AVERAGEIF 函数参数位置的不同。AVERAGEIF 函数以第三参数作为计算平均值的单元格区域，而 AVERAGEIFS 函数则是以第一参数作为计算平均值的单元格区域。

3.2.2 投资回收期计算

投资回收期是指累计的经济效益等于最初的投资费用所需的时间，包括静态投资回收期和动态投资回收期两种。投资回收期法的优点是计算比较简单，缺点是只考虑了投资回收期以内的净现金流量，没有考虑资金时间价值和回收期满后发生的现金流量，不能准确反映投资方式不同对项目的影响。

素材所在位置为：

光盘：\素材\第 3 章 内部长期投资\3.2.2 投资回收期计算.xlsx

1. 静态投资回收期计算

静态投资回收期是在不考虑资金时间价值的条件下，以项目的净收益回收其全部投资所需要的时间，计算公式为：

静态投资回收期=最后一项为负值的累计净现金流量对应的年数+最后一项为负值的累计净现金流量绝对值/下年净现金流量

以图 3-94 为例，某项目初始投资为 100000 元，经营期为 5 年，C7～H7 单元格中是每年的净现金流量，需要计算该项目的静态投资回收期。

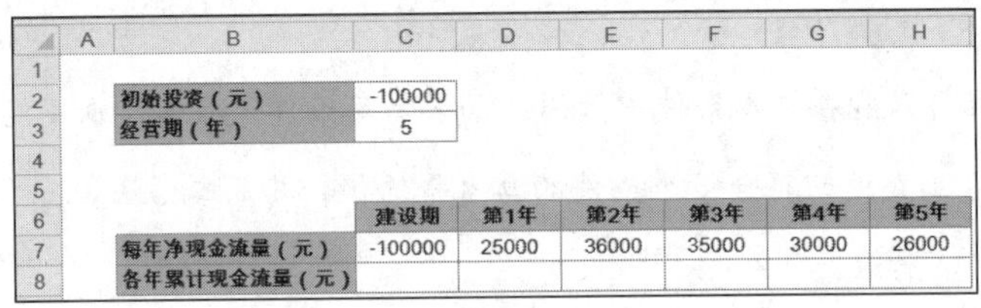

	A	B	C	D	E	F	G	H
1								
2		初始投资（元）	-100000					
3		经营期（年）	5					
4								
5								
6			建设期	第1年	第2年	第3年	第4年	第5年
7		每年净现金流量（元）	-100000	25000	36000	35000	30000	26000
8		各年累计现金流量（元）						

图 3-94　计算静态投资回收期

操作步骤如下。

步骤 1　在 C8 单元格中输入以下公式，然后向右复制到 H8 单元格，计算各年累计现金流量，如图 3-95 所示。

```
=SUM($C7:C7)
```

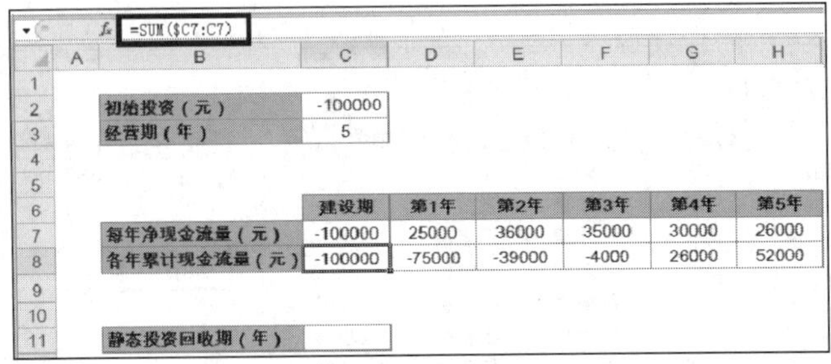

=SUM($C7:C7)

	A	B	C	D	E	F	G	H
1								
2		初始投资（元）	-100000					
3		经营期（年）	5					
4								
5								
6			建设期	第1年	第2年	第3年	第4年	第5年
7		每年净现金流量（元）	-100000	25000	36000	35000	30000	26000
8		各年累计现金流量（元）	-100000	-75000	-39000	-4000	26000	52000
9								
10								
11		静态投资回收期（年）						

图 3-95　计算各年累计现金流量

步骤 2　在 C11 单元格输入以下公式计算静态投资回收期，结果为 4.13，如图 3-96 所示。

```
=ROUND(MATCH(0,C8:H8)+ABS(INDEX(C8:H8,MATCH(0,C8:H8)))/INDEX(C7:H7,MATCH(0,C8:H8)+1),2)
```

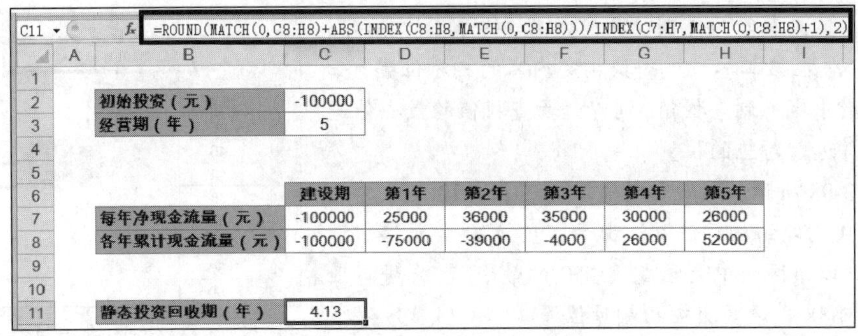

C11 =ROUND(MATCH(0,C8:H8)+ABS(INDEX(C8:H8,MATCH(0,C8:H8)))/INDEX(C7:H7,MATCH(0,C8:H8)+1),2)

	A	B	C	D	E	F	G	H
1								
2		初始投资（元）	-100000					
3		经营期（年）	5					
4								
5								
6			建设期	第1年	第2年	第3年	第4年	第5年
7		每年净现金流量（元）	-100000	25000	36000	35000	30000	26000
8		各年累计现金流量（元）	-100000	-75000	-39000	-4000	26000	52000
9								
10								
11		静态投资回收期（年）	4.13					

图 3-96　计算静态投资回收期

1. ABS 函数

ABS 函数的作用是返回数字的绝对值。

2. MATCH 函数

素材所在位置为：

光盘：\素材\第 3 章 内部长期投资\MATCH 函数.xlsx

MATCH 函数用于返回指定的搜索内容在单元格区域中的相对位置，函数的结果常用于其他函数的参数。基本语法为：

```
MATCH(lookup_value,lookup_array,[match_type])
```

第一参数 lookup_value 为指定的查找的内容。

第二参数 lookup_array 是要查询的一行或一列的单元格区域。

第三参数 match_type 是指定查找时的匹配方式。

当第三参数为 0、1 或省略、-1 时，分别表示精确匹配、升序查找、降序查找模式。

可以理解为：

```
MATCH(查找的内容,在哪里查找,[选择匹配的方式])
```

（1）当第三参数为 0 时，第二参数不需要预先排序处理。如图 3-97 所示，使用以下公式能够精确查找出“白如雪”在 A2:A9 单元格区域中首次出现的位置，结果为 3。

```
=MATCH(D3,A2:A9,0)
```

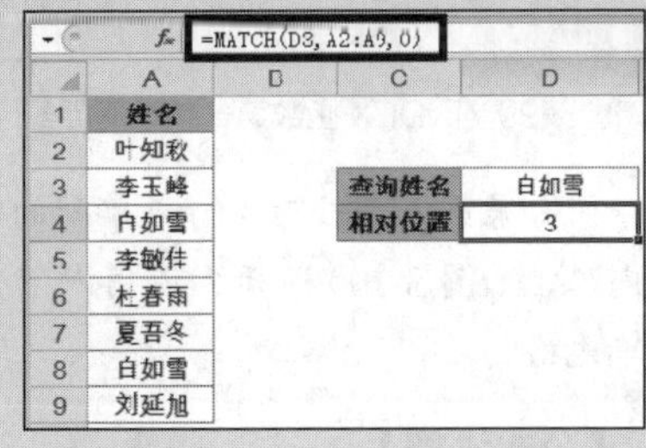

=MATCH(D3,A2:A9,0)

	A	B	C	D
1	姓名			
2	叶知秋			
3	李玉峰		查询姓名	白如雪
4	白如雪		相对位置	3
5	李敏仟			
6	杜春雨			
7	夏吾冬			
8	白如雪			
9	刘延旭			

图 3-97　MATCH 函数的精确查找方式

【提示】使用精确匹配方式时，如果查询区域中有多个符合条件的内容，MATCH 函数只能返回首次出现的位置。

（2）当第三参数为 1 或是省略时，第 2 参数需要按升序排序。MATCH 函数在第二参数中查找指定内容的相对位置，如果第二参数中找不到查找值，则以小于查找值的最大值进行匹配，并返回对应的位置。

如本例中的 MATCH(0,C8:H8)，就是以 0 作为查找值，在 C8:H8 单元格区域中查询 0 所处的相对位置。由于 C8:H8 单元格区域中没有 0，因此以该区域中小于查找值 0 的最大值-4000 进行匹配，并返回-4000 在该区域中的相对位置 4。得到的结果就是最后一项为负值的累计净现金流量对应的年数。

（3）当第三参数为-1时，第2参数要求按降序排列。MATCH函数在第二参数中查找指定内容的相对位置，如果第二参数中找不到查找值，则以大于查找值的最小值进行匹配，并返回对应的位置。

如图3-98所示，以0作为查找值，在A13:A20单元格中查询0所处的相对位置。由于A13:A20单元格中没有0，因此以该区域中大于查找值0的最小值38进行匹配，并返回38在该区域中的相对位置4。

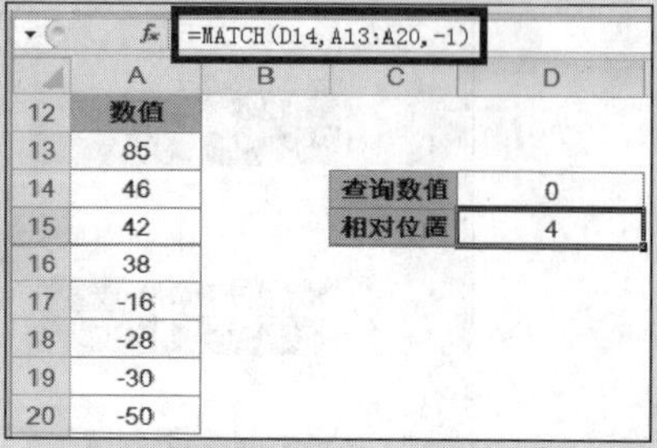

=MATCH(D14,A13:A20,-1)

	A	B	C	D
12	数值			
13	85			
14	46		查询数值	0
15	42		相对位置	4
16	38			
17	-16			
18	-28			
19	-30			
20	-50			

图3-98　MATCH函数的降序查找方式

3. INDEX函数

素材所在位置为：

光盘：\素材\第3章　内部长期投资\INDEX函数.xlsx

INDEX函数是常用的引用类函数之一，能够根据指定的行号或列号来返回一个区域中对应位置的内容，该函数的常用语法如下：

```
INDEX(reference,row_num,[column_num],[area_num])
```

第一参数可以是多行多列的单元格区域，也可以是一行或是一列的数据范围。

如果第一参数为多行多列的单元格区域，可以分别使用第二参数和第三参数指定要在单元格区域中返回哪一行哪一列的内容。如图3-99所示，使用以下公式可以返回B2:F6单元格区域中第3行第4列的交叉处的内容，即E4单元格。

```
=INDEX(B2:F6,3,4)
```

=INDEX(B2:F6,3,4)

	A	B	C	D	E	F
1		1月份	2月份	3月份	4月份	5月份
2	北京	72	47	91	14	17
3	上海	23	61	99	34	65
4	西安	70	47	58	36	81
5	广州	20	76	89	71	61
6	深圳	46	32	83	76	60
7						
8		36				

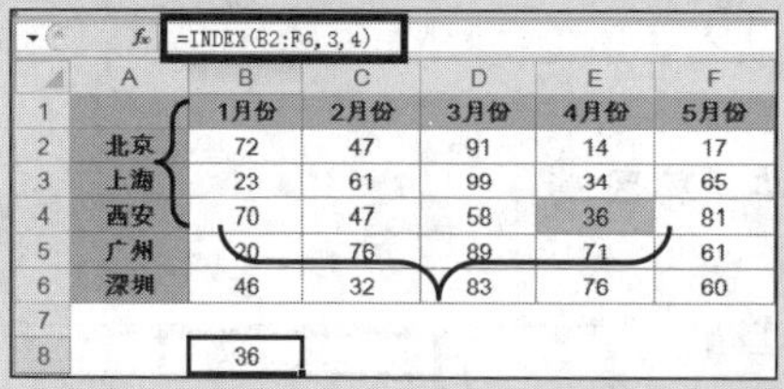

图3-99　INDEX函数第一参数使用多行多列区域

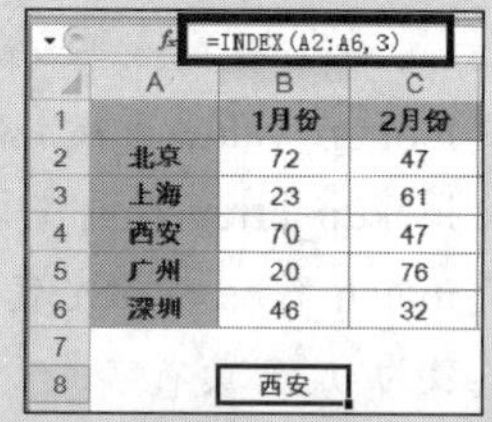

=INDEX(A2:A6,3)

	A	B	C
1		1月份	2月份
2	北京	72	47
3	上海	23	61
4	西安	70	47
5	广州	20	76
6	深圳	46	32
7			
8		西安	

图3-100　INDEX函数第一参数使用一列或一行区域

如果第一参数为单行或单列的数据区域，则可以根据第二参数指定的位置，返回对应位置的内容。如图3-100所示，使用以下公式可以返回A2:A6单元格区域中第3个元素的内容，即A4单元格。

【公式讲解】

（1）本例步骤1中计算各年累计现金流量的公式为：

```
=SUM($C7:C7)
```

公式中的参数分别使用了列绝对引用和相对引用，公式向右复制时，会依次变成$C7:C8、$C7:C9、$C7:C10……。也就是SUM函数的求和区域从C7单元格开始，不断向右扩展，依次得到各年累计现金流量。

（2）本例步骤2中计算静态投资回收期的公式为：

```
=ROUND(MATCH(0,C8:H8)+ABS(INDEX(C8:H8,MATCH(0,C8:H8)))/INDEX(C7:H7,MATCH(0,C8:H8)+1),2)
```

MATCH(0,C8:H8)部分，计算出最后一项为负值的累计净现金流量对应年数4。

INDEX(C8:H8,MATCH(0,C8:H8))部分，INDEX函数以MATCH函数的结果作为索引值，返回C8:H8单元格区域中第4个元素的内容，也就是最后一项为负值的累计净现金流量，结果为-4000。然后使用ABS函数计算出-4000的绝对值，结果为4000。

INDEX(C7:H7,MATCH(0,C8:H8)+1)部分，INDEX 函数以 MATCH 函数的结果加 1 作为索引值，返回 C7:H7 单元格区域中的第 5 个单元格的内容，也就是下年的净现金流量 30000。

依据静态投资回收期计算公式，用最后一项为负值的累计净现金流量对应年数 4，加上 4000 除以 30000 的商，结果为 4.13333333333333，最后使用 ROUND 函数对计算结果保留两位小数，结果为 4.13。

公式计算结果包括建设期在内，如需排除建设期，可以将计算结果减去 1。

使用 INDEX 函数和 MATCH 函数查询数据

使用 INDEX 函数和 MATCH 函数查询数据

INDEX 函数和 MATCH 函数结合运用，能够实现灵活的数据查询。

素材所在位置为：

光盘:\素材\第 3 章 内部长期投资\使用 INDEX 函数和 MATCH 函数实现逆向查找.xlsx

如图 3-101 所示，需要在员工信息表中，根据 E4 单元格指定的姓名查询对应的工号。

F4 =INDEX(A2:A9,MATCH(E4,B2:B9,0))

	A	B	C	D	E	F
1	工号	姓名	部门			
2	1001	叶知秋	质检部			
3	1082	简方达	总经办		姓名	工号
4	1635	何子良	财务部		夏吾冬	1055
5	1055	夏吾冬	销售部			
6	1645	白如雪	采购部			
7	1366	柳飞絮	安监部			
8	1080	万金来	质保部			
9	1128	史明飞	生产部			

图 3-101　根据姓名查询工号

F4 单元格输入以下公式，查询结果为 1055。

```
=INDEX(A2:A9,MATCH(E4,B2:B9,0))
```

首先用 MATCH 函数，以精确匹配的方式返回 E4 单元格姓名在 B2:B9 单元格区域中的相对位置 4。再用 INDEX 函数根据此索引值，返回 A2:A9 单元格区域中的第 4 个单元格的内容。

如需查询指定姓名的部门信息，可以使用以下公式：

```
=INDEX(C2:C9,MATCH(E4,B2:B9,0))
```

2. 动态回收期计算

动态投资回收期是指在考虑货币时间价值的条件下，从项目投资开始起，到累计折现现金流量等于 0 时所需的时间。

计算公式为：

动态回收投资期=（累计折现值最后一次出现负值对应的年数）+该年累计折现值的绝对值/下年净现金流量的折现值

以图 3-102 为例，某项目初始投资为 100000 元，经营期为 5 年，贴现率为 6.5%，C8～H8 单元格中是每年的净现金流量，需要计算该项目的动态投资回收期。

操作步骤如下：

步骤 1 在 C9 单元格输入以下公式，向右复制到 H9 单元格，计算各年净现金流量的现值，如图 3-103 所示。

```
=PV($C4,C7,0,-C8)
```

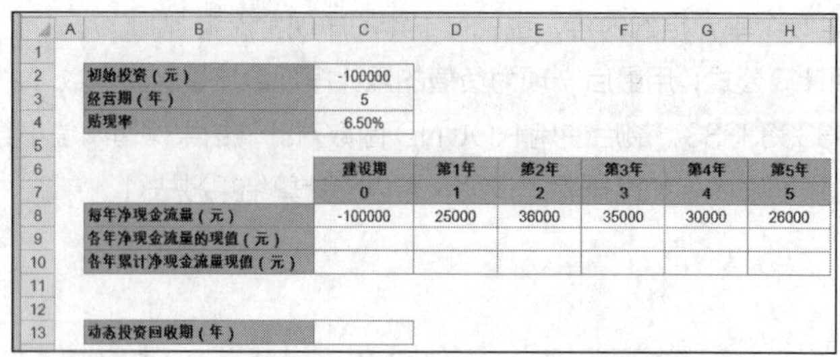

	B	C	D	E	F	G	H
2	初始投资（元）	-100000					
3	经营期（年）	5					
4	贴现率	6.50%					
6		建设期	第1年	第2年	第3年	第4年	第5年
7		0	1	2	3	4	5
8	每年净现金流量（元）	-100000	25000	36000	35000	30000	26000
9	各年净现金流量的现值（元）						
10	各年累计净现金流量现值（元）						
13	动态投资回收期（年）						

图 3-102　动态投资回收期计算

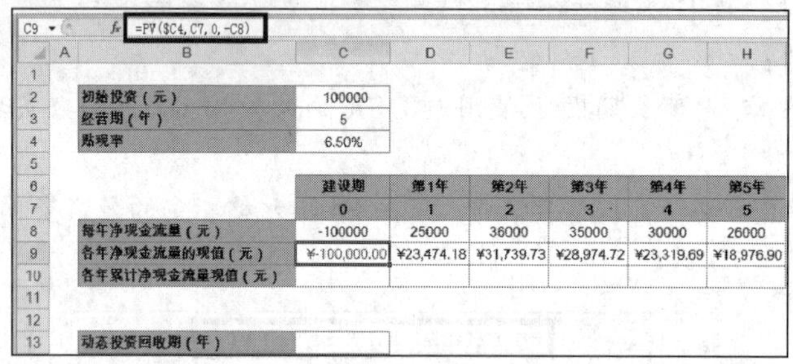

C9　=PV($C4,C7,0,-C8)

	B	C	D	E	F	G	H
2	初始投资（元）	100000					
3	经营期（年）	5					
4	贴现率	6.50%					
6		建设期	第1年	第2年	第3年	第4年	第5年
7		0	1	2	3	4	5
8	每年净现金流量（元）	-100000	25000	36000	35000	30000	26000
9	各年净现金流量的现值（元）	¥-100,000.00	¥23,474.18	¥31,739.73	¥28,974.72	¥23,319.69	¥18,976.90
10	各年累计净现金流量现值（元）						
13	动态投资回收期（年）						

图 3-103　计算各年净现金流量的现值

步骤 2　在 C10 单元格输入以下公式，向右复制到 H10 单元格，计算各年累计净现金流量的现值，如图 3-104 所示。

```
=SUM($C9:C9)
```

C10　=SUM($C9:C9)

	B	C	D	E	F	G	H
2	初始投资（元）	-100000					
3	经营期（年）	5					
4	贴现率	6.50%					
6		建设期	第1年	第2年	第3年	第4年	第5年
7		0	1	2	3	4	5
8	每年净现金流量（元）	-100000	25000	36000	35000	30000	26000
9	各年净现金流量的现值（元）	¥-100,000.00	¥23,474.18	¥31,739.73	¥28,974.72	¥23,319.69	¥18,976.90
10	各年累计净现金流量现值（元）	¥-100,000.00	¥-76,525.82	¥-44,786.09	¥-15,811.37	¥7,508.32	¥26,485.23
13	动态投资回收期（年）						

图 3-104　计算各年累计净现金流量的现值

步骤 3　在 C13 单元格输入以下公式计算动态投资回收期，结果为 4.68，如图 3-105 所示。

```
=ROUND(MATCH(0,C10:H10)+ABS(INDEX(C10:H10,MATCH(0,C10:H10)))/INDEX(C9:H9,MATCH(0,C10:H10)+1),2)
```

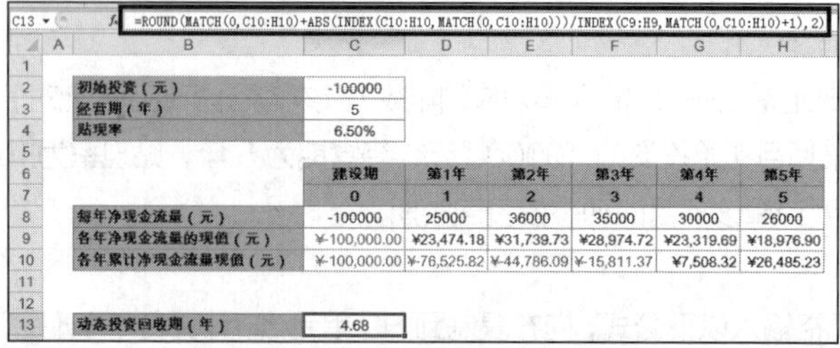

C13　=ROUND(MATCH(0,C10:H10)+ABS(INDEX(C10:H10,MATCH(0,C10:H10)))/INDEX(C9:H9,MATCH(0,C10:H10)+1),2)

	B	C	D	E	F	G	H
2	初始投资（元）	-100000					
3	经营期（年）	5					
4	贴现率	6.50%					
6		建设期	第1年	第2年	第3年	第4年	第5年
7		0	1	2	3	4	5
8	每年净现金流量（元）	-100000	25000	36000	35000	30000	26000
9	各年净现金流量的现值（元）	¥-100,000.00	¥23,474.18	¥31,739.73	¥28,974.72	¥23,319.69	¥18,976.90
10	各年累计净现金流量现值（元）	¥-100,000.00	¥-76,525.82	¥-44,786.09	¥-15,811.37	¥7,508.32	¥26,485.23
13	动态投资回收期（年）	4.68					

图 3-105　计算动态投资回收期

【公式讲解】

（1）本例中计算各年净现金流量现值的公式为：

```
=PV($C4,C7,0,-C8)
```

PV 函数第一参数使用 C4 单元格的贴现率 6.5%，第二参数使用 C7 单元格中的年数期限，第三参数每期等额支付金额为 0，第四参数未来值使用 C8 单元格中的每年净现金流量。

（2）本例中计算各年累计净现金流量现值公式为：

```
=SUM($C9:C9)
```

公式使用列绝对引用和相对引用的方式，依次计算各年累计数。

（3）本例中计算动态投资回收期的公式为：

```
=ROUND(MATCH(0,C10:H10)+ABS(INDEX(C10:H10,MATCH(0,C10:H10)))/INDEX(C9:H9,MATCH(0,C10:H10)+1),2)
```

MATCH(0,C10:H10)部分，计算出累计折现值最后一次出现负值对应的年数，结果为 4。

INDEX(C10:H10,MATCH(0,C10:H10))部分，INDEX 函数以 MATCH 函数的结果作为索引值，返回 C8:H8 单元格区域中第 4 个元素的内容，也就是最后一项为负值的累计折现值，结果为-15811.37。然后使用 ABS 函数计算出-4000 的绝对值，结果为 15811.37。

INDEX(C9:H9,MATCH(0,C10:H10)+1) 部分，INDEX 函数以 MATCH 函数的结果加 1 作为索引值，返回 C9:H9 单元格区域中的第 5 个单元格的内容，也就是下年的净现金流量折现值，结果为 23319.69。

$$动态回收投资期=\left(\begin{array}{c}累计折现值最后一次\\出现负值对应的年数\end{array}\right)+\frac{该年累计折现值的绝对值}{下年净现金流量的折现值}$$

依据动态回收期计算公式，用累计折现值最后一次出现负值对应的年数 4，加上 15811.37 除以 23319.69 的商，结果为 4.67802648125，最后使用 ROUND 函数对计算结果保留两位小数，结果为 4.68。

公式计算结果包括建设期在内，如需排除建设期，可以将计算结果减去 1。

小技巧

更改新建工作簿时包含的工作表数

Excel 2010 新建工作簿时，默认包含 3 个工作表，用户可以根据需要设置新建工作簿时包含的工作表数。

单击【文件】选项卡中的【选项】命令，打开【Excel 选项】对话框。切换到【常规】选项卡，在“新建工作簿时”区域下方单击“包含的工作表数”右侧的微调按钮，可以更改新建工作簿时包含的工作表数，如图 3-106 所示。

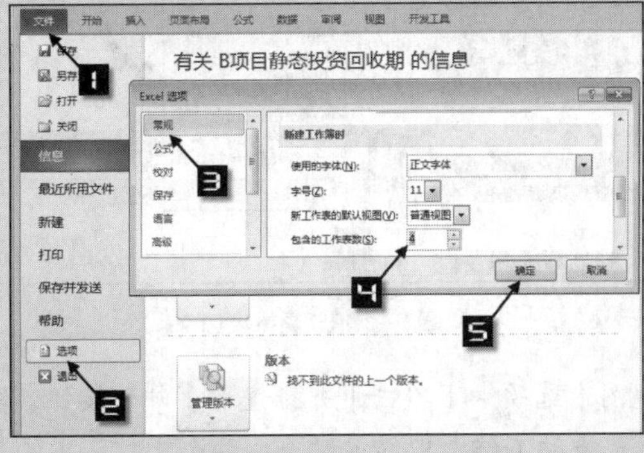

图 3-106　Excel 选项

小技巧

并排查看两个工作簿文件

素材所在位置为：

光盘：\素材\第 3 章 内部长期投资\并排查看多个工作簿文件

在财务会计工作中，经常需要同时查看两个或多个工作簿中的数据，以便于对比财务指标的异同。使用并排窗口功能，可以同时查看多个工作簿的文件，如图 3-107 所示。

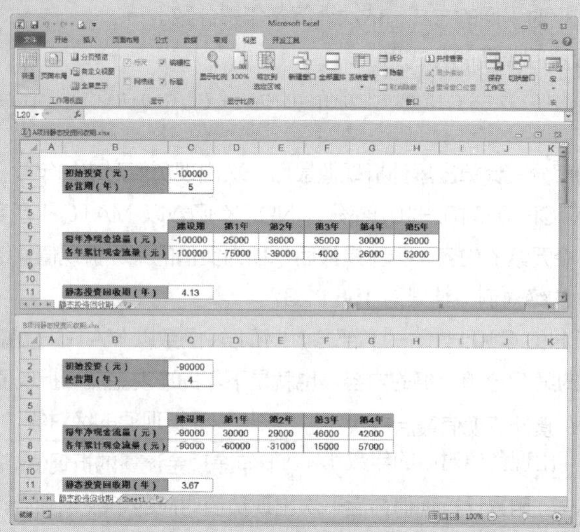

图 3-107　并排查看两个工作簿文件

操作步骤如下。

步骤 1　同时打开两个需要查看的工作簿，在其中任意一个工作簿中，单击【视图】选项卡下的【全部重排】按钮，弹出【重排窗口】对话框。

步骤 2　单击选中【水平并排】单选按钮，单击【确定】按钮，如图 3-108 所示。

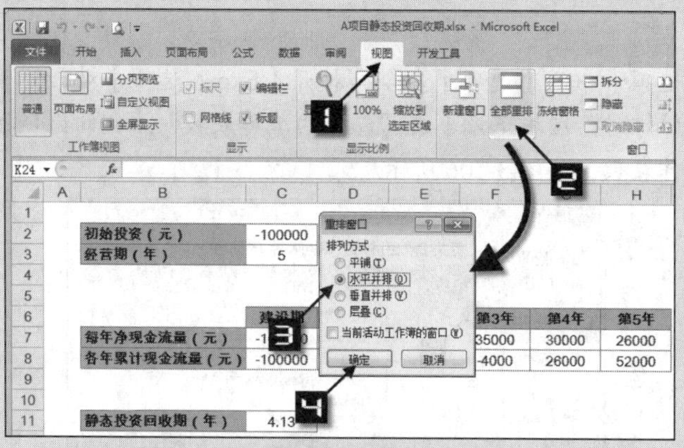

图 3-108　重排窗口

步骤 3　如果在【视图】选项卡下单击【并排查看】命令按钮，同步滚动按钮会被同时选中，此时调整鼠标滑轮或是拖动工作表中的滚动条，两个工作簿中的数据会同步滚动，方便用户查看数据，如图 3-109 所示。

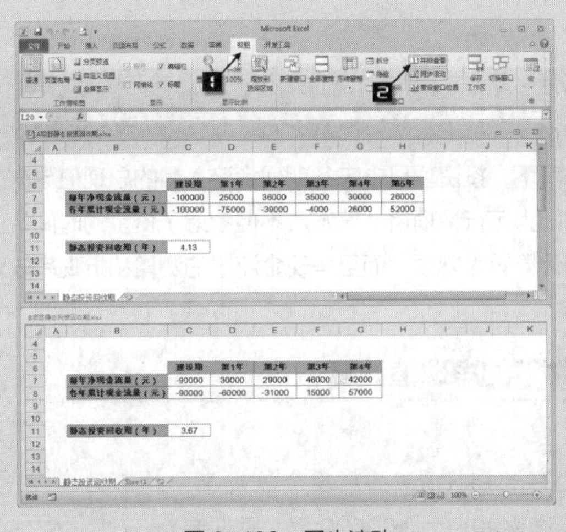

图 3-109　同步滚动

小技巧

保存工作区

使用 Excel 2010 的保存工作区功能，可以同时打开多个常用 Excel 表格，操作步骤如下。

步骤 1　首先打开多个常用工作簿，如图 3-110 所示。

步骤 2　在任意工作簿中单击【视图】选项卡下的【保存工作区】命令按钮，弹出【保存工作区】对话框，如图 3-111 所示。

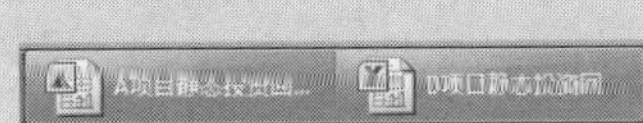

图 3-110　打开多个常用工作簿

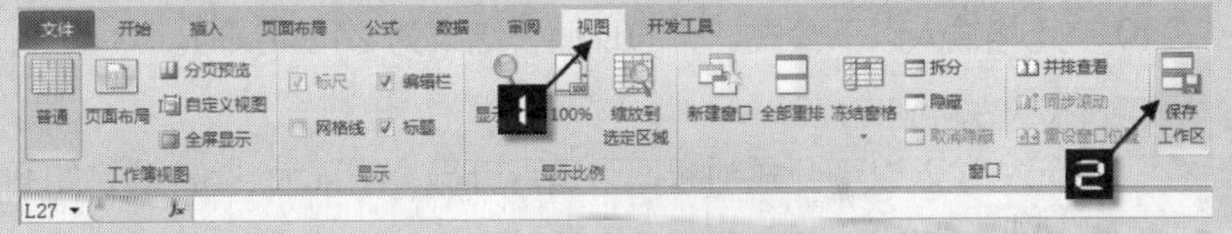

图 3-111　保存工作区 1

步骤 3　选择工作区文件保存位置，将文件命名为“常用工作簿”，单击【保存】按钮，如图 3-112 所示。

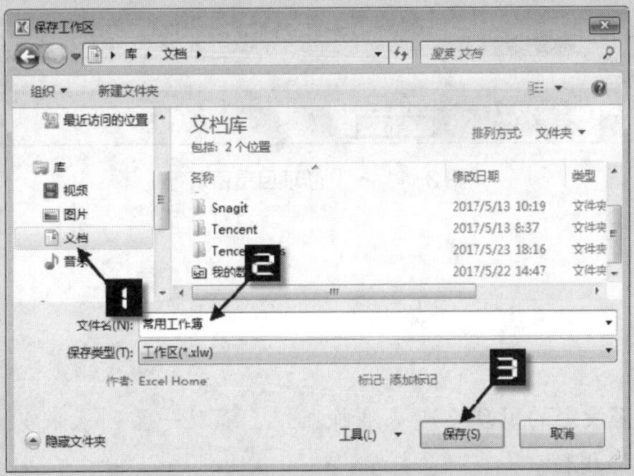

图 3-112　保存工作区 2

以后只要双击工作区文件“常用工作簿.xlw”，即可快速打开多个常用工作簿。

3.3 净现值计算

净现值是指在预定的贴现率下，投资项目未来各期现金流入量的总现值与未来各期现金流出量的总现值之差。如果净现值结果大于 0，则为可行性项目。该方法不但考虑了资金的时间价值，而且考虑了投资过程中的净现金流量。缺点是净现值的计算较为麻烦，而且净现金流量的测量和折现率较难确定，不能从动态角度直接反映投资项目的实际收益水平。

3.3.1 现金流定期条件下的净现值计算

素材所在位置为：

光盘：\素材\第 3 章 内部长期投资\3.3.1 现金流定期条件下的净现值计算.xlsx

如图 3-113 所示，某项目初始投资为 100000 元，贴现率为 6.5%，C7～H7 单元格是每年的净现金流量，需要计算该项目的净现值，并以此判断项目是否可行。

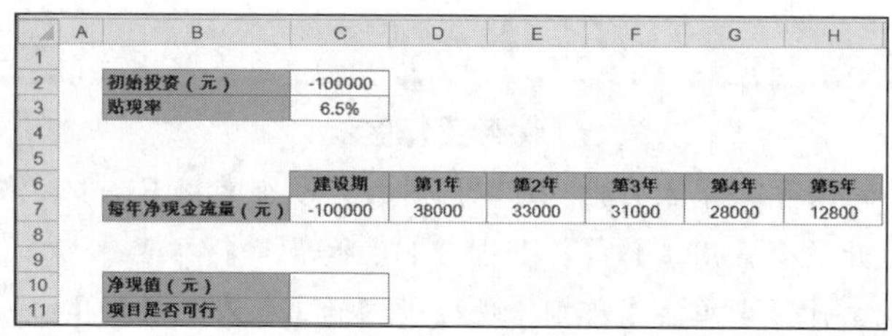

	A	B	C	D	E	F	G	H
1								
2		初始投资（元）	-100000					
3		贴现率	6.5%					
4								
5								
6			建设期	第1年	第2年	第3年	第4年	第5年
7		每年净现金流量（元）	-100000	38000	33000	31000	28000	12800
8								
9								
10		净现值（元）						
11		项目是否可行						

图 3-113　投资净现值计算

C10 单元格输入以下公式计算净现值，结果为 21546.35。

```
=ROUND(NPV(C3,D7:I7)+C7,2)
```

C11 单元格输入以下公式判断项目是否可行，结果为“可行”，如图 3-114 所示。

```
=IF(C10>0,"可行","不可行")
```

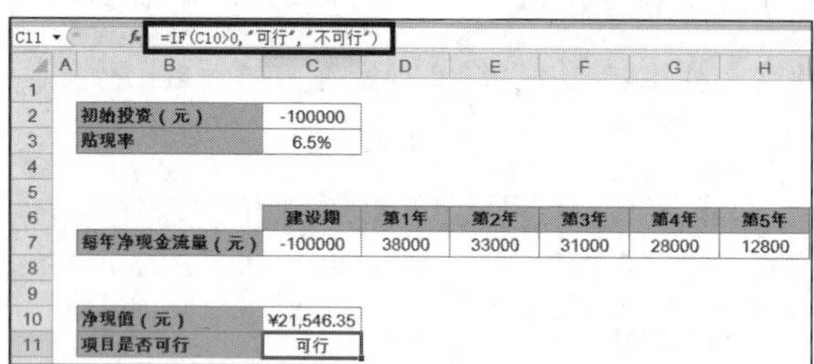

C11 =IF(C10>0,"可行","不可行")

	A	B	C	D	E	F	G	H
1								
2		初始投资（元）	-100000					
3		贴现率	6.5%					
4								
5								
6			建设期	第1年	第2年	第3年	第4年	第5年
7		每年净现金流量（元）	-100000	38000	33000	31000	28000	12800
8								
9								
10		净现值（元）	¥21,546.35					
11		项目是否可行	可行					

图 3-114　判断项目是否可行

1. NPV 函数

NPV 函数能够根据设定的贴现率或基准收益率，以及一系列未来支出（负值）和收入（正值），返回一项投资的净现值。

函数基本语法为：

```
NPV(rate,value1,value2,...)
```

第一参数 rate 是各期的贴现率。

第二参数 value1 表示各期的净现金流量。

NPV 函数假定投资开始于 value1 现金流所在日期的前一期，并结束于最后一笔现金流的当期。NPV 函数依据未来的现金流来进行计算，如果第一笔现金流发生在第一个周期的期初，则第一笔现金必须添加到 NPV 函数的结果中，而不应包含在 values 参数中。

本例中计算净现值公式为：

```
=ROUND(NPV(C3,D7:I7)+C7,2)
```

NPV 函数的第一参数，使用 C3 单元格指定的贴现率 6.5%。第二参数 D7:I7 是投资周期中各年的净现金流量。由于第一笔现金流，也就是 C7 单元格的-100000 发生在期初，因此用 NPV 函数的计算结果与之相加得到投资的净现值。

2. IF 函数

IF 函数能够根据第一参数指定的条件来判断其“真”(TRUE)、“假”(FALSE)，从而返回预先定义的内容。函数语法为：

```
IF(logical_test,[value_if_true],[value_if_false])
```

第一参数为计算结果可能为 TRUE 或 FALSE 的表达式。当第一参数的计算结果为 TRUE 或者是不等于 0 的数值时，IF 函数返回第二参数的值，反之则返回第三参数的值。

可以理解为：

IF(要判断的条件,条件成立时返回的内容,条件不成立时返回的内容)

本例中判断项目是否可行的公式为：

```
=IF(C10>0,"可行","不可行")
```

公式首先判断 C10>0 的判断条件是否成立，如果 C10 大于 0，IF 函数返回第二参数指定的内容“可行”，否则返回第三参数指定的内容“不可行”。

1. 用 IF 函数实现多个条件判断

IF 函数第一参数可以使用多个判断条件，实现较为复杂的条件判断。

素材所在位置为：

光盘：\素材\第 3 章 内部长期投资\用 IF 函数实现多个条件判断.xlsx

如图 3-115 所示，如果 B 列的部门为“生产”，并且 C 列的岗位是“主操”，补助标准为 100 元，其他为 50 元。D2 单元格输入以下公式，然后将公式向下复制到 D10 单元格，能够根据以上两个条件计算出对应的补助标准。

```
=IF(AND(B2="生产",C2="主操"),100,50)
```

	A	B	C	D
1	姓名	部门	岗位	补助
2	贺子鹏	财务	出纳	
3	陆远征	储运	保管	
4	江浩坤	生产	部长	
5	叶知秋	生产	主操	
6	夏吾冬	财务	主任	
7	白秋海	生产	主操	
8	柳如絮	储运	保管	
9	葛飞烟	质检	质检员	
10	毕远达	生产	班长	

图 3-115 多个条件判断

在 Excel 中，AND 函数、OR 函数和 NOT 函数分别对应三种常用的逻辑关系，即“与”“或”“非”。

对于 AND 函数，所有参数的逻辑值都为真时返回 TRUE，只要一个参数的逻辑值为假即返回 FALSE。

对于 OR 函数，只要一个参数的逻辑值为真即返回 TRUE，当所有参数的逻辑值都为假时，才返回 FALSE。

对于 NOT 函数，如果其条件参数的逻辑值为真时，返回 FALSE。如果其条件参数的逻辑值为假时，返回 TRUE。即对原有表达式的逻辑值进行反转。

本例中，IF 函数的第一参数为 AND(B2="生产",C2="主操")，当 B2="生产"和 C2="主操"两个条件同时符合时，返回逻辑值 TRUE。IF 函数再以此返回第二参数 100，否则返回第三参数 50。

实际使用中，经常会使用乘法替代 AND 函数，使用加法替代 OR 函数。

使用乘法替代 AND 函数时，如果多个判断条件中的任意一个结果返回逻辑值 FALSE，则乘法结果为 0。

使用加法替代 OR 函数时，如果多个判断条件中的任意一个结果返回逻辑值 TRUE，则加法的结果大于 0。在 IF 函数的第一参数或是条件格式公式中，0 的作用相当于逻辑值 FALSE，其他非 0 数值的作用相当于逻辑值 TRUE，因此使用乘法和加法可得到与 AND 函数与 OR 函数相同的计算目的。

2. 用 IF 函数实现多个区间的判断

素材所在位置为：

光盘：\素材\第 3 章 内部长期投资\用 IF 函数实现多个区间的判断.xlsx

用 IF 函数实现多个区间的判断

某公司规定，销售额小于 50 万元的，提成比例为 0.03%。销售额在 50 万～100 万元的，提成比例为 0.05%。销售额大于 100 万元的，提成比例为 0.06%。

如图 3-116 所示，需要在销售记录中，根据 B 列的销售额计算对应的提成比例。

	A	B	C
1	姓名	销售额(万元)	提成比例
2	贺子鹏	79.12	
3	陆远征	47.55	
4	江浩坤	122.31	
5	叶知秋	89.80	
6	夏吾冬	12.55	
7	白秋海	57.40	
8	柳如絮	111.35	
9	葛飞烟	36.45	
10	毕远达	78.55	

图 3-116 IF 函数计算提成比例

C2 单元格输入以下公式，向下复制到 C10 单元格。

```
=IF(B2<50,0.03%,IF(B2<=100,0.05%,0.06%))
```

公式中使用了两个 IF 函数的嵌套，先判断 B2 单元格的值是否小于 50。如果小于 50，返回第二参数指定的数值 0.03%；如果不满足该条件，则执行下一个 IF 函数的判断。

IF(B2<=100,0.05%,0.06%)部分，IF 函数判断 B2 单元格的值是否小于等于 100，如果符合小于等于 100 的条件时，返回第二参数指定内容 0.05%，否则返回 0.06%。

使用 IF 函数的嵌套时，需要注意区段划分的完整性和唯一性，可以理解为从一个极端开始向另一个极端递进式判断。

例如，可以先判断是否小于条件中的最小标准，然后逐层判断，最后判断是否小于条件中的最大标准。也可以先判断是否大于条件中的最大标准，然后逐层判断，最后判断是否大于条件中的最小标准。

使用以下公式，能够完成同样的计算要求：

```
=IF(B2>100,0.06%,IF(B2>50,0.05%,0.03%))
```

3. 屏蔽函数公式返回的错误值

在函数公式的应用中经常会由于多种原因而返回错误值，为了表格更加美观，往往需要屏蔽这些错误值的显示。

使用 IFERROR 函数，能够在函数公式返回错误值时指定要显示的内容。该函数有两个参数，第一参数是用户设置的公式，第二参数是指定在公式计算结果为错误值时要返回的内容。如果公式的计算结果为错误，则返回用户指定的值；否则，将返回公式的结果。

素材所在位置为：

光盘：\素材\第 3 章 内部长期投资\屏蔽函数公式返回的错误值.xlsx

如图 3-117 所示，MATCH 函数使用精确查找方式时，如果查找不到对应的内容，就会显示错误值#N/A。

使用以下公式，可以在查找不到对应的内容时，返回“无此记录”，如图 3-118 所示。

```
=IFERROR(MATCH(D3,A2:A9,0),"无此记录")
```

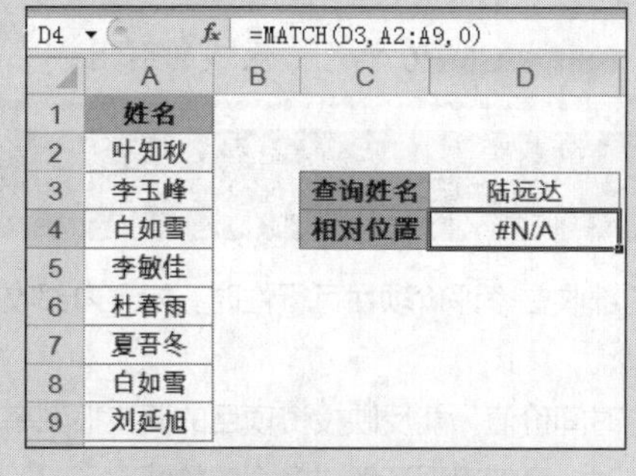

D4　=MATCH(D3,A2:A9,0)

	A	B	C	D
1	姓名			
2	叶知秋			
3	李玉峰		查询姓名	陆远达
4	白如雪		相对位置	#N/A
5	李敏佳			
6	杜春雨			
7	夏吾冬			
8	白如雪			
9	刘延旭			

图 3-117　MATCH 函数返回错误值

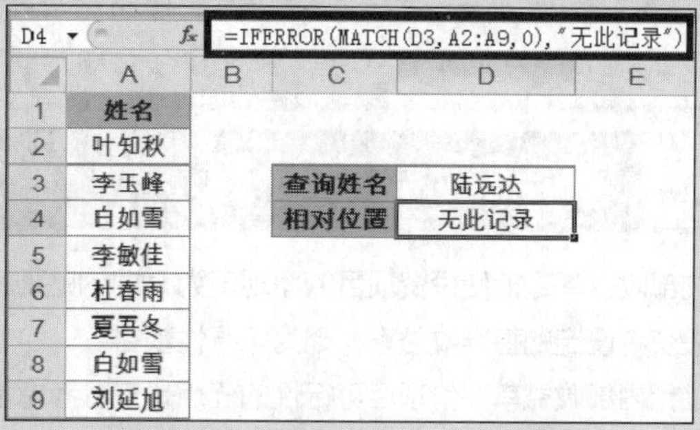

D4　=IFERROR(MATCH(D3,A2:A9,0),"无此记录")

	A	B	C	D	E
1	姓名				
2	叶知秋				
3	李玉峰		查询姓名	陆远达	
4	白如雪		相对位置	无此记录	
5	李敏佳				
6	杜春雨				
7	夏吾冬				
8	白如雪				
9	刘延旭				

图 3-118　IFERROR 函数屏蔽错误值

3.3.2 现金流不定期条件下的净现值计算

素材所在位置为：

光盘：\素材\第 3 章 内部长期投资\3.3.2 现金流不定期条件下的净现值计算.xlsx

如图 3-119 所示，某项目在 2013 年 2 月 1 日投入资金 100000 元，贴现率为 6.5%，C7～H7 单元格中是各年的净现金流量。需要计算该项目的净现值，并以此判断项目是否可行。

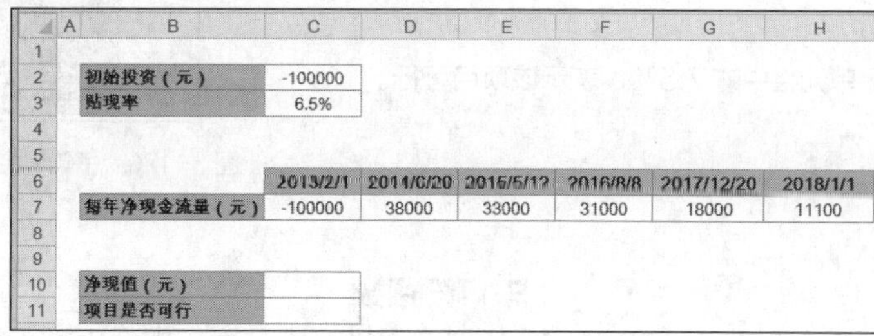

	A	B	C	D	E	F	G	H
1								
2		初始投资（元）	-100000					
3		贴现率	6.5%					
4								
5								
6			2013/2/1	2014/6/20	2015/5/12	2016/8/8	2017/12/20	2018/1/1
7		每年净现金流量（元）	-100000	38000	33000	31000	18000	11100
8								
9								
10		净现值（元）						
11		项目是否可行						

图 3-119　现金流不定期条件下的净现值计算

在 C10 单元格中输入以下公式计算净现值，结果为 9649.4。

```
=XNPV(C3,C7:H7,C6:H6)
```

在 C11 单元格输入以下公式判断项目是否可行，结果为“可行”。

```
=IF(C10>0,"可行","不可行")
```

XNPV 函数

XNPV 函数返回一组现金流的净现值，这些现金流不一定定期发生。它与 NPV 函数的区别在于：

（1）NPV 函数是基于相同的时间间隔定期发生，而 XNPV 是不定期的；

（2）NPV 的现金流发生是在期末，而 XNPV 是在每个阶段的开头。

XNPV 函数的语法为：

```
XNPV(rate,values,dates)
```

第一参数 rate 是现金流的贴现率，本例中取 C3 单元格中的 6.5%。

第二参数 values 是与支付时间相对应的一系列现金流，数值系列至少要包含一个正数和一个负数，本例中第二参数为 C7:H7 单元格区域的引用。

第三参数 dates 表示与现金流支付相对应的支付日期表，第一个支付日期代表支付表的开始。其他日期应迟于该日期，但可按任何顺序排列，本例中为 C6:H6 单元格区域的引用。

3.4 内部收益率计算

内部收益率是指使投资项目的净现值为 0 时的贴现率。用内部收益率评价项目可行性时，如果内部收益率大于投资者设定的基准收益率，则为可行性项目。

使用内部收益率评价项目可行性的优点是充分考虑了货币的时间价值，能反映投资项目的真实报酬率。缺点是计算过程比较复杂，当未来年份既有现金流入又有现金流出时，可能出现无解或多个解的情况。

3.4.1 每年现金流固定时的内部收益率计算

素材所在位置为：

光盘：\素材\第 3 章 内部长期投资\3.4.1 每年现金流固定时的内部收益率计算.xlsx

如图 3-120 所示，某项目初始投资 100000 元，经营期为 5 年，每年的净现金流量为 27000 元，需要计算该项目的内部收益率。

C7 单元格输入以下公式，计算结果为 11%。

```
=RATE(C5,C6,C4)
```

计算结果大于 C2 单元格中的 7.5%，表示该项目可行。

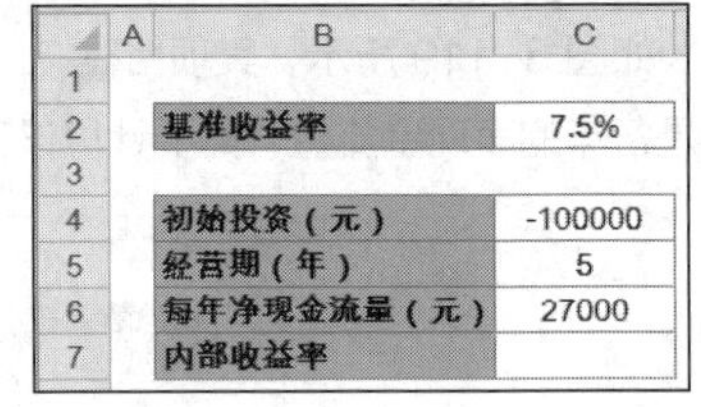

	A	B	C
1			
2		基准收益率	7.5%
3			
4		初始投资（元）	-100000
5		经营期（年）	5
6		每年净现金流量（元）	27000
7		内部收益率	

图 3-120 每年现金流固定时的内部收益率

RATE 函数

RATE 函数计算未来款项的各期利率。如果期数是按月计息，得到结果乘以 12 可得到相应条件下的年利率。

RATE 函数通过迭代法计算得出，并且可能无解或有多个解。如果在进行 20 次迭代计算后，函数 RATE 的相邻两次结果没有收敛于 0.0000001，将返回错误值 #NUM!。

该函数语法为：

```
RATE(nper,pmt,pv,[fv],[type],[guess])
```

第一参数 nper 是年金的付款总期数，本例为 C5 单元格中的 5。

第二参数 pmt 是各期所应支付的金额，其数值在整个年金期间保持不变，本例为 C6 单元格的 27000。

第三参数 pv 是 C4 单元格中的现值-100000。

第四参数 fv 可选，表示未来值或在最后一次付款后希望得到的现金余额。本例省略第四参数，则假设其值为 0。

第五参数 type 可选，用数字 0 或 1 表示指定各期的付款时间是在期初还是期末，本例中省略，表示付款时间在期末。

第六参数 guess 可选，表示预期利率。本例省略预期利率，则假设该值为 10%。

3.4.2 现金流定期条件下的内部收益率计算

素材所在位置为：

光盘：\素材\第 3 章 内部长期投资\3.4.2 现金流定期条件下的内部收益率计算.xlsx

如图 3-121 所示，某项目初始投资 100000 元，经营期为 5 年，C6～H6 单元格中是每年的净现金流量，需要计算该项目的内部收益率。

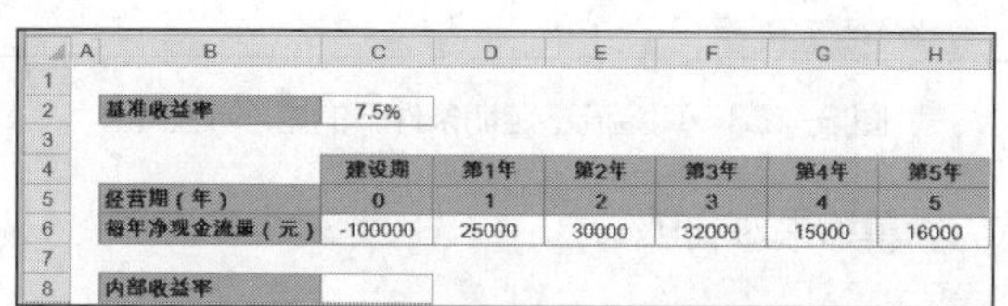

	A	B	C	D	E	F	G	H
1								
2		基准收益率	7.5%					
3								
4			建设期	第1年	第2年	第3年	第4年	第5年
5		经营期（年）	0	1	2	3	4	5
6		每年净现金流量（元）	-100000	25000	30000	32000	15000	16000
7								
8		内部收益率						

图 3-121　现金流定期条件下的内部收益率

C8 单元格输入以下公式，计算结果为 6%。

```
=IRR(C5:H6)
```

结果小于 C2 单元格中的 7.5%，表示该项目不可行。

IRR 函数

IRR 函数返回一组现金流量的内部收益率。这些现金流量不必为均衡的，但必须按月或按年，以固定的间隔产生。

```
IRR(values, [guess])
```

第一参数 values 是包含用来计算内部收益率数字的单元格区域，必须包含至少一个正值和一个负值。

第二参数 guess 可选，表示预期利率，本例省略，则假设预期利率为 10%。

小技巧

展开编辑栏

当需要输入的公式太长时，在编辑栏中往往无法完全显示。此时可以单击编辑栏最右侧的“展开编辑栏”按钮，放大编辑栏显示区域，方便查看公式，如图 3-122 所示。

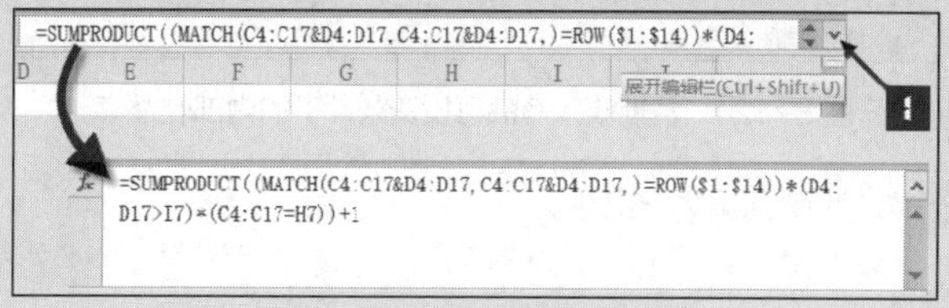

图 3-122　展开编辑栏

3.4.3 现金流不定期条件下的内部收益率计算

素材所在位置为：

光盘：\素材\第 3 章 内部长期投资\3.4.3 现金流不定期条件下的内部收益率计算.xlsx

如图 3-123 所示，某项目初始投资 100000 元，经营期为 5 年，C6～H6 单元格中是每年的净现金流量，需要计算该项目的内部收益率。

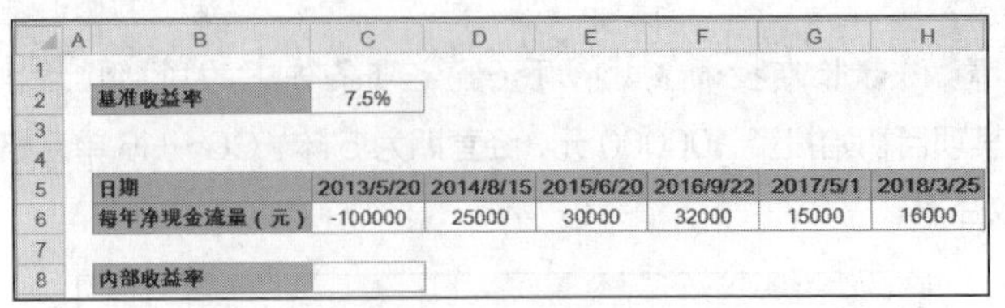

	A	B	C	D	E	F	G	H
1								
2		基准收益率	7.5%					
3								
4								
5		日期	2013/5/20	2014/8/15	2015/6/20	2016/9/22	2017/5/1	2018/3/25
6		每年净现金流量（元）	-100000	25000	30000	32000	15000	16000
7								
8		内部收益率						

图 3-123　现金流不定期条件下的内部收益率

C8 单元格输入以下公式，计算结果为 8.9%。

```
=XIRR(C6:H6,C5:H5)
```

结果大于 C2 单元格中的 7.5%，表示该项目可行。

XIRR 函数

XIRR 函数返回一组不一定定期发生的现金流的内部收益率。函数语法为：

```
XIRR(values,dates,[guess])
```

第一参数 values 是与支付时间相对应的一系列现金流，本例中为 C6:H6 单元格区域的引用。

第二参数 dates 表示与现金流支付相对应的支付日期表，本例中为 C5:H5 单元格区域的引用。

第三参数 guess 是可选参数，表示预期利率，本例省略。

3.4.4　各期收入净额再投资条件下的内部收益率计算

素材所在位置为：

光盘：\素材\ 3.4.4 各期收入净额再投资条件下的内部收益率计算.xlsx

如图 3-124 所示，某项目初始投资 100000 元，经营期为 5 年，各期收入净额再投资的收益率是 8.2%，C6～H6 单元格中是每年的净现金流量，需要计算该项目的内部收益率。

	A	B	C	D	E	F	G	H
1								
2		基准收益率	7.5%					
3		再投资收益率	8.2%					
4								
5			建设期	第1年	第2年	第3年	第4年	第5年
6		经营期（年）	0	1	2	3	4	5
7		每年净现金流量（元）	-100000	25000	30000	32000	25000	16000
8								
9		内部收益率						

图 3-124　各期收入净额再投资条件下的内部收益率

C8 单元格输入以下公式，计算结果为 8.2%。

```
=MIRR(C6:H7,C2,C3)
```

结果大于 C2 单元格中的 7.5%，表示该项目可行。

MIRR 函数

MIRR 函数在同时考虑投资的成本和现金再投资的收益率的前提下，返回某一连续期间内现金流的修正内部收益率。

```
MIRR(values,finance_rate,reinvest_rate)
```

第一参数 values 表示各期的一系列支出（负值）及收入（正值），本例中为 C6:H7 单元格区域的引用。该参数必须至少包含一个正值和一个负值才能计算修正后的内部收益率，否则会返回错误值 #DIV/0!。

第二参数是现金流中使用的资金融资利率，本例为 C2 单元格的 7.5%。

第三参数是各期收入净额再投资的收益率，本例为 C3 单元格的 8.2%。

小技巧

录入数据时自动换行

如需在工作表的某个区域中输入数据时，可以先选中需要输入内容的单元格区域，如 A2:D12，输入数据后按<Tab>键，活动单元格跳转到下一列，当输入到最后一列时按<Tab>键自动跳转到下一行。

如果需要以先列后行的次序输入，可以先选中需要输入内容的单元格区域，比如 A2:D12，输入内容后按<Enter>键，活动单元格跳转到下一行，当输入记录至最后一行时，按<Enter>键自动转到下一列的第一行。

1. 设置文件自动保存的间隔时间

Excel 具有自动保存功能，当新建工作簿并进行首次保存之后，Excel 默认每隔 10 分钟对所做的编辑修改进行自动保存，可以降低因为程序意外崩溃或是断电等原因造成的数据损失。

用户可以对自动保存间隔时间进行调整设置，在 Excel 功能区中依次单击【文件】→【选项】，打开【Excel 选项】对话框，切换到【保存】选项卡，调整【保存自动恢复信息时间间隔】右侧的微调按钮，可设置的时间区间为 1～120 分钟，单击【确定】按钮保存设置，如图 3-125 所示。

在工作簿文档的编辑修改过程中，Excel 会根据保存间隔时间的设定自动生成备份副本，单击【文件】选项卡，可以查看到通过自动保存产生的副本版本信息，如图 3-126 所示。

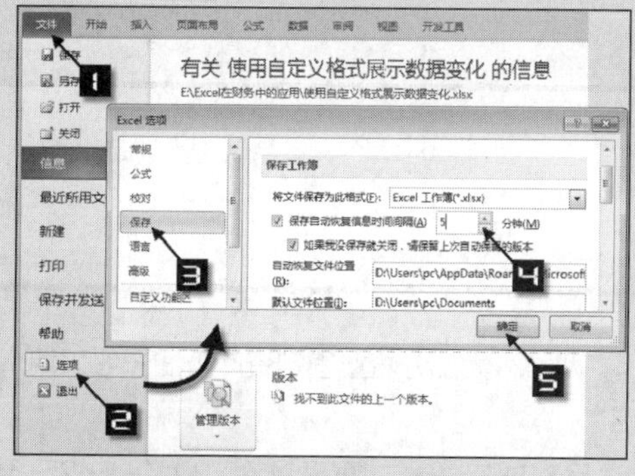

图 3-125 自动保存选项设置

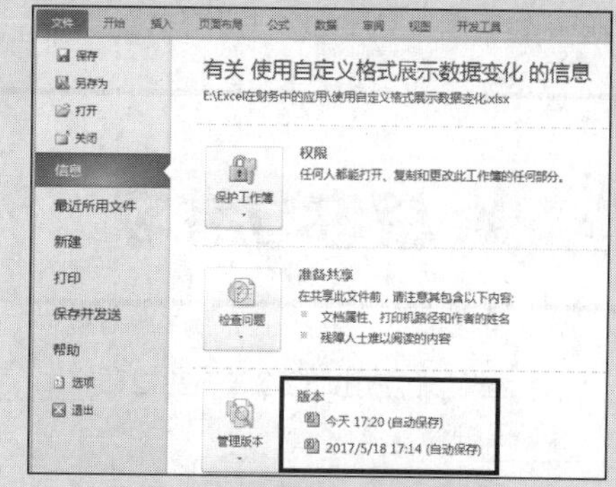

图 3-126 自动生成的备份副本

2. Excel 常用快捷键

熟练运用一些快捷键，会显著提升操作效率，表 3-5 是部分常用的 Excel 快捷键。

表 3-5　部分常用 Excel 快捷键

执行操作	快捷键组合
查看帮助文件	F1
重复最后一次操作	F4
显示“定位”对话框	F5
重新计算	F9
另存为	F12
显示“单元格格式”对话框	Ctrl+1
复制选定区域	Ctrl+C
剪切选定区域	Ctrl+X
粘贴选定区域	Ctrl+V
撤销最后一次操作	Ctrl+Z
选定活动单元格所在的当前区域	Ctrl+A
保存当前操作	Ctrl+S
打印工作表	Ctrl+P
打开新工作表	Ctrl+O （字母 O）
新建工作簿	Ctrl+N
打开查找对话框	Ctrl+F
打开替换对话框	Ctrl+H
清除选定区域的内容	Delete
删除选定区域	Ctrl+–（数字小键盘的减号）
插入行或列	Ctrl++（数字小键盘的加号）
选定当前区域	Ctrl+*（数字小键盘的乘号）

本章小结

本章主要学习了 Excel 在内部长期投资领域中的应用方法，包括固定资产折旧管理、长期投资决策管理以及净现值计算方法和内部收益率的计算方法等。结合与内部长期投资有关的应用案例，学习了 Excel 中的高级筛选应用、固定资产折旧函数、净现值计算函数以及收益率计算函数的应用，同时学习了 MATCH 函数、INDEX 函数、IF 函数等通用型函数的用法。通过本章的学习，用户能了解更多的 Excel 与财务管理的结合应用，提升 Excel 应用水平。

思考与练习

1．固定资产折旧的方法主要包括________和________两类，大部分企业固定资产折旧一般采用________计算。

2．DATEDIF 函数用于计算两个日期之间的天数、月数或年数，如果要计算 2010-2-25 至 2017-8-12 之间的整月数，公式为________________。

3．SLN 函数用于返回某项资产在一个期间中的线性折旧值。第一参数表示资产原值。第二参数表示资产在折旧期末的价值（有时也称为资产残值）。第三参数表示资产的________。

4. 如果要计算 A1:A100 单元格区域中的最小值，需要使用的函数是________；如果要计算 A1:A100 单元格区域中的最大值，需要使用的函数是________。

5. 数据有效性用于定义允许在单元格中输入哪些数据，防止用户输入无效数据。如果要限制在 A1:A100 单元格区域中，只能输入 2010-2-25 至 2017-8-12 之间的日期，请简单说出设置的主要步骤。

6. 在数据有效性的有效性条件设置为“自定义”时，还可以使用函数公式指定规则。当公式结果返回________或是不等于 0 的数值时，Excel 允许输入，如果返回________或数值 0，则拒绝输入。

7. 请在 A1:A100 单元格区域中设置数据有效性，限制录入重复数据。

8. 在高级筛选操作时，位于同一行的各个条件表示相互之间是________的关系。两个筛选条件放在不同行，表示各个条件相互之间为________关系。

9. 如需要冻结第 1 行的列标题，可以依次单击________选项卡下的________→________命令。

10. 数据透视表结构分为四个部分，分别是________区域、________区域、________区域和________区域。

11. 数据透视表报表布局分为“以________形式显示”“以________形式显示”和“以________形式显示”三种显示形式。

12. 默认情况下，每次只能选中数据透视表切片器中的一个按钮。如需同时查看多个选项的数据，可以按住________键不放，然后单击切片器中的按钮即可。

13. 双倍余额递减法是在固定资产使用年限最后两年的前面各年，用年限平均法折旧率的两倍作为固定的折旧率，乘以逐年递减的固定资产期初净值，得出各年应提折旧额的方法。在 Excel 中，可以使用函数完成计算。

14. 年数总和法又称总和年限法、折旧年限积数法、年数比率法、级数递减法或年限合计法。在 Excel 中，可以使用________函数完成计算。

15. 可变余额递减法是指以不同倍率的余额递减速率，计算一个时期内折旧额的方法。在 Excel 中，可以使用________函数完成计算。

16. 固定余额递减法的特点是在使用年限内将后期折旧的一部分移到前期，在前期加速消化折旧。在 Excel 中，可以使用________函数完成计算。

17. 要并排查看两个工作簿中的数据时，需要同时打开两个需要查看的工作簿，然后在其中任意一个工作簿中，单击________选项卡下的________按钮。

18. 要计算一组数值的算术平均值，可以使用________函数完成。

19. 根据练习 3-1.xlsx 中的数据，计算出销售区为“上海”，并且销售额大于 55000 部分的平均销售额。

20. 根据练习 3-2.xlsx 中的数据，设置公式，使筛选操作后 A 列的序号依然能保持连续。

21. 根据练习 3-3.xlsx 中的数据，使用 INDEX 函数和 MATCH 函数，根据已知工号查询对应的姓名。

22. 根据练习 3-4.xlsx 中的数据，计算某项目的动态投资回收期。

23. 根据练习 3-5.xlsx 中的数据，计算某项目的静态投资回收期。

24. 根据练习 3-6.xlsx 中的数据，计算现金流定期条件下的净现值。

25. 根据练习 3-7.xlsx 中的数据，用 IF 函数进行多个区间的判断。

26. 根据练习 3-8.xlsx 中的数据，计算现金流不定期条件下的净现值。

27. 根据练习 3-9.xlsx 中的数据，计算每年现金流固定时的内部收益率。

28. 根据练习 3-10.xlsx 中的数据，计算每年现金流定期条件下的内部收益率。

29. 根据练习 3-11.xlsx 中的数据，计算每年现金流不定期条件下的内部收益率。

30. 根据练习 3-12.xlsx 中的数据，计算各期收入净额再投资条件下的内部收益率。

第 4 章

项目投资分析

项目投资是指企业以特定项目为对象，直接与新建项目或者更新改造项目有关的长期投资行为。

项目投资具有 5 个特点。一是投资数额大。项目投资所形成的资产往往在企业总资产中占有相当大的比重，对企业未来现金流量和财务状况具有决定性影响。二是作用时间长。特别是作为决定企业发展方向的战略性投资，直接决定了企业未来的生产经营方向。三是不经常发生。因此项目投资的决策不会经常发生，属于企业的非程序性决策，往往没有相类似的决策可供参照比较。四是变现能力差。项目投资所形成的资产一般都不会在短期内变现；五是风险较大。

本章主要学习 Excel 在项目投资分析中的应用。

4.1 使用方案管理器对投资项目进行分析

利用 Excel 的方案管理器，能够通过多个关键因素的变化情况，分析对投资项目评价指标的影响。

素材所在位置为：

光盘：\素材\第 4 章 项目投资分析\4.1 使用方案管理器对投资项目进行分析.xlsx

例如，某公司需要投资生产一种环保产品，未来可能出现期望、悲观和乐观三种市场情况。预计该项目的投资额和三种不同市场情景下的产品单价和成本等信息如图 4-1 所示，需要运用方案管理器对不同情况下的净现值进行分析。

	A	B	C	D	E
1		影响因素	期望	悲观	乐观
2		年销售量	7500	7000	8000
3		销售单价（元）	94	84	99
4		单位变动成本（元/件）	70	73	66
5		年付现固定成本（元）	55000	60000	45000
6		初始投资		-150000	
7		经营期		5	
8		所得税税率		0.25	
9		贴现率		0.085	
10		折旧方法		直线法	

图 4-1 已知条件和预计影响因素

4.1.1 建立方案管理器基础表格

步骤 1 首先建立用于方案管理器的基础表格，如图 4-2 所示。

	A	B	C	D	E	F
1		影响因素	期望	悲观	乐观	
2		年销售量	7500	7000	8000	
3		销售单价（元）	94	84	99	
4		单位变动成本（元/件）	70	73	66	
5		年付现固定成本（元）	55000	60000	45000	
6		初始投资		-150000		
7		经营期		5		
8		所得税税率		0.25		
9		贴现率		0.085		
10		折旧方法		直线法		
11						
12						
13		年销售量				
14		销售单价		年销售收入		
15		单位变动成本		变动总成本		
16		年付现固定成本		付现固定成本		
17		初始投资		年折旧		
18		经营期		净利润		
19		所得税税率		年经营净现金流量		
20		贴现率		净现值		

图 4-2 用于方案管理器的基础表格

步骤 2 选中 B13:C20 单元格区域，单击【公式】选项卡下的【根据所选内容创建】命令按钮。在弹出的【以选定区域创建名称】对话框中，选中“最左列”复选框，单击【确定】按钮，如图 4-3 所示。

步骤 3 选中 D14:E20 单元格区域，使用同样的方法创建名称，如图 4-4 所示。

设置完成后，单击【公式】选项卡下的【名称管理器】按钮，可以看到已定义的名称，如图 4-5 所示。

步骤 4 在 C17 单元格中输入以下公式，向下复制到 C20 单元格，如图 4-6 所示。

```
=C6
```

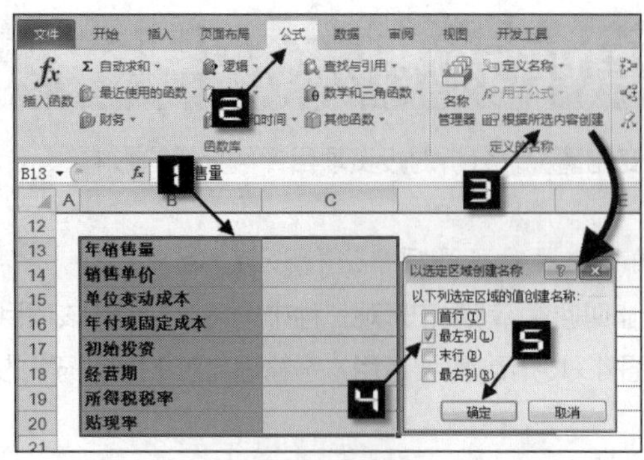

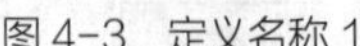

图 4-3　定义名称 1

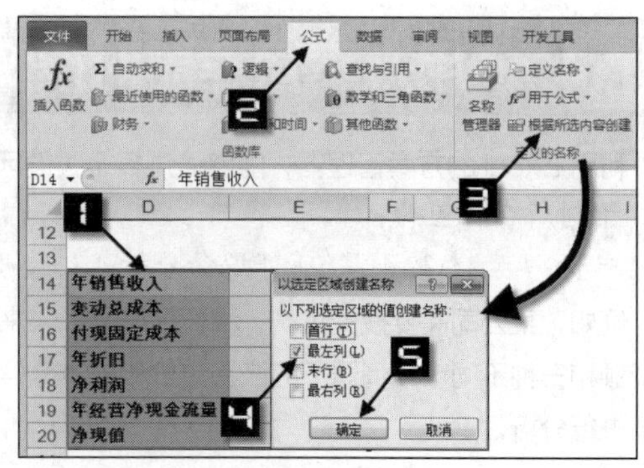

图 4-4　定义名称 2

图 4-5　在名称管理器中查看已定义的名称

步骤 5　在 E14 单元格中输入公式计算年销售收入。先输入等号“=”，然后鼠标单击选中 C13 单元格，再输入乘号“*”，鼠标单击选中 C14 单元格，此时编辑栏中的单元格地址会自动显示为定义的名称，如图 4-7 所示。

C17　=C6

	B	C	D	E
1	影响因素	期望	悲观	乐观
2	年销售量	7500	7000	8000
3	销售单价（元）	94	84	99
4	单位变动成本（元/件）	70	73	66
5	年付现固定成本（元）	55000	60000	45000
6	初始投资		-150000	
7	经营期		5	
8	所得税税率		0.25	
9	贴现率		0.085	
10	折旧方法		直线法	
11				
12				
13	年销售量			
14	销售单价		年销售收入	
15	单位变动成本		变动总成本	
16	年付现固定成本		付现固定成本	
17	初始投资	-150000	年折旧	
18	经营期	5	净利润	
19	所得税税率	0.25	年经营净现金流量	
20	贴现率	0.085	净现值	

图 4-6　引用基础信息

年销售收入　=年销售量*销售单价

	B	C	D	E
13	年销售量			
14	销售单价		年销售收入	0
15	单位变动成本		变动总成本	
16	年付现固定成本		付现固定成本	
17	初始投资	-150000	年折旧	
18	经营期	5	净利润	
19	所得税税率	0.25	年经营净现金流量	
20	贴现率	0.085	净现值	

图 4-7　计算年销售收入

在 E15 单元格中输入以下公式，计算变动总成本。

=年销售量*单位变动成本

在 E16 单元格中输入以下公式。

=年付现固定成本

在 E17 单元格中输入以下公式，计算年折旧额。

=ABS(初始投资)/经营期

在 E18 单元格中输入以下公式，计算净利润。

=(年销售收入-变动总成本-付现固定成本-年折旧)*(1-所得税税率)

在 E19 单元格中输入以下公式，计算年经营净现金流量。

=年折旧+净利润

在 E20 单元格中输入以下公式，计算净现值。

=PV(贴现率,经营期,-年经营净现金流量)+初始投资

4.1.2 添加和编辑方案

基础表格建立完毕之后，接下来即可添加和编辑方案。操作步骤如下。

步骤 1 在【数据】选项卡下单击【模拟分析】下拉按钮，在下拉菜单中选择【方案管理器】命令，打开【方案管理器】对话框，如图 4-8 所示。

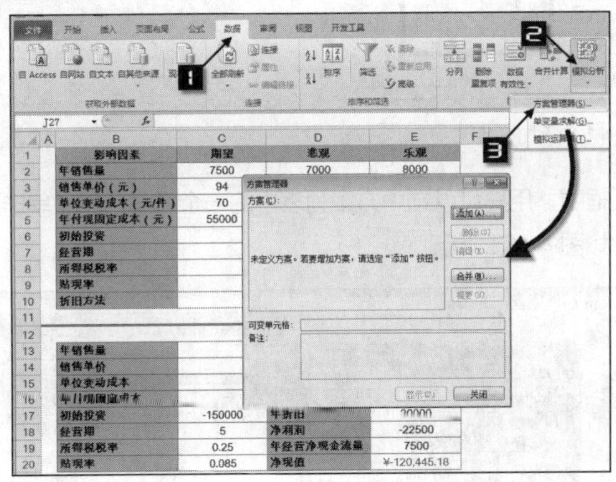

图 4-8 打开【方案管理器】对话框

步骤 2 在【方案管理器】对话框中单击【添加】按钮，打开【添加方案】对话框。在方案名编辑框中输入“期望情景”。单击“可变单元格”编辑框右侧的折叠按钮，然后拖曳鼠标选中 C13:C16 单元格区域，此时对话框名称会自动变成【编辑方案】，最后单击【确定】按钮，如图 4-9 所示。

步骤 3 在弹出的【方案变量值】对话框中，依次输入期望情景下的可变项目指标，最后单击【添加】按钮，如图 4-10 所示。

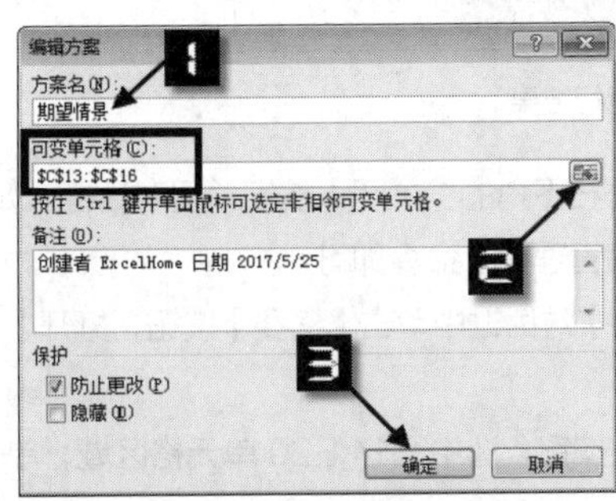

图 4-9 添加方案

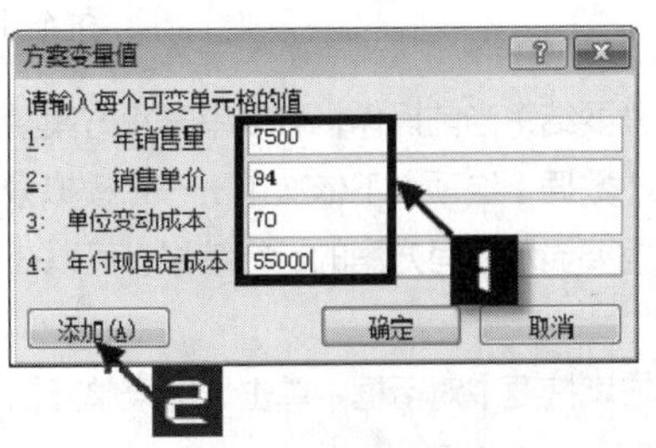

图 4-10 方案变量值

步骤 4 在弹出的【添加方案】对话框中，输入方案名为“悲观情景”，并输入悲观情景下的可变项目指标，如图 4-11 所示。

步骤 5 重复步骤 4 的操作，添加“乐观情景”方案的可变项目指标，最后在【方案变量值】对话框中单击【确定】按钮，返回【方案管理器】对话框，如图 4-12 所示。

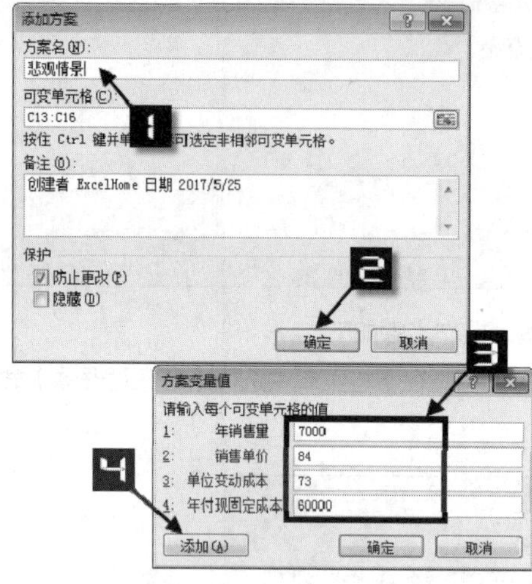

图 4-11 添加方案

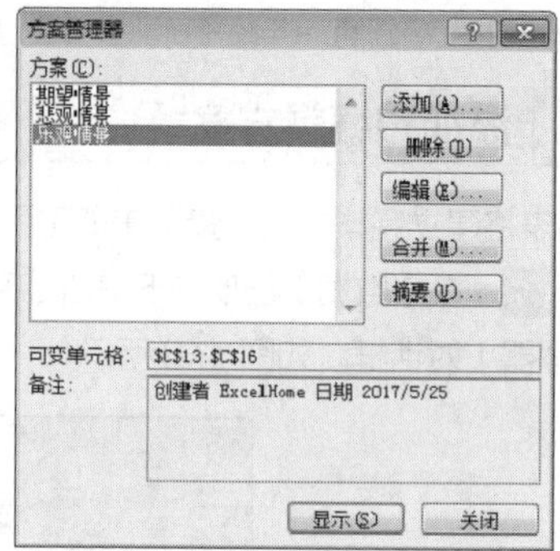

图 4-12 已添加的方案

在【方案管理器】对话框中，用户可以选中方案列表中的一个方案，然后单击底部的【显示】按钮，即可查看所选方案的运行结果，如图 4-13 所示。

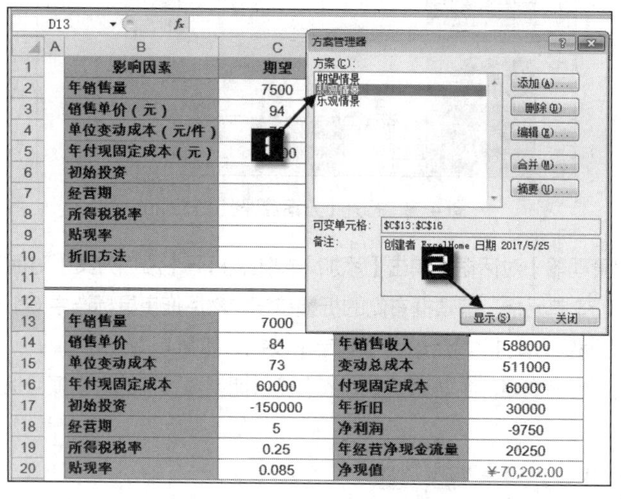

图 4-13 显示方案运行结果

如果需要结束当前操作，可以单击【方案管理器】对话框右下角的【关闭】按钮关闭对话框。如需再次打开时，在【数据】选项卡下依次单击→【模拟分析】→【方案管理器】命令即可。

如果需要显示所有方案的运行结果，可以在【方案管理器】对话框中单击【摘要】按钮，打开【方案摘要】对话框。

在【方案摘要】对话框中单击“结果单元格”右侧的折叠按钮，选中 E14:E20 单元格区域，单击【确定】按钮，如图 4-14 所示。

此时，Excel 会自动插入一个名为“方案摘要”的工作表，显示出各方案的详细信息，如图 4-15 所示。

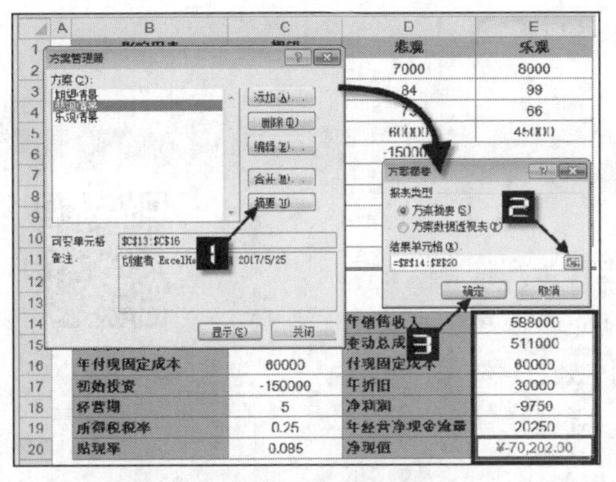
图 4-14　方案摘要

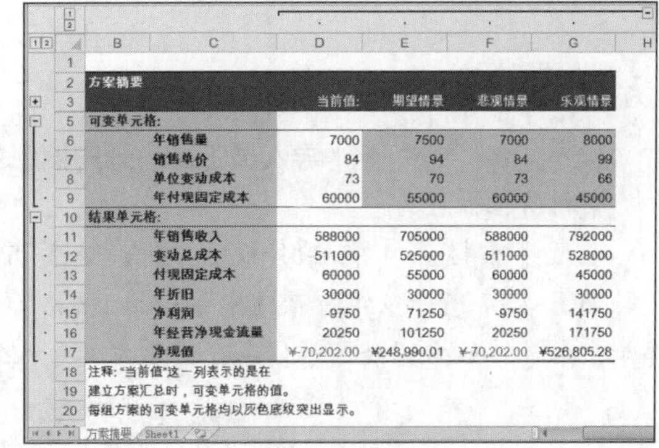
图 4-15　方案摘要信息

【提示】本例中步骤 2 和步骤 3 根据所选内容创建名称，作用是在【方案变量值】对话框和方案摘要工作表中能够显示各单元格所表示的详细含义，更便于操作者查看，否则仅显示具体的单元格地址。

4.1.3 合并方案

在【方案管理器】对话框中，用户可以根据需要对已有方案进行编辑修改，也可以直接删除现有方案，还可以根据需要将不同工作簿或是不同工作表的方案进行合并。

以合并不同工作簿方案为例，操作步骤如下：

步骤 1　首先打开已设置方案的两个工作簿，然后在目标工作簿中打开【方案管理器】对话框，单击【合并】按钮弹出【合并方案】对话框。

步骤 2　在【合并方案】对话框中选择方案来源的工作簿和工作表，单击【确定】按钮，即可将另一个工作簿内的方案合并到当前工作簿内，如图 4-16 所示。

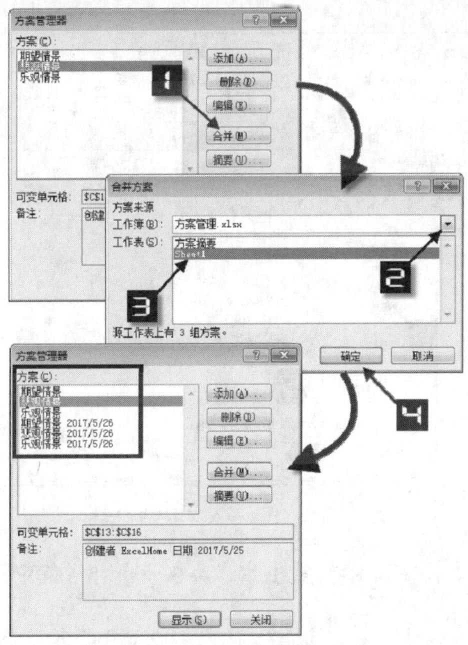
图 4-16　合并方案

导入员工账户开户信息

导入员工账户开户信息

素材所在位置为：

光盘：\素材\第 4 章 项目投资分析\导入员工账户开户信息

如图 4-17 所示从银行系统中导出的 txt 格式的员工账户开户信息，包括序号、卡号、姓名、余额等信息，需要将其导入到 Excel 中。

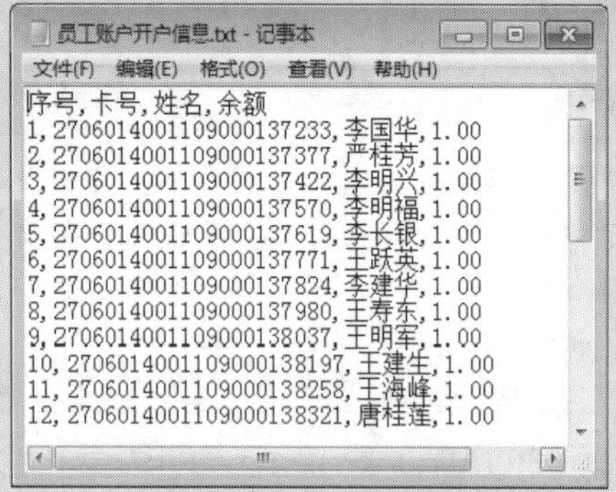

序号,卡号,姓名,余额
1,27060140011090001 37233,李国华,1.00
2,270601400110900013 7377,严桂芳,1.00
3,270601400110900013 7422,李明兴,1.00
4,270601400110900013 7570,李明福,1.00
5,270601400110900013 7619,李长银,1.00
6,270601400110900013 7771,王跃英,1.00
7,270601400110900013 7824,李建华,1.00
8,270601400110900013 7980,王寿东,1.00
9,270601400110900013 8037,王明军,1.00
10,270601400110900013 8197,王建生,1.00
11,270601400110900013 8258,王海峰,1.00
12,270601400110900013 8321,唐桂莲,1.00

图 4-17　系统导出的数据

操作步骤如下。

步骤 1　打开需要导入外部数据的 Excel 工作簿。

步骤 2　单击【数据】选项卡下的【自文本】按钮，弹出【导入文本文件】对话框。

步骤 3　选择文本文件所在路径，选中 txt 格式的文件后，单击【导入】按钮，如图 4-18 所示。

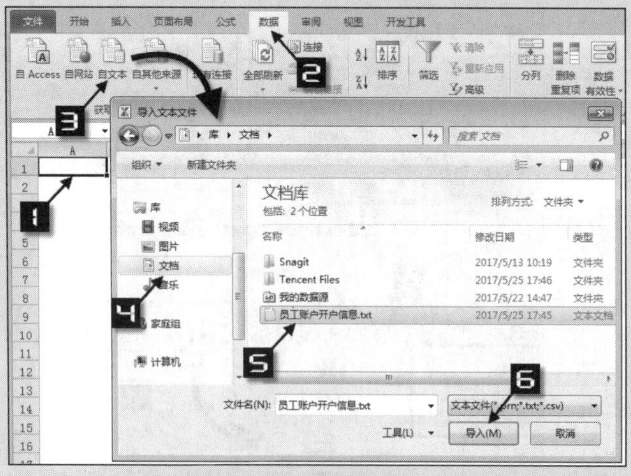

图 4-18　导入文本文件

步骤 4　在弹出的【文本导入向导-第 1 步，共 3 步】对话框中，保留默认选项，单击【下一步】按钮，如图 4-19 所示。

步骤 5　在弹出的【文本导入向导-第 2 步，共 3 步】对话框中，勾选【分隔符号】中的“逗号”复选框，此时数据预览区域的显示效果会发生变化，继续单击【下一步】按钮，如图 4-20

所示。

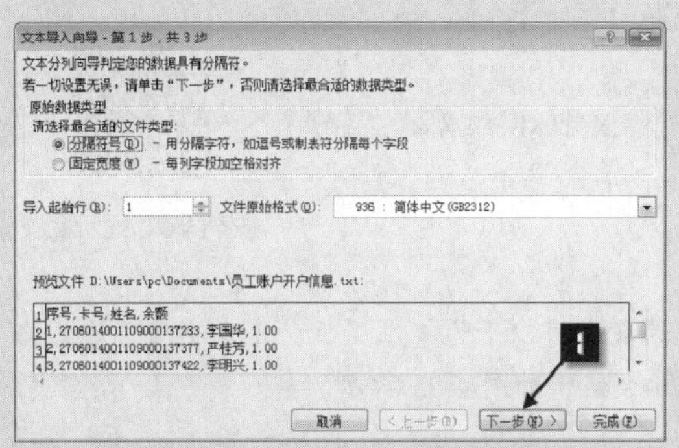

图 4-19　文本导入向导

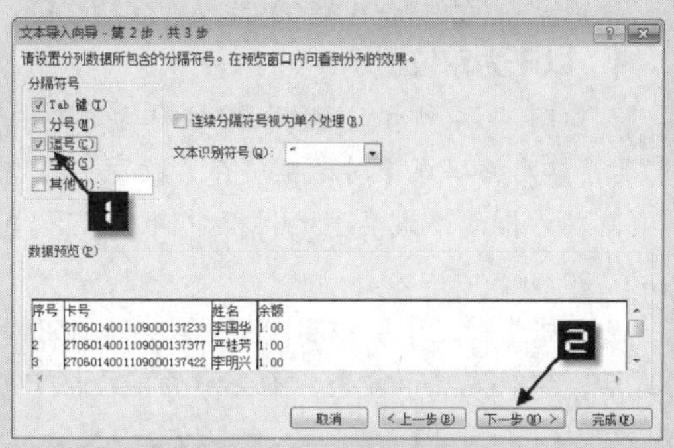

图 4-20　设置分隔符号

步骤 6　在弹出的【文本导入向导-第 3 步，共 3 步】对话框中，单击"数据预览"区域的"卡号"所在列，然后在"列数据格式"区域选中"文本"单选按钮，最后单击【完成】按钮，如图 4-21 所示。

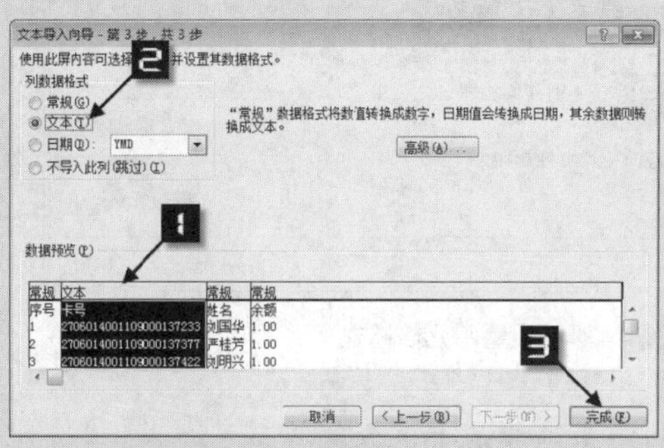

图 4-21　设置列数据格式为文本

步骤 7　在弹出的【导入数据】对话框中直接单击【确定】按钮，如图 4-22 所示。

步骤 8　对导入后的数据设置单元格格式，最终效果如图 4-23 所示。

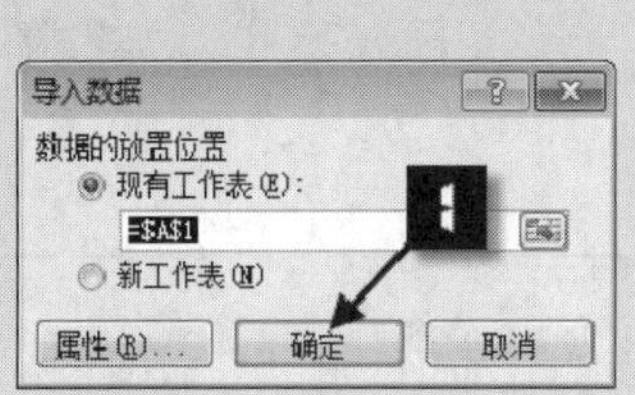

图 4-22　导入数据

	A	B	C	D
1	序号	卡号	姓名	余额
2	1	2706014001109000137233	李国华	1
3	2	2706014001109000137377	严桂芳	1
4	3	2706014001109000137422	李明兴	1
5	4	2706014001109000137570	李明福	1
6	5	2706014001109000137619	李长银	1
7	6	2706014001109000137771	王跃英	1
8	7	2706014001109000137824	李建华	1
9	8	2706014001109000137980	王寿东	1
10	9	2706014001109000138037	王明军	1
11	10	2706014001109000138197	王建生	1
12	11	2706014001109000138258	王海峰	1

图 4-23　导入后的效果

小技巧

按不同单位显示金额

在财务会计工作中，经常需要输入表示金额的数字。在输入较大的金额时，则需要金额数字以千甚至万为单位来显示。

素材所在位置为：

光盘：\素材\第 4 章 项目投资分析\按不同单位显示金额.xlsx

按不同单位显示金额

1. 以千为单位显示

如图 4-24 所示，选中 B2:B10 单元格区域，按<Ctrl+1>组合键，打开【设置单元格格式】对话框。在【数字】选项卡下，单击“自定义”类别选项，在右侧的格式类型编辑框中输入以下代码。

```
#0.00,
```

单击【确定】按钮后，B2:B10 单元格区域中的数字将以千为单位显示，并且使用自定义格式后，仅改变显示方式，不会影响单元格中的实际数值，如图 4-25 所示。

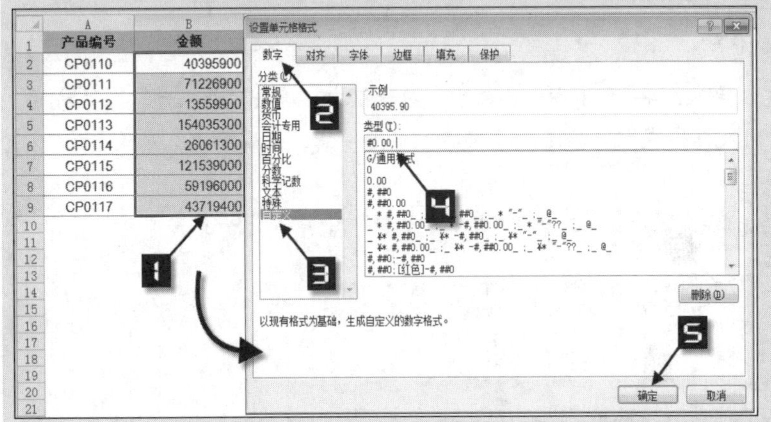

图 4-24 设置单元格格式

	A	B
1	产品编号	金额
2	CP0110	40395.90
3	CP0111	71226.90
4	CP0112	13559.90
5	CP0113	154035.30
6	CP0114	26061.30
7	CP0115	121539.00
8	CP0116	59196.00
9	CP0117	43719.40

图 4-25 以千为单位显示

【代码解释】最右侧的半角逗号是千位分隔符，能够使单元格中的数值显示为除以 1000 后的结果。

2. 以万为单位显示

在【设置单元格格式】对话框的格式类型编辑框中输入以下代码，单元格中的数据将以万为单位显示，如图 4-26 所示。

```
#0!.0,
```

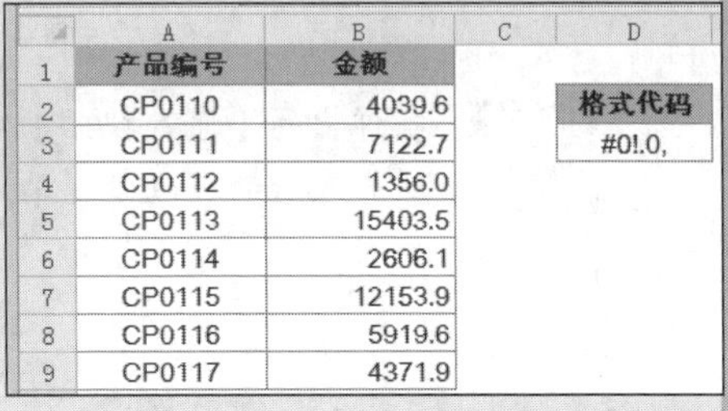

	A	B	C	D
1	产品编号	金额		
2	CP0110	4039.6		格式代码
3	CP0111	7122.7		#0!.0,
4	CP0112	1356.0		
5	CP0113	15403.5		
6	CP0114	2606.1		
7	CP0115	12153.9		
8	CP0116	5919.6		
9	CP0117	4371.9		

图 4-26 以万为单位显示

【代码解释】使用千位分隔符将单元格中的数值显示为除以 1000 后的结果，感叹号后面有一个小数点，表示在左侧一位的位置强制显示小数点。

3. 以十万为单位显示

在【设置单元格格式】对话框的格式类型编辑框中输入以下代码，单元格中的数据将以十万为单位显示，如图 4-27 所示。

```
#0!.00,
```

	A	B	C	D
1	产品编号	金额		
2	CP0110	403.96		格式代码
3	CP0111	712.27		#0!.00,
4	CP0112	135.60		
5	CP0113	1540.35		
6	CP0114	260.61		
7	CP0115	1215.39		
8	CP0116	591.96		
9	CP0117	437.19		

图 4-27 以十万为单位显示

【代码解释】与设置以万为单位显示的代码思路相同，不同之处在于更改了强制显示小数点的位置。

4. 以百万为单位显示

在【设置单元格格式】对话框的格式类型编辑框中输入以下代码，单元格中的数据将以百万为单位显示，如图 4-28 所示。

```
#0.00,,
```

【代码解释】使用半角逗号“,”能够让数值显示为除以 1000 后的结果。使用两个“,,”即除以 10^6。

	A	B	C	D
1	产品编号	金额		
2	CP0110	40.40		格式代码
3	CP0111	71.23		#0.00,,
4	CP0112	13.56		
5	CP0113	154.04		
6	CP0114	26.06		
7	CP0115	121.54		
8	CP0116	59.20		
9	CP0117	43.72		

图 4-28　以百万为单位显示

5. 以万为单位显示，保留两位小数

如果需要显示单位为万元，并且需要保留两位小数，可以在【设置单元格格式】对话框的格式类型编辑框中先输入以下代码。

```
0.00,,万元
```

然后按<Ctrl+J>组合键，最后输入百分号%。

设置完成后，保持 B2:B10 单元格区域的选中状态，在【开始】选项卡下单击【自动换行】命令按钮，如图 4-29 所示。

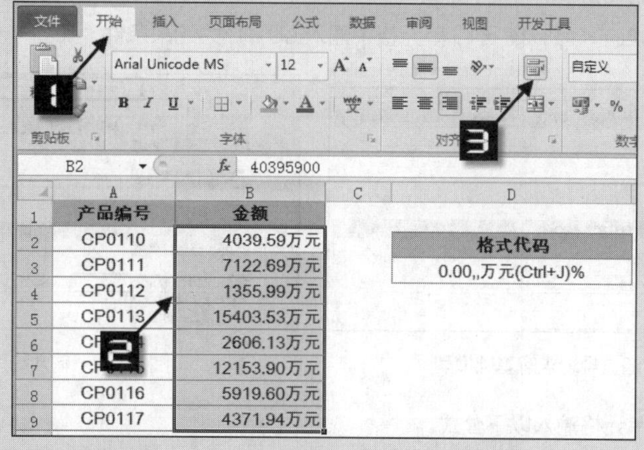

图 4-29　以万元为单位并且保留两位小数

【代码解释】使用两个“,,”让数值显示为除以 10^6 后的结果。而“%”则是使单元格中的数值显示乘以 100 后的结果，两者组合相当于除以 10000。此方式会让最后的“%”同时显示，因此使用<Ctrl+J>组合键加入换行符，使其显示到另一行中，最后用自动换行让“%”隐藏。

4.2 多项目投资决策规划求解

通常情况下，企业每年都要面临复杂的投资项目决策问题，其中每一个净现值大于 0 的备选项目，从财务角度看作为单一项目都可以上马。但是在实际操作过程中，除了用投资决策的基本函数对项目进行可行性评估之外，还需要考虑资金的实际供应量，在有限的资金供给前提下，从所有净现值大于 0 的备选项目中给出投资组合方案。

本节学习使用 Excel 中的规划求解功能对投资组合求解。

素材所在位置为：

光盘：\素材\第 4 章　项目投资分析\4.2　多项目投资决策规划求解.xlsx

4.2.1 建立规划求解基础模型

如图 4-30 所示，某公司计划上马的 6 个备选项目，资金限制是 50 万元，每个项目的计划投资额如 C2～

H2 单元格所示。

	A	B	C	D	E	F	G	H
1		项目	项目A	项目B	项目C	项目D	项目E	项目F
2		投资额（万元）	12	6	16	23	14	8
3								
4		资金限制（万元）	50					

图 4-30 项目计划投资与资金限制

由于技术或市场原因，其中的项目 A、项目 B 和项目 C 是三选一项目，项目 E 和项目 F 是互斥项目，要求从财务角度给出投资组合方案。

操作步骤如下。

步骤 1 在工作表中建立规划求解的基础模型，其中包括最大投资额、结果区域和约束条件区域，如图 4-31 所示。

步骤 2 在 C6 单元格和 C10 单元格中输入以下公式。

```
=SUMPRODUCT(C2:H2*C8:H8)
```

在 D10 单元格中输入“<=”，在 E10 单元格中输入 50，作为约束条件，如图 4-32 所示。

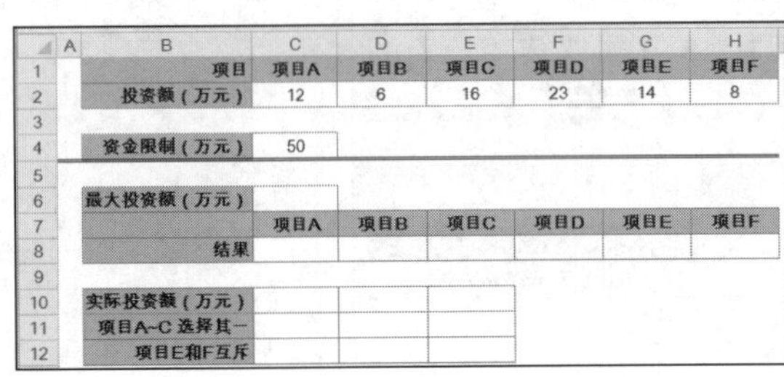

	A	B	C	D	E	F	G	H
1		项目	项目A	项目B	项目C	项目D	项目E	项目F
2		投资额（万元）	12	6	16	23	14	8
3								
4		资金限制（万元）	50					
5								
6		最大投资额（万元）						
7			项目A	项目B	项目C	项目D	项目E	项目F
8		结果						
9								
10		实际投资额（万元）						
11		项目A~C 选择其一						
12		项目E和F互斥						

图 4-31 建立规划求解基础模型

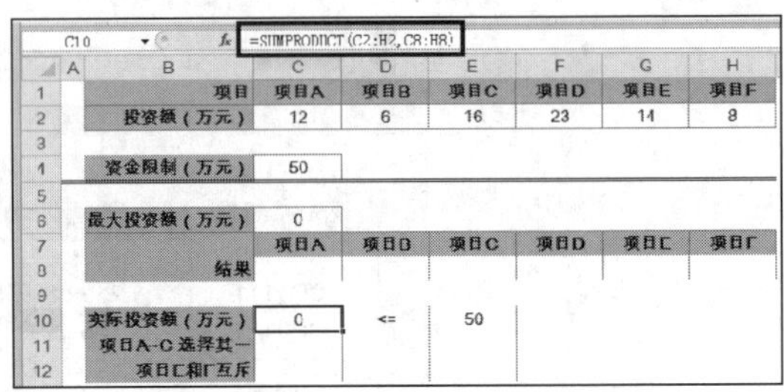

C10 =SUMPRODUCT(C2:H2,C8:H8)

	A	B	C	D	E	F	G	H
1		项目	项目A	项目B	项目C	项目D	项目E	项目F
2		投资额（万元）	12	6	16	23	14	8
3								
4		资金限制（万元）	50					
5								
6		最大投资额（万元）	0					
7			项目A	项目B	项目C	项目D	项目E	项目F
8		结果						
9								
10		实际投资额（万元）	0	<=	50			
11		项目A~C 选择其一						
12		项目E和F互斥						

图 4-32 输入约束条件 1

步骤 3 在 C11 单元格输入以下公式。

```
=C8+D8+E8
```

在 D11 单元格中输入“=”，在 E11 单元格中输入 1，作为约束条件，如图 4-33 所示。

步骤 4 在 C12 单元格输入以下公式。

```
=G8+H8
```

在 D12 单元格中输入“<=”，在 E12 单元格中输入 0，作为约束条件，如图 4-34 所示。

C11 =C8+D8+E8

	A	B	C	D	E	F	G	H
1		项目	项目A	项目B	项目C	项目D	项目E	项目F
2		投资额（万元）	12	6	16	23	14	8
3								
4		资金限制（万元）	50					
5								
6		最大投资额（万元）	0					
7			项目A	项目B	项目C	项目D	项目E	项目F
8		结果						
9								
10		实际投资额（万元）	0	<=	50			
11		项目A~C 选择其一	0	=	1			
12		项目E和F互斥						

图 4-33 输入约束条件 2

C12 =G8+H8

	A	B	C	D	E	F	G	H
1		项目	项目A	项目B	项目C	项目D	项目E	项目F
2		投资额（万元）	12	6	16	23	14	8
3								
4		资金限制（万元）	50					
5								
6		最大投资额（万元）	0					
7			项目A	项目B	项目C	项目D	项目E	项目F
8		结果						
9								
10		实际投资额（万元）	0	<=	50			
11		项目A~C 选择其一	0	=	1			
12		项目E和F互斥	0	<=	1			

图 4-34 输入约束条件 3

4.2.2 添加规划求解加载项和设置参数

基础数据和约束条件输入完成后，接下来在【开发工具】选项卡下单击【加载项】命令，打开【加载宏】对话框。然后在可用加载宏列表框中选中“规划求解加载项”复选框，单击【确定】按钮，如图 4-35 所示。

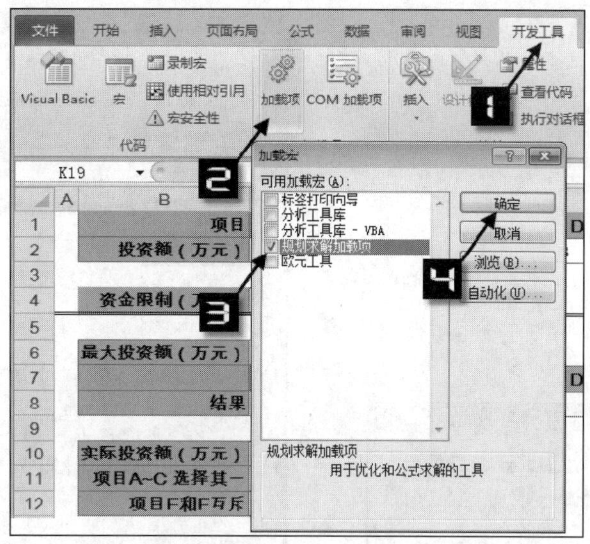

图 4-35　添加规划求解加载项

规划求解的参数设置步骤如下。

步骤 1　切换到【数据】选项卡下，单击【规划求解】命令按钮，弹出【规划求解参数】对话框，如图 4-36 所示。

步骤 2　在【规划求解参数】对话框中：

（1）单击“设置目标”右侧的折叠按钮，选择 C6 单元格；

（2）保留“最大值”单选钮的选中状态；

（3）单击“通过更改可变单元格”右侧的折叠按钮，选择 C8:H8 单元格区域；

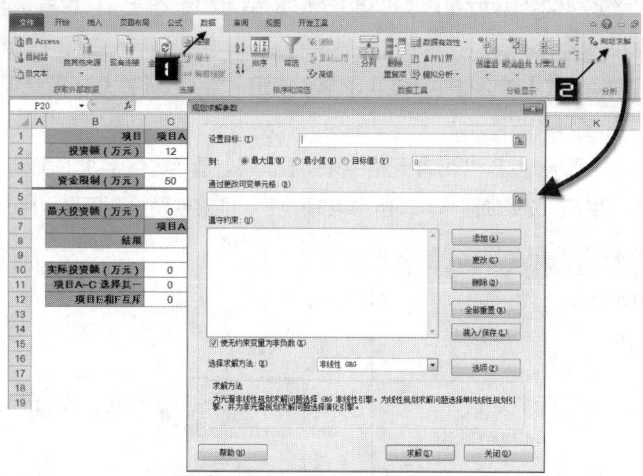

图 4-36　【规划求解参数】对话框

（4）单击【添加】按钮，弹出【添加约束】对话框，如图 4-37 所示。单击“单元格引用”下方的折叠按钮，选择 C8:H8 单元格区域。单击中间的运算符下拉按钮，选择“bin”，此时“约束”条件会自动显示为“二进制”。此项设置的目的是，在运算后可变单元格中显示的结果仅为 1 或 0，而不会出现小数位。

步骤 3　在【添加约束】对话框中单击【添加】按钮，依次添加以下约束条件，最后单击【确定】按钮返回【规划求解参数】对话框，如图 4-38 所示。

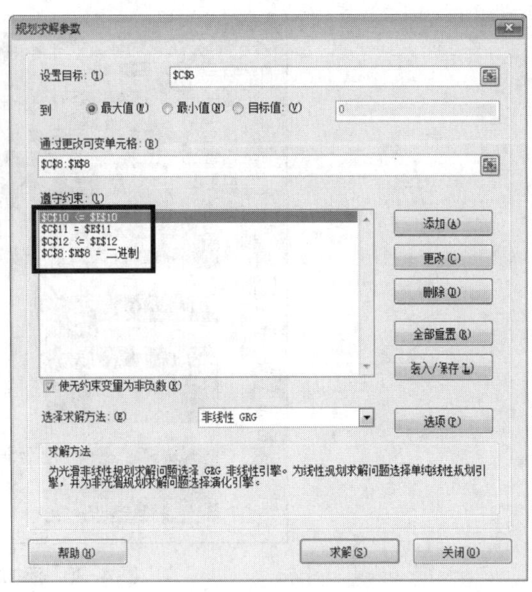

图 4-37　添加约束

图 4-38　添加多个约束条件

C10<=E10

此项设置的目的是，约束实际投资额小于资金限制额。

C11=E11

此项设置的目的是，约束 C11 单元格中公式 C8+D8+E8 的结果等于 1，也就是项目 A~C 必须并且只能选择其中一个。

C12<=E12

此项设置的目的是，约束 C12 单元格中公式 G8+H8 的结果小于等于 1，也就是项目 E 和项目 F 只能选择其中一个，或者两个项目都不选择。

步骤 4　在【规划求解参数】对话框中单击【求解】按钮，会弹出【规划求解结果】对话框，保留默认选项，单击【确定】按钮，如图 4-39 所示。

最优解的结果如图 4-40 所示，C8~H8 单元格中即是最优解。显示为数字 1 的表示该项目为选择，否则为不选择。也就是在现有约束条件下，选择项目 A、项目 D 和项目 E，能够使资金利用最大化，最大投资额为 49 万元。

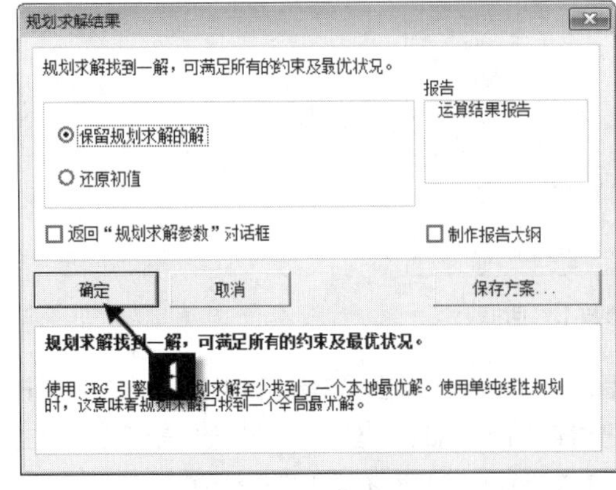

图 4-39　规划求解结果

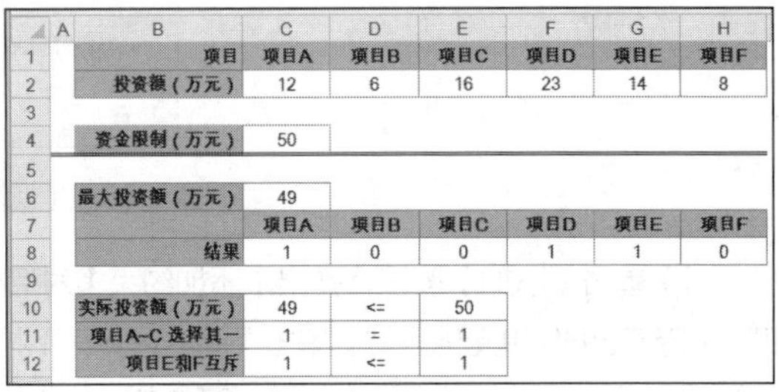

	A	B	C	D	E	F	G	H
1		项目	项目A	项目B	项目C	项目D	项目E	项目F
2		投资额（万元）	12	6	16	23	14	8
3								
4		资金限制（万元）	50					
5								
6		最大投资额（万元）	49					
7			项目A	项目B	项目C	项目D	项目E	项目F
8		结果	1	0	0	1	1	0
9								
10		实际投资额（万元）	49	<=	50			
11		项目A-C 选择其一	1	=	1			
12		项目E和F互斥	1	<=	1			

图 4-40　最优解结果

1. SUMPRODUCT 函数

素材所在位置为：

光盘：\素材\第 4 章 项目投资分析\SUMPRODUCT 函数.xlsx

SUMPRODUCT
函数

SUMPRODUCT 函数兼具条件求和及条件计数两大功能，该函数的作用是在给定的几组数组中，将数组间对应的元素相乘，并返回乘积之和。函数语法为：

```
SUMPRODUCT(array1,[array2],[array3],...)
```

各参数是需要进行相乘并求和的数组。从字面理解，SUM 是求和，PRODUCT 是乘积，SUMPRODUCT 就是把数组间所有的元素对应相乘，然后把乘积相加。使用时需要注意各个参数的单元格范围大小必须一致，否则将返回错误值。

如图 4-41 所示，是不同商品数量和单价的明细记录，使用以下公式可以直接计算出商品总价。

```
=SUMPRODUCT(B2:B6,C2:C6)
```

公式将 B2:B6 和 C2:C6 两个单元格区域中的每个元素对应相乘，然后再把乘积结果相加，即：

```
2*5+3*6.5+5*5+2*9+3*4
```

计算过程如图 4-42 所示。

E3 =SUMPRODUCT(B2:B6,C2:C6)

	A	B	C	D	E
1	商品名称	数量	单价		
2	可口可乐	2	5		商品总价
3	雪碧	3	6.5		84.5
4	加多宝	5	5		
5	哇哈哈	2	9		
6	百事可乐	3	4		

图 4-41 计算商品总价

数量		单价		乘积	
2	×	5	=	10	
3	×	6.5	=	19.5	
5	×	5	=	25	84.5
2	×	9	=	18	
3	×	4	=	12	

图 4-42 SUMPRODUCT 函数计算过程

（1）SUMPRODUCT 函数用于多条件求和时的通用写法是：

```
=SUMPRODUCT(条件1*条件2*…条件n,求和区域)
```

如图 4-43 所示，要在数据表中计算符合 F3 单元格的商品名称，并且符合 G3 单元格的规格型号的商品销量。H3 单元格公式为：

```
=SUMPRODUCT((B2:B10=F3)*(C2:C10=G3),D2:D10)
```

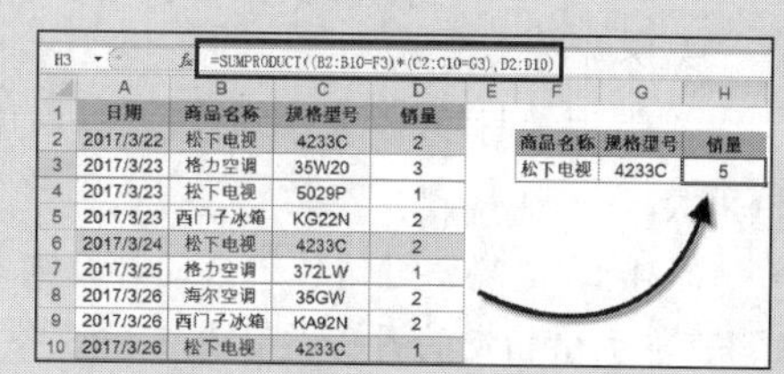

H3 =SUMPRODUCT((B2:B10=F3)*(C2:C10=G3),D2:D10)

	A	B	C	D	E	F	G	H
1	日期	商品名称	规格型号	销量				
2	2017/3/22	松下电视	4233C	2		商品名称	规格型号	销量
3	2017/3/23	格力空调	35W20	3		松下电视	4233C	5
4	2017/3/23	松下电视	5029P	1				
5	2017/3/23	西门子冰箱	KG22N	2				
6	2017/3/24	松下电视	4233C	2				
7	2017/3/25	格力空调	372LW	1				
8	2017/3/26	海尔空调	35GW	2				
9	2017/3/26	西门子冰箱	KA92N	2				
10	2017/3/26	松下电视	4233C	1				

图 4-43 使用 SUMPRODUCT 函数多条件求和

“(B2:B10=F3)”部分，判断 B 列的商品名称是否等于 F3 单元格指定的商品名称，得到一组逻辑值：

```
{TRUE;FALSE;TRUE;FALSE;TRUE;FALSE;FALSE;FALSE;TRUE}
```

“(C2:C10=G3)”部分，判断 C 列的规格型号是否等于 G3 单元格指定的型号，得到一组逻辑值：

```
{TRUE;FALSE;FALSE;FALSE;TRUE;FALSE;FALSE;FALSE;TRUE}
```

两组逻辑值对应相乘，TRUE*TRUE 时结果为 1，TRUE*FALSE 或是 FALSE*FALSE 时结果为 0，结果为：

```
{1;0;0;0;1;0;0;0;1}
```

最后再将这个数组与 D2:D10 单元格的数值对应相乘后的乘积相加，计算出结果为 5。

（2）SUMPRODUCT 函数除了可以用于多条件求和，还可以用于多条件计数。多条件计数时的通用写法是：

```
=SUMPRODUCT(条件 1*条件 2*…条件 n)
```

如图 4-44 所示，需要在数据表中统计财务部的女性人数，E2 单元格公式为：

```
=SUMPRODUCT((B2:B10="女")*(C2:C10="财务部"))
```

用“B2:B10="女"”和“C2:C10="财务部"”两组条件，对性别和考核评定内容分别进行判断，判断后会各自返回一组逻辑值：

```
{FALSE;TRUE;TRUE;FALSE;TRUE;FALSE;TRUE;TRUE;TRUE}
{FALSE;TRUE;FALSE;TRUE;TRUE;FALSE;FALSE;TRUE;FALSE}
```

再将两组逻辑值对应相乘，结果为：

```
{0;1;0;0;1;0;0;1;0}
```

最后用 SUMPRODUCT 函数计算乘积的总和，计算出结果为 3。

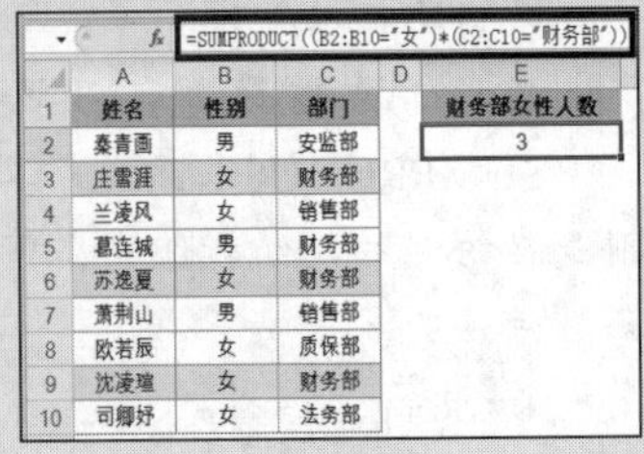

=SUMPRODUCT((B2:B10="女")*(C2:C10="财务部"))

	A	B	C	D	E
1	姓名	性别	部门		财务部女性人数
2	秦青画	男	安监部		3
3	庄雪涯	女	财务部		
4	兰凌风	女	销售部		
5	慕连城	男	财务部		
6	苏逸夏	女	财务部		
7	萧荆山	男	销售部		
8	欧若辰	女	质保部		
9	沈凌瑶	女	财务部		
10	司卿妤	女	法务部		

图 4-44　统计财务部女性人数

2. 规划求解

规划求解是一组命令的组成部分。借助规划求解，可求得工作表上某个单元格中公式的最优（最大或最小）值，并受工作表上其他公式单元格的值约束或限制。

规划求解将对参与计算目标单元格和约束单元格中的公式的一组单元格进行处理。通过调整可变单元格中的值以符合约束条件单元格上的限制，并在目标单元格中产生想要的结果。

在使用规划求解功能时，如果设置的条件过多或是设置条件不合理，可能会找不到有用的解，如图 4-45 所示。

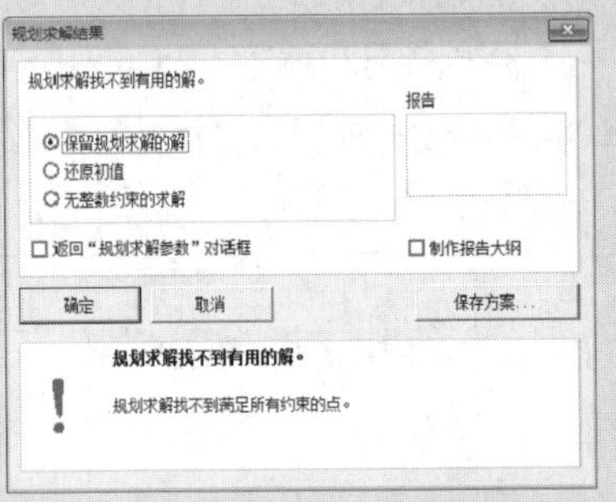

图 4-45　规划求解找不到有用的解

利用 SUMPRODUCT 函数在多行多列的数据区域中求和

素材所在位置为：

光盘：\素材\第 4 章 项目投资分析\利用 SUMPRODUCT 函数在多行多列的数据区域中求和.xlsx

图 4-46 是某公司销售记录的部分内容，分别是三位业务员在不同月份的销售金额，需要按照 F3 单元格指定的月份，计算三位业务员在该月份的销售总额。

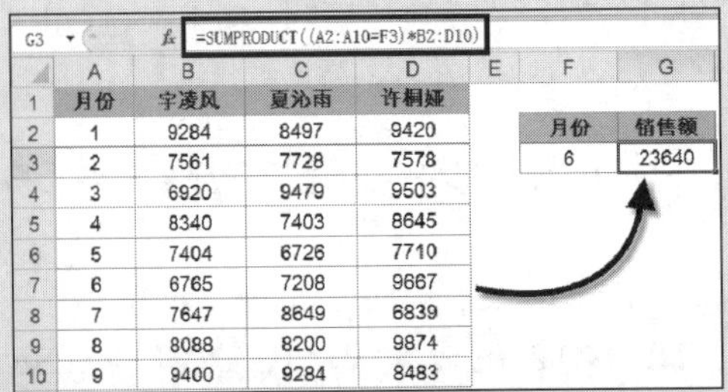

G3　=SUMPRODUCT((A2:A10=F3)*B2:D10)

	A	B	C	D	E	F	G
1	月份	宇凌风	夏沁雨	许桐娅			
2	1	9284	8497	9420		月份	销售额
3	2	7561	7728	7578		6	23640
4	3	6920	9479	9503			
5	4	8340	7403	8645			
6	5	7404	6726	7710			
7	6	6765	7208	9667			
8	7	7647	8649	6839			
9	8	8088	8200	9874			
10	9	9400	9284	8483			

图 4-46　按月份计算销售总额

G3 单元格输入以下公式，计算结果为 23640。

```
=SUMPRODUCT((A2:A10=F3)*B2:D10)
```

公式首先用“A2:A10=F3”来比较 A 列中的月份是否等于 F3 单元格指定的月份，然后用比较后的逻辑值分别与 B2:D10 单元格区域的每个元素对应相乘，运算过程如图 4-47 所示。

	A	B	C	D	E	F	H	I	J	K	L
1	月份	宇凌风	夏沁雨	许桐娅				比较判断	宇凌风	夏沁雨	许桐娅
2	1	9284	8497	9420		月份		FALSE	0	0	0
3	2	7561	7728	7578		6		FALSE	0	0	0
4	3	6920	9479	9503				FALSE	0	0	0
5	4	8340	7403	8645				FALSE	0	0	0
6	5	7404	6726	7710				FALSE	0	0	0
7	6	6765	7208	9667				TRUE	6765	7208	9667
8	7	7647	8649	6839				FALSE	0	0	0
9	8	8088	8200	9874				FALSE	0	0	0
10	9	9400	9284	8483				FALSE	0	0	0

图 4-47　计算过程

最后使用 SUMPRODUCT 函数对乘积进行求和。

小技巧

快速隐藏工作表行列

如果要快速隐藏工作表中的部分行或列，除了使用右键菜单或是在功能区中选择隐藏命令之外，还可以使用鼠标拖曳的方法完成。

先拖曳鼠标选中要隐藏的列，然后将鼠标指针移动到两个列之间的位置，此时鼠标指针会变成✛，按下左键不放，向左侧拖动，即可隐藏选中的列，如图 4-48 所示。

如果要取消隐藏的列，可以同时选中与隐藏列左右相邻的多列，将鼠标指针移动到两个列之间的位置，鼠标指针变成✛时双击鼠标，即可显示出已经隐藏的列，如图 4-49 所示。

	A	B	C	D
1	月份	宇凌风	夏沁雨	许桐娅
2	1	9284	8497	9420
3	2	7561	7728	
4	3	6920	9479	
5	4	8340	7403	
6	5	7404	6726	
7	6	6765	7208	
8	7	7647	8649	
9	8	8088	8200	
10	9	9400	9284	

	A	D
1	月份	许桐娅
2	1	9420
3	2	7578
4	3	9503
5	4	8645
6	5	7710
7	6	9667
8	7	6839
9	8	9874
10	9	8483

图 4-48　快速隐藏工作表行列

	A	D
1	月份	许桐娅
2	1	9420
3	2	
4	3	
5	4	
6	5	
7	6	
8	7	
9	8	
10	9	

	A	B	C	D
1	月份	宇凌风	夏沁雨	许桐娅
2	1	9284	8497	9420
3	2	7561	7728	7578
4	3	6920	9479	9503
5	4	8340	7403	8645
6	5	7404	6726	7710
7	6	6765	7208	9667
8	7	7647	8649	6839
9	8	8088	8200	9874
10	9	9400	9284	8483

图 4-49　显示已隐藏的列

隐藏行的方法与之类似。

小技巧

快速插入工作表行

要在工作表中快速插入行，也可以使用鼠标拖曳的方法完成。先单击选中要插入行位置的行号，移动鼠标指针靠近单元格与行号相邻的位置，鼠标指针变成÷时，按下鼠标左键不放，向下拖曳。在目标位置释放鼠标，即可插入多行，如图 4-50 所示。

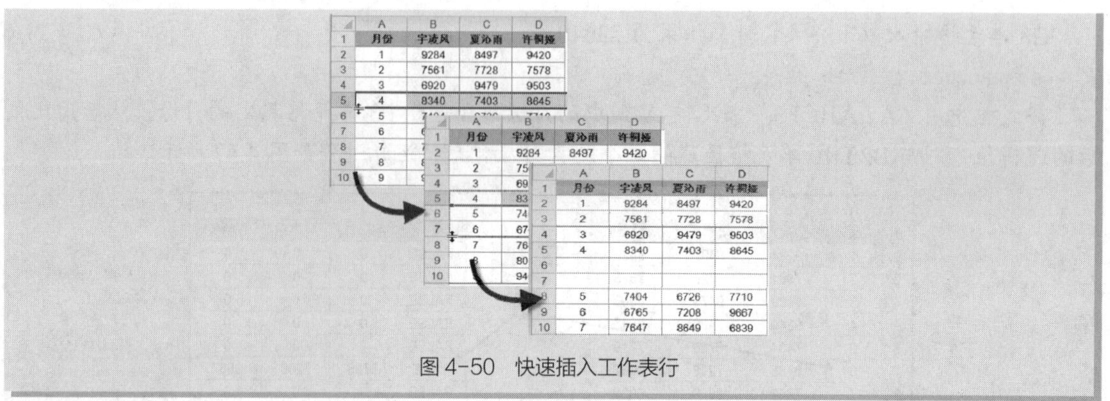
图 4-50 快速插入工作表行

小技巧

同时浏览不同工作表中的数据

素材所在位置为：

光盘：\素材\第 4 章 项目投资分析\同时浏览不同工作表中的数据.xlsx

如图 4-51 所示，在同一个工作簿内包含“1 月份”和“2 月份”两个工作表，使用新建窗口和并排查看功能，可以同时显示两个工作表中的数据，方便用户核对和查看数据。

操作步骤如下：

步骤 1 在【视图】选项卡下单击【新建窗口】命令，此时会在电脑任务栏中看到“文件名.xlsx:1”和“文件名.xlsx:2”两个窗口，如图 4-52 所示。

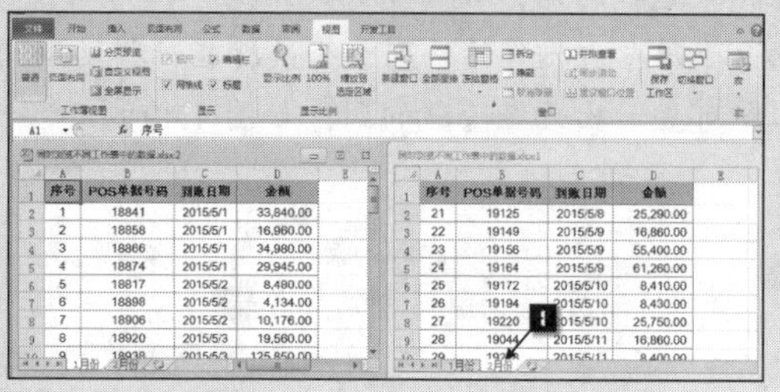
图 4-51 同时查看两个工作表的数据

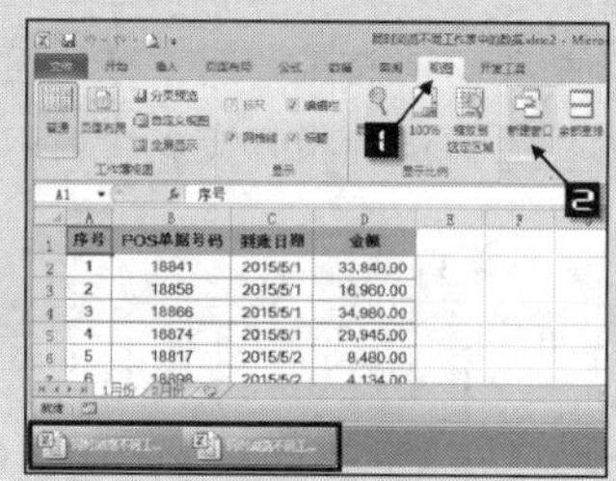
图 4-52 新建窗口

步骤 2 在【视图】选项卡下单击【全部重排】按钮，弹出【重排窗口】对话框。选中【垂直并排】单选按钮，单击【确定】按钮，如图 4-53 所示。

步骤 3 此时会出现两个并排窗口，在其中一个窗口中切换到不工作表，即可实现同时查看两个工作表的数据。

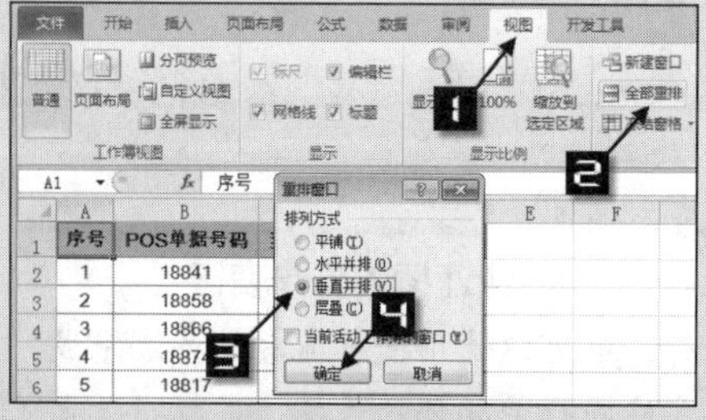
图 4-53 重排窗口

本章小结

本章主要学习了 Excel 在项目投资分析中的应用，包括使用方案管理器对项目投资进行分析，以及使用规划求解功能给出多项目投资组合方案。

思考与练习

1. 项目投资具有五个特点，分别是______、______、______、______和______。

2. 在使用方案管理器对投资项目进行分析时，其中有根据所选内容创建名称的步骤，其作用是______________________________，否则仅显示具体的单元格地址。

3. 如果要将金额后面加上单位万元，可以通过设置自定义单元格格式实现，格式代码为______。

4. 如果要将金额显示为两位小数的万元为单位，请说出格式代码和具体操作步骤。

5. Excel 默认不加载规划求解功能，如果要使用该功能，需要在______选项卡下单击______目录，然后选中规划求解加载项命令。

6. SUMPRODUCT 函数用于多条件求和时的通用写法是________________。

7. SUMPRODUCT 函数用于多条件计数时的通用写法是________________。

8. 以练习 4-1.xlsx 为例，某公司计划生产一批出口产品，理想情况为单价$26.6，数量 260，人民币汇率 6.57。较差情况为单价$23.2，数量 240，人民币汇率 6.45。乐观情况为单价$28，数量 280，人民币汇率 6.65。

请使用方案管理器对该产品在不同单价、汇率和数量下的收入情况进行分析，并使用方案管理器生成摘要报告，如图 4-54 所示。

9. 以练习 4-2.xlsx 为例，某公司有一笔金额为 800.55 元的进账，要求根据如图 4-55 所示的发票记录，使用规划求解计算出可能由哪几张发票构成。

	A	B
1	某产品交易情况试算表	
2	价格	$26.60
3	数量	260
4	汇率	6.57
5	收入	¥45,438.12

图 4-54　产品交易情况试算表

	A	B	C	D	E
1	发票号	发票金额			收款金额
2	92780120	350.68			800.55
3	08892747	102.31			
4	34044714	409.80			
5	79764080	242.37			
6	88888293	401.14			
7	28159431	355.61			
8	04835963	180.65			
9	96063136	426.43			
10	36496273	487.46			
11	54535392	463.10			
12	56008289	216.75			
13	53162175	172.85			
14	91567241	295.03			
15	22009882	269.22			
16	56530664	338.20			

图 4-55　发票记录

第 5 章

证券投资分析

证券投资是指企业或个人通过购买有价证券，借以获得收益的行为，包括债券投资、股票投资和基金投资等。本章主要学习 Excel 在债券投资分析中的应用内容。

5.1 不同类型债券的价格计算

债券是筹资者为筹集资金而发行的有价证券，是一种反映债权债务关系的权利证书。债券分为永久债券、定期付息债券、零息债券等类型。

永久债券是指没有到期日，无限期支付利息的债券。

定期付息债券是指每年一次或数次向投资者支付利息，到期按面值偿还本金的债券。

零息债券是指不规定票面利率的债券。此种类型的债券一般以低于面值的价格发行，到期按面值偿还，也称为贴现债券。

5.1.1 永久债券价值计算

永久债券价值计算的公式为：

$$PV=C/k$$

其中 C 为面值×票面利率，也就是债券的年利息额；k 为贴现率。

假设有一永久债券的面额为 1000 元，年利率为 8%，投资者要求的年投资收益率为 10%，需要计算投资者能够接受的债券价格。

已知 C=1000×8%=80 元 k=10%

则：

$$PV=80/10\%=800$$

即该债券市场价格在 800 元以内时，投资者可以购买此债券。

5.1.2 计算定期付息债券发行价格

当债券发行的票面利率与资金市场的实际利率存在差异时，发行债券的价格就可能高于或低于面值。当票面利率大于市场利率时应采取溢价发行，即采取高于面值的价格发行；反之则应采取折价发行，即采取低于面值的价格发行。运用 Excel 的 PRICE 函数，可以很方便地计算出债券的发行价格。

素材所在位置为：

光盘：\素材\第 5 章 证券投资分析\5.1.2 计算定期付息债券发行价格.xlsx

如图 5-1 所示，某企业发行期限为 5 年、票面利率为 10%，面值为 100 元的债券，资金市场的利率为 8%，以单利计息，每年末支付一次利息，需要计算该债券的发行价格。

	A	B
1	发行日期	2013/12/1
2	到期日期	2018/12/1
3	票面利率	10%
4	市场利率	8%
5	面值（元）	100
6	发行价格（元）	

图 5-1 债券发行价格的计算

B6 单元格输入如下公式，计算结果为 107.99。

```
=PRICE(B1,B2,B3,B4,B5,1,3)
```

PRICE 函数

PRICE 函数的作用是返回定期付息的面值为 100 元的有价证券的价格。该函数的语法为：

```
PRICE(settlement,maturity,rate,yld,redemption,frequency,[basis])
```

第一参数 settlement 为债券的结算日，即债券结算日是在发行日期之后，债券卖给购买者的日期。本例是计算债券的发行价格，因此结算日即为债券的发行日，本例为 2013 年 12 月 1 日。

第二参数 maturity 为债券的到期日，即债券有效期截止时的日期，本例为 2018 年 12 月 1 日。

第三参数 rate 为债券的票面年利率，本例为 10%。

第四参数 yld 为债券的实际年收益率，本例以资金市场的年收益率 8%作为实际收益率。

第五参数 redemption 为面值 100 元的债券的清偿价值，本例为 100。PRICE 函数是以面值 100 元的债券为计算依据的，如果债券面值不是 100 元，在计算时应先按 100 面值的债券计算其价格，再乘以面值相应的倍数，不能直接将第 5 个参数用 500 或 1000 作为参数的值。

第六参数 frequency 表示年付息次数。如果按年支付，值为 1；按半年期支付，值为 2；如果按季支付，值为 4。

第七参数 basis 表示选用的日计数基准类型。一般选用 3，表示按“实际天数/365”计算。

5.1.3 计算折价债券发行价格

素材所在位置为：
光盘:\素材\第 5 章 证券投资分析\5.1.3 计算折价债券发行价格.xlsx

如图 5-2 所示，某企业发行期限为 3 年、面值为 100 元的债券，贴现率为 6%，以单利计息，需要计算该债券的发行价格。

	A	B
1	发行日期	2013/2/6
2	到期日期	2016/8/15
3	贴现率	6%
4	面值（元）	100
5	发行价格（元）	

图 5-2 计算折价债券发行价格

B5 单元格输入以下公式，计算结果为 78.86。

```
=PRICEDISC(B1,B2,B3,B4,3)
```

PRICEDISC 函数

PRICEDISC 函数返回折价发行的面值为 100 元的有价证券的价格。该函数语法为：

```
PRICEDISC(settlement,maturity,discount,redemption,[basis])
```

第一参数 settlement 是债券的结算日。

第二参数 maturity 是债券的到期日。

第三参数 discount 是债券的贴现率。

第四参数 redemption 是面值为 100 元的债券清偿价值，本例为 100。

第五参数 basis 使用 3，表示要使用的日计数基准类型为“实际天数/365”。

5.1.4 计算到期付息债券价格

素材所在位置为：
光盘:\素材\第 5 章 证券投资分析\5.1.4 计算到期付息债券价格.xlsx

如图 5-3 所示，某债券发行日期为 2012 年 10 月 20 日，到期日期为 2022 年 10 月 20 日，成交日期为 2015 年 12 月 5 日，票面利率为 4.85%，年收益率为 6.05%，面值为 100 元，以单利计息到期支付，需要计算该债券的实际价格。

	A	B
1	成交日期	2015/12/5
2	到期日期	2022/10/20
3	发行日期	2012/10/20
4	票面利率	4.85%
5	年收益率	6.05%
6	面值（元）	100
7	债券价格（元）	

图 5-3 计算到期付息债券价格

B7 单元格输入以下公式，计算结果为 89.72。

```
=PRICEMAT(B1,B2,B3,B4,B5,3)
```

PRICEMAT 函数

PRICEMAT 函数返回到期付息的面值为 100 元的有价证券价格。该函数语法为：

```
PRICEMAT(settlement,maturity,issue,rate,yld,[basis])
```

第一参数 settlement 是债券的结算日。

第二参数 maturity 是债券的到期日。

第三参数 issue 是债券的发行日。

第四参数 rate 是债券的票面利率。

第五参数 yld 是债券的年收益率。

第六参数 basis 使用 3，表示要使用的日计数基准类型为“实际天数/365”。

1. 用条件格式自动标记债券最高最低收益率

用条件格式自动标记债券最高最低收益率

素材所在位置为：

光盘：\素材\第 5 章 证券投资分析\用条件格式自动标记债券最高最低收益率.xlsx

使用 Excel 的条件格式功能，能够快速对特定条件的单元格进行突出标识，使数据更加直观易读。用户可以预置一种单元格格式或是单元格内的图形效果，在符合指定的条件时，自动应用于目标单元格。可预置的单元格格式包括单元格边框、底纹、字体颜色等，单元格图形效果包括数据条、色阶和图标集三种类型。

Excel 还内置了多种基于数值特征设置的条件格式，可以按大于、小于、日期、重复值等特征突出显示单元格，也可以按大于、小于前 10 项或 10%、高于或低于平均值等项目要求突出显示单元格。

以图 5-4 为例，使用条件格式，能够对债券到期最高收益率和最低收益率进行自动标记，如果数据量比较大，使用条件格式进行自动标记的优势会更加明显。

	A	B	C	D	E
1	债券代码	债券简称	年利率	到期收益率	到期日
2	112220	14福星01	9.20%	7.34%	2019/8/26
3	122327	13卧龙债	9.07%	8.78%	2019/9/23
4	122009	08新湖债	9.00%	7.71%	2016/7/2
5	122302	13天房债	8.90%	7.60%	2021/4/25
6	122310	13苏新城	8.90%	7.51%	2019/7/23
7	122765	11泛海02	8.90%	8.43%	2021/12/13
8	124502	14宏财01	8.90%	7.32%	2021/1/24
9	1480026	14伊宁债	8.90%	7.60%	2021/1/23
10	122764	11泛海01	8.80%	8.02%	2017/12/13
11	122662	12合桃花	8.79%	7.90%	2019/3/27

图 5-4　条件格式效果

操作步骤如下。

步骤 1　选中 D2:D11 单元格区域，在【开始】选项卡下单击【条件格式】下拉按钮，在下拉菜单中依次单击【项目选取规则】→【值最大的 10 项】命令，打开【10 个最大的项】对话框。

步骤 2 在【10 个最大的项】对话框中，单击左侧微调按钮或是手工输入 1。单击“设置为”右侧的下拉按钮，选择内置格式“浅红填充色深红色文本”，最后单击【确定】按钮，如图 5-5 所示。

步骤 3 再次选中 D2:D11 单元格区域，依次单击【开始】→【条件格式】→【项目选取规则】→【值最小的 10 项】命令。

步骤 4 在【10 个最小的项】对话框中，单击左侧微调按钮或是手工输入 1。单击“设置为”右侧的下拉按钮，选择内置格式“绿填充色深绿色文本”，最后单击【确定】按钮，如图 5-6 所示。

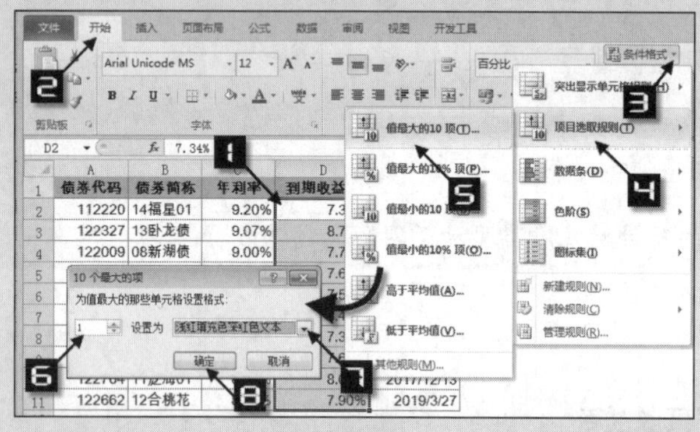

图 5-5 设置条件格式

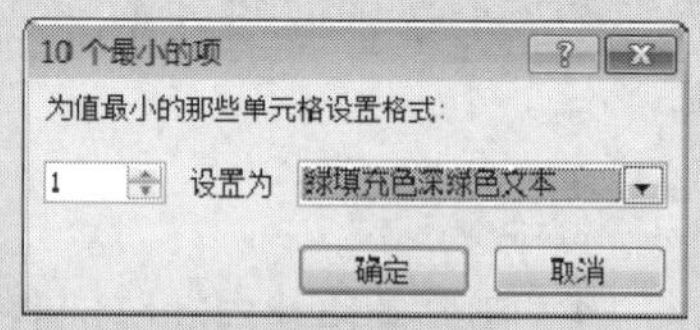

图 5-6 添加条件格式规则

2. 调整条件格式优先级

Excel 允许对同一个单元格区域设置多个条件格式，当设置两个或更多条件格式规则应用于同一个单元格区域时，可以依次单击【开始】→【条件格式】→【管理规则】，打开【条件格式规则管理器】对话框，查看不同规则的优先级顺序。

在列表中越是位于上方的规则，其优先级越高。默认情况下，新规则总是添加到列表的顶部，因此最后添加的规则具有最高的优先级。可以使用对话框中的“上移”和“下移”箭头调整优先级顺序，也可以单击【编辑规则】按钮，对已有规则进行修改，如图 5-7 所示。

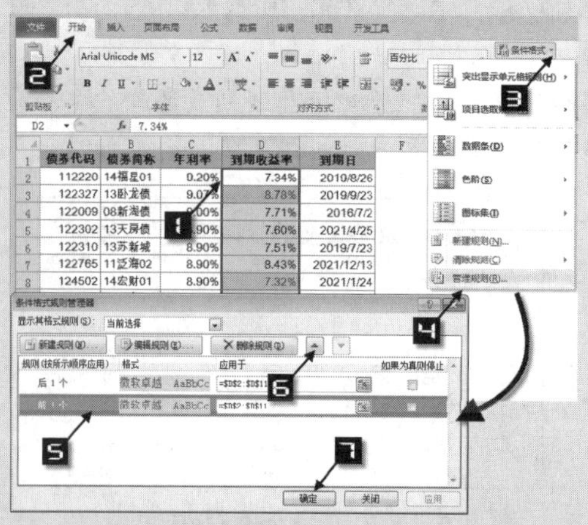

图 5-7 调整条件格式的优先级顺序

3. 删除已有条件格式

如果需要删除已经设置的条件格式，可以依次单击【开始】→【条件格式】→【清除规则】

下拉按钮，在展开的下拉菜单中，单击【清除所选单元格的规则】命令项，则清除所选单元格的条件格式；如果单击【清除整个工作表的规则】命令项，则清除当前工作表所有的条件格式，如图 5-8 所示。

4. 在条件格式中使用公式

除了内置的条件格式规则，用户还可以通过自定义规则和显示效果的方式，来创建符合自己需要的条件格式。当自定义规则的计算结果为逻辑值 TRUE，或是为不等于 0 的数值时，Excel 对条件格式作用区域执行预先设置的格式。

素材所在位置为：

光盘：\素材\第 5 章 证券投资分析\在条件格式中使用公式.xlsx

如图 5-9 所示，如果要对客户名单中不是首次出现的客户进行标记，也可以使用条件格式实现。

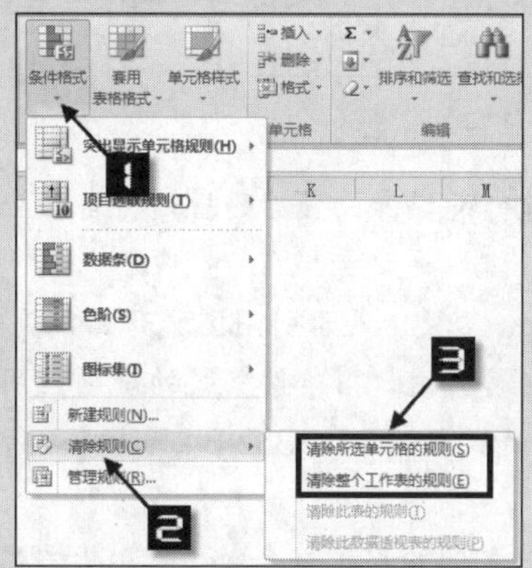

图 5-8　清除已有条件格式

	A	B
1	序号	客户名单
2	1	深圳远达建设集团
3	2	上海恒昌计量设备公司
4	3	三门峡必成设备安装公司
5	4	北京大运输送设备公司
6	5	运城特种设备制造有限公司
7	6	上海恒昌计量设备公司
8	7	济宁永杰设备清洗公司
9	8	济南明城特种设备配件公司
10	9	北京大运输送设备公司
11	10	德州西门子电子设备专营店

图 5-9　标记不是首次出现的客户

操作步骤如下。

步骤 1　选中 B2:B11 单元格区域，依次单击【开始】→【条件格式】→【新建规则】命令，打开【新建格式规则】对话框。单击【使用公式确定要设置格式的单元格】命令，在“为符合此公式的值设置格式”编辑框中输入以下公式，然后单击【格式】按钮，如图 5-10 所示。

```
=COUNTIF(B$2:B2,B2)>1
```

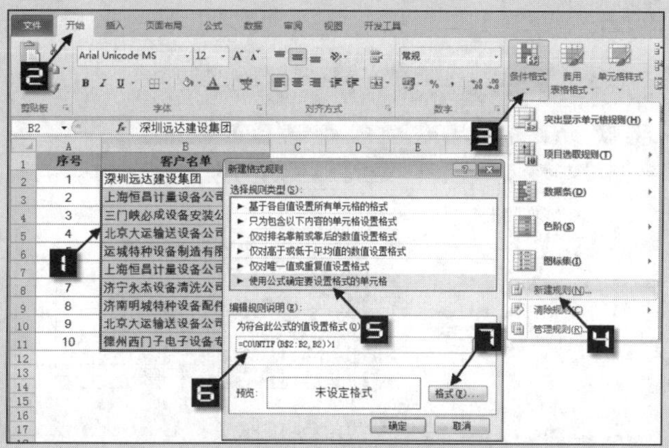

图 5-10　在条件格式中使用公式

步骤 2　在弹出的【设置单元格格式】对话框中，切换到【填充】选项卡下，选择一种背景色，单击【确定】按钮返回【新建格式规则】对话框，再次单击【确定】按钮完成设置，如图 5-11 所示。

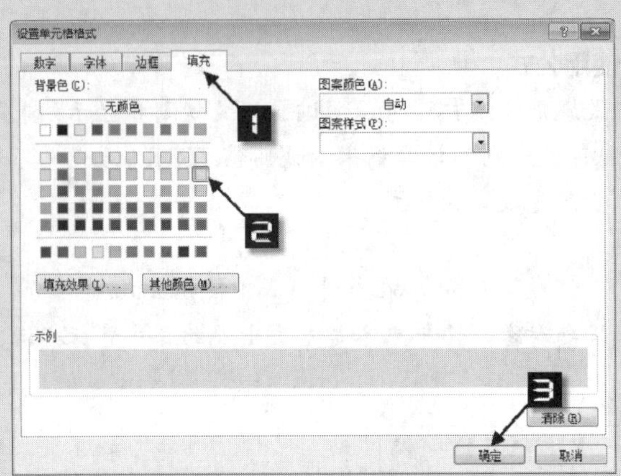

图 5-11　设置单元格格式

在条件格式中使用公式时，要针对活动单元格进行设置，设置后的规则将自动应用于所选定的区域的每一个单元格。

公式中，使用 B$2:B2 作为 COUNTIF 函数的第一参数。表示引用区域开始位置的 B$2 使用行绝对引用，表示引用区域结束位置的 B2 使用相对引用。当条件格式的规则应用到不同行的数据时，COUNTIF 的计数范围也随之变化，依次变成 B$2:B3、B$2:B4…这样逐行扩大的引用区域。

通过统计在此逐行扩大的动态范围中与 B 列客户相同的单元格个数，来判断该客户在这个范围中是否为首次出现，等于 1 时为首次出现，大于 1 时为重复出现。

5. 不打印条件格式的颜色显示效果

素材所在位置为：

光盘：\素材\第 5 章 证券投资分析\不打印条件格式的颜色显示效果.xlsx

在设置了条件格式的工作表中，往往会存在多种填充颜色。而过多的填充颜色又会影响到最终的打印效果，使打印出的文件看起来比较凌乱。通过设置，可以在打印时不显示条件格式的填充颜色，如图 5-12 所示。

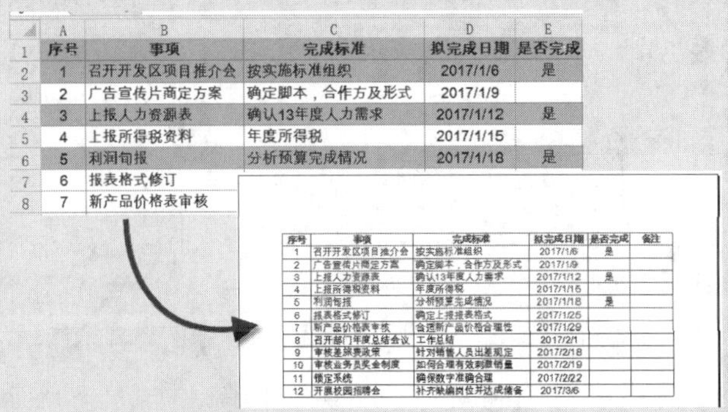

序号	事项	完成标准	拟完成日期	是否完成
1	召开开发区项目推介会	按实施标准组织	2017/1/6	是
2	广告宣传片商定方案	确定脚本，合作方及形式	2017/1/9	
3	上报人力资源表	确认13年度人力需求	2017/1/12	是
4	上报所得税资料	年度所得税	2017/1/15	
5	利润旬报	分析预算完成情况	2017/1/18	是
6	报表格式修订			
7	新产品价格表审核			

序号	事项	完成标准	拟完成日期	是否完成	备注
1	召开开发区项目推介会	按实施标准组织	2017/1/6	是	
2	广告宣传片商定方案	确定脚本，合作方及形式	2017/1/9		
3	上报人力资源表	确认13年度人力需求	2017/1/12	是	
4	上报所得税资料	年度所得税	2017/1/15		
5	利润旬报	分析预算完成情况	2017/1/18	是	
6	报表格式修订	确定上报报表格式	2017/1/25		
7	新产品价格表审核	合适新产品价格合理性	2017/1/29		
8	召开部门年度总结会议	工作总结	2017/2/1		
9	审核差旅费政策	针对销售人员出差规定	2017/2/18		
10	审核业务员奖金制度	如何合理有效刺激销量	2017/2/19		
11	锁定系统	确保数字准确合理	2017/2/22		
12	开展校园招聘会	补齐缺编岗位并达成储备	2017/3/6		

图 5-12　单色打印效果

在【页面布局】选项卡下单击对话框启动器按钮，弹出【页面设置】对话框。切换到【工作表】选项卡，单击选中【单色打印】复选框，最后单击【确定】按钮即可，如图 5-13 所示。

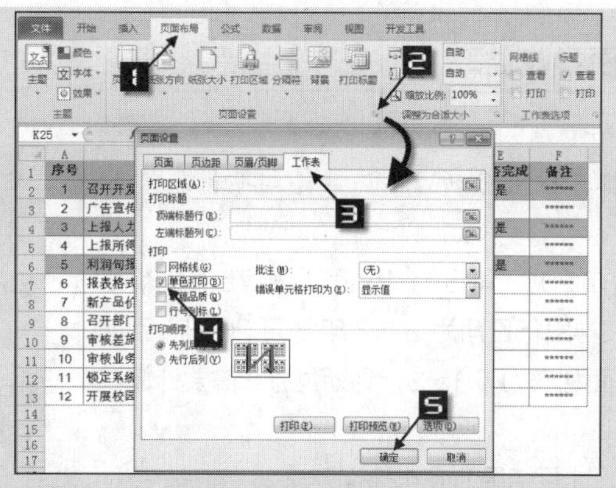

图 5-13　设置单色打印

5.2 债券投资收益率计算

债券投资收益率是指投资者在债券投资期内实际获得的年投资收益率，本节学习不同类型债券的收益率计算方法。

5.2.1 计算定期付息债券收益率

素材所在位置为：

光盘：\素材\第 5 章 证券投资分析\5.2.1 计算定期付息债券收益率.xlsx

如图 5-14 所示，某公司在 2013 年 3 月 15 日以 96.75 元的价格购入面值为 100 元的债券，债券到期日为 2024 年 8 月 20 日，票面利率为 6.15%，每年支付两次利息，需要计算该债券的收益率。

	A	B
1	面值（元）	100
2	成交日期	2013/3/15
3	到期日期	2024/8/20
4	票面利率	6.15%
5	买入价格（元）	96.75
6	兑换价格（元）	100.00
7	收益率	

图 5-14　计算定期付息债券收益率

B7 单元格输入以下公式，计算结果为 6.56%。

```
=YIELD(B2,B3,B4,B5,B6,2,3)
```

YIELD 函数

如果在发行期之后购买债券，使用 YIELD 函数能够很方便地计算出所购买债券的实际收益率。该函数语法为：

```
YIELD(settlement,maturity,rate,pr,redemption,frequency,[basis])
```

第一参数 settlement 表示债券的结算日，即购买日期。

第二参数 maturity 表示债券的到期日。

第三参数 rate 表示票面利率。

第四参数 pr 表示 100 元面值债券的实际购买价格。

第五参数 redemption 表示面值 100 元债券的兑换价格。

第六参数 frequency 表示年付息次数，按年付息用 1 表示，按半年付息用 2 表示，按季付息用 4 表示。

第七参数 basis 是日计数基准类型。本例使用 3，表示按“实际天数/365”计算。

5.2.2 计算到期付息债券收益率

素材所在位置为：

光盘：\素材\第 5 章 证券投资分析\5.2.2 计算到期付息债券收益率.xlsx

	A	B
1	面值（元）	100
2	成交日期	2013/3/15
3	到期日期	2024/8/20
4	发行日期	2012/8/20
5	票面利率	6.15%
6	买入价格（元）	96.75
7	收益率	

图 5-15　计算到期付息债券收益率

如图 5-15 所示，某公司在 2013 年 3 月 15 日以 96.75 元的价格购入面值为 100 元的债券，债券发行日期为 2012 年 8 月 20 日，到期日为 2024 年 8 月 20 日，票面利率为 6.15%，到期付息，需要计算该债券的收益率。

B7 单元格输入以下公式，计算结果为 6.42%。

```
=YIELDMAT(B2,B3,B4,B5,B6,3)
```

YIELDMAT 函数

YIELDMAT 函数返回到期付息的有价证券的年收益率。该函数语法为：

```
YIELDMAT(settlement,maturity,issue,rate,pr,[basis])
```

第一参数 settlement 表示债券的结算日，即购买日期。

第二参数 maturity 表示债券的到期日。

第三参数 issue 是债券的发行日。

第四参数 rate 是债券的票面利率。

第五参数 pr 表示 100 元面值债券的实际购买价格。

第六参数 basis 是日计数基准类型。本例使用 3，表示按“实际天数/365”计算。

5.2.3 计算折价发行债券的收益率

素材所在位置为：

光盘：\素材\第 5 章 证券投资分析\5.2.3 计算折价发行债券的收益率.xlsx

根据发行价格和票面面额的关系，可以将证券发行分为溢价发行、平价发行和折价发行三种形式。而 YIELDDISC 函数则专门用于返回折价发行的有价证券的年收益率。

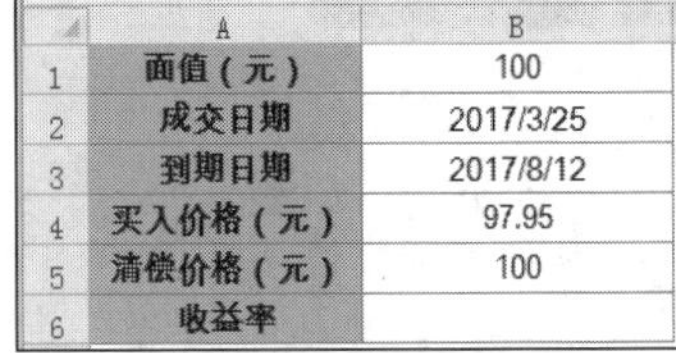

	A	B
1	面值（元）	100
2	成交日期	2017/3/25
3	到期日期	2017/8/12
4	买入价格（元）	97.95
5	清偿价格（元）	100
6	收益率	

图 5-16　计算折价发行债券的年收益率

如图 5-16 所示，某公司在 2017 年 3 月 25 日以 97.95 元的价格购入面值为 100 元的债券，债券到期日为 2017 年 8 月 12 日，需要计算该债券的收益率。

B6 单元格输入以下公式，计算结果为 5.46%。

```
=YIELDDISC(B2,B3,B4,B5,1)
```

YIELDDISC 函数

YIELDDISC 函数返回折价发行的有价证券的年收益率。该函数语法为：

```
YIELDDISC(settlement,maturity,pr,redemption,[basis])
```

第一参数 settlement 表示债券的结算日，即购买日期。

第二参数 maturity 表示债券的到期日。第三参数 pr 表示 100 元面值债券的实际购买价格。

第四参数 redemption 是面值 100 元债券的兑换价格。

第五参数 basis 是日计数基准类型。本例使用 1，表示按“实际天数/实际天数”计算。

注意这里的两个“实际天数”含义并不完全相同。前面的“实际天数”为结束日期减去开始日期的差。后面的“实际天数”为开始年份到结束年份每一年的实际天数相加后，再除以两个日期之间年份数的平均值。

1. 使用鼠标移动或复制单元格

在日常表格编辑处理过程中，用鼠标移动或复制单元格区域的方法比使用菜单操作更加快捷。如图 5-17 所示，首先选中 B2:D4 单元格区域，鼠标指针移动至选定区域的黑色加粗边框上，当鼠标指针显示为黑色图标“+”字箭头时，拖曳鼠标可以看到出现一条矩形虚线，显示目标插入位置。拖曳鼠标至目标位置，释放鼠标，即可完成选定区域的移动。

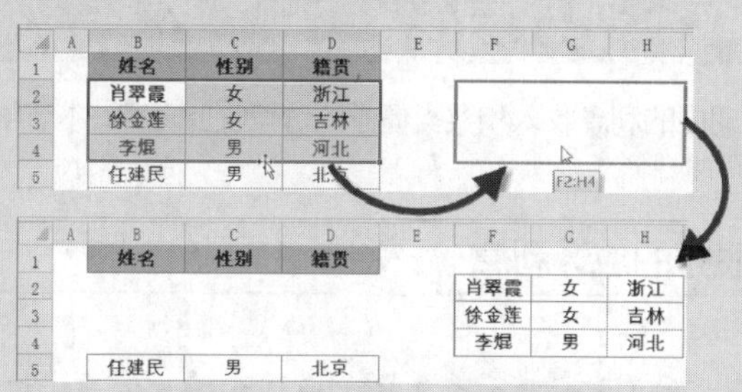

图 5-17 使用鼠标移动单元格

2. 处理不规范日期格式

素材所在位置为：

光盘：\素材\第 5 章 证券投资分析\处理不规范日期格式.xlsx

在 Excel 中输入日期时，很多人习惯写成类似“2017.2.14”这样的样式表示 2017 年 2 月 14 日，但是这样的内容只能被 Excel 识别为文本，而无法识别为日期。如果后续要按时间统计某些信息，则加大了处理的难度。正确的日期间隔符号可以是“/”和“-”两种，即“2017/2/14”或“2017-2-14”的录入形式。

实际工作中，很多时候我们得到的是由其他人录入的数据源。对于已经录入的不规范数据，需要进行必要的处理。如图 5-18 所示，A 列录入的日期使用逗号“.”作为间隔，在 Excel 中无法正确识别，需要将其转换为日期格式。

	A	B	C	D	E	F
1	日期	银行名称	账号	用途	提取金额	经办人
2	2017.3.1	建设银行	6227 0852 2582 3225 78	转账	23000.00	张杰
3	2017.3.1	交通银行	6222 0244 1785 2582 32	采购	5000.00	张杰
4	2017.3.1	交通银行	6222 0244 1785 2582 32	发工资	65000.00	张杰
5	2017.3.1	工商银行	0125 0852 2582 3225 78	房屋租金	15000.00	李丽
6	2017.3.1	工商银行	0125 0852 2582 3225 78	水电费	2680.00	李丽
7	2017.3.1	工商银行	0125 0852 2582 3225 78	押金	5000.00	李丽
8	2017.3.2	建设银行	6227 0852 2582 3225 78	转账	15000.00	张杰
9	2017.3.2	交通银行	6222 0244 1785 2582 32	采购	8500.00	张杰
10	2017.3.2	工商银行	0125 0852 2582 3225 78	转账	3600.00	李丽

图 5-18 不规范的日期格式

单击 A 列列标选中整列，按<Ctrl+H>组合键调出【查找和替换】对话框，在“查找内容”编辑框内输入“.”，在“替换为”对话框内输入“-”，单击【全部替换】按钮，在弹出的提示框中单击【确定】，最后单击【关闭】按钮，A 列中的内容即可批量转换为真正的日期格式，如图 5-19 所示。

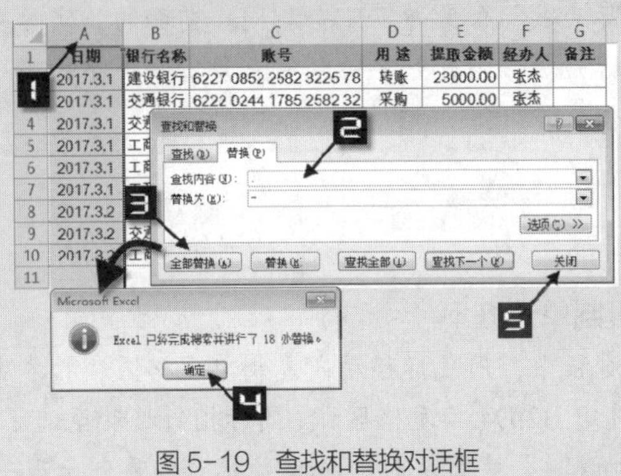

图 5-19　查找和替换对话框

5.3 债券投资收益额计算

债券投资收益额等于投资期内的利息收入和买卖债券的价差收益之和，本节学习使用 Excel 计算债券投资收益额。

5.3.1 计算定期付息债券的应计利息

素材所在位置为：
光盘：\素材\第 5 章 证券投资分析\5.3.1 计算定期付息债券的应计利息.xlsx

如图 5-20 所示，某公司购入 1000 元债券，发行日期为 2017 年 3 月 25 日，首次计息日为 2017 年 8 月 21 日，结算日期为 2017 年 7 月 26 日，票面利率为 6.55%，需要计算从发行日期到结算日期的应计利息。

	A	B
1	债券面值（元）	1000
2	发行日期	2017/3/25
3	首次计息日	2017/8/21
4	结算日期	2017/7/26
5	票面利率	6.55%
6	付息方式	半年
7	计息基准	实际天数/365
8	应计利息	

图 5-20　计算定期付息证券的应计利息

B8 单元格公式输入以下公式，计算结果为 22.07。

```
=ROUND(ACCRINT(B2,B3,B4,B5,B1,2,3),2)
```

公式先使用 ACCRINT 函数计算出从发行日期到结算日期的应计利息，然后使用 ROUND 函数将结果四舍五入保留为两位小数。

ACCRINT 函数

ACCRINT 函数返回定期付息证券的应计利息。函数基本语法为：

```
ACCRINT(issue,first_interest,settlement,rate,par,frequency, [basis],[calc_method])
```

第一参数 issue 是证券的发行日。

第二参数 first_interest 是证券的首次计息日。

第三参数 settlement 是证券的结算日。

第四参数 rate 是证券的年息票利率。

第五参数 par 是证券的票面值。如果省略此参数，默认为 1000。

第六参数 frequency 是年付息次数。

第七参数 basis 是要使用的日计数基准类型。

第八参数 calc_method 是可选参数，用逻辑值来指定当结算日期晚于首次计息日期时用于计算应计利息的方法。

根据 Excel 帮助文件说明，第八参数如果值为 TRUE (1)，则返回从发行日到结算日的总应计利息。如果值为 FALSE (0)，则返回从首次计息日到结算日的应计利息。如果不输入此参数，则默认为 TRUE。但是在实际使用时，使用不同的第八参数，ACCRINT 函数的结果均为从发行日到结算日的应计利息。

5.3.2 计算到期付息债券的应计利息

素材所在位置为：

光盘：\素材\第 5 章 证券投资分析\5.3.2 计算到期付息债券的应计利息.xlsx

	A	B
1	债券面值（元）	1000
2	发行日期	2017/3/25
3	到期日期	2020/3/25
4	票面利率	6.55%
5	付息方式	到期一次付息
6	计息基准	实际天数/365
7	应计利息	

图 5-21 计算到期付息证券的应计利息

如图 5-21 所示，某公司购入 1000 元债券，发行日期为 2017 年 3 月 25 日，到期日期为 2020 年 3 月 25 日，票面利率为 6.55%，付息方式为到期一次付息，需要计算该债券的应计利息。

B7 单元格输入以下公式，计算结果为 196.68。

```
=ROUND(ACCRINTM(B2,B3,B4,B1,3),2)
```

ACCRINTM 函数

ACCRINTM 函数返回到期一次性付息有价证券的应计利息。该函数语法为：

```
ACCRINTM(issue,settlement,rate,par,[basis])
```

第一参数 issue 是证券的发行日。

第二参数 settlement 是证券的到期日。

第三参数 rate 是证券的年息票利率。

第四参数 par 是证券的票面值。如果省略此参数，则默认为 1000。

第五参数 basis 是要使用的日计数基准类型。

小技巧

保护和隐藏工作表中的公式

素材所在位置为：

光盘：\素材\第 5 章 证券投资分析\保护和隐藏工作表中的公式.xlsx

保护和隐藏工作表中的公式

为了避免他人误修改工作表中的公式，或是不希望其他人看到单元格中的公式，可以将公式进行保护和隐藏。

操作步骤如下。

步骤 1 单击工作表左上角的全选按钮选定整个工作表，按<Ctrl+1>组合键打开【设置单元格格式】对话框。切换到【保护】选项卡下，去掉“锁定”复选框的勾选，单击【确定】按钮，如图 5-22 所示。

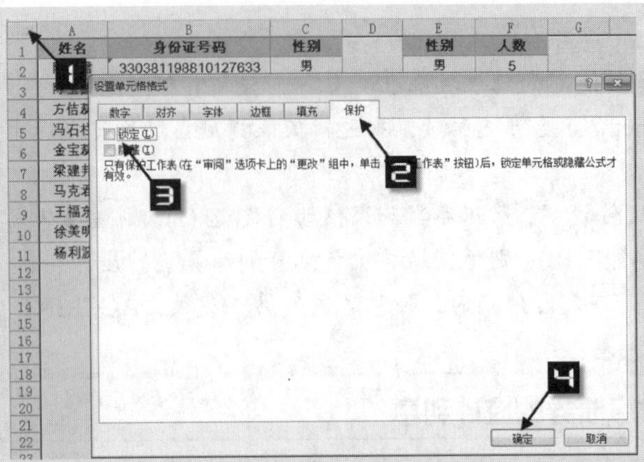

图 5-22 设置单元格格式

步骤 2 在【开始】选项卡下单击【查找和选择】下拉按钮，在下拉菜单中单击【公式】命令，选中工作表中所有包含公式的单元格，如图 5-23 所示。

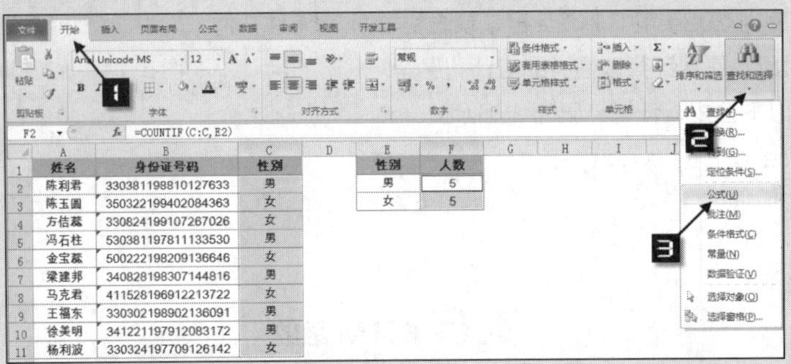

图 5-23 定位公式

步骤 3 保持公式单元格的选中状态，按<Ctrl+1>组合键，打开【设置单元格格式】对话框，在【保护】选项卡下分别勾选“锁定”和“隐藏”复选框，单击【确定】按钮，如图 5-24 所示。

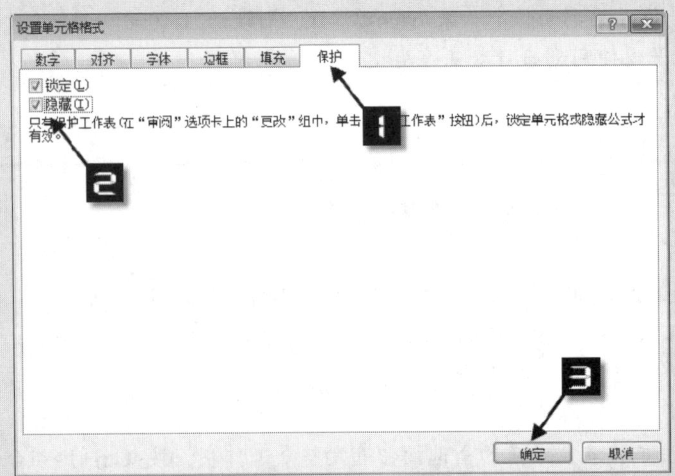

图 5-24 设置单元格保护

步骤4 切换到【审阅】选项卡，单击【保护工作表】按钮。在弹出的【保护工作表】对话框中勾选“选定锁定单元格”和“选定未锁定的单元格”复选框，在“取消工作表保护时使用的密码”编辑框中设置密码，单击【确定】按钮。在弹出的【确认密码】对话框中，再次输入设置的密码进行确认，单击【确定】按钮，如图5-25所示。

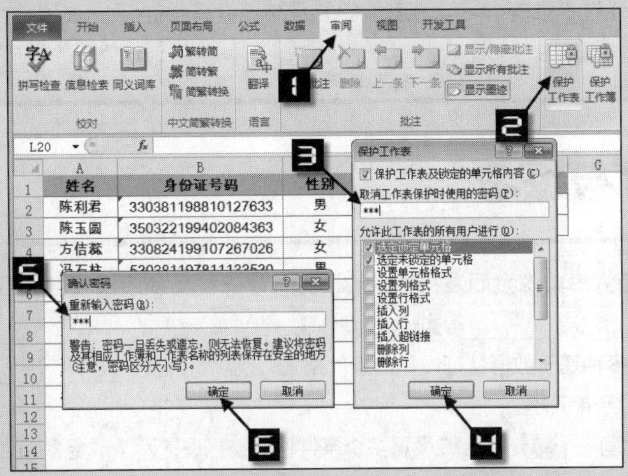

图5-25 设置密码保护

设置完成后，再次选中保护公式的单元格时，编辑栏中不会显示公式。如果要对单元格中的公式进行编辑，Excel将弹出警告对话框并拒绝修改，其他没有公式的单元格则可以正常输入内容，如图5-26所示。

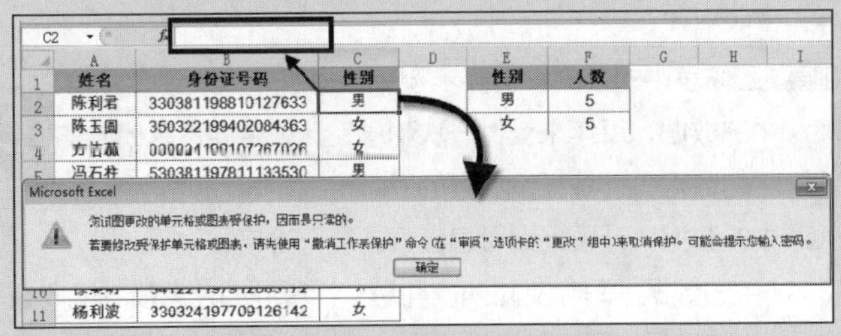

图5-26 受保护的单元格不允许修改

如果要撤消工作表保护，可以在【审阅】选项卡下，单击【撤消工作表保护】命令按钮，然后在弹出的【撤消工作表保护】对话框中输入之前设置的密码即可，如图5-27所示。

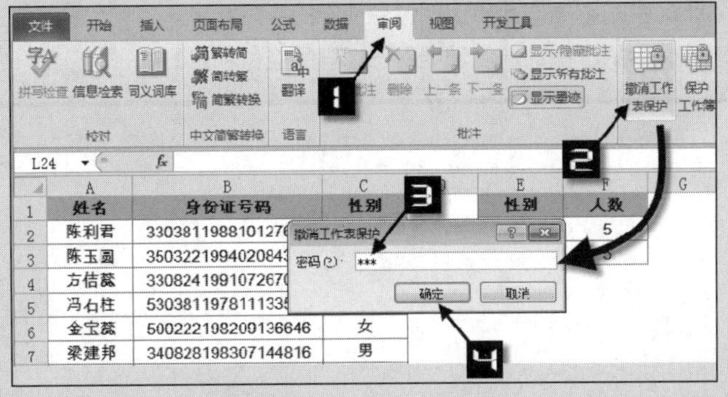

图5-27 撤消工作表保护

本章小结

本章主要学习了Excel在债券投资分析中的应用，包括不同类型债券的价格计算以及不同类型的债券收益率计算等。通过本章的学习，读者能够熟悉与债券有关的Excel函数计算过程，提升工作效率。

思考与练习

1. 债券是筹资者为筹集资金而发行的有价证券，是一种反映债权债务关系的权利证书。分为______债券、______债券、______等类型。

2. Excel内置了多种基于数值特征设置的条件格式，例如可以按________、________、________、________等特征突出显示单元格。

3. Excel允许对同一个单元格区域设置多个条件格式，当设置两个或更多条件格式规则应用于同一个单元格区域时，在【条件格式规则管理器】对话框的列表中，越是位于_____方的规则，其优先级越高。

4. 如果需要删除已经设置的条件格式，可以依次单击_____→_____→_____下拉按钮，在展开的下拉菜单中，单击________命令项，来清除所选单元格的条件格式。

5. 除了内置的条件格式规则，用户还可以通过自定义规则和显示效果的方式，来创建符合自己需要的条件格式。当自定义规则的计算结果为逻辑值______，或是为不等于______的数值时，Excel对条件格式作用区域执行预先设置的格式。

6. 如果要保护和隐藏工作表中的公式，主要步骤有哪些?

7. 以练习5-1.xlsx中的数据，每年末支付一次利息，计算定期付息债券的发行价格。

8. 以练习5-2.xlsx中的数据，计算折价债券的发行价格。

9. 以练习5-3.xlsx中的数据，计算到期付息债券的发行价格。

10. 以练习5-4.xlsx中的数据，每年支付两次利息，计算到期付息债券的收益率。

11. 以练习5-5.xlsx中的数据，日计数基准类型按“实际天数/365”计算，计算定期付息债券的收益率。

12. 以练习5-6.xlsx中的数据，日计数基准类型按“实际天数/365”计算，计算折价发行债券的收益率。

13. 以练习5-7.xlsx中的数据，计算定期付息债券的应付利息。

14. 以练习5-8.xlsx中的数据，计算到期付息债券的应付利息。

第 6 章

借款筹资分析

公司借款筹资是扩大再生产的前提条件，在市场经济条件下，筹资渠道已经从财政拨款和银行贷款逐步发展为股票、债券、银行贷款、租赁等多元化途径。本章主要学习利用 Excel 对企业借款筹资进行分析，通过分析不同筹资方式的成本，便于对借款筹资方式做出决策。

6.1 不同模式下的还款计算

6.1.1 分期等额还本付息情况下的每期还款额

素材所在位置为：

光盘：\素材\第 6 章 借款筹资分析\6.1.1 分期等额还本付息情况下的每期还款额.xlsx

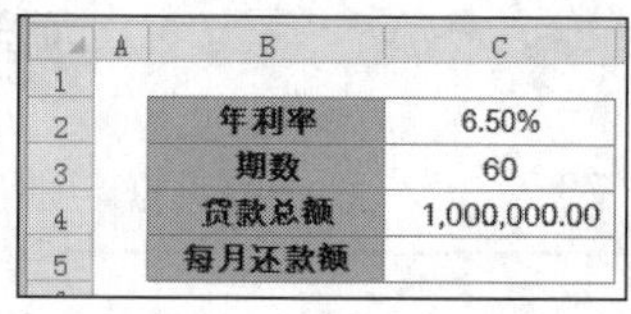

	A	B	C
1			
2		年利率	6.50%
3		期数	60
4		贷款总额	1,000,000.00
5		每月还款额	

图 6-1 等额还款计算

如图 6-1 所示，某公司从银行贷款 100 万元，年利率为 6.5%，共贷款 5 年，采用等额还本付息方式，需要计算每月还款额。

在 C5 单元格输入以下公式，结果为 19566.15。

```
=PMT(C2/12,C3,C4)
```

PMT 函数

PMT 函数的作用是基于固定利率及等额分期付款方式，返回贷款的每期付款额。该函数语法为：

```
PMT(rate,nper,pv,[fv],[type])
```

第一参数 rate 是贷款利率。银行贷款的利率为年利率，由于是按月计息，所以需要除以 12 得到每月的利息。

第二参数 nper 是还款期数。贷款的期数用 5 年乘以 12，得到总计 60 个月。

第三参数 pv 是现值，即贷款总额。贷款是属于现金流入，所以这里使用正数。

第四参数 fv 是未来值，本例省略 fv 参数，则假设其值为 0（零），也就是最后一次付款后希望得到的现金余额为 0。

第五参数 type 可选，用数字 0 或 1 表示各期的付款时间是在期初还是期末。如果为 0 或省略，表示支付时间在期末；如是 1，则表示付款时间为期初。

6.1.2 计算每期还款的本金和利息

PMT 函数常被用在等额还贷业务中，用来计算每期应偿还的贷款金额。而 PPMT 函数和 IPMT 函数则可分别用来计算该业务中每期还款金额中的本金和利息部分。

素材所在位置为：

光盘：\素材\第 6 章 借款筹资分析\6.1.2 计算每期还款的本金和利息.xlsx

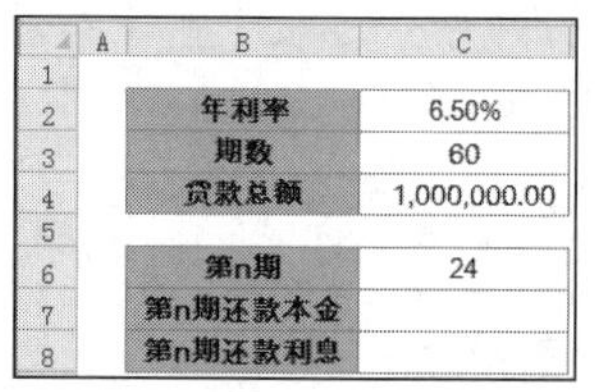

	A	B	C
1			
2		年利率	6.50%
3		期数	60
4		贷款总额	1,000,000.00
5			
6		第n期	24
7		第n期还款本金	
8		第n期还款利息	

图 6-2 贷款每期还款本金与利息

如图 6-2 所示，某公司从银行贷款 100 万元，年利率为 6.5%，共贷款 5 年，采用等额还款方式，需要计算第 24 个月还款时的本金和利息。

在 C7 单元格中输入以下公式计算第 24 期时的还款本金，结果为 -16021.4。

```
=PPMT(C2/12,C6,C3,C4)
```

在 C8 单元格中输入以下公式计算第 24 期时的还款利息，结果为 -3544.75。

```
=IPMT(C2/12,C6,C3,C4)
```

1. PPMT 函数

PPMT 函数的作用是基于固定利率及等额分期付款方式，返回投资在某一给定期间内的本金偿还额。该函数语法为：

```
PPMT(rate,per,nper,pv,[fv],[type])
```

第一参数 rate 是贷款利率。本例使用年利率 12 得到每月的利息。

第二参数 per 是用于计算其利息数额的期数，必须在 1 到 nper 之间，本例为 24。

第三参数 nper 是付款总期数，本例为 60 个月。

第四参数 pv 是现值，即贷款总额。

第五参数 fv 是未来值，本例省略 fv 参数，最后一次付款后希望得到的现金余额为 0。

第六参数 type 可选，用数字 0 或 1 表示各期的付款时间是在期初还是期末。

2. IPMT 函数

IPMT 函数的作用是基于固定利率及等额分期付款方式，返回给定期数内对投资的利息偿还额。该函数语法和使用方法与 PPMT 函数相同。

使用等额还本付息时，在还款的初始阶段，所还的利息要远远大于本金，随着还款期数的增加，本金比例越来越大，利息比例越来越小，但二者金额的和始终等于每期的还款总额，即在相同条件下 PPMT+IPMT=PMT。

6.1.3 使用模拟运算表计算贷款偿还金额

贷款年偿还额受两个因素的影响，一是贷款年利率，二是贷款总额。使用 Excel 模拟运算表功能，能够对两个变量依次使用不同的值，来查看对公式结果的影响。本节学习使用 Excel 模拟运算表来计算不同年利率、不同贷款金额下对应的年偿还金额。

素材所在位置为：

光盘：\素材\第 6 章 借款筹资分析\6.1.3 使用模拟运算表计算贷款偿还金额.xlsx

操作步骤如下。

步骤 1 首先在 B2～C5 单元格区域输入用于计算年偿还金额的基础数据，包括年利率、贷款期数和贷款总额。然后在工作表中继续输入用于模拟运算表的基础数据框架，如图 6-3 所示。

步骤 2 在 C5 单元格中输入以下公式计算年偿还金额，并将公式复制到 B9 单元格，也就是用于使用模拟运算表的左上角单元格，如图 6-4 所示。

```
=PMT($C$2,$C$3,$C$4)
```

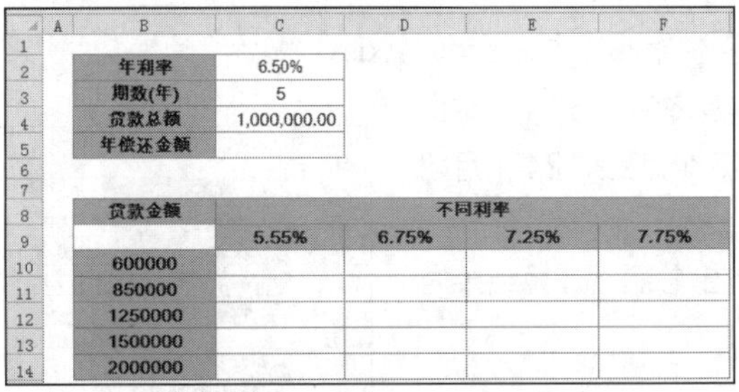

年利率	6.50%
期数(年)	5
贷款总额	1,000,000.00
年偿还金额	

贷款金额	不同利率			
	5.55%	6.75%	7.25%	7.75%
600000				
850000				
1250000				
1500000				
2000000				

图 6-3 输入基础数据

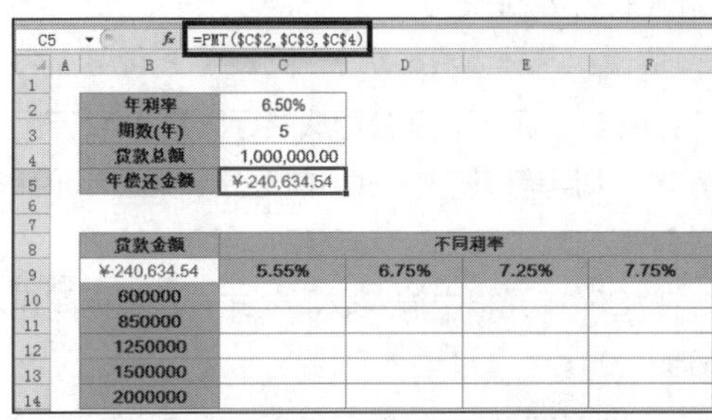

C5 =PMT($C$2,$C$3,$C$4)

年利率	6.50%
期数(年)	5
贷款总额	1,000,000.00
年偿还金额	¥-240,634.54

贷款金额	不同利率			
¥-240,634.54	5.55%	6.75%	7.25%	7.75%
600000				
850000				
1250000				
1500000				
2000000				

图 6-4 使用公式计算年偿还金额

步骤 3 选中 B9:F14 单元格区域，然后单击【数据】选项卡下的【模拟分析】下拉按钮，在下拉列表中选择【模拟运算表】命令。

步骤 4 在弹出的【模拟运算表】对话框中，单击"输入引用行的单元格"右侧的折叠按钮，选择 C2 单元格中的年利率。单击 "输入引用列的单元格"右侧的折叠按钮，选择 C4 单元格中的贷款总额，最后单击【确定】按钮，如图 6-5 所示。

最终计算结果如图 6-6 所示，在 C10:F14 单元格区域中，计算出不同年利率及不同贷款金额下对应的年偿还金额。

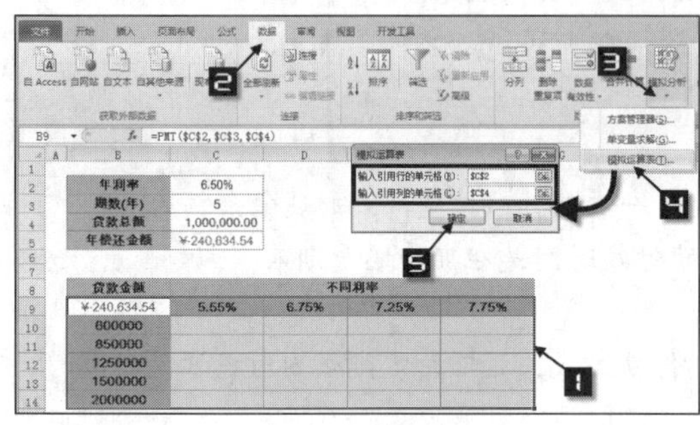

图 6-5　模拟运算表

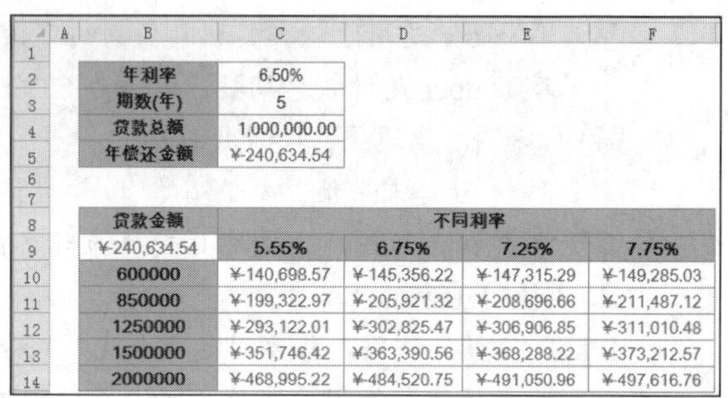

	B	C	D	E	F
2	年利率	6.50%			
3	期数(年)	5			
4	贷款总额	1,000,000.00			
5	年偿还金额	¥-240,634.54			
8	贷款金额	不同利率			
9	¥-240,634.54	5.55%	6.75%	7.25%	7.75%
10	600000	¥-140,698.57	¥-145,356.22	¥-147,315.29	¥-149,285.03
11	850000	¥-199,322.97	¥-205,921.32	¥-208,696.66	¥-211,487.12
12	1250000	¥-293,122.01	¥-302,825.47	¥-306,906.85	¥-311,010.48
13	1500000	¥-351,746.42	¥-363,390.56	¥-368,288.22	¥-373,212.57
14	2000000	¥-468,995.22	¥-484,520.75	¥-491,050.96	¥-497,616.76

图 6-6　模拟运算表结果

知识点讲解

模拟运算表

模拟运算表是进行预测分析的一种工具，它可以显示 Excel 工作表中一个或多个数据变量的变化对计算结果的影响，求得某一过程中可能发生的数值变化，同时将这一变化列在表中以便于比较。

根据需要观察的数据变量的多少，可以分为单变量数据表和双变量数据表两种形式。单变量模拟运算表可以查看一个变量对一个或者多个公式的影响；双变量模拟运算表则是使用两组数据，这两组数据必须使用同一个公式，并且这个公式必须引用两个不同的单元格。

用户不能删除模拟运算表结果区域中的单个或部分数据。如需删除数据表中的数据，需要选中存放结果的所有单元格区域后，再按 Delete 键清除。

6.1.4 计算累计还贷本金和利息

使用 CUMPRINC 函数和 CUMIPMT 函数，能够计算某一个阶段所需要还款的本金和利息之和。

素材所在位置为：
光盘：\素材\第 6 章 借款筹资分析\6.1.4 计算累计还贷本金和利息.xlsx

如图 6-7 所示，某公司从银行贷款 100 万元，年利率为 6.50%，共贷款 5 年，采用等额还款方式。需要计算第 2 年（即第 13 个月到第 24 个月期间）需要还款的累计本金和利息。

	B	C
2	年利率	6.50%
3	期数(月)	60
4	贷款总额	1,000,000.00
5	起始月份	13
6	截止月份	24
8	期间还款本金	
9	期间还款利息	

图 6-7　贷款累计还款本金与利息

在 C8 单元格中输入以下公式，计算期间还款本金总额，计算结果为 186661.04。

```
=ROUND(CUMPRINC(C2/12,C3,C4,C5,C6,0),2)
```

在 C9 单元格中输入以下公式，计算期间还款利息总额，计算结果为

48132.74。

```
=ROUND(CUMIPMT(C2/12,C3,C4,C5,C6,0),2)
```

在 C8 和 C9 单元格中分别计算出第 13 个月至第 24 个月期间的所还款本金和与利息。

CUMPRINC 函数和 CUMIPMT 函数

CUMPRINC 函数用于返回一笔贷款在给定的期间内，累计偿还的本金数额。该函数语法为：

```
CUMPRINC(rate,nper,pv,start_period,end_period,type)
```

第一参数 rate 是利率。

第二参数 nper 是贷款期数。

第三参数 pv 是现值，即贷款总额。

第四参数和第五参数分别是指定统计期间的首期和末期。

最后一个参数 type 不可省略，表示付款时间类型，通常情况下，第一次付款是在第一期之后发生的，所以 type 一般使用参数 0。

CUMIPMT 函数用于返回一笔贷款在给定的期间内，累计偿还的利息数额。该函数语法和使用方法与 CUMPRINC 函数完全相同。

6.2 贷款偿还进度分析

素材所在位置为：

光盘：\素材\第 6 章 借款筹资分析\6.2 贷款偿还进度分析.xlsx

贷款偿还进度分析

为了维护企业形象和商业信誉，企业需要根据签订的贷款合同或协议约定偿还贷款。使用 Excel 图表，能够对还款进度进行跟踪分析，如图 6-8 所示。

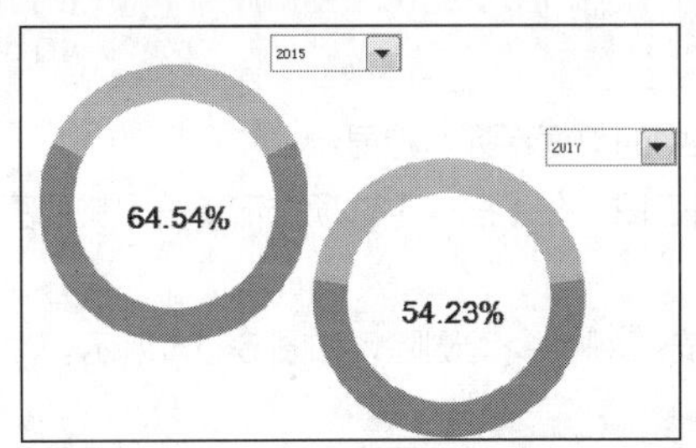

图 6-8　使用 Excel 图表展示还款进度

6.2.1 制作还款进度图表

制作还款进度图表操作步骤如下。

步骤 1　首先在 Excel 工作表中准备基础数据。在 B2～C5 单元格区域中依次输入年利率、期数和贷款总额。

然后在 B8～D13 单元格区域建立计划还款与实际还款的表格框架，如图 6-9 所示。

步骤 2　在 C5 单元格中输入以下公式计算每期的还款总额。

```
=PMT(C2,C3,C4)
```

在 C9 单元格中输入以下公式，引用 C5 单元格的每期还款额，然后将公式向下复制到 C13 单元格。

```
=$C$5
```

在 D9～D13 单元格区域中输入每期的实际还款额，如图 6-10 所示。

年利率	6.50%	
期数(年)	5	
贷款总额	1,000,000.00	
每期还款额		
年份	计划还款	实际还款
2015		
2016		
2017		
2018		
2019		

图 6-9　输入基础数据

年利率	6.50%	
期数(年)	5	
贷款总额	1,000,000.00	
每期还款额	¥-240,634.54	
年份	计划还款	实际还款
2015	¥-240,634.54	155300
2016	¥-240,634.54	185000
2017	¥-240,634.54	130500
2018	¥-240,634.54	
2019	¥-240,634.54	

图 6-10　使用公式计算每期还款额

步骤 3　在 G9 单元格输入以下公式计算还款占比，将公式向下复制到 G13 单元格，如图 6-11 所示。

```
=D9/-C9
```

步骤 4　在 F9 单元格输入以下公式作为图表辅助数据，将公式向下复制到 F13 单元格。

```
=(1-$G9)/2
```

选中 F9:F13 单元格区域，按<Ctrl+C>组合键复制，然后单击 H9 单元格，按<Ctrl+V>组合键粘贴，如图 6-12 所示。

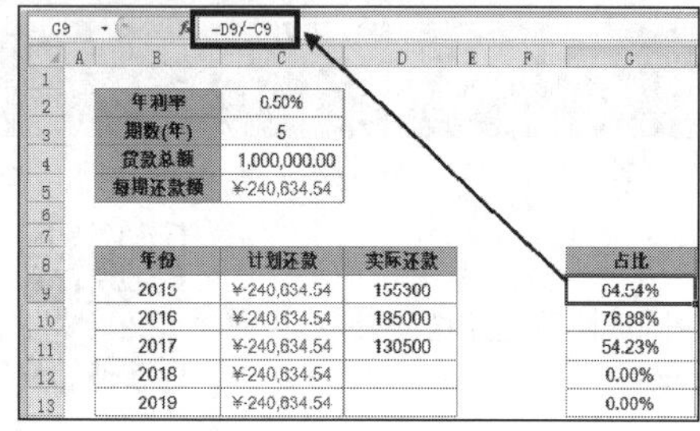

年利率	0.50%		
期数(年)	5		
贷款总额	1,000,000.00		
每期还款额	¥-240,634.54		
年份	计划还款	实际还款	占比
2015	¥-240,634.54	155300	64.54%
2016	¥-240,634.54	185000	76.88%
2017	¥-240,634.54	130500	54.23%
2018	¥-240,634.54		0.00%
2019	¥-240,634.54		0.00%

图 6-11　计算还款占比

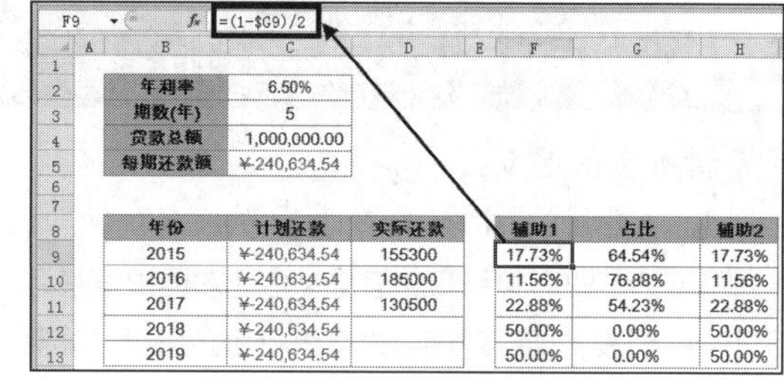

年利率	6.50%				
期数(年)	5				
贷款总额	1,000,000.00				
每期还款额	¥-240,634.54				
年份	计划还款	实际还款	辅助1	占比	辅助2
2015	¥-240,634.54	155300	17.73%	64.54%	17.73%
2016	¥-240,634.54	185000	11.56%	76.88%	11.56%
2017	¥-240,634.54	130500	22.88%	54.23%	22.88%
2018	¥-240,634.54		50.00%	0.00%	50.00%
2019	¥-240,634.54		50.00%	0.00%	50.00%

图 6-12　创建辅助列

使用两个辅助列，能够使图表中的数据系列对称显示。

步骤 5　选中 F8:H9 单元格区域，在【插入】选项卡下单击【其他图表】下拉按钮，在下拉列表中选择“圆环图”，如图 6-13 所示。

步骤 6　单击选中图例项，按<Delete>键删除，如图 6-14 所示。

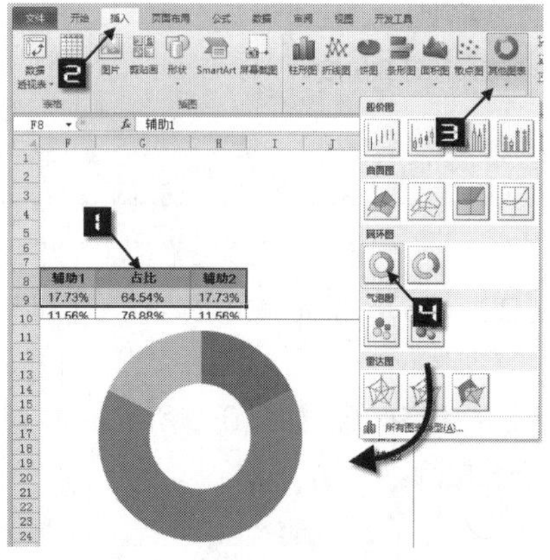

图 6-13　插入圆环图

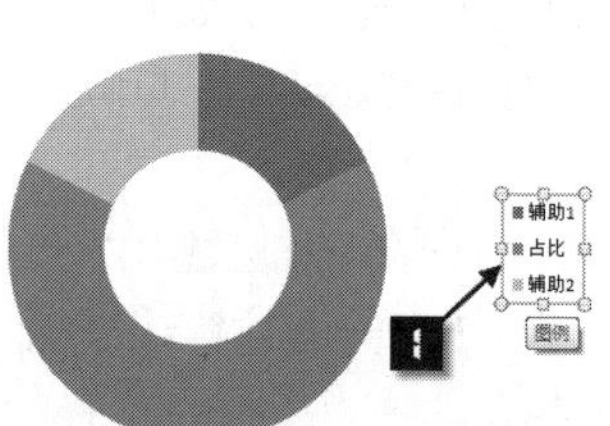

图 6-14　删除图例项

步骤7 双击图表系列，打开【设置数据系列格式】对话框，在“圆环图内径大小”底部的编辑框中输入75%，这里的数值设置越大，圆环图的内径就会越大。不要关闭对话框，如图6-15所示。

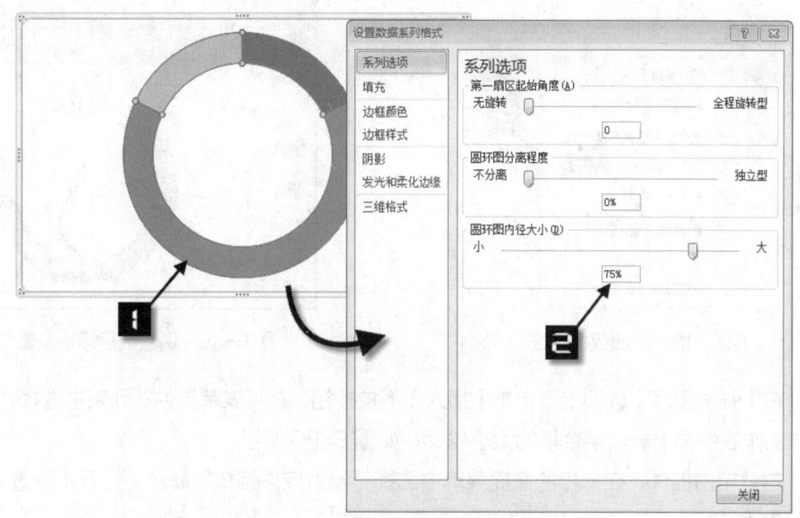

图6-15 设置圆环图内径大小

步骤8 单击图表数据系列，然后再单击选中“占比”数据点，从【设置数据点格式】对话框中切换到【填充】选项卡下，单击【颜色】下拉按钮，在主题颜色面板中选择“水绿色，强调文字颜色5”，如图6-16所示。

步骤9 按照步骤8中的方法，将其他两个数据点设置为相同的填充颜色，关闭【设置数据点格式】对话框，设置填充颜色后的图表效果如图6-17所示。

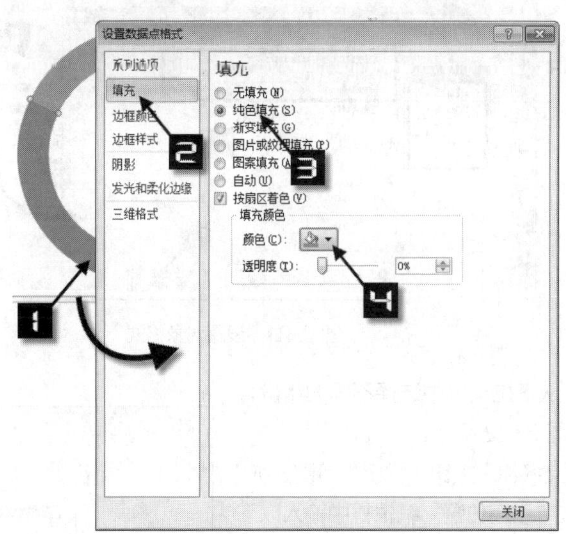

图6-16 设置数据点格式

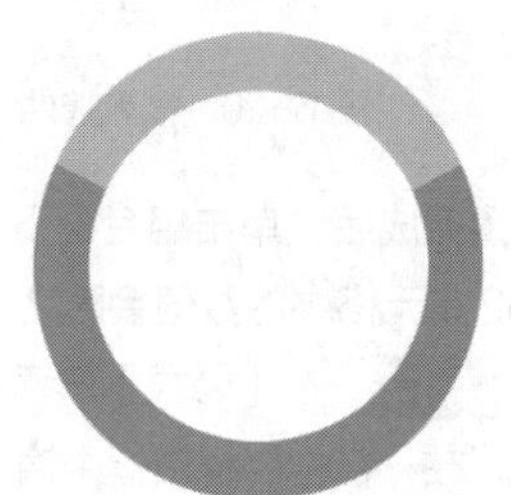

图6-17 设置填充颜色后的圆环图

步骤10 单击图表数据系列，然后再单击选中“占比”数据点，单击鼠标右键，在弹出的快捷菜单中选择“添加数据标签”命令，如图6-18所示。

步骤11 选中数据标签，在【开始】选项卡下设置字体字号，然后将数据标签拖动到圆环图中心位置，如图6-19所示。

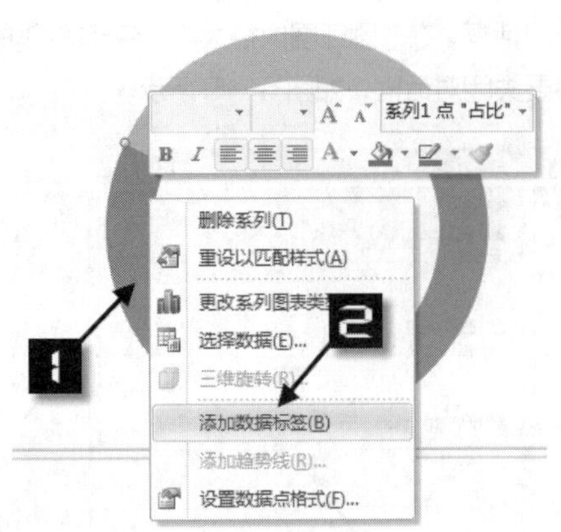

图 6-18　添加数据标签

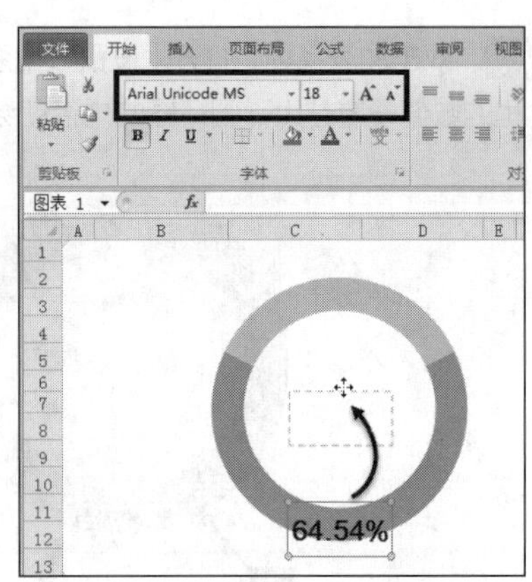

图 6-19　调整数据标签位置

步骤 12　在【开发工具】选项卡下单击【插入】下拉按钮，在“表单控件”列表中选择“组合框”命令，然后拖曳鼠标在工作表中画出一个组合框的大小轮廓，如图 6-20 所示。

步骤 13　右键单击控件，在弹出的快捷菜单中选择“设置控件格式”命令，打开【设置对象格式】对话框。在【控制】选项卡下：

（1）单击“数据源区域”右侧的折叠按钮，选择 B9:B13 单元格区域中的年份；

（2）单击“单元格链接”右侧的折叠按钮，选择一个空白单元格，本例选择 G2 单元格；

（3）在“下拉显示项数”编辑框中输入 5。实际使用时可根据数据源区域的范围设置相应的显示项数。最后单击【确定】按钮关闭对话框，如图 6-21 所示。

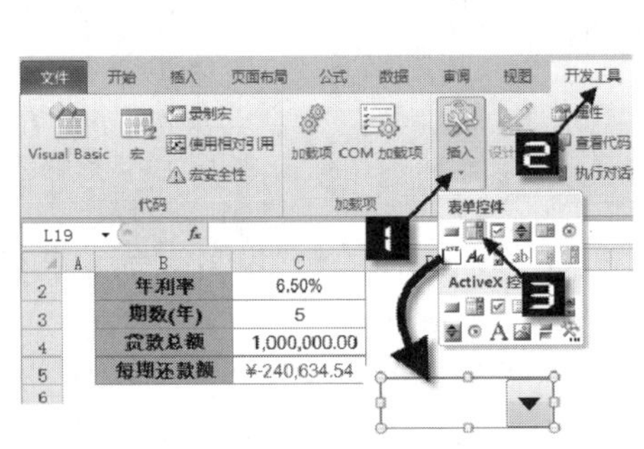

图 6-20　插入控件

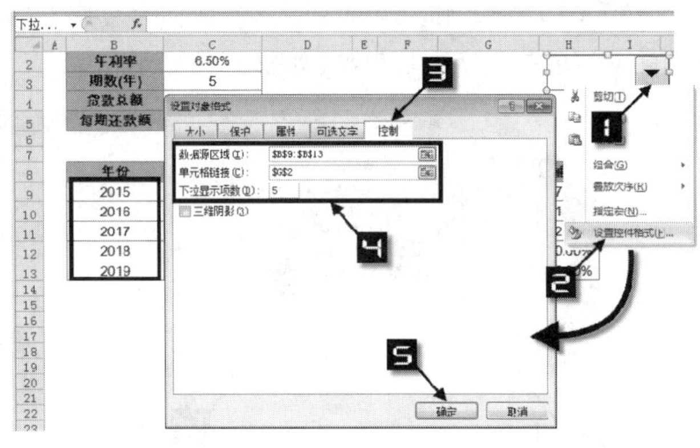

图 6-21　设置对象格式

设置完成后，单击组合框下拉按钮，即可从下拉菜单中选择不同的年份，并且 G2 单元格中的数值会随之发生变化，如图 6-22 所示。

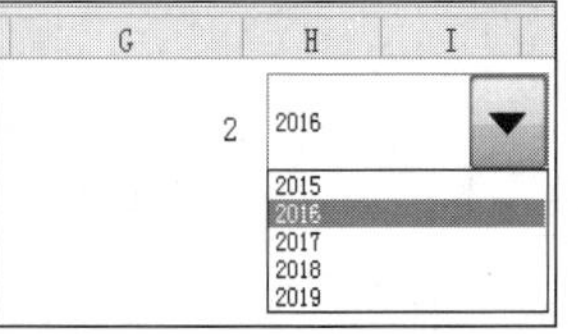

图 6-22　在组合框中选择年份

步骤 14　在【公式】选项卡下单击【定义名称】按钮，弹出【新建名称】对话框。在“名称”编辑框中输入“占比”。在“引用位置”编辑框中输入以下公式，单击【确定】按钮，如图 6-23 所示。

```
=OFFSET($F$8:$H$8,$G$2,0)
```

步骤 15　右键单击图表，在弹出的快捷菜单中单击【选择数据】命令，打开【选择数据源】对话框。单击【编辑】按钮，弹出【编辑数据系列】对话框。在“系列值”编辑框中清除感叹号之后的内容，输入自定义的名称“占比”，最后依次单击【确定】按钮，关闭对话框，如图 6-24 所示。

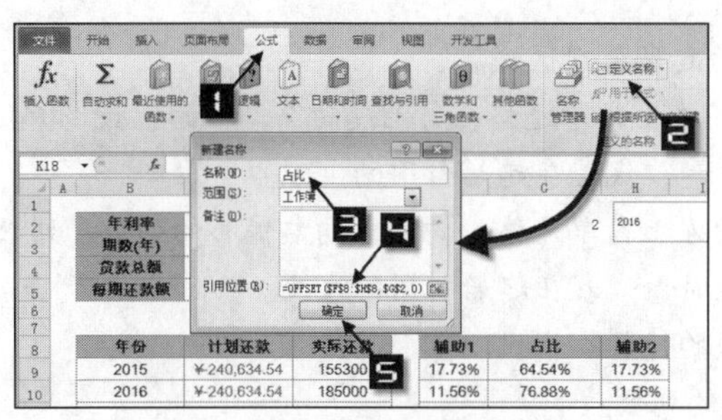

图 6-23　定义名称

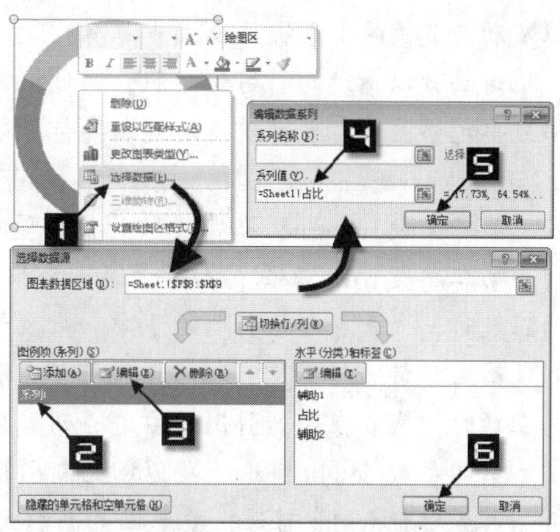

图 6-24　选择图表数据源

步骤 16　右键单击控件，选中控件后拖动到图表上方。按住<Ctrl>键单击图表，使控件和图表处于同时选中状态，然后单击鼠标右键，在快捷菜单中依次单击【组合】→【组合】命令，如图 6-25 所示。

步骤 17　使用鼠标拖动调整图表位置，使其覆盖占比和辅助数据区域。由于设置了组合，所以此时控件会同时移动，如图 6-26 所示。

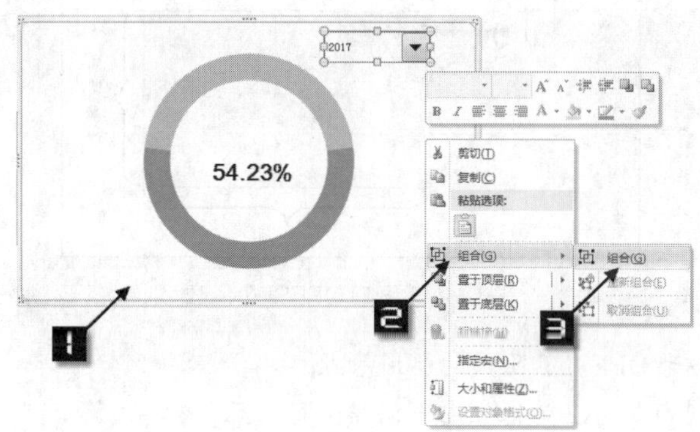

图 6-25　控件和图表组合

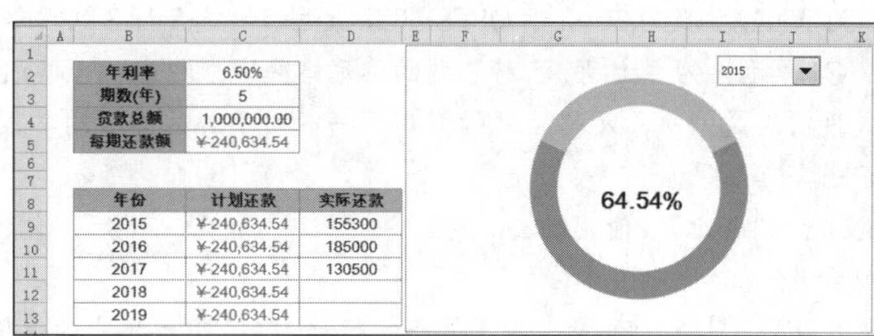

图 6-26　调整图表位置

至此，图表设置完成。只要从控件下拉菜单中选择不同的年份，图表中就会显示所选年份的实际还款占比。

OFFSET 函数

OFFSET 函数主要用于返回数据的动态引用，结合定义名称或其他函数，在制作动态图表以及动态范围的汇总统计公式中都有广泛应用。

该函数以指定的引用为参照，通过给定偏移量得到新的引用，返回的引用可以为一个单元格或单元格区域，也可以指定返回的行数或列数。该函数基本语法如下：

```
OFFSET(reference,rows,cols,[height],[width])
```

第一参数 reference 必需，作为偏移量参照的起始引用区域。

第二参数 rows 必需，相对于偏移量参照系的左上角单元格，向上或向下偏移的行数。行数为正数时，代表在起始引用的下方。行数为负数时，代表在起始引用的上方。

第三参数 cols 必需，相对于偏移量参照系的左上角单元格，向左或向右偏移的列数。列数为正数时，代表在起始引用的右边。列数为负数时，代表在起始引用的左边。

第四参数 height 可选，要返回的新引用区域的行数。

第五参数 width 可选，要返回的新引用区域的列数。

如果省略第四和第五参数，默认返回的新引用区域行列数与第一参数的行列数相同。

如图 6-27 所示，以下公式将返回对 C4:E8 单元格的引用。

```
=OFFSET(A2,2,2,5,3)
```

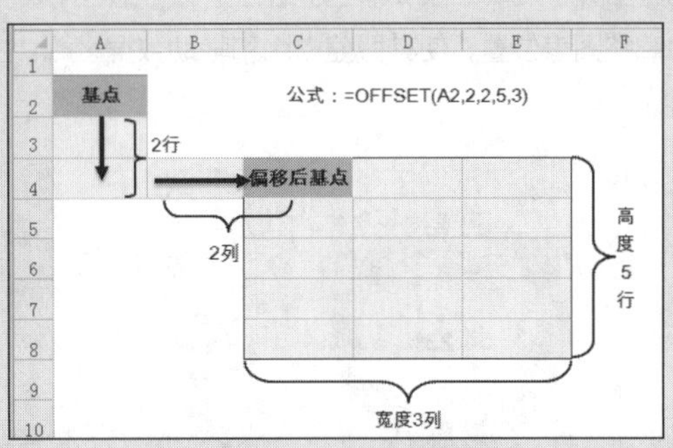

图 6-27　图解 OFFSET 函数

其中，A2 单元格为 OFFSET 函数的引用基点。

rows 参数为 2，表示以 A2 为基点向下偏移两行，至 A4 单元格。

cols 参数为 2，自 A4 单元格向右偏移两列，至 C4 单元格。

height 参数为 5，width 参数为 3，表示 OFFSET 函数返回的是 5 行 3 列的单元格区域。因此，该公式返回的是以 C4 单元格为左上角、5 行 3 列的单元格区域，即 C4:E8 单元格区域的引用。

注意，此公式返回的是一个单元格区域的引用，一般用于其他函数的参数，而不能在一个单元格中直接显示出全部结果。

本例中自定义名称“占比”，使用的公式为：

```
=OFFSET($F$8:$H$8,$G$2,0)
```

OFFSET 函数以$F$8:$H$8 为基点，向下偏移的行数由 G2 单元格中的数值指定，而 G2 单元格中的数值再由组合框进行控制。第三参数使用 0，表示不向右偏移。

当在下拉菜单中选择年份时，G2 单元格的数值，也就是 OFFSET 函数向下偏移的行数随之发生变化，因此返回一个新单元格区域的引用，再将这个新的引用作为图表数据源，最终实现控件与图表的联动。

6.2.2 计算指定区间的还款总额

利用 OFFSET 函数能够返回动态引用区域的特点，借助 SUM 函数，可以方便地对指定区间的数据进行求和汇总。

素材所在位置为：
光盘：\素材\第 6 章 借款筹资分析\6.2.2 计算指定区间的还款总额.xlsx

如图 6-28 所示，A~B 列是某公司每月应还款额的明细记录。需要根据 D2 单元格中指定的开始月份和 E2 单元格中指定的截止月份，对该期间的应还款额进行汇总。

D6 单元格输入以下公式，计算结果为 2844200。

```
=SUM(OFFSET(B1,D2,0,E2-D2+1))
```

	A	B	C	D	E
1	月份	应还款额		开始月份	截止月份
2	1月	675100		3	8
3	2月	743600			
4	3月	247000			
5	4月	503900		期间应还款总额	
6	5月	647900			
7	6月	721100			
8	7月	287500			
9	8月	436800			
10	9月	966200			
11	10月	957200			
12	11月	889500			
13	12月	254900			

图 6-28 计算指定区间的还款总额

OFFSET 函数以 B1 单元格为基点，向下偏移的行数由 D2 单元格中的开始月份确定，向右偏移的列数为 0，新引用的行数为 E2-D2+1，即截止月份-开始月份+1，以此得到 3~8 月份应还款额的动态引用范围。

最后使用 SUM 函数对 OFFSET 函数返回的引用范围求和，得到指定区间的还款总额。

6.3 资金需要量预测

资金需要量预测是指企业根据生产经营的需求，对未来所需资金的估计和推测。企业筹集资金之前，需要先对资金需要量进行预测，即对企业未来组织生产经营活动的资金需要量进行估计、分析和判断，是企业制订筹资计划的基础。本节学习使用 Excel 函数公式，利用回归分析法进行简单的资金需要量预测。

6.3.1 使用 TREND 函数预测资金需要量

素材所在位置为：
光盘：\素材\第 6 章 借款筹资分析\6.3.1 使用 TREND 函数预测资金需要量.xlsx

插值法又称“内插法”，在财务、工程等领域中有广泛的应用。如图 6-29 所示，B 列为某企业 1~4 月份的销售收入，C 列是对应的资金需要量。需要预测销售收入在 305 万元时的资金需要量。

	A	B	C
1	月份	销售收入（万元）	资金需要量（万元）
2	1月	170	18.49
3	2月	180	22.77
4	3月	190	27.04
5	4月	200	31.32
6			
7			
8	5月预计销售收入（万元）		预计资金需要量（万元）
9	305		

图 6-29 预测资金需要量

C9 单元格输入以下公式，计算结果为 76.217。

```
=TREND(C2:C5,B2:B5,A9)
```

TREND 函数

TREND 函数根据已知 x 序列的值和 y 序列的值，构造线性回归直线方程，然后根据构造好的直线方程，计算 x 值序列对应的 y 值序列。函数语法为：

```
TREND(known_y's,[known_x's],[new_x's],[const])
```

第一参数 known_y's 是关系表达式 y=mx+b 中已知的 y 值集合。

第二参数[known_x's]是关系表达式 y=mx+b 中已知的 x 值集合。

第三参数[new_x's]表示给出的新 x 值，也就是需要计算预测值的变量 x。

第四参数 Const 可选。用逻辑值 TRUE 或是 FALSE 指定是否将常量 b 强制设为 0。一般情况下该参数省略，表示 b 将按正常计算。

使用 TREND 函数时，应注意检查数据的拟合优度。操作步骤如下：

步骤 1 选中 B1:C5 单元格区域，在【插入】选项卡下单击【散点图】下拉按钮，在下拉列表中选择【带平滑线的散点图】，如图 6-30 所示。

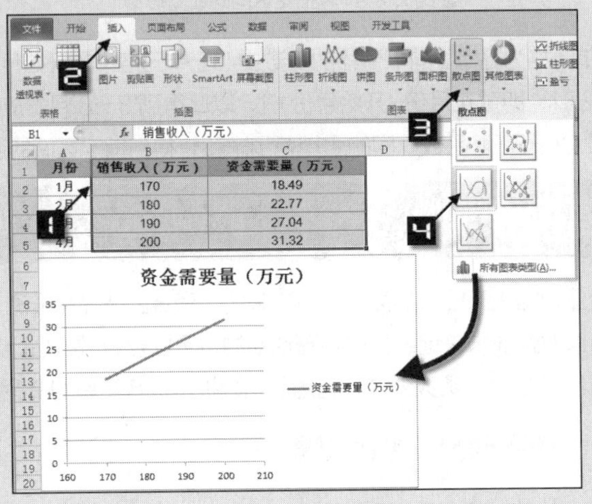

图 6-30 插入散点图

步骤 2 选中图表，在【布局】选项卡下单击【趋势线】下拉按钮，在下拉菜单中选择“其他趋势线选项”命令，如图 6-31 所示。

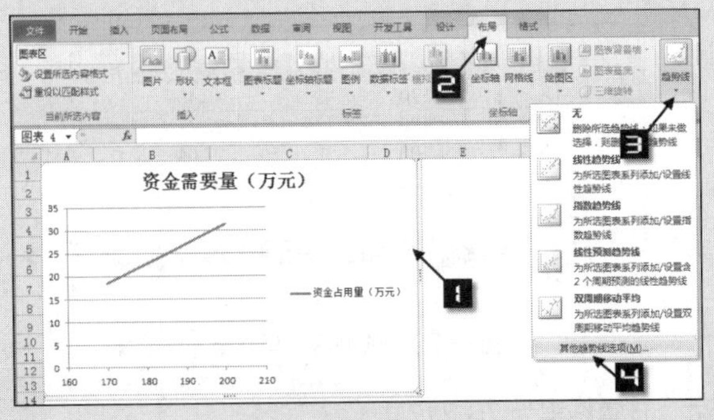

图 6-31 其他趋势线选项

步骤 3 在弹出的【设置趋势线格式】对话框中，保持“线性”默认选项，勾选“显示 R 平方值”复选框，最后单击【关闭】按钮，如图 6-32 所示。

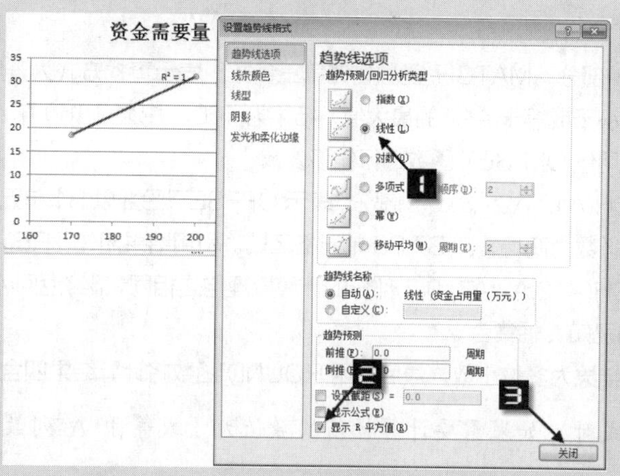

图 6-32 趋势线选项

R 平方值是趋势线拟合程度的指标，范围在 0~1 之间。它的数值大小可以反映趋势线的估计值与对应的实际数据之间的拟合程度，当趋势线的 R 平方值等于 1 或接近 1 时，其可靠性最高，反之则可靠性较低。

本例中，TREND 函数第一参数和第二参数为已知 y 值集合和已知 x 值集合，分别对应于 C 列的资金占用量和 B 列的销售收入，第三参数为需要计算插值的新 x 值，也就是 A9 单元格中的预测销售收入，公式最终计算结果为 76.217。

6.3.2 分段预测资金需要量

如果数据的线性回归分析模型拟合优度较差，在进行预测时应分段进行计算。

素材所在位置为：
光盘：\素材\第 6 章 借款筹资分析\6.3.2 分段预测资金需要量.xlsx

图 6-33 展示了一份销售收入与资金需要量的记录表，需要用插值法根据 A12 单元格中的预计销售收入来预测资金需要量。

首先插入一个带平滑线的散点图，并添加趋势线，以此检查拟合优度，效果如图 6-34 所示。

	A	B
1	销售收入（万元）	资金需要量（万元）
2	1	0.8
3	6	1.1
4	10	4.2
5	23	7.5
6	66	25
7	160	55
8	300	200
9		
10		
11	预计销售收入（万元）	预计资金需要量（万元）
12	200	

图 6-33 预测资金需要量

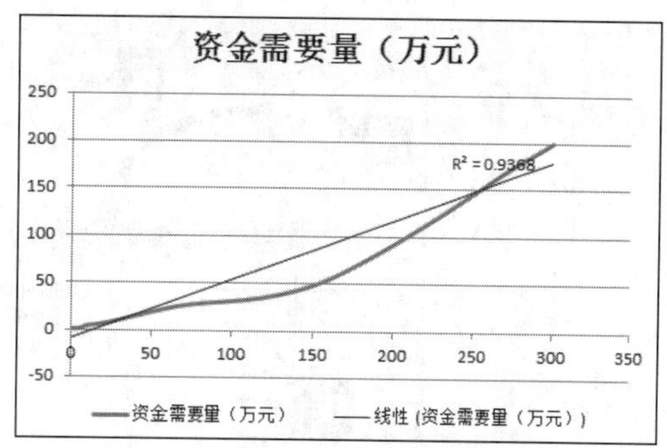

图 6-34 带趋势线的散点图

图 6-34 中可见拟合优度较差，仅每两个点之间可以近似看作一段直线。因此直接使用 TREND 函数将无法得到准确结果。可将整个数据表分成若干段，在每段内进行线性插值的计算。

在 B12 单元格输入以下公式预测资金需要量，结果为 96。

```
=ROUND(TREND(OFFSET(B1,MATCH(A12,A2:A8),0,2),OFFSET(A1,MATCH(A12,A2:A8),0,2),A12),0)
```

【公式讲解】

MATCH(A12,A2:A8)部分，MATCH 函数省略第三参数，表示查找方式为升序查找。MATCH 函数在 A2:A8 单元格区域中查找小于或等于 A12 的最大值，结果为 160，并返回 160 在 A2:A8 中的相对位置 6。

MATCH 函数的结果用作 OFFSET 函数的行偏移参数。

OFFSET(B1,MATCH(A12,A2:A8),0,2)部分，表示 OFFSET 函数以 B1 单元格为基点，向下偏移 6 行，向右偏移 0 列，新引用的行数为两行，即 B7:B8 单元格区域。引用结果用作 TREND 函数的已知 y 值集合。

OFFSET(A1,MATCH(A12,A2:A8),0,2)部分的计算原理与之相同，最终返回 A7:A8 单元格区域的引用，结果用作 TREND 函数的已知 x 轴集合。

TREND 函数的计算结果为多位小数，最后使用 ROUND 函数将计算结果四舍五入保留到整数。

【提示】使用此公式时，如果需要计算插值的数值大于或等于 A 列最大值时，公式将返回错误值。

认识 Excel 中的“超级表”

素材所在位置为：

光盘：\素材\第 6 章 借款筹资分析\认识 Excel 中的“超级表”.xlsx

Excel 中的“表格”是一个数据处理的列表，使用该功能可以将现有的普通表格转换为一个规范的可自动扩展的数据表单。“表格”能够自动扩展数据区域，并且在求和、极值、平均值等计算时，不需要手工输入公式，同时可以方便地转换为普通单元格区域，从而方便数据管理和分析操作。

单击数据区域中的任意单元格，如 A3，在【插入】选项卡中单击【表格】按钮，弹出【创建表】对话框，在【表数据的来源】编辑框中，会自动选中当前连续的数据区域，保留“表包含标题”的默认勾选，单击【确定】按钮完成对“表格”的创建，创建的表默认使用蓝白相间的表格样式，如图 6-35 所示。

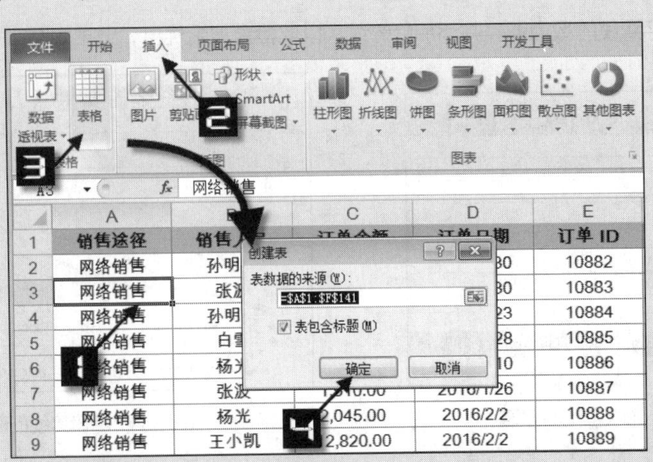

图 6-35 创建表

除了在功能区中创建表格，还可以使用<Ctrl+T>或是<Ctrl+L>组合键将普通区域转换为“表格”，也可以在【开始】选项卡下单击【套用表格格式】下拉按钮，然后在样式列表中选择一种表样式，在弹出的【套用表格式】对话框中，单击【确定】按钮即可，如图6-36所示。

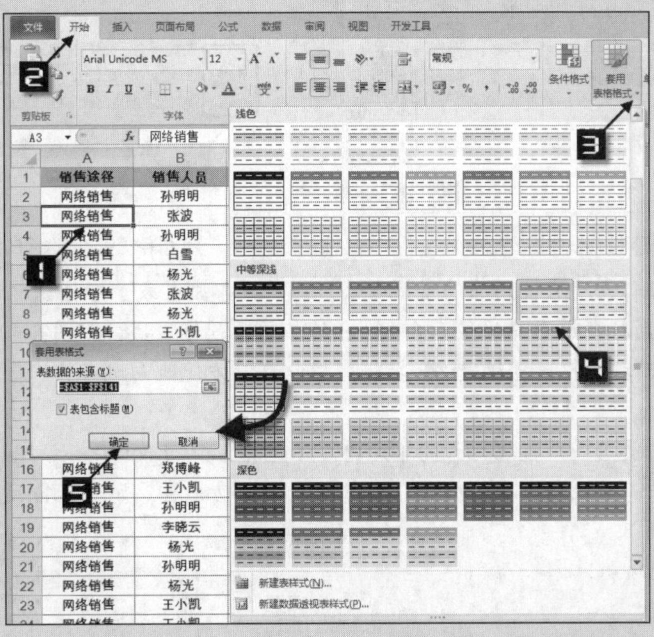

图6-36　套用表格格式

单击表格的任意单元格区域，功能区自动出现【表格工具】关联选项卡。在【设计】选项卡下勾选【汇总行】复选框，表格最后一行将自动添加“汇总”行，默认汇总方式为求和，如图6-37所示。

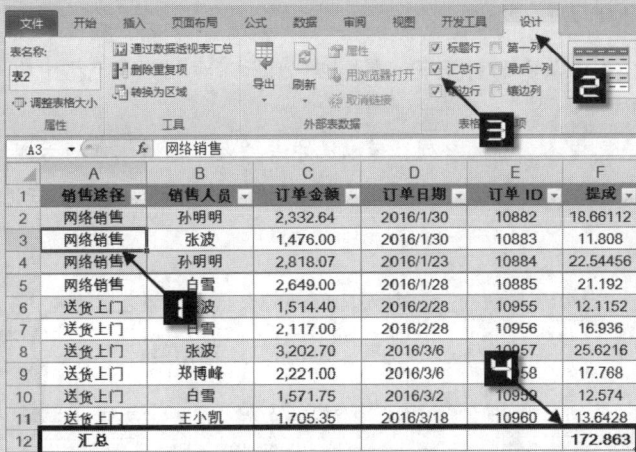

	A	B	C	D	E	F
1	销售途径	销售人员	订单金额	订单日期	订单ID	提成
2	网络销售	孙明明	2,332.64	2016/1/30	10882	18.66112
3	网络销售	张波	1,476.00	2016/1/30	10883	11.808
4	网络销售	孙明明	2,818.07	2016/1/23	10884	22.54456
5	网络销售	白雪	2,649.00	2016/1/28	10885	21.192
6	送货上门	[illegible]波	1,514.40	2016/2/28	10955	12.1152
7	送货上门	白雪	2,117.00	2016/2/28	10956	16.936
8	送货上门	张波	3,202.70	2016/3/6	10957	25.6216
9	送货上门	郑博峰	2,221.00	2016/3/6	[illegible]58	17.768
10	送货上门	白雪	1,571.75	2016/3/2	10959	12.574
11	送货上门	王小凯	1,705.35	2016/3/18	10960	13.6428
12	汇总					172.863

图6-37　表格汇总行

单击汇总行中的单元格，会出现一个下拉按钮，可以在下拉菜单中选择不同的汇总方式，单元格内能够根据选择汇总方式的不同而显示不同的结果，如图6-38所示。

此时如果单击B1单元格右侧的下拉按钮，对姓名进行筛选，公式将仅对筛选后处于显示状态的数据进行汇总，如图6-39所示。

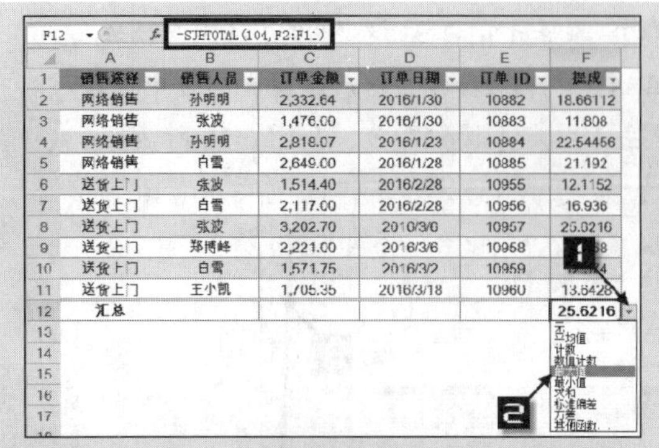

	A	B	C	D	E	F
1	销售途径	销售人员	订单金额	订单日期	订单 ID	提成
2	网络销售	孙明明	2,332.64	2016/1/30	10882	18.66112
3	网络销售	张波	1,476.00	2016/1/30	10883	11.808
4	网络销售	孙明明	2,818.07	2016/1/23	10884	22.54456
5	网络销售	白雪	2,649.00	2016/1/28	10885	21.192
6	送货上门	张波	1,514.40	2016/2/28	10955	12.1152
7	送货上门	白雪	2,117.00	2016/2/28	10956	16.936
8	送货上门	张波	3,202.70	2016/3/6	10957	25.6216
9	送货上门	郑博峰	2,221.00	2016/3/6	10958	[illegible]
10	送货上门	白雪	1,571.75	2016/3/2	10959	[illegible]
11	送货上门	王小凯	1,705.35	2016/3/18	10960	13.6428
12	汇总					25.6216

图 6-38　在下拉列表中选择汇总方式

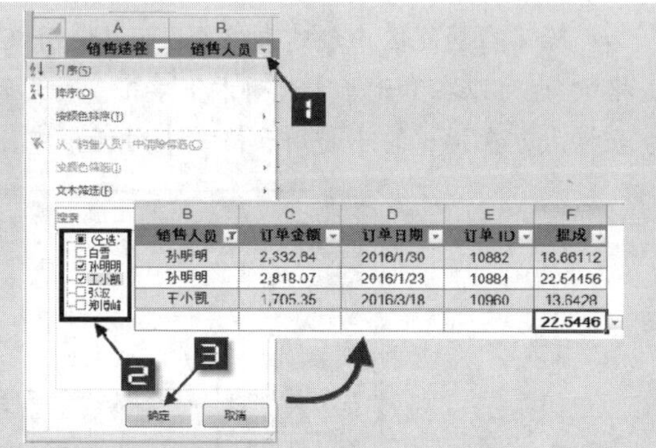

B	C	D	E	F
销售人员	订单金额	订单日期	订单 ID	提成
孙明明	2,332.64	2016/1/30	10882	18.66112
孙明明	2,818.07	2016/1/23	10884	22.54456
王小凯	1,705.35	2016/3/18	10960	13.6428
				22.5446

图 6-39　筛选后的汇总结果

即便是当前工作表没有使用冻结窗格命令，当用户单击“表”中任意单元格，再向下滚动浏览时，“表”的列标题也会始终显示在 Excel 的工作表列标区域，如图 6-40 所示。

“表”具有自动扩展特性，利用这一特性，用户可以方便地向现有的“表”中添加新的行或列数据记录。

单击“表”中最后一个数据记录的单元格（不包括汇总行数据），按<Tab>键即可向“表”中添加新的一行，而且汇总行中的公式引用范围也会自动扩展，如图 6-41 所示。

	销售途径	销售人员	订单金额	订单日期	订单 ID
4	网络销售	孙明明	2,818.07	2016/1/23	10884
5	网络销售	白雪	2,649.00	2016/1/28	10885
6	送货上门	张波	1,514.40	2016/2/28	10955
7	送货上门	白雪	2,117.00	2016/2/28	10956
8	送货上门	张波	3,202.70	2016/3/6	10957
9	送货上门	郑博峰	2,221.00	2016/3/6	10958

图 6-40　标题行始终显示

	销售途径	销售人员	订单金额	订单日期	订单 ID	提成
7	送货上门	白雪	2,117.00	2016/2/28	10956	16.936
8	送货上门	张波	3,202.70	2016/3/6	10957	25.6216
9	送货上门	郑博峰	2,221.00	2016/3/6	10958	17.768
10	送货上门	白雪	1,571.75	2016/3/2	10959	12.574
11	送货上门	王小凯	1,705.35	2016/3/18	10960	13.6428
12						
13	汇总					25.6216

图 6-41　自动扩展行

在“表”没有使用汇总行的前提下，直接在“表”下方相邻单元格中输入数据，“表”的范围也会自动扩展。

如果希望向“表”中添加新的一列，可以选中与“表”标题相邻的右侧空白单元格，如 G1 单元格，输入列标题“工资+提成”，按<Enter>键，“表”区域即可自动向右扩展一列，如图 6-42 所示。

	A	B	C	D	E	F	G
1	销售途径	销售人员	订单金额	订单日期	订单 ID	提成	
2	网络销售	孙明明	2,332.64	2016/1/30	10882	18.66112	
3	网络销售	张波	1,476.00	2016/1/30	10883	11.808	
4	网络销售	孙明明	2,818.07	2016/1/23	10884	22.54456	
5	网络销售	白雪	2,649.00	2016/1/28	10885	21.192	

	A	B	C	D	E	F	G
1	销售途径	销售人员	订单金额	订单日期	订单 ID	提成	工资+提
2	网络销售	孙明明	2,332.64	2016/1/30	10882	18.66112	
3	网络销售	张波	1,476.00	2016/1/30	10883	11.808	
4	网络销售	孙明明	2,818.07	2016/1/23	10884	22.54456	
5	网络销售	白雪	2,649.00	2016/1/28	10885	21.192	

图 6-42　自动扩展列

在“表”中使用公式时，Excel 会根据数据范围自动完成填充。例如，在 G2 单元格中输入以下公式后按<Enter>键，公式将自动填充到“表”数据范围的最后一行。

```
=5500+F2
```

如需将“表格”转换为普通单元格区域，可以单击“表”区域中的任意单元格，在【设计】选项卡下单击【转换为区域】按钮，如图 6-43 所示。

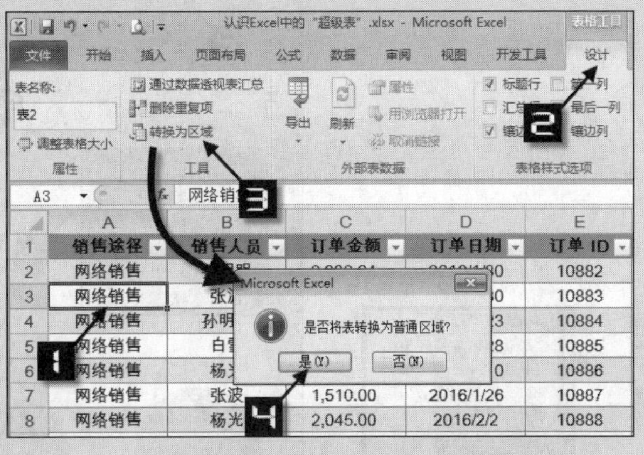

图 6-43　将表转换为普通区域

6.4 用图表展示各渠道筹资占比

筹资渠道是指筹集资金的来源和方向，一般分为内部筹资渠道和外部筹资渠道两类。本节学习使用图表展示各渠道筹资占比。

用图表展示各渠道筹资占比

素材所在位置为：

光盘：\素材\第 6 章　借款筹资分析\6.4 用图表展示各渠道筹资占比.xlsx

如图 6-44 所示，是某企业不同渠道的筹资记录，其中包括银行借款、非金融机构资金、民间资金或外资和其他企业资金等外部筹资渠道，以及企业自由资金、应付税利、应付利息和未分配专项资金四种企业内部筹资渠道。

以图表的形式，能够清晰展示出不同渠道筹资的占比情况，如图 6-45 所示。

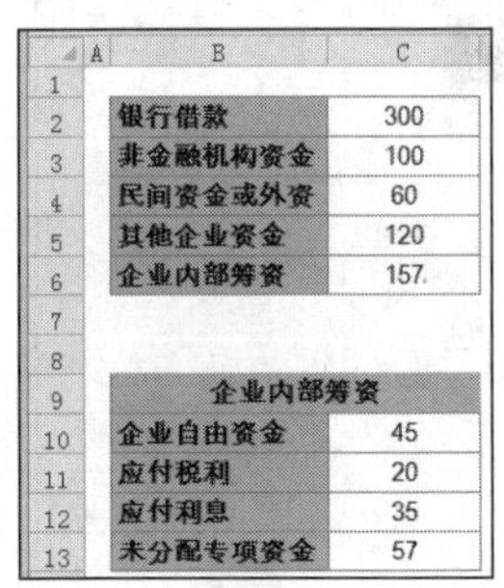

	A	B	C
1			
2		银行借款	300
3		非金融机构资金	100
4		民间资金或外资	60
5		其他企业资金	120
6		企业内部筹资	157
7			
8			
9		企业内部筹资	
10		企业自由资金	45
11		应付税利	20
12		应付利息	35
13		未分配专项资金	57

图 6-44　各渠道筹资记录

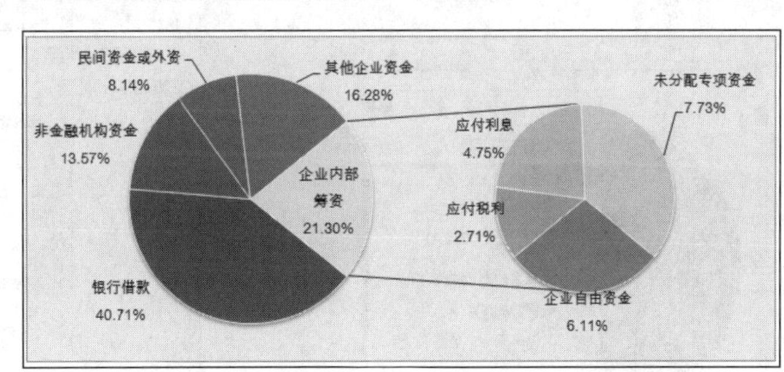

图 6-45　各渠道筹资占比

操作步骤如下。

步骤 1　在制作图表之前，首先要对基础数据进行简单调整，将所有数据整理到 E2:F9 单元格区域中。去掉企业内部筹资的总记录，只保留其分项记录，如图 6-46 所示。

步骤 2　选中 E2:F9 单元格区域，在【插入】选项卡下单击【饼图】下拉按钮，在下拉列表中选择“复合饼图”，如图 6-47 所示。

步骤 3　单击选中图例项，按<Delete>键清除。

步骤 4　右键单击图表任意数据系列，在快捷菜单中选择“设置数据系列格式”命令，打开【设置数据系列格式】对话框，如图 6-48 所示。

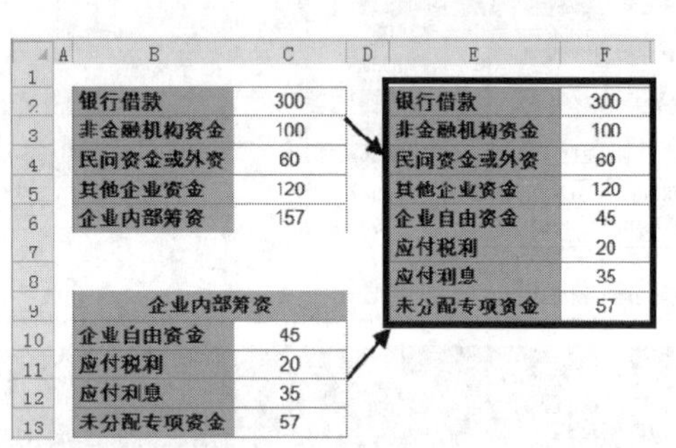

图 6-46　调整基础数据结构

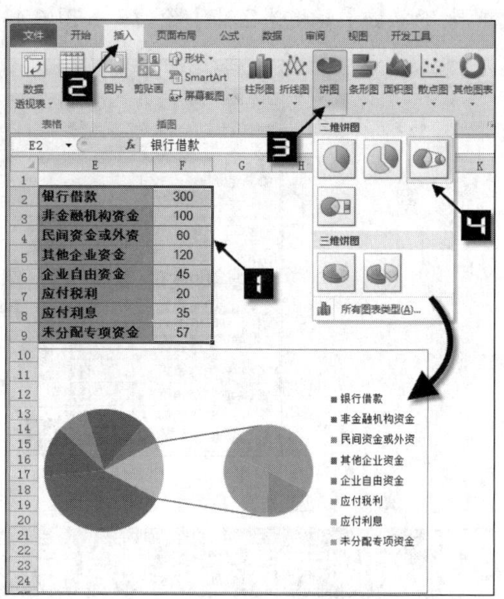

图 6-47　插入饼图

步骤 5　本例中企业内部筹资渠道有四种，均需要在右侧饼图中单独显示，因此在【设置数据系列格式】对话框中，单击“第二绘图区包含最后一个”后的微调按钮，设置为 4。最后单击【关闭】按钮关闭对话框，如图 6-49 所示。

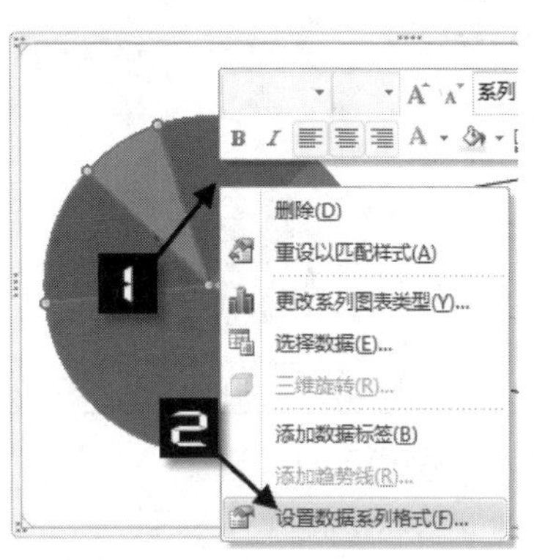

图 6-48　设置数据系列格式

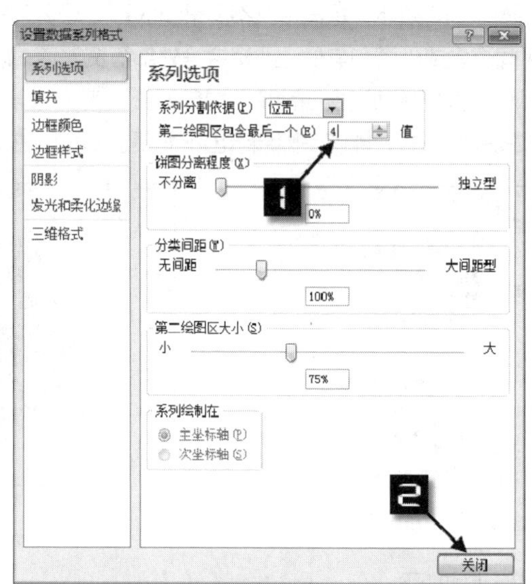

图 6-49　【设置数据系列格式】对话框

步骤 6　单击选中图表，在【布局】选项卡下单击【数据标签】下拉按钮，在下拉菜单中选择“其他数据标签选项”命令，打开【设置数据标签格式】对话框，如图 6-50 所示。

步骤 7　在【设置数据标签格式】对话框中：

（1）勾选“标签包括”区域下的“类别名称”“百分比”和“显示引导线”复选框；

（2）单击选中“标签位置”下的“最佳匹配”单选按钮。

最后单击【关闭】按钮，关闭对话框，如图 6-51 所示。

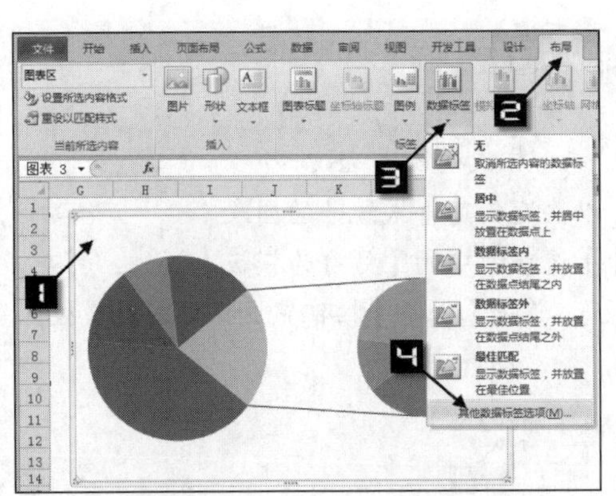

图 6-50　其他数据标签选项

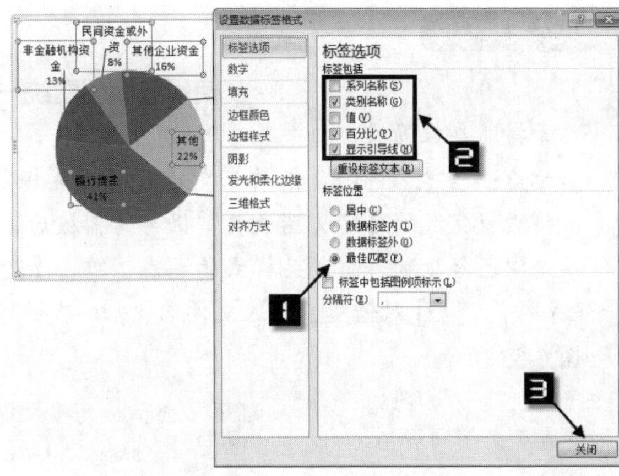

图 6-51　设置数据标签格式

步骤 8　两次单击“其他”数据标签，选中该数据标签后，将“其他”修改为“企业内部筹资”，如图 6-52 所示。

步骤 9　在【设计】选项卡下，单击“图表样式”命令组的下拉按钮，在样式库中选择“样式 12”，如图 6-53 所示。

步骤 10　在【格式】选项卡下单击【形状填充】下拉按钮，在主题颜色面板中选择“橙色，强调文字颜色为 6，淡色为 80%”，如图 6-54 所示。

最后选中图表，在【开始】选项卡下设置字体字号，完成图表制作。左侧的饼图展示各外部筹资渠道和内部筹资渠道总的构成占比，右侧的饼图则展示出内部筹资渠道的各分项构成占比。

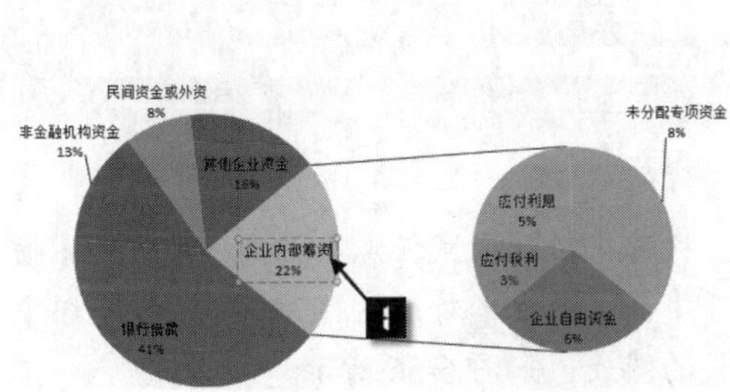

图 6-52　修改数据标签

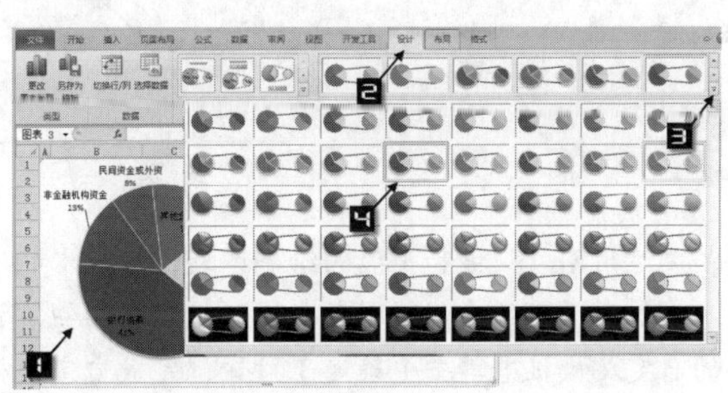

图 6-53　选择图表样式

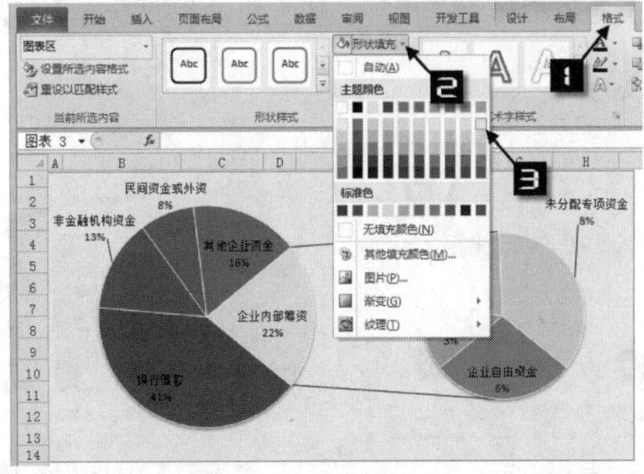

图 6-54　设置形状填充

使用模板创建统一样式的图表

素材所在位置为：

光盘：\素材\第 6 章 借款筹资分析\使用模板创建统一样式的图表.xlsx

将设置完成的自定义图表类型保存为模板后，可以快速创建样式统一的图表。

选中已经设置好自定义样式的图表，单击【设计】选项卡中的【另存为模板】按钮，打开【保存图表模板】对话框，输入文件名，如“我的图表”，单击【保存】按钮完成保存图表模板，如图 6-55 所示。

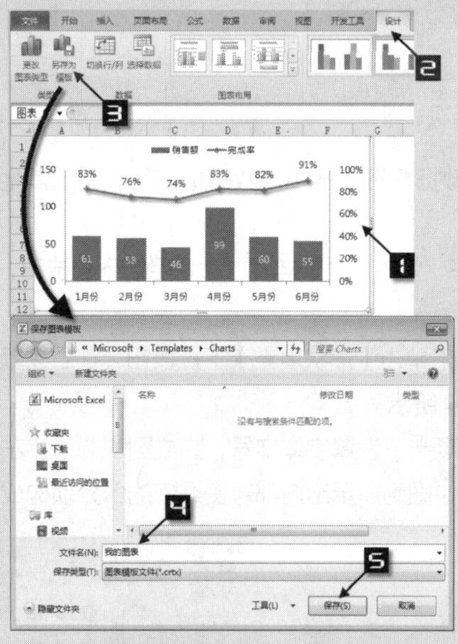

图 6-55 另存为模板

运用图表模板和一般的绘制图表过程基本相同。先选中数据区域任意单元格，再单击【插入】选项卡下的【创建图表】对话框启动按钮，打开【插入图表】对话框。选择【模板】组中的自定义模板，单击【确定】按钮，完成自定义样式的图表，如图 6-56 所示。

以此方法插入的图表，包括配色、样式、布局等都与自定义模板相同，而无需重新进行设置，如图 6-57 所示。用户可以根据需要保存多组不同类型的自定义模板。

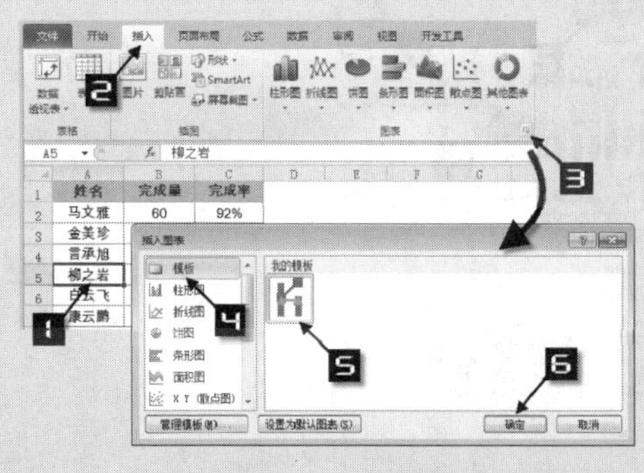

图 6-56 应用模板

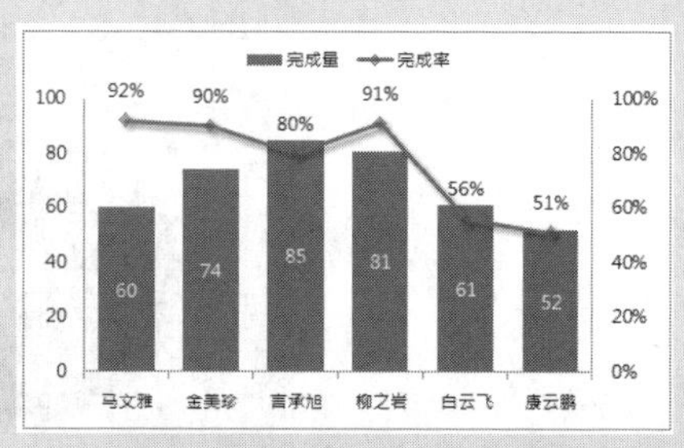

图 6-57 使用模板生成的图表

小技巧

更改图表类型

素材所在位置为：

光盘：\素材\第 6 章 借款筹资分析\更改图表类型.xlsx

对于已有的图表，可以根据需要更改图表类型或是更改其中某个数据系列的图表类型。

如图 6-58 所示，使用图表展示不同销售员的任务完成情况。默认生成的柱形图，由于数据系列差异较大，“完成率”数据系列在图表中无法正常展示。

更改图表类型的操作步骤如下。

步骤 1 单击选中图表，在【布局】选项卡下单击“图表元素”下拉按钮，在下拉列表中选择“系列"完成率"”，然后单击【设置所选内容格式】按钮，如图 6-59 所示。

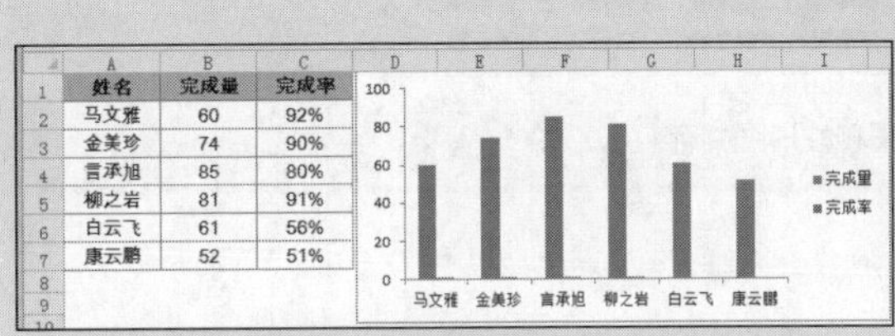

姓名	完成量	完成率
马文雅	60	92%
金美珍	74	90%
言承旭	85	80%
柳之岩	81	91%
白云飞	61	56%
康云鹏	52	51%

图 6-58　不同销售员的任务完成情况

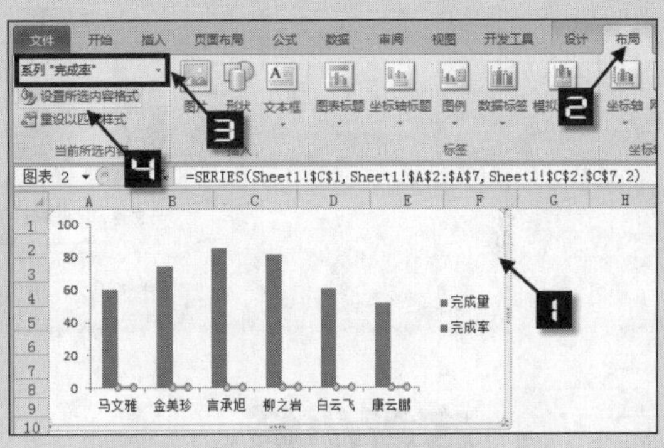

图 6-59　在【布局】选项卡下选择图表元素

步骤 2 在打开的【设置数据系列格式】对话框中，单击选中“次坐标轴”单选钮，单击【关闭】按钮，关闭对话框，如图 6 60 所示。

步骤 3 保持数据系列的选中状态，切换到【设计】选项卡下，单击【更改图表类型】按钮，在打开的【更改图表类型】对话框中选择“折线图”，最后单击【确定】按钮，如图 6-61 所示。

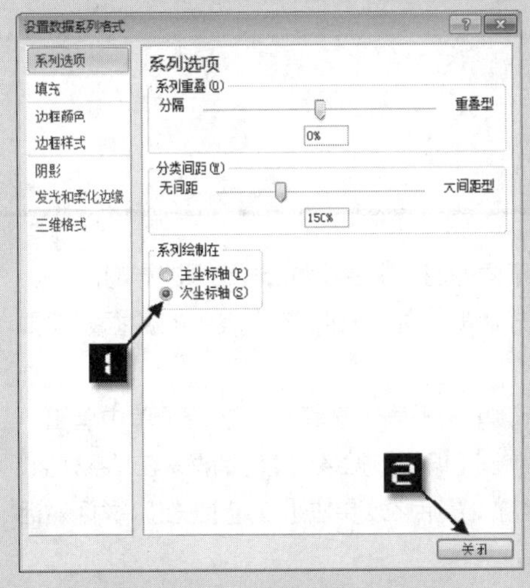

图 6-60　设置数据系列格式

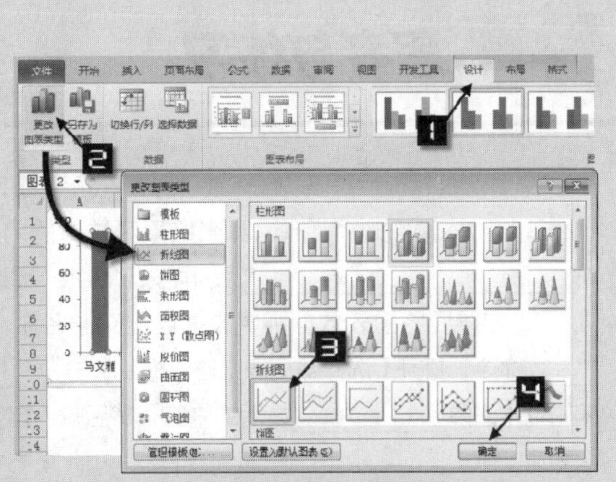

图 6-61　更改图表类型

设置完成后，对图表元素进行简单美化，最终效果如图 6-62 所示。左侧的主要纵坐标轴的数值刻度是柱形图的参照，右侧次要纵坐标轴的百分比刻度是折线图的参照。实现在同一个图表中既展示任务完成量的数值，又展示出任务完成率的百分比值。

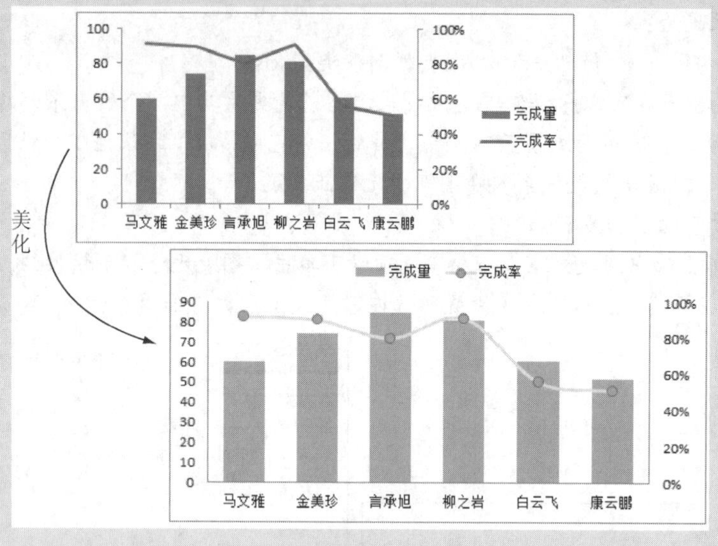

图 6-62　折线图和柱形图并存

本章小结

本章主要学习了 Excel 中的 PMT 函数计算每期应偿还的贷款金额，以及使用 PPMT 函数和 IPMT 函数分别计算每期还款金额中的本金和利息部分。同时学习了 Excel 模拟运算表的使用方法，使用 CUMPRINC 函数和 CUMIPMT 函数分别计算一笔贷款在给定的期间内，累计偿还的本金和利息数额；使用 TREND 函数预测资金需要量等。

最后学习了使用圆环图对贷款偿还进度进行分析以及使用复合饼图展示各渠道的筹资占比。

思考与练习

1. Excel 模拟运算表功能，能够对____个变量依次使用不同的值，来查看对公式结果的影响。

2. 用户不能删除模拟运算表结果区域中的单个或部分数据。如需删除数据表中的数据，需要先______________________，再按<Delete>键清除。

3. 如果要将图表数据源更改为自定义的名称，可以右键单击图表，在弹出的快捷菜单中单击_____命令，打开【选择数据源】对话框。单击_____按钮，弹出【编辑数据系列】对话框。在“系列值”编辑框中清除__________之后的内容，然后输入自定义的名称，最后依次单击【确定】按钮，关闭对话框即可。

4. OFFSET 函数有五个参数，第一参数的作用是_____；第二参数的作用是_____；第三参数的作用是_____；第四参数和第五参数为可选参数，分别表示____________。

5. 使用 TREND 函数时，应注意检查数据的____________。

6. R 平方值是趋势线拟合程度的指标，范围在 0～1 之间。它的数值大小可以反映趋势线的估计值与对应的实际数据之间的拟合程度，当趋势线的 R 平方值等于 1 或接近 1 时，其可靠性_____，反之则可靠性_____。

7. 要将普通单元格区域转换为表格，一种方法是____________，另一种方法是____________。除此之外，还可以使用组合键____________。

8. 如果要使用下拉菜单选择不同的汇总方式，请说出主要操作步骤。

9. 将设置完成的自定义图表类型保存为模板后，可以快速创建样式统一的图表。请说出保存和使用模板的主要操作步骤。

10. 对于已有的图表，可以根据需要更改图表类型或是更改其中某个数据系列的图表类型。请说出其主要操作步骤。

11. 请根据练习 6-1.xlsx 提供的数据，计算分期等额还本付息情况下的每期还款额。

12. 请根据练习 6-2.xlsx 提供的数据，计算每期还款的本金和利息。

13. 请根据练习 6-3.xlsx 提供的数据，使用模拟运算表计算贷款偿还金额。

14. 请根据练习 6-4.xlsx 提供的数据，计算累计还贷本金和利息。

15. 熟悉利用控件和自定义名称制作动态图表的方法，请根据练习 6-5.xlsx 提供的数据，制作可动态变化的圆环图。

16. 请根据练习 6-6.xlsx 提供的数据，根据已知条件预测某产品的生产成本。

17. 请根据练习 6-7.xlsx 提供的数据，用图表展示不同品牌手机的销售量占比。

第 7 章

流动资产管理

流动资产是指企业可以在一年或者超过一年的一个营业周期内变现或者运用的资产，是企业资产中必不可少的组成部分。流动资产在周转过渡中，从货币形态开始，依次改变其形态，最后又回到货币形态（货币资金→储备资金/固定资金→生产资金→成品资金→货币资金），各种形态的资金与生产流通紧密相结合，周转速度快，变现能力强。

一般来说，流动资产主要包括货币资金、短期投资、应收票据、应收账款和存货等。加强流动资产的计划、组织、协调和监控，可以达到防止资产流失、提高效用的目的。

本章主要学习 Excel 在流动资产管理中的应用。

7.1 最佳现金持有量

现金是指在生产过程中暂时停留在货币形态的资金，包括库存现金、银行存款、银行本票、银行汇票等。企业既不能保留过多的货币资金，又不能过少。持有的现金过多，会降低现金提供的流动边际效益；持有的现金过少，又不能满足企业生产经营各种开支的需要。企业财务管理过程应该根据企业自身特点确定一个合理的现金余额目标，使现金持有量达到最佳状态。

确定最佳现金持有量的分析方法常用的有成本分析方法、存货分析方法和现金周转分析方法。存货分析方法又称鲍摩尔模型（The Baumol Model），鲍摩尔模型理论的依据是把持有的有价证券同货币资金的库存联系起来观察，分析现金储存的机会成本和现金转换（即买卖有价证券）的固定成本，以求得两者成本之和最低时的现金余额，该现金余额即为最佳现金持有量。

鲍摩尔模型确定最佳现金余额时，通常如下假设。

（1）企业一定时期内货币现金支出和收入的变化是周期性均衡发展的，其现金余额也定期地由最低时的零到最高时的 Q 变化，其平均现金余额为 $Q/2$。当现金余额趋于零时，企业靠出售有价证券或借款来补充库存现金。

（2）证券变现的不确定性很小，证券的利率及每次固定性交易费用可以获悉。

不管是保留现金或出售有价证券都要付出一定代价。保留现金意味着放弃了由有价证券带来利息的机会，出售和购进有价证券又意味着要花费证券交易的成本。保持现金余额越多，损失的机会成本越大，而证券交易买卖的次数越少，买卖交易的成本则越低。

机会成本是指由于持有现金而丧失的潜在投资收益，计算公式为：现金持有量×短期有价证券投资的利率。

现金管理总成本等于持有现金机会成本和转换现金的变现费用，计算公式为：

$$C=\frac{Q}{2}\times R+\frac{T}{Q}\times \mathrm{F}$$

公式中，Q 为现金持有量；R 为有价证券的年利率；T 为每个转换周期中的现金总需要量；F 为每次转换有价证券的固定成本；C 为现金管理总成本。

即：现金管理总成本=现金平均余额×有价证券利率+变现次数×有价证券每次交易的固定成本

最佳现金持有量 Q 就是使得现金管理总成本 C 最小时的现金持有量，根据数学推导和计算，最佳现金持有量 $Q=\sqrt{\frac{2TF}{R}}$。

7.1.1 计算最佳现金持有量

素材所在位置为：
光盘：\素材\第 7 章 流动资产管理\7.1.1 计算最佳现金持有量.xlsx

如图 7-1 所示，某公司年度现金总需要量为 400 万元，有价证券交易成本为 1000 元，有价证券年利率为 7.25%。需要根据以上信息，计算最佳现金持有量。

	A	B
1	决策变量	数值
2	年度现金总需要量（元）	4,000,000.00
3	有价证券交易成本（元/次）	1,000.00
4	有价证券年利率	7.25%
5		
6	决策目标	数值
7	最佳现金持有量（Q）	

图 7-1 计算最佳现金持有量

在 B7 单元格输入以下公式，计算结果为 332181.92。

```
=SQRT(2*B2*B3/B4)
```

【公式讲解】

本例公式套用最佳现金持有量计算公式$Q=\sqrt{\frac{2TF}{R}}$，即2×B2单元格中的年度现金总需要量×B3单元格中有价证券每次交易的固定成本/B4单元格的有价证券的年利率，最后使用SQRT函数返回以上结果的平方根，结果即为最佳现金持有量。

7.1.2 使用图表比较不同现金持有量下的总成本

最佳现金持有量下的总成本最低，其他现金持有量下总成本均高于最佳现金持有量下的总成本。如图7-2所示，在不同现金持有量下，总成本与最佳现金持有量可以使用图表进行直观比较。

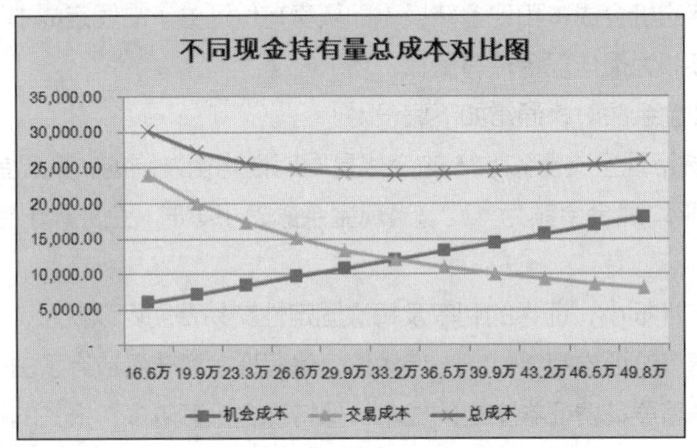

图7-2 不同现金持有量的成本对比

具体操作步骤如下。

步骤1 在A9:D20单元格区域，准备好用于计算现金持有量和机会成本、交易成本以及总成本的表格框架，如图7-3所示。

	A	B	C	D
1	决策变量	数值		
2	年度现金总需要量（元）	4,000,000.00		
3	有价证券交易成本（元/次）	1,000.00		
4	有价证券年利率	7.25%		
5				
6	决策目标	数值		
7	最佳现金持有量（Q）	332,181.92		
8				
9	现金持有量	机会成本	交易成本	总成本
10				
11				
12				
13				
14				
15				
16				
17				
18				
19				
20				

图7-3 准备表格框架

步骤2 在A10单元格输入以下公式，然后向下复制到A20单元格，分别返回0.5～1.5倍最佳现金持有量，如图7-4所示。

```
=ROW(A5)/10*$B$7
```

步骤3 在B10单元格输入以下公式，然后向下复制到B20单元格，分别返回不同现金持有量下的机会成本。

```
=A10*$B$4/2
```

步骤 4 在 C10 单元格输入以下公式，然后向下复制到 C20 单元格，分别返回不同现金持有量下的有价证券交易成本。

```
=$B$2*$B$3/A10
```

步骤 5 在 D10 单元格输入以下公式，然后向下复制到 D20 单元格，分别返回不同现金持有量下的总成本。

```
=B10+C10
```

公式输入后的效果如图 7-5 所示。

A10 =ROW(A5)/10*$B$7

	A	B	C	D
1	决策变量	数值		
2	年度现金总需要量（元）	4,000,000.00		
3	有价证券交易成本（元/次）	1,000.00		
4	有价证券年利率	7.25%		
5				
6	决策目标	数值		
7	最佳现金持有量（Q）	332,181.92		
8				
9	现金持有量	机会成本	交易成本	总成本
10	166,090.96			
11	199,309.15			
12	232,527.34			
13	265,745.54			
14	298,963.73			
15	332,181.92			
16	365,400.11			
17	398,618.30			
18	431,836.50			
19	465,054.69			
20	498,272.88			

图 7-4 0.5～1.5 倍最佳现金持有量

	A	B	C	D
1	决策变量	数值		
2	年度现金总需要量（元）	4,000,000.00		
3	有价证券交易成本（元/次）	1,000.00		
4	有价证券年利率	7.25%		
5				
6	决策目标	数值		
7	最佳现金持有量（Q）	332,181.92		
8				
9	现金持有量	机会成本	交易成本	总成本
10	166,090.96	6,020.80	24,083.19	30,103.99
11	199,309.15	7,224.96	20,069.32	27,294.28
12	232,527.34	8,429.12	17,202.28	25,631.39
13	265,745.54	9,633.28	15,051.99	24,685.27
14	298,963.73	10,837.44	13,379.55	24,216.98
15	332,181.92	12,041.59	12,041.59	24,083.19
16	365,400.11	13,245.75	10,946.90	24,192.66
17	398,618.30	14,449.91	10,034.66	24,484.58
18	431,836.50	15,654.07	9,262.77	24,916.84
19	465,054.69	16,858.23	8,601.14	25,459.37
20	498,272.88	18,062.39	8,027.73	26,090.12

图 7-5 不同现金持有量下的成本比较

可以设置函数将最佳现金持有量和最小成本连接起来，让模型计算结果更加清晰。在 A22 单元格中输入以下公式，得到描述性字符串“最佳现金持有量为 332181.92,此时可取得最小成本 24083.19”，如图 7-6 所示。

```
="最佳现金持有量为"&ROUND(B7,2)&",此时可取得最小成本"&ROUND(MIN(D10:D20),2)
```

步骤 6 选中 B9:D20 单元格区域，在【插入】选项卡下单击【图表】命令组中的“折线图”下拉按钮，在下拉菜单中选择“带数据标记的折线图”命令，如图 7-7 所示。

	A	B	C	D
1	决策变量	数值		
2	年度现金总需要量（元）	4,000,000.00		
3	有价证券交易成本（元/次）	1,000.00		
4	有价证券年利率	7.25%		
5				
6	决策目标	数值		
7	最佳现金持有量（Q）	332,181.92		
8				
9	现金持有量	机会成本	交易成本	总成本
10	166,090.96	6,020.80	24,083.19	30,103.99
11	199,309.15	7,224.96	20,069.32	27,294.28
12	232,527.34	8,429.12	17,202.28	25,631.39
13	265,745.54	9,633.28	15,051.99	24,685.27
14	298,963.73	10,837.44	13,379.55	24,216.98
15	332,181.92	12,041.59	12,041.59	24,083.19
16	365,400.11	13,245.75	10,946.90	24,192.66
17	398,618.30	14,449.91	10,034.66	24,484.58
18	431,836.50	15,654.07	9,262.77	24,916.84
19	465,054.69	16,858.23	8,601.14	25,459.37
20	498,272.88	18,062.39	8,027.73	26,090.12
21				
22	最佳现金持有量为332181.92,此时可取得最小成本24083.19			

图 7-6 将计算结果连接显示

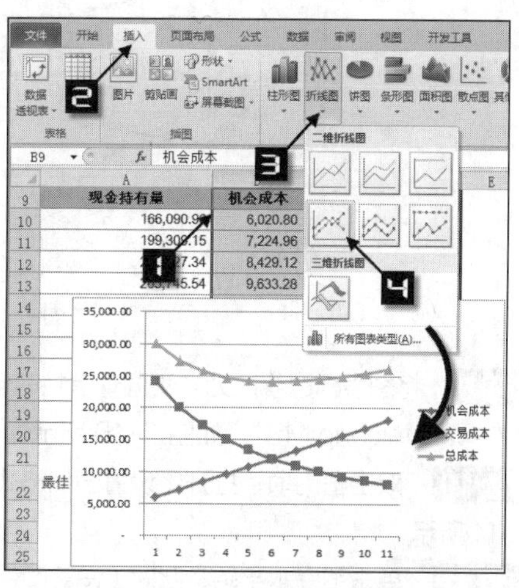

图 7-7 插入带数据标记的折线图

步骤 7 单击选中图表，在【设计】选项卡下单击【选择数据】按钮，弹出【选择数据源】对话框。

单击“水平（分类）轴标签”下的【编辑】按钮，弹出【轴标签】对话框。

单击“轴标签区域”右侧的折叠按钮，选中 A10:A20 单元格区域，最后依次单击【确定】按钮关闭对话框，如图 7-8 所示。

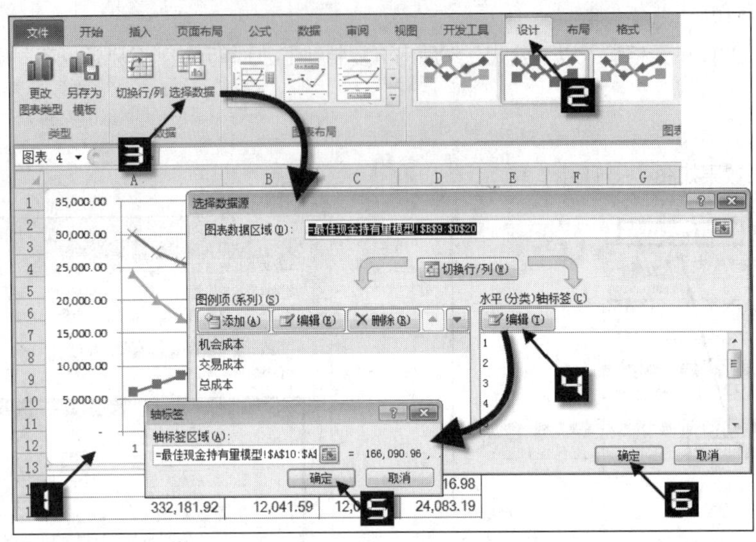

图 7-8 选择图表数据源

步骤 8 切换到【布局】选项卡下，依次单击【图表标题】→【图表上方】命令，如图 7-9 所示。

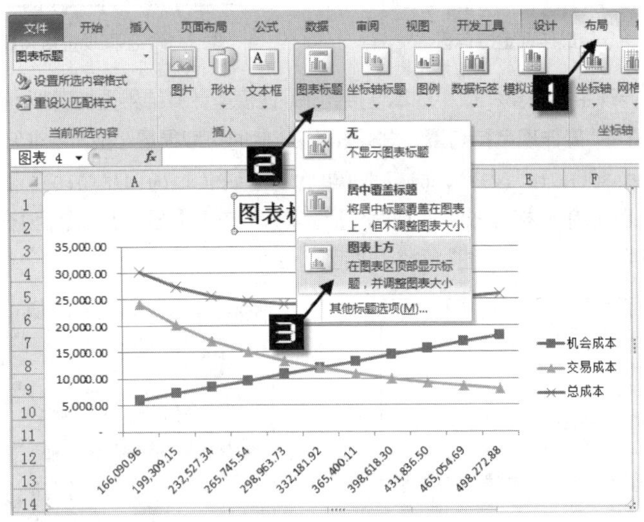

图 7-9 添加图表标题

步骤 9 将图表标题修改为“不同现金持有量总成本对比图”。然后单击图表，在【开始】选项卡下设置字体为“Arial Unicode MS”，如图 7-10 所示。

步骤 10 双击图例项，打开【设置图例格式】对话框，单击选中“底部”单选按钮，不要关闭对话框，如图 7-11 所示。

步骤 11 单击图表水平轴，此时【设置图例格式】对话框会自动变为【设置坐标轴格式】对话框。切换到【数字】选项卡下，单击选中类别列表中的“自定义”，清除格式代码编辑框中已有的内容，然后输入以下格式代码，单击【添加】按钮，最后单击右上角的“关闭”按钮关闭对话框，如图 7-12 所示。

```
0!.0,万
```

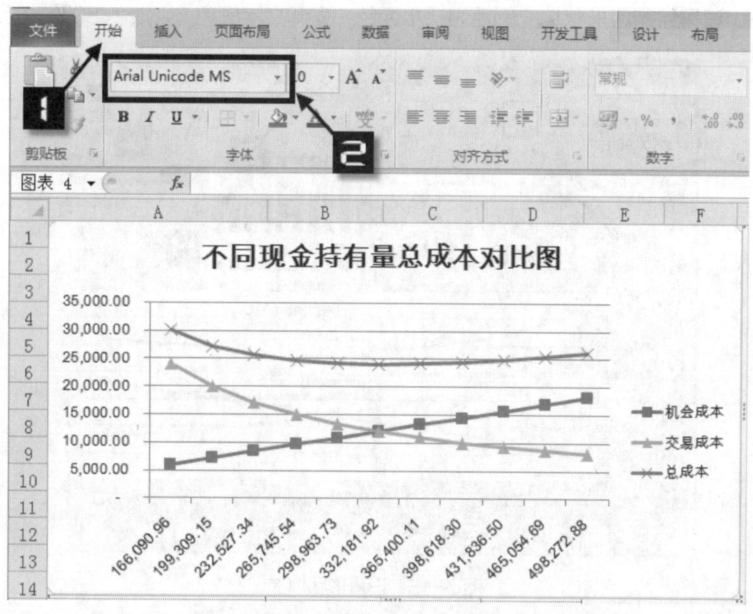

图 7-10 设置图表标题和字体

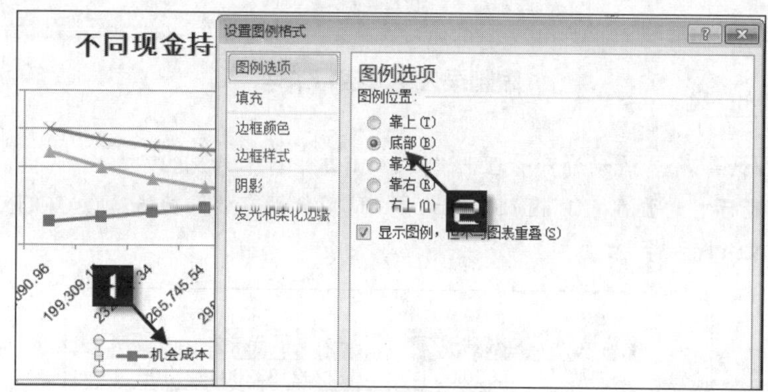

图 7-11 设置图例格式

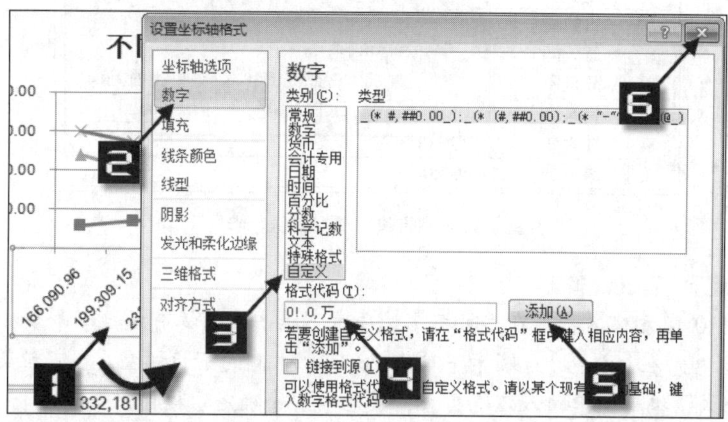

图 7-12 设置自定义标签格式

步骤 12 单击图表区，在【格式】选项卡下单击【形状填充】下拉按钮，在主题颜色面板中选择“水绿色，强调文字颜色 5，淡色 60%”，如图 7-13 所示。

用同样的方法，设置绘图区形状填充颜色为“水绿色，强调文字颜色 5，淡色 80%”，完成图表制作。

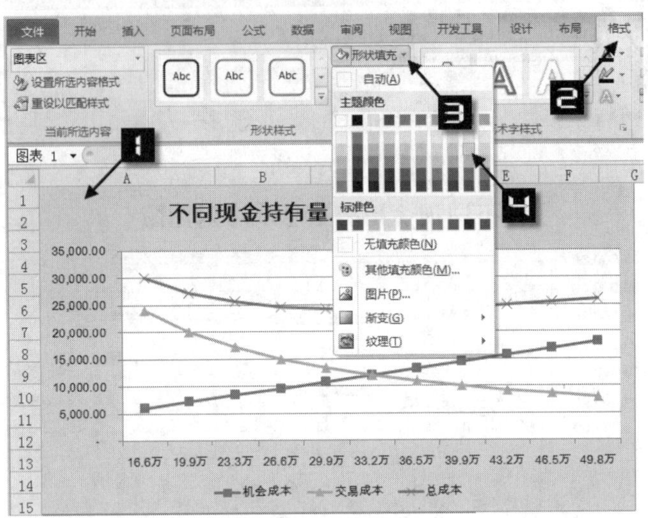

图 7-13　设置形状填充

小技巧

限制录入重复银行卡号

素材所在位置为：

光盘：\素材\第 7 章 流动资产管理\限制录入重复银行卡号.xlsx

如图 7-14 所示，需要在 C 列输入银行卡号，使用数据有效性功能结合 COUNTIF 函数，能够限制重复输入银行卡号。

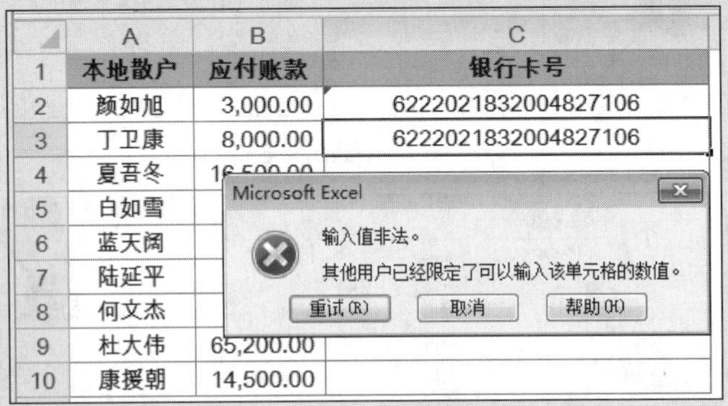

	A	B	C
1	本地散户	应付账款	银行卡号
2	颜如旭	3,000.00	6222021832004827106
3	丁卫康	8,000.00	6222021832004827106
4	夏吾冬	16,500.00	
5	白如雪		
6	蓝天阔		
7	陆延平		
8	何文杰		
9	杜大伟	65,200.00	
10	康援朝	14,500.00	

Microsoft Excel

输入值非法。

其他用户已经限定了可以输入该单元格的数值。

重试(R)　取消　帮助(H)

图 7-14　限制输入重复的银行卡号

操作步骤如下。

选中 C2:C10 单元格区域，在【数据】选项卡下单击【数据有效性】命令按钮，打开【数据有效性】对话框。在【设置】选项卡下单击“允许”右侧的下拉按钮，在下拉菜单中选择“自定义”，在“公式”编辑框中输入以下公式，最后单击【确定】按钮，如图 7-15 所示。

```
=COUNTIF(C:C,C2&"*")=1
```

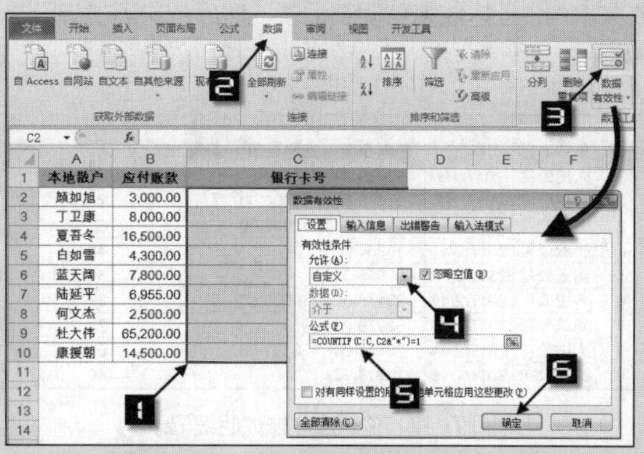

图 7-15 设置数据有效性

Excel 的最大数字精度是 15 位，因此会对银行卡号码 15 位以后的数字都视为 0 处理。这种情况下，只要银行卡号码的前 15 位相同，COUNTIF 函数就会识别为相同内容，而无法判断最后 3 位是否一致。

本例中，COUNTIF 函数的查找条件添加了通配符“&"*"”，表示在 C 列中查找以 C2 单元格内容开头的文本，最终返回 C 列中与该银行卡号码相同的实际数目。

如果 COUNTIF 函数的结果大于 1，公式“=COUNTIF(C:C,C2&"*")=1”返回逻辑值 FALSE，表示该身份证号码重复，Excel 拒绝录入内容。

7.2 应收账款管理

应收账款是企业流动资产的一个重要项目，积极而有效的应收账款管理将有利于加快企业资金周转、提高资金使用效率，也有利于防范经营风险，维护投资者利益。

应付账款是企业应支付但尚未支付的手续费和佣金，是会计科目的一种，用以核算企业因购买材料、商品和接受劳务供应等经营活动应支付的款项。

本节主要介绍 Excel 在企业往来账款管理中的应用方法，通过本章的学习，读者能够掌握更多 Excel 知识点。

7.2.1 创建应收账款明细账

素材所在位置为：
光盘：\素材\第 7 章 流动资产管理\7.2.1 应收账款明细账.xlsx

首先在 Excel 中创建应收账款明细账，即根据实际发生的业务，将企业的应收账款信息登记到 Excel 表格中。操作步骤如下。

步骤 1 创建一个新工作簿，将 Sheet1 工作表重命名为“应收账款明细”，删除 Sheet2 和 Sheet3 工作表，然后按<Ctrl+S>组合键，将工作簿保存为“应收账款明细账”。

步骤 2 根据企业需要，将应收账款管理需要的字段信息输入到 Excel 表格中，如图 7-16 所示。

	A	B	C	D	E	F	G	H
1	序号	公司名称	开票日期	应收金额	已收金额	未收金额	付款期限	是否到期
2								
3								
4								
5								
6								

应收账款明细

图 7-16 输入基础信息

步骤 3 在工作表中依次输入企业应收账款明细记录，然后依次添加单元格边框、设置单元格填充颜色和字体字号，效果如图 7-17 所示。

	A	B	C	D	E	F	G	H
1	序号	公司名称	开票日期	应收金额	已收金额	未收金额	付款期限	是否到期
2	1	大田公司	2017/1/1	53639.00			45	
3	2	天安公司	2017/2/3	37676.00	4500.00		27	
4	3	大田公司	2017/2/10	47932.00	12000.00		50	
5	4	子威公司	2017/2/11	10964.00			48	
6	5	瑞丽公司	2017/2/12	30863.00			36	
7	6	大田公司	2017/2/13	23179.00	10000.00		23	
8	7	旭派公司	2017/2/13	52073.00			23	
9	8	大田公司	2017/2/14	28191.00	8191.00		51	
10	9	天安公司	2017/2/15	13918.00			40	

图 7-17 输入应收账款明细记录

步骤 4 在 F2 单元格输入以下公式计算未收金额，双击 F2 单元格右下角的填充柄将公式向下复制。

```
=D2-E2
```

步骤 5 假设以 2017 年 3 月 15 日为统计日，在 H2 单元格输入以下公式计算是否到期，双击 H2 单元格右下角的填充柄将公式向下复制，如图 7-18 所示。

```
=IF(C2+G2<--"2017-3-15","是","否")
```

H2 =IF(C2+G2<--"2017-3-15","是","否")

	A	B	C	D	E	F	G	H
1	序号	公司名称	开票日期	应收金额	已收金额	未收金额	付款期限	是否到期
2	1	大田公司	2017/1/1	53639.00		53639.00	45	是
3	2	天安公司	2017/2/3	37676.00	4500.00	33176.00	27	是
4	3	大田公司	2017/2/10	47932.00	12000.00	35932.00	50	否
5	4	子威公司	2017/2/11	10964.00		10964.00	48	否

图 7-18 计算是否到期

【公式讲解】

本例中，判断 C2 单元格中的开票日期+G2 单元格中的付款期限是否小于统计日“2017-3-15”，如果小于统计日，说明到期日在统计日之前，对比后得到逻辑值 TRUE，IF 函数返回第二参数指定的内容“是”，否则返回第三参数“否”。

在公式中直接输入日期时间数据时，需要在日期时间数据外侧添加一对半角引号，使其变成文本型的数字，否则 Excel 无法正确识别。

文本型数字可以直接进行四则运算，如果要在公式中对文本型的日期时间内容比较大小，还需要将文本型的数字转换为日期时间的序列值。使用以下 6 种方法，均能够将 A2 单元格的文本型数字转换为数值。

（1）乘法：=A2*1

（2）除法：=A2/1

（3）加法：=A2+0

（4）减法：=A2-0

（5）减负运算：=--A2

（6）函数转换：=VALUE（A2）

其中，减负运算实质是以下公式的简化：

```
=0-(-A2)
```

即 0 减去负的 A2 单元格的值，因其输入最为方便而被广泛应用。

如果需要将统计日设置为系统当前日期，可以将公式中"2017-3-15"的部分修改为 TODAY()。TODAY 函数用于生成系统当前的日期。

日期和时间都是特殊的数值，因此也可以进行加、减等各种运算。例如，计算系统当前的日期 8 天之后的日期，可以使用以下公式完成。

```
=TODAY()+8
```

Excel 中提供了丰富的日期函数用来处理日期数据，常用日期函数及功能如表 7-1 所示。

表 7-1　　常用日期函数

函数名称	功能	示例	计算结果
DATE 函数	根据指定的年份、月份和日期返回日期序列值	=DATE(2017,2,26)	2017/2/26
DAY 函数	返回某个日期的在一个月中的天数	=DAY("2017-2-26")	26
MONTH 函数	返回日期中的月份	=MONTH("2017-2-26")	2
YEAR 函数	返回对应某个日期的年份	=YEAR("2017-2-26")	2017
TODAY 函数	用于生成系统当前的日期	=TODAY()	2017/5/1
NOW 函数	用于生成系统日期时间格式的当前日期和时间	=NOW()	2017/4/1 16:38
EDATE 函数	返回指定日期之前或之后指定月份数的日期	=EDATE("2017-2-26",5)	2017/7/26
EOMONTH 函数	返回指定日期之前或之后指定月份数的月末日期	=EOMONTH("2017-2-26",5)	2017/7/31
WEEKDAY 函数	以数字形式返回指定日期是星期几，第二参数通常使用 2，用 1～7 表示星期一至星期日	=WEEKDAY("2017-2-26",2)	7

7.2.2 统计各客户应收账款

企业在经营过程中，产生的应收账款数额越多，财务风险就越高。运用 Excel 对应收账款现状进行统计分析，能够为企业的财务决策提供参考和依据。

1．提取不重复客户名单

操作步骤如下。

步骤 1 在“应收账款明细账”工作簿中插入新工作表，将工作表重命名为“应收账款汇总”。

步骤 2 单击“应收账款明细”工作表 B 列列标，按<Ctrl+C>组合键复制，然后切换到“应收账款汇总”工作表中，单击 A1 单元格，按<Enter>键粘贴。

步骤 3 单击 A 列数据区域中的任意单元格，如 A4，在【数据】选项卡下单击【删除重复项】命令按钮，打开【删除重复项】对话框。保留其中的默认选项，单击【确定】按钮，在弹出的 Excel 提示对话框中再次单击【确定】按钮，完成不重复客户的提取，如图 7-19 所示。

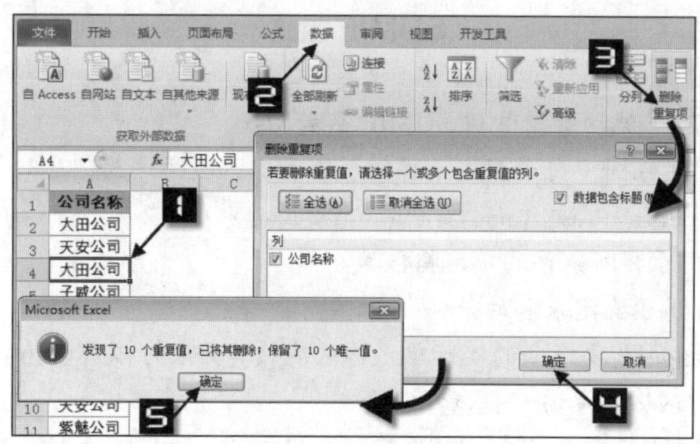

图 7-19　删除重复项

2．使用公式计算各客户未收账款总额和业务笔数

接下来使用公式完成各客户应收账款金额和业务笔数的汇总，操作步骤如下：

步骤 1 在 B1～C1 单元格内依次输入列标题“未收金额”和“业务笔数”。

步骤 2 单击 A 列列标选中 A 列整列，然后单击【开始】选项卡下的【格式刷】命令按钮，将格式复制到 B～C 列，如图 7-20 所示。

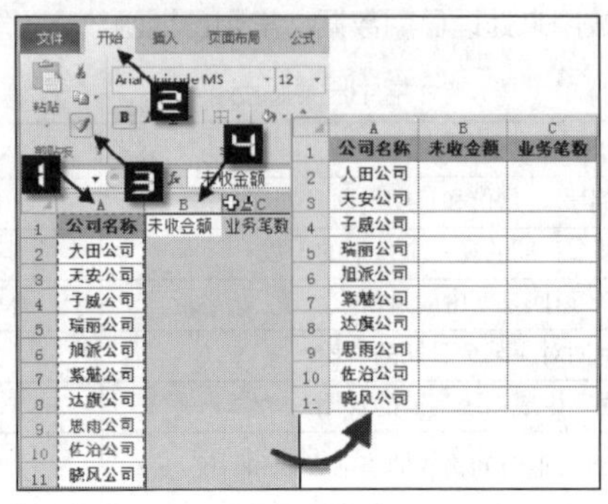

图 7-20 使用格式刷复制格式

步骤 3 在 B2 单元格输入以下公式计算各客户未收账款总额，并将公式向下复制，如图 7-21 所示。

```
=SUMIF(应收账款明细!B:B,A2,应收账款明细!F:F)
```

步骤 4 在 C2 单元格输入以下公式计算各客户业务笔数，并将公式向下复制，如图 7-22 所示。

```
=COUNTIF(应收账款明细!B:B,A2)
```

=SUMIF(应收账款明细!B:B,A2,应收账款明细!F:F)

	A	B	C	D	E
1	公司名称	未收金额	业务笔数		
2	大田公司	132188			
3	天安公司	92989			
4	子威公司	102514			
5	瑞丽公司	30863			
6	旭派公司	52073			
7	紫魅公司	11810			
8	达旗公司	20219			
9	思雨公司	32200			
10	佐治公司	37611			
11	晓风公司	27229			

图 7-21 计算各客户未收账款总额

=COUNTIF(应收账款明细!B:B,A2)

	A	B	C	D
1	公司名称	未收金额	业务笔数	
2	大田公司	132188	5	
3	天安公司	92989	4	
4	子威公司	102514	3	
5	瑞丽公司	30863	1	
6	旭派公司	52073	1	
7	紫魅公司	11810	1	
8	达旗公司	20219	1	
9	思雨公司	32200	2	
10	佐治公司	37611	1	
11	晓风公司	27229	1	

图 7-22 计算各客户业务笔数

SUMIF 函数

素材所在位置为：

光盘：\素材\第 7 章 流动资产管理\SUMIF 函数.xlsx

SUMIF 和 SUMIFS 函数

SUMIF 函数用于对范围中符合指定条件的值求和，函数语法为：

```
SUMIF(range,criteria,[sum_range])
```

第一参数 range 用于判断条件的单元格区域。

第二参数 criteria 用于确定求和的条件。

第三参数[sum_range]是要求和的实际单元格区域。其语法可以理解为：

SUMIF(条件判断区域,求和条件,求和区域)

条件求和类的计算在日常工作中的使用范围非常广，如按指定的部门汇总工资额、计算某个班组的总产量等。本例中使用以下公式计算出各客户未收账款总额：

```
=SUMIF(应收账款明细!B:B,A2,应收账款明细!F:F)
```

其中的“应收账款明细!B:B”部分是指定的条件区域，A2 是用于确定求和的条件，“应收账款明细!F:F”部分是用于求和的实际单元格区域。如果应收账款明细工作表 B 列中的公司名称等于 A2 单元格指定名称，就对应收账款明细工作表 F 列中对应位置的未收金额求和汇总。

SUMIF 函数允许省略第三参数，省略第三参数时，Excel 会对第一参数，也就是判断条件的单元格区域求和。如图 7-23 所示，使用以下公式可以计算出 1 小时及以上部分的加班小时数。

```
=SUMIF(B2:B10,">=1")
```

使用 SUMIF 函数时，任何含有逻辑及数学符号的条件，都必须使用一对半角双引号括起来。公式中的第二参数使用字符串“>=1”，表示求和条件为大于等于 1。

SUMIF 函数的求和条件参数中，支持使用通配符问号（?）和星号（*）。如图 7-24 所示，使用以下公式可以计算出朝阳店的奖金总额。

```
=SUMIF(A2:A12,"朝阳*",C2:C12)
```

D2 =SUMIF(B2:B10,">=1")

	A	B	C	D
1	姓名	加班小时		1小时及以上加班小时数
2	包蓉	6		12
3	冯惠珍	0.8		
4	贾明芳	0.5		
5	刘杏芳	4		
6	李绍琼	0.5		
7	陈明珍	2		
8	梁建邦	0.5		
9	杨利波	0.5		
10	张映菊	0.8		

图 7-23　SUMIF 函数省略第三参数

E2 =SUMIF(A2:A12,"朝阳*",C2:C12)

	A	B	C	D	E
1	部门	姓名	奖金		朝阳店的奖金总额
2	朝阳店业务部	金绍琼	150		1000
3	朝阳店财务部	陈包蓉	300		
4	集团安监科	杨利波	250		
5	东湖店财务部	张映菊	150		
6	东湖店财务部	郑志坚	200		
7	府前店保卫科	冯惠珍	50		
8	朝阳店财务部	冯明芳	250		
9	朝阳店保卫部	姜杏芳	300		
10	府前店采购部	周婕明	400		
11	集团财务科	靳明珍	350		
12	集团审计部	梁建邦	200		

图 7-24　在求和条件中使用通配符

SUMIF 函数求和条件使用“朝阳*”，表示以字符串“朝阳”开头的所有字符串。如果 A$2:A$12 单元格区域中的字符以“朝阳”开头，则对 C$2:C$12 单元格区域对应的数值求和。

1. SUMIFS 函数

素材所在位置为：

光盘：\素材\第 7 章 流动资产管理\SUMIFS 函数.xlsx

如果要对区域中符合多个条件的单元格求和，可以使用 SUMIFS 函数。该函数语法为：

```
SUMIFS(sum_range,criteria_range1,criteria1,[criteria_range2,criteria2],...)
```

第一参数 sum_range 是要求和的区域。

第二参数 criteria_range1 用于条件计算的第一个单元格区域。

第三参数 criteria1 是用于条件计算的第一个单元格区域对应的条件……。其语法可以理解为：

```
SUMIFS(求和区域,条件区域 1,条件 1,条件区域 2,条件 2,……)
```

如图 7-25 所示，使用以下公式可以计算 E2 单元格的员工 1 小时及以上的加班时长。

```
=SUMIFS(C2:C10,B2:B10,E2,C2:C10,">=1")
```

F2 =SUMIFS(C2:C10, B2:B10, E2, C2:C10, ">=1")

	A	B	C	D	E	F
1	日期	姓名	加班小时		姓名	1小时及以上加班时长
2	3月15日	白如雪	0.5		白如雪	3.5
3	3月15日	沙宝水	1.2			
4	3月16日	白如雪	1.5			
5	3月16日	沙宝水	2			
6	3月16日	郑志坚	1			
7	3月17日	冯惠珍	0.5			
8	3月17日	白如雪	2			
9	3月17日	沙宝水	0.5			
10	3月17日	蓝文明	1.5			

图 7-25　多条件求和

【提示】

SUMIF 函数的求和范围是第三参数，而 SUMIFS 函数的求和范围是第一参数，使用时注意不要混淆。

2. COUNTIFS 函数

素材所在位置为：

光盘：\素材\第 7 章 流动资产管理\COUNTIFS 函数.xlsx"

COUNTIFS 函数用于对某一区域内满足多重条件的单元格进行计数。该函数的语法为：

```
COUNTIFS(criteria_range1,criteria1,[criteria_range2,criteria2],…)
```

可以理解为：

```
COUNTIFS(条件区域 1,条件 1,条件区域 2,条件 2,…条件区域 n,条件 n)
```

该函数的用法与 COUNTIF 函数类似，参数使用成对的“区域/条件”形式，每一个条件区域后跟随一个需要判断的条件，最终统计出各个条件区域都符合指定条件的个数。

如图 7-26 所示，G3 单元格使用以下公式计算各部门 40 岁以上的人数。

```
=COUNTIFS(B:B,F3,D:D,">40")
```

G3 =COUNTIFS(B:B,F3,D:D,">40")

	A	B	C	D	E	F	G
1	姓名	部门	性别	年龄		各部门40岁以上人数	
2	周润英	企管部	男	28		部门	人数
3	武运书	采购部	女	37		财务部	7
4	蔡俊	采购部	男	32		质保部	9
5	王腾芳	仓储部	女	22		销售部	10
6	李惠仙	生产部	女	29		采购部	6
7	李向阳	研发部	女	40		生产部	9
8	徐自清	销售部	女	32			

图 7-26　多条件计数

COUNTIFS 函数统计 B 列等于 F3 单元格指定的部门，并且 D 列大于 40 的个数。

7.2.3 分析客户应收账款账龄

账龄是指应收账款自发生日至统计日还没有收回的欠款，在分析应收账款时的重要信息之一。由于应收账款属于流动资产，因此所有账龄在合理周转天数以上的应收账款都会给公司运营造成负面影响。而且账龄越高，资金效率越低，发生坏账的风险越大，财务成本越高。

通常情况下，按照各自企业合理的周转天数将账龄划分为四个级别。如将合理的周转天数设定为 30 天，即可分为 30 天以内、60 天以内、60～120 天及 120 天以上。

1. 使用公式计算账龄

假设账龄统计日为 2017-3-15，在“应收账款明细”工作表中的 I1 单元格输入列标题“账龄”，在 I2 单元格输入以下公式，向下复制公式，如图 7-27 所示。

```
=LOOKUP("2017-3-15"-(C2+G2),{-999,0,30,60,120},{"未到期","30 天以内","60 天以内","60～120 天","120 天以上"})
```

I2 =LOOKUP("2017-3-15"-(C2+G2),{-999,0,30,60,120},{"未到期","30天以内","60天以内","60~120天","120天以上"})

	C	D	E	F	G	H	I
1	开票日期	应收金额	已收金额	未收金额	付款期限	是否到期	账龄
2	2017/1/1	53639.00		53639.00	45	是	30天以内
3	2017/2/3	37676.00	4500.00	33176.00	27	是	30天以内
4	2017/2/10	47932.00	12000.00	35932.00	50	否	未到期
5	2017/2/11	10964.00		10964.00	48	否	未到期
6	2017/2/12	30863.00		30863.00	36	否	未到期
7	2017/2/13	23179.00	10000.00	13179.00	23	是	30天以内

图 7-27　使用公式计算账龄

LOOKUP 函数

素材所在位置为：

光盘：\素材\第 7 章 流动资产管理\LOOKUP 函数.xlsx

LOOKUP 函数是应用非常广泛的查询类函数之一，该函数支持忽略空值、逻辑值和错误值来进行数据查询，常用的基本语法如下：

```
LOOKUP(lookup_value,lookup_vector,[result_vector])
```

该函数在由单行或单列构成的第 2 参数中查找第 1 个参数，并返回第 3 个参数中对应位置的值。

第一参数 lookup_value 是查找值。

第二参数 lookup_vector 为查找范围。

第三参数[result_rector]是结果范围，范围大小必须与第二参数相同。

如需在查找范围中查找一个明确的值，查找范围必须升序排列，如果 LOOKUP 函数找不到查询值，则会与查询区域中小于查询值的最大值进行匹配。

在本例公式中的“"2017-3-15"-(C2+G2)”部分，用统计日期减去开票日期和付款期限之和，计算出账龄天数为 28。然后用 LOOKUP 函数在第二参数{-999,0,30,60,120}中查找账龄天数，因为{-999,0,30,60,120}中没有 28，所以会以小于 28 的最大值 0 进行匹配。

0 在{-999,0,30,60,120}中的位置是 2，LOOKUP 函数最终返回第三参数{"未到期","30 天以内","60 天以内","60～120 天","120 天以上"}中相同位置的值，计算结果为“30 天以内”。

公式中的-999，也可以写成其他一个比较小的数值。如果统计日期-(开票日期+付款期限)的计算结果小于 0，说明尚未到约定的付款期限。

【提示】如果查询区域中有多个符合条件的记录，LOOKUP 函数仅返回最后一条记录。

以下是 LOOKUP 函数的模式化用法。

（1）返回 A 列最后一个文本：

```
=LOOKUP("々",A:A)
```

“々”通常被看作是一个编码较大的字符，输入方法为<Alt+41385>组合键，其中数字 41385 需要使用数字小键盘来进行输入。一般情况下，第一参数写成“座”，也可以返回一列或一行中的最后一个文本内容。

（2）返回 A 列最后一个数值：

```
=LOOKUP(9E+307,A:A)
```

“9E+307”是 Excel 里的科学计数法，即 9×10^{307}，被认为是接近 Excel 允许键入的最大数值。用“9E+307”做查询值，可以返回一列或一行中的最后一个数值。

使用以下公式可以返回 A 列最后一个非空单元格内容。

```
=LOOKUP(1,0/(A:A<>""),A:A)
```

公式首先用“条件区域=指定条件”的对比方式，得到由逻辑值 TRUE 或是 FALSE 组成的数组，然后用 0 除以逻辑值。

在四则运算中逻辑值 TRUE 的作用相当于 1，FALSE 的作用相当于 0。用 0 除以逻辑值 TRUE 的结果为 0，0 除以逻辑值 FALSE 的结果为错误值#DIV/0!。因此，0 除以逻辑值的作用就是构建出一个由 0 和错误值#DIV/0!构成的数组。

再用 1 作为查找值，在 0 和错误值#DIV/0!构成的数组中，忽略错误值进行查找。最终查找到数组中最后一个 0 的位置，并返回第三参数中对应位置的值。

根据此规则特点，可以使用 LOOKUP 函数实现任意方向的查询。

如图 7-28 所示，要在数据表中根据 F4 单元格指定的姓名查询对应的部门，可以使用以下公式完成。

```
=LOOKUP(1,0/(D2:D7=F4),B2:B7)
```

=LOOKUP(1,0/(D2:D7=F4),B2:B7)

	A	B	C	D	E	F	G
1	序号	部门	职务	姓名			
2	1	生产部	部长	邱雨萌			
3	2	安监部	主管	何紫玉		姓名	部门
4	3	储运部	主管	庄梦蝶		夏吾冬	采购部
5	4	采购部	经理	夏吾冬			
6	5	销售部	经理	冷雨冰			
7	6	质检部	主任	段无双			

图 7-28　使用 LOOKUP 函数逆向查询

LOOKUP 函数的典型用法可以归纳为：

```
=LOOKUP(1,0/(条件区域=指定条件),目标区域)
```

2. 按客户进行账龄分析

为了便于管理者对应收账款进行进一步的分析，可以以图表的形式展示各客户不同账龄的分布情况。如图 7-29 所示，点击图表顶部的切片器按钮，即可显示该账龄区间各客户未收账款的占比情况。

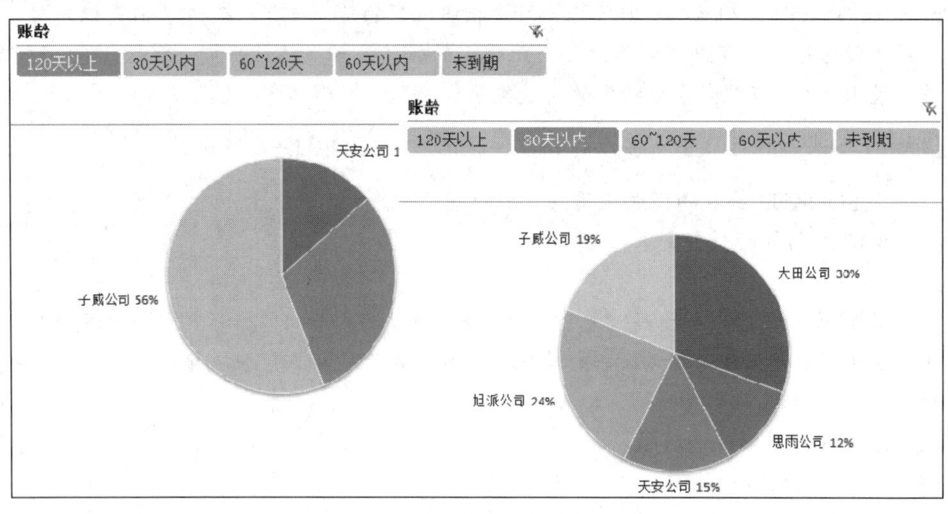

图 7-29　使用切片器控制的图表

操作步骤如下。

步骤 1　单击“应收账款明细”工作表数据区域任意单元格，如 A5，在【插入】选项卡下单击【数据透视表】下拉按钮，在下拉列表选择“数据透视图”命令。在弹出的【创建数据透视表及数据透视图】对话框中，保留 Excel 的默认设置，单击【确定】按钮，Excel 会自动创建一个带有空白数据透视表和数据透视图的新工作表，如图 7-30 所示。

步骤 2　在【数据透视表字段列表】中，将“公司名称”字段拖动到“轴字段(分类)”区域，将“未收金额”字段拖动到数值区域，最后单击左上角的“关闭”按钮关闭数据透视表字段列表，如图 7-31 所示。

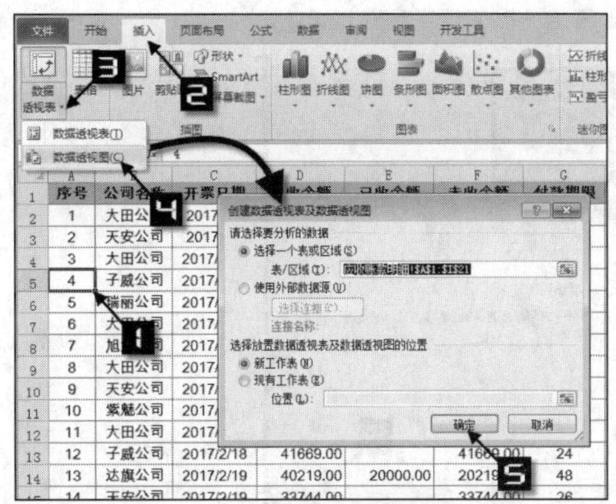

图 7-30　插入数据透视图

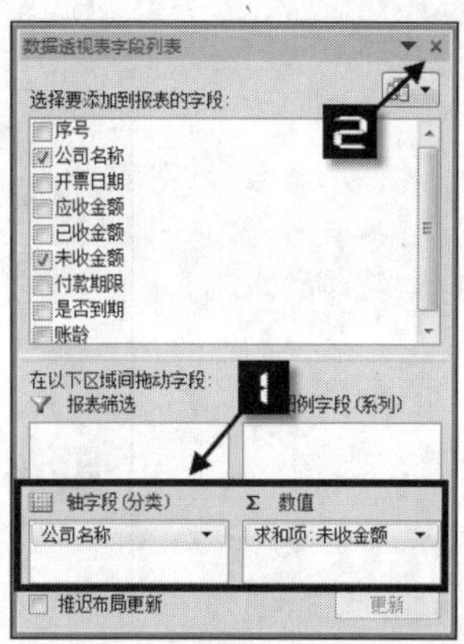

图 7-31　调整数据透视图布局

步骤 3　右键单击数据透视图，在快捷菜单中选择【更改图表类型】命令。在弹出的【更改图表类型】对话框中选择饼图，最后单击【确定】按钮，如图 7-32 所示。

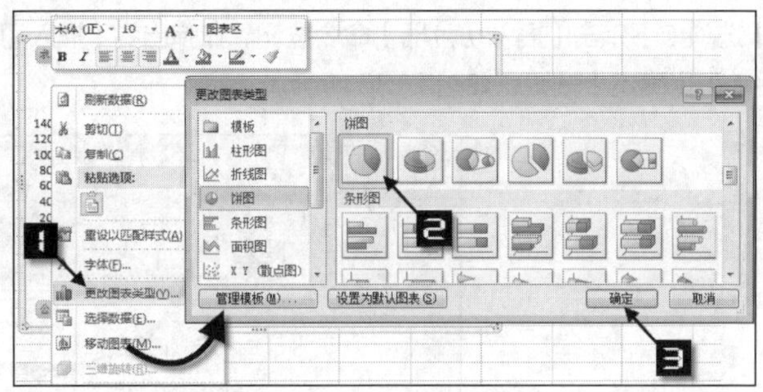

图 7-32　更改图表类型

步骤 4　在【设计】选项卡下单击【图表样式】下拉按钮，在图表样式库中选择一种样式，如图 7-33 所示。

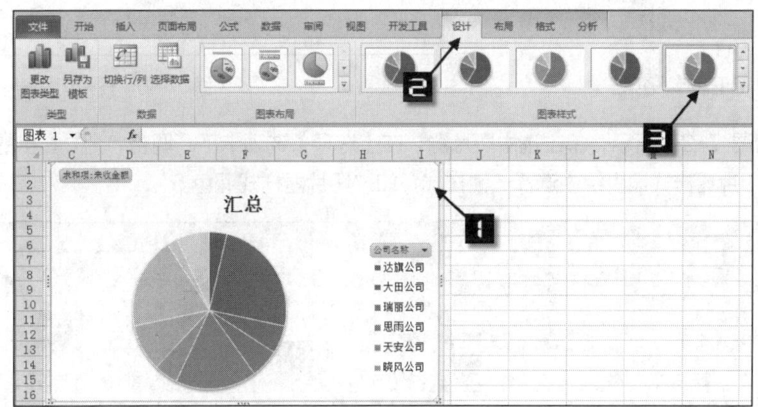

图 7-33　设置图表样式

步骤 5　单击选中图例项，按<Delete>键删除。然后依次单击【布局】→【数据标签】→【其他数据标签选项】命令，打开【设置数据标签格式】对话框。

依次选中“标签包括”下的“类别名称”“百分比”和“显示引导线”复选框，单击选中“标签位置”下的“数据标签外”单选按钮，最后单击【关闭】按钮关闭对话框，如图 7-34 所示。

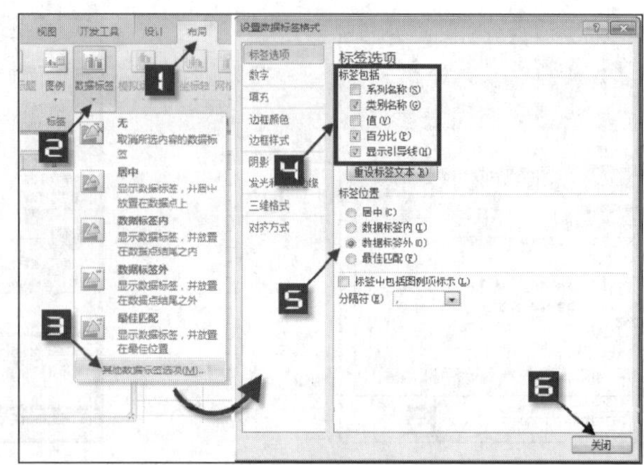

图 7-34　设置数据标签格式

步骤 6　右键单击数据透视图字段按钮，在扩展菜单中选择“隐藏图表上的所有字段按钮”命令，如图 7-35 所示。

步骤 7　在【分析】选项卡下单击【插入切片器】命令按钮，在弹出的【插入切片器】对话框中勾选“账龄”字段的复选框，然后单击【确定】按钮，如图 7-36 所示。

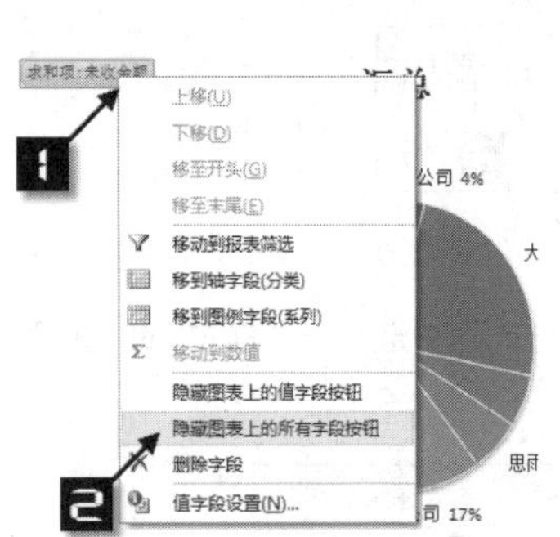

图 7-35　删除图表字段按钮

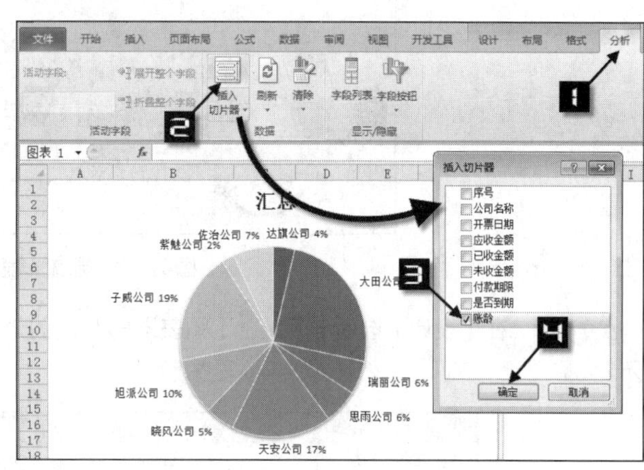

图 7-36　插入切片器

步骤 8　如图 7-37 所示，单击选中切片器，在【选项】选项卡下，调整“列”右侧的微调按钮，设置为 5 列。然后在切片器样式命令组中选择一种样式，如“切片器样式深色 5”。

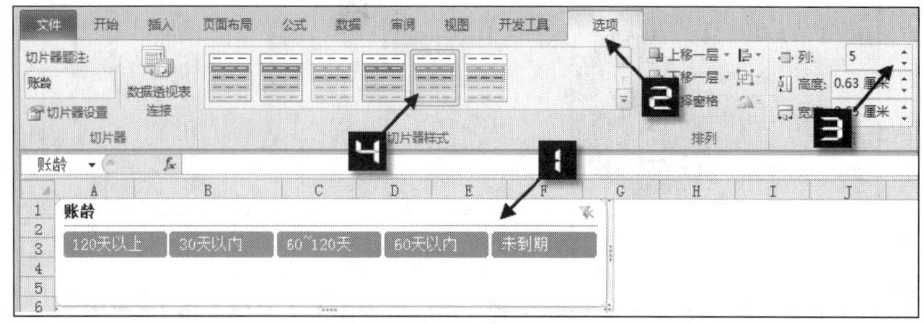

图 7-37　设置切片器样式

步骤 9　将切片器拖动至数据透视图上方。然后拖动切片器边框，将其宽度调整为和数据透视图宽度一致。

步骤 10 单击选中图表标题，按<Delete>键删除。设置完成后，单击切片器中的账龄区间，即可显示出各公司未收账款在该账龄区间所占比例。

数据透视图

数据透视图是建立在数据透视表基础上的图表，利用数据透视图中的筛选按钮，能够从不同角度展示数据。

数据透视图不仅具备普通图表的数据系列、分类、坐标轴等元素，还包括报表筛选字段、图例字段、分类轴字段等一些特有的元素，如图 7-38 所示。

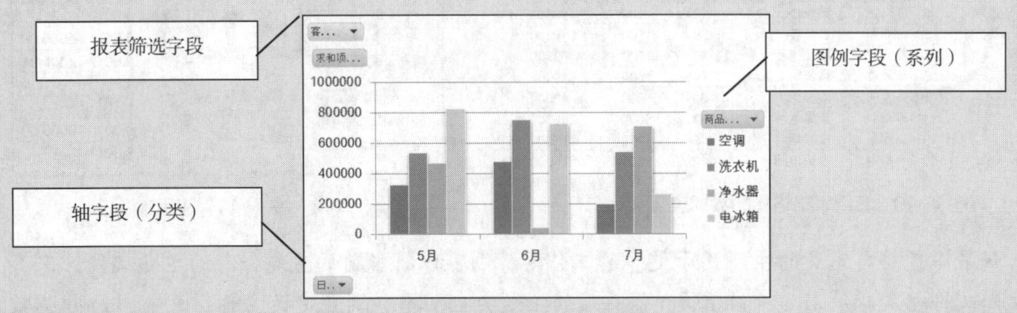

图 7-38　数据透视图中的元素

用户可以像处理普通 Excel 图表一样处理数据透视图，包括改变图表类型、设置图表格式等。如果在数据透视图中改变字段布局，与之关联的数据透视表也会同时发生改变。

和普通图表相比，数据透视图存在部分限制，包括不能使用散点图、股价图和气泡图等图表类型，另外也无法直接调整数据标签、图表标题和坐标轴标题的大小等。

应用主题格式化工作表

主题是一组格式选项组合，包括主题颜色、主题字体和主题效果。通过应用文档主题，可以使文档快速具有统一的外观。

用户可以针对不同的数据内容选择不同的主题，也可以按自己对颜色、字体、效果等的喜好来选择不同的主题。一旦选定某一主题，有关颜色的设置，如颜色面板、套用表格式、单元格样式等的颜色均使用这一主题的颜色系列。

在【页面布局】选项卡中单击【主题】命令，在展开的下拉列表库中，可以选择使用内置的主题，也可以自定义主题颜色、字体和效果，如图 7-39 所示。

图 7-39　设置主题

如需通过选择不同的“主题”对工作表进行快速格式化，操作步骤如下。

步骤 1 依次单击【开始】选项卡下的【套用表格格式】下拉按钮，在样式库中选择一种表样式，快速格式化数据表，效果如图 7-40 所示。

步骤 2 选中数据表中的任意单元格，依次单击【页面布局】→【主题】命令，在展开的主题库中选择一种主题样式，如【波形】，数据表外观会立即发生变化，如图 7-41 所示。

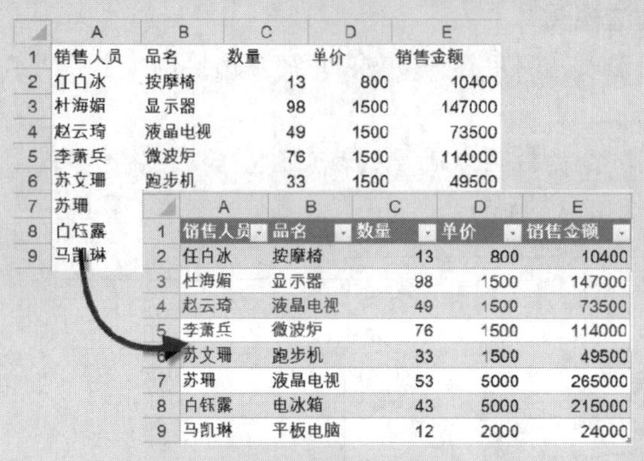

	A	B	C	D	E
1	销售人员	品名	数量	单价	销售金额
2	任白冰	按摩椅	13	800	10400
3	杜海娟	显示器	98	1500	147000
4	赵云琦	液晶电视	49	1500	73500
5	李萧兵	微波炉	76	1500	114000
6	苏文珊	跑步机	33	1500	49500
7	苏珊	液晶电视	53	5000	265000
8	白钰露	电冰箱	43	5000	215000
9	马凯琳	平板电脑	12	2000	24000

图 7-40 套用表格格式的数据表

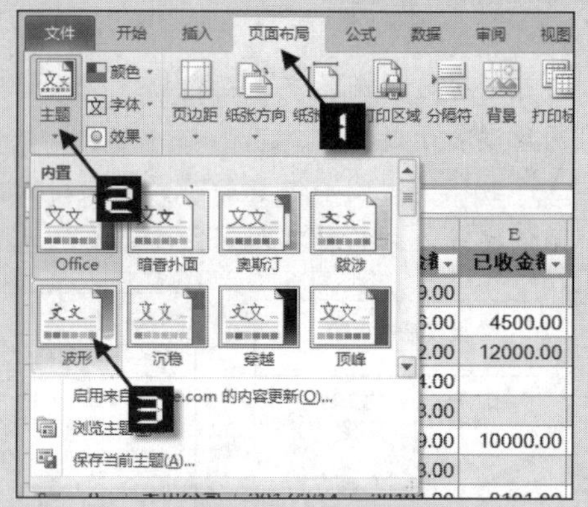

图 7-41 应用主题

如果希望将自定义的主题用于更多的工作簿，则可以将当前的主题保存为主题文件，保存的主题文件格式扩展名为“.thmx”。保存后的主题会自动添加到自定义主题列表中，如图 7-42 所示。

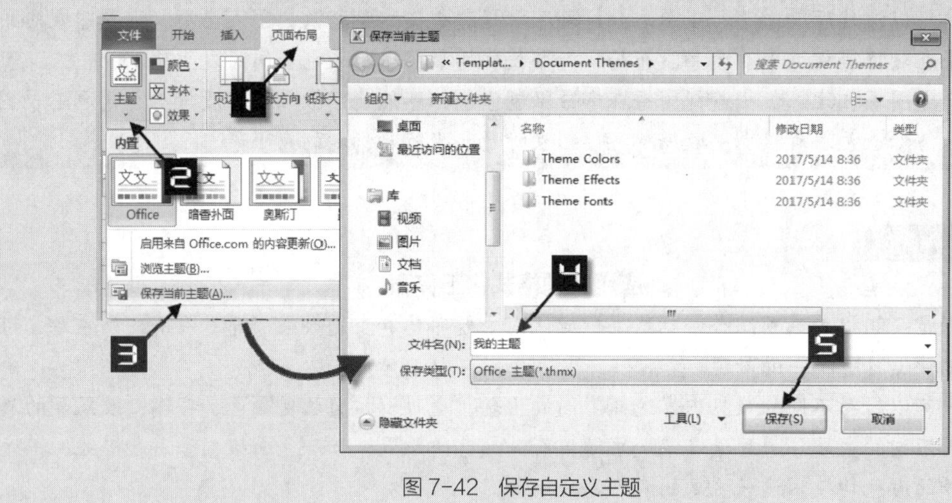

图 7-42 保存自定义主题

7.2.4 计算坏账准备金额

我国现行会计制度要求企业应当定期于每年年度终了时，对应收账款进行全面检查，预计各项应收账款可能发生的坏账准备。对于预计不能收回的应收款项，应该计提坏账准备。企业计提坏账准备的方法由企业自行确定。

采用账龄分析法计提坏账准备时，将不同账龄的应收账款进行分组，将应收账款的逾期时间按时间长短分为若干个区间，计算各个区间上的应收账款的金额，并为每个区间估算一个坏账损失百分比。然后用各个区间上应收账款的金额乘以对应的该区间的坏账损失百分比，统计各个区间可能造成的坏账损失。最后将各个区间上的坏账损失估算数求和汇总，即为企业坏账损失的估算总额。

1. 估算坏账准备比例

估算坏账率指估算坏账金额占应收账款总额的比例，计算公式如下：

坏账率=年坏账额/年应收账款总额

现有的企业会计制度在坏账准备计提比例方面给予了企业较大的自主权，一是计提比例不限，二是对不能够收回或收回可能性不大的应收账款可以全额计提坏账准备。通常账龄越长，发生坏账的可能性越大，估算的坏账准备的比例就越高。

假如根据企业的历史经验估算，应收账款的账龄与坏账可能性如下：

（1）未到期的应收账款发生坏账的可能性为 0%；

（2）逾期 30 天以内的应收账款发生坏账的可能性为 1%；

（3）逾期 60 天以内的应收账款发生坏账的可能性为 3%；

（4）逾期 60～120 天的应收账款发生坏账的可能性为 6%；

（5）逾期 120 天以上的应收账款发生坏账的可能性为 10%。

在实际工作中，就可以根据企业这些历史经验的坏账率进行估算。

2. 统计坏账准备金额

操作步骤如下。

步骤 1 首先插入新工作表，将工作表标签重命名为“坏账准备”，然后输入基础数据，设置单元格格式，如图 7-43 所示。

步骤 2 在 B2 单元格输入以下公式，计算各账龄区间的未收金额，并将公式向下复制到 B5 单元格，如图 7-44 所示。

```
=SUMIF(应收账款明细!I:I,A2,应收账款明细!F:F)
```

	A	B	C	D
1	账龄	未收金额	坏账准备比率	坏账准备金额
2	30天以内		1%	
3	60天以内		3%	
4	60~120天		6%	
5	120天以上		10%	

图 7-43　制作基础表格

B2　=SUMIF(应收账款明细!I:I,A2,应收账款明细!F:F)

	A	B	C	D
1	账龄	未收金额	坏账准备比率	坏账准备金额
2	30天以内	177427	1%	
3	60天以内	176187	3%	
4	60~120天	96821	6%	
5	120天以上	89261	10%	

图 7-44　计算各账龄区间未收金额

步骤 3 在 D2 单元格输入以下公式，计算坏账准备金额，并将公式向下复制到 D5 单元格，如图 7-45 所示。

```
=B2*C2
```

D2　=B2*C2

	A	B	C	D
1	账龄	未收金额	坏账准备比率	坏账准备金额
2	30天以内	177427	1%	1774.27
3	60天以内	176187	3%	5285.61
4	60~120天	96821	6%	5809.26
5	120天以上	89261	10%	8926.1

图 7-45　计算坏账准备金额

3. 按应收账款到期日自动提醒

在“应收账款明细”工作表中设置公式，能够对应收账款到期和过期天数进行提醒。如图 7-46 所示，在 J1 单元格输入列标题“到期提醒”，在 J2 单元格输入以下公式，将公式向下复制。

```
=TEXT(C2+G2-"2017-3-15","0 天后到期;已过期 0 天;今日到期")
```

J2 =TEXT(C2+G2-"2017-3-15","0天后到期;已过期0天;今日到期")

	C	D	E	F	G	H	I	J
1	开票日期	应收金额	已收金额	未收金额	付款期限	是否到期	账龄	到期提醒
2	2017/1/1	53639.00		53639.00	45	是	30天以内	已过期28天
3	2017/2/3	37676.00	4500.00	33176.00	27	是	30天以内	已过期13天
4	2017/2/10	47932.00	12000.00	35932.00	50	否	未到期	17天后到期
5	2017/2/11	10964.00		10964.00	48	否	未到期	16天后到期

图7-46 到期日自动提醒

公式中，假定以2017年3月15日作为统计日，先使用“C2+G2”即开票日期+付款期限，计算出实际到期日，然后减去统计日“2017-3-15”。如果实际到期日减去统计日之后的结果大于0，说明尚未到期。如果等于0，说明当前统计日即为实际到期日。如果小于0，则说明已经过期。

TEXT函数第二参数的格式代码使用“0天后到期;已过期0天;今日到期”，以分号间隔的三段式格式代码分别对应大于0、小于0和等于0，最终将计算结果转换为“文字+数字”形式的提醒说明。

TEXT函数

Excel的自定义数字格式功能可以将单元格中的数值显示为自定义的格式，而TEXT函数也具有类似的功能，可以使用指定的格式代码，将数值转换特定格式的文本。

TEXT函数的语法为：

```
TEXT(value,format_text)
```

第一参数value可以是数值也可以是文本型数字。

第二参数format_text用于指定格式代码，与单元格数字格式中的大部分代码都基本相同。

有少部分代码（如颜色代码），则仅适用于自定义格式，不能在TEXT函数中使用。与自定义格式代码类似，TEXT函数的格式代码也分为4个条件区段，各区段之间用半角分号间隔，默认情况下，这四个区段的定义为：

```
[>0];[<0];[=0];[文本]
```

在实际使用中，可以根据需要省略TEXT函数第二参数的部分条件区段，条件含义也会发生相应变化。如果使用三个条件区段，其含义为：

```
[>0];[<0];[=0]
```

如果使用两个条件区段，其含义为：

```
[>=0];[<0]
```

如果使用一个条件区段，则是针对所有内容。

设置单元格格式与TEXT函数有以下区别：

（1）设置单元格的格式，仅仅是数字显示外观的改变，其实质仍然是数值本身；

（2）使用TEXT函数可以将数值转换为带格式的文本，其实质已经转换为文本型数字。

合并带有格式的字符串

素材所在位置为：

光盘：\素材\第7章 流动资产管理\合并带有格式的字符串.xlsx

如图7-47所示，B列是设置为长日期格式的日期数据，D列是设置了一位小数的百分比格式。需要在 E 列对各单元格的字符串进行合并。

	A	B	C	D	E
1	公司名称	日期	还款金额	还款比例	合并文本
2	大田公司	2017年2月22日	12500	10.0%	大田公司2017年2月22日还款12500元,还款比例为10.0%
3	天安公司	2017年2月23日	10080	15.0%	天安公司2017年2月23日还款10080元,还款比例为15.0%
4	子威公司	2017年2月24日	95000	5.0%	子威公司2017年2月24日还款95000元,还款比例为5.0%
5	瑞丽公司	2017年2月25日	10000	10.0%	瑞丽公司2017年2月25日还款10000元,还款比例为10.0%

图 7-47　合并带有格式的字符串

如果使用以下公式连接，合并后的日期和百分比部分出现错误，如图 7-48 所示。

```
=A2&B2&"还款"&C2&"元，还款比例为"&D2
```

E2 fx =A2&B2&"还款"&C2&"元，还款比例为"&D2

	A	B	C	D	E
1	公司名称	日期	还款金额	还款比例	合并文本
2	大田公司	2017年2月22日	12500	10.0%	大田公司42788还款12500元，还款比例为0.1
3	天安公司	2017年2月23日	10080	15.0%	天安公司42789还款10080元，还款比例为0.15
4	子威公司	2017年2月24日	95000	5.0%	子威公司42790还款95000元，还款比例为0.05
5	瑞丽公司	2017年2月25日	10000	10.0%	瑞丽公司42791还款10000元，还款比例为0.1

图 7-48　合并后的结果无法正常显示

如果对内容为数值的单元格进行字符连接时，无论数值以哪一种格式显示，合并后都默认显示为常规格式。本例中，日期 2017 年 2 月 22 日在合并后显示为日期序列值 42788，还款比例 10.0%显示为常规格式 0.1。

如果要在合并后仍然显示为数值所在单元格的样式，可以使用 TEXT 函数将数值单元格的内容转换带有指定样式的文本字符串，然后再进行连接。

E2 单元格输入以下公式，并将公式向下复制，如图 7-49 所示。

```
=A2&TEXT(B2,"e年m月d日")&TEXT(C2,"还款0元")&TEXT(D2,"，还款比例为0.0%")
```

E2 fx =A2&TEXT(B2,"e年m月d日")&TEXT(C2,"还款0元")&TEXT(D2,"，还款比例为0.0%")

	A	B	C	D	E
1	公司名称	日期	还款金额	还款比例	合并文本
2	大田公司	2017年2月22日	12500	10.0%	大田公司2017年2月22日还款12500元,还款比例为10.0%
3	天安公司	2017年2月23日	10080	15.0%	天安公司2017年2月23日还款10080元,还款比例为15.0%
4	子威公司	2017年2月24日	95000	5.0%	子威公司2017年2月24日还款95000元,还款比例为5.0%
5	瑞丽公司	2017年2月25日	10000	10.0%	瑞丽公司2017年2月25日还款10000元,还款比例为10.0%

图 7-49　合并文本

公式中使用了三个 TEXT 函数，“TEXT(B2,"e 年 m 月 d 日")”部分，将 B2 单元格中的日期转换为文本字符串“2017 年 2 月 22 日”。

“TEXT(C2,"还款 0 元")”部分，将 C2 单元格中的金额 12500 转换为文本字符串“还款 12500 元”。

“TEXT(D2,"，还款比例为 0.0%")”部分，将 D2 单元格中的比例 10.0%转换为文本字符串“，还款比例为 10.0%”。

最后使用文本连接符&，将 A2 单元格中的公司名称与三个 TEXT 函数返回的结果进行连接，得到最终需要的效果。

7.2.5　使用函数公式制作应收账款催款函

素材所在位置为：

光盘：\素材\第 7 章　流动资产管理\7.2.5　使用函数公式制作应收账款催款函.xlsx

催款函是一种催交款项的文书，是交款单位或个人在超过规定期限未按时交付款项时使用的通知书。以下学习在 Excel 中制作应收账款催款函的方法，操作步骤如下。

步骤 1 首先在“应收账款明细”工作表中准备好应收账款的基础数据，如图 7-50 所示。

	A	B	C	D	E	F
1	客户名称	客户类别	办事处	信用等级	截至今日欠款	约定支付日期
2	天翼电信终端有限公司	运营商	运营商	NR	4,900	2017/6/27
3	北京中邮普泰移动通信设备有限责任公司	运营商平台	运营商	NR	468,004	2017/6/2
4	中移鼎讯通信股份有限公司北京分公司	运营商平台	运营商	NR	765,519	2017/5/4
5	内蒙古松联通讯有限责任公司	运营商平台	运营商部	NR	25,026	2017/7/11
6	北京迪信通电子通信有限公司	全国性卖场	大客户办	CR4	1,005,057	2017/6/12
7	北京恒信瑞达商贸有限公司	区域性卖场	大客户办	CR5	9,791,332	2017/7/25
8	北京中复电讯设备有限责任公司	区域性卖场	大客户办	CR4	4,338,484	2017/6/21
9	北京华信通电讯有限公司	区域性卖场	大客户办	CR4	941,165	2017/6/17
10	内蒙古普天信息产业有限公司	区域性卖场	蒙西办	CR4	118,193	2017/5/14

图 7-50 应收账款基础数据

步骤 2 在“应收账款催款函”工作表中输入催款函的基本数据，然后对单元格格式进行设置，效果如图 7-51 所示。

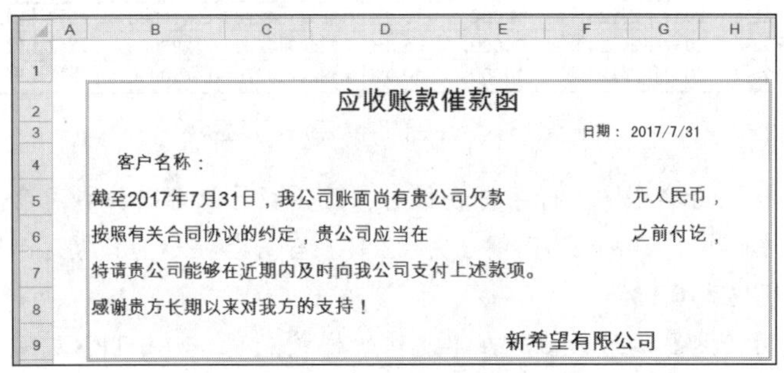
应收账款催款函

日期：2017/7/31

客户名称：

截至2017年7月31日，我公司账面尚有贵公司欠款　　元人民币，

按照有关合同协议的约定，贵公司应当在　　之前付讫，

特请贵公司能够在近期内及时向我公司支付上述款项。

感谢贵方长期以来对我方的支持！

新希望有限公司

图 7-51 催款函基本数据

步骤 3 选中 C4:D4 单元格，设置合并后居中。然后在【数据】选项卡下单击【数据有效性】按钮，弹出【数据有效性】对话框。在【设置】选项卡下设置允许条件为“序列”，单击“来源”编辑框右侧的折叠按钮，选择包含客户名称的应收账款明细工作表 A2:A72 单元格区域，最后单击【确定】按钮，如图 7-52 所示。

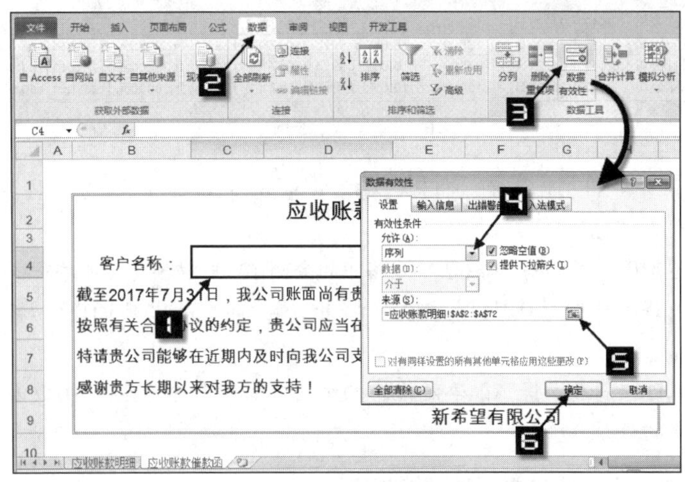

图 7-52 设置数据有效性

步骤 4 完成数据有效性的设置后，即可单击 C4 单元格的下拉按钮，选择不同的客户名称。在 F5 单元格输入以下公式，用于查询指定客户的应收账款，如图 7-53 所示。

```
=VLOOKUP(C4,应收账款明细!A:E,5,0)
```

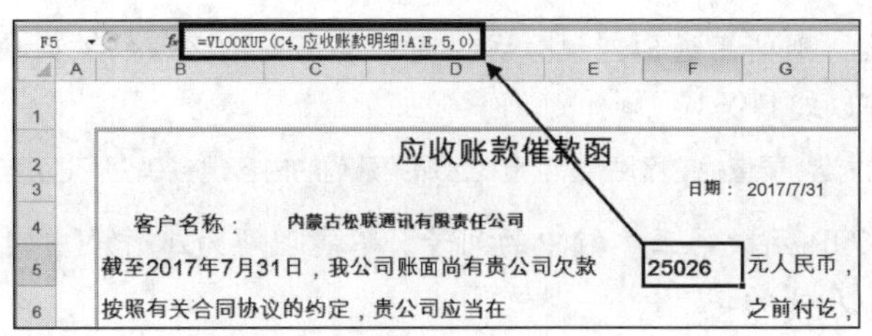

图 7-53　查询指定客户的应收账款

步骤 5 选中 E6:F6 单元格，设置合并后居中，并将数字格式设置为长日期。然后输入以下公式，查询指定客户的约定支付日期，如图 7-54 所示。

```
=VLOOKUP(C4,应收账款明细!A:F,6,0)
```

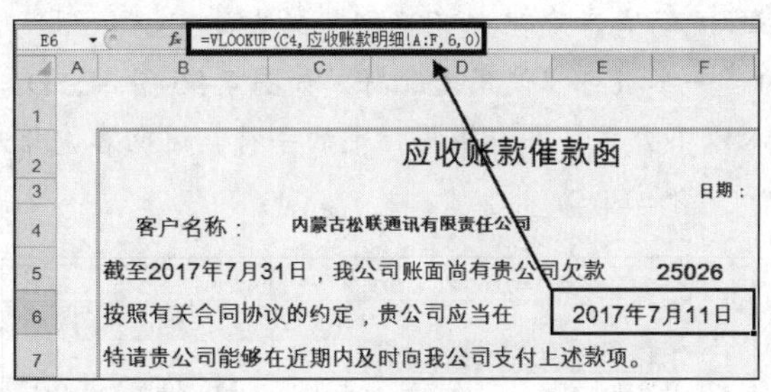

图 7-54　查询指定客户的约定支付日期

设置完成后，只要单击 C4 单元格下拉按钮选择客户名称，公式即可自动返回对应的欠款金额和约定支付日期，如图 7-55 所示。

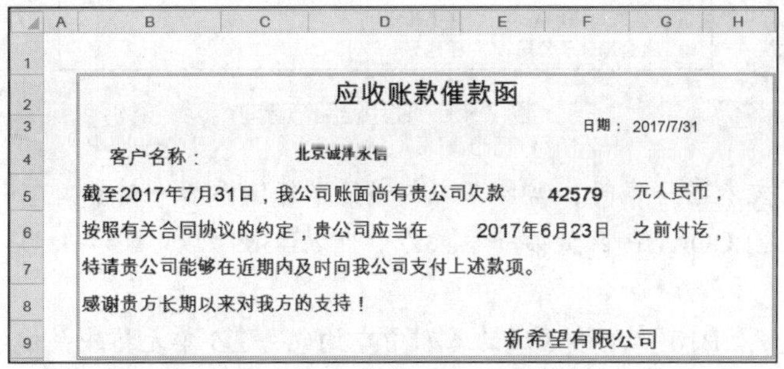

图 7-55　完成后的应收账款催款函

VLOOKUP 函数

VLOOKUP 函数是使用频率非常高的查询函数之一，函数的语法为：

```
VLOOKUP(lookup_value,table_array,col_index_num,[range_lookup])
```

第一参数 lookup_value 是要查询的值。

第二参数 table_array 是需要查询的单元格区域，这个区域中的首列必须要包含查询值，否则公式将返回错误值，因此只能实现从左到右的数据查询。

第三参数 col_index_num 用于指定返回查询区域中第几列的值。参数为 1 时，返回查询区域中第一列中的值；参数为 2 时，返回查询区域中第二列的值，依此类推。

第四参数[range_lookup]决定函数的查找方式，如果为 0 或 FASLE，使用精确匹配方式；如果为 TRUE 或被省略，则使用近似匹配方式，同时要求查询区域的首列按升序排序。

该函数的语法可以理解为：

```
VLOOKUP(要查找的内容,要查找的区域,返回查找区域第几列的内容,[精确匹配还是近似匹配])
```

【提示】VLOOKUP 函数第三参数中的列号，不能理解为工作表中实际的列号，而是指定要返回查询区域中第几列的值。

使用通配符的查询

素材所在位置为：

光盘：\素材\第 7 章 流动资产管理\使用通配符的查询.xlsx

VLOOKUP 函数的第一参数可以使用通配符，如图 7-56 所示，D3 单元格中给出了部分字符，在 E3 单元格中输入以下公式，即可根据指定的字符，返回客户信息表中的联系人信息。

```
=VLOOKUP("*"&D3&"*",A2:B10,2,0)
```

E3 fx =VLOOKUP("*"&D3&"*", A2:B10, 2, 0)

	A	B	C	D	E
1	客户单位	联系人			
2	兴发实业公司	陈安东		客户单位	联系人
3	腾达股份公司	董艳慧		远大	陈春秀
4	深圳远大集团	陈春秀			
5	浙江兴业银行	蔡燕娟			
6	爱家连锁超市	丁一民			
7	长江置业集团	董大伟			
8	远大地产公司	白彩玲			
9	佳辉电缆制造	任小伟			
10	秦金高分子公司	程建男			

图 7-56　使用通配符查询

在公式中使用文本字符串时，需要在文本字符串外侧添加一对半角双引号，&的作用是对字符串进行连接。VLOOKUP 函数第一参数为“"*"&D3&"*"”，表示在 D3 字符串前后都加上通配符“*”。

公式的作用是 A2:B10 单元格区域的首列中查询包含 D3 单元格中关键字“远大”的信息，并返回第二列的联系人信息。

如果查询区域的首列有多个符合的条件，VLOOKUP 函数将只返回第一条符合条件的记录。

VLOOKUP 函数的特点可以总结为以下几点。

（1）VLOOKUP 函数查找值支持使用通配符（“?”号和“*”号）进行查询。

（2）第四参数决定了查找方式。如果为 0 或 FASLE，用精确匹配方式进行查找，而且支持无序查找；如果为 1 或 TRUE，则使用模糊匹配方式进行查找，并且要求第二参数的首列或首行按升序排列。

（3）第三参数中的列号，不能理解为工作表中实际的列号，而是指定返回值在查找范围中的第几列。

（4）如果查找值与数据区域关键字的数据类型不一致，也会返回错误值#N/A。

（5）如果有多条满足条件的记录时，只能返回第一个满足条件的记录。

（6）查询区域中的首列必须要包含查询值，否则无法正常查询。

7.2.6 使用邮件合并制作应收账款催款函

使用 Word 邮件合并功能，能够根据 Excel 中的记录，快速生成具有统一样式的 Word 文档，在制作卡片、通知、信封以及请帖等都有广泛的应用，以下学习使用邮件合并制作应收账款催款函的方法。

使用邮件合并制作应收账款催款函

素材所在位置为：

光盘：\素材\第 7 章 流动资产管理\7.2.6 使用邮件合并制作应收账款催款函

操作步骤如下。

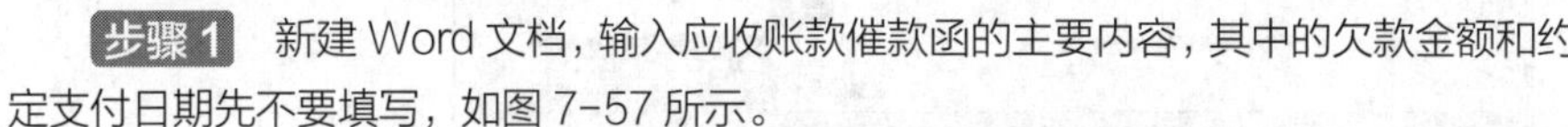

步骤 1 新建 Word 文档，输入应收账款催款函的主要内容，其中的欠款金额和约定支付日期先不要填写，如图 7-57 所示。

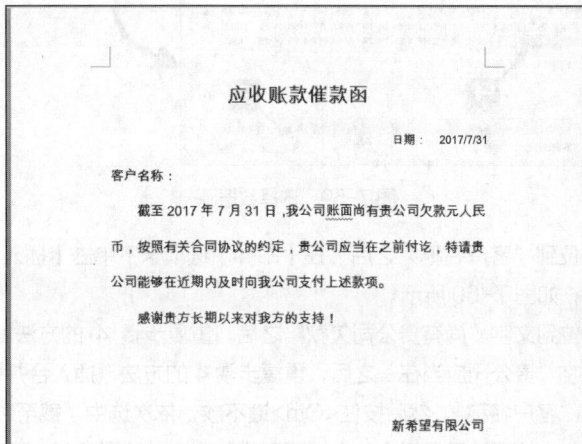

应收账款催款函

日期： 2017/7/31

客户名称：

截至 2017 年 7 月 31 日，我公司账面尚有贵公司欠款元人民币，按照有关合同协议的约定，贵公司应当在之前付讫，特请贵公司能够在近期内及时向我公司支付上述款项。

感谢贵方长期以来对我方的支持！

新希望有限公司

图 7-57 新建 Word 文档

步骤 2 在【邮件】选项卡下依次单击【选择收件人】，【使用现有列表】命令，如图 7-58 所示。

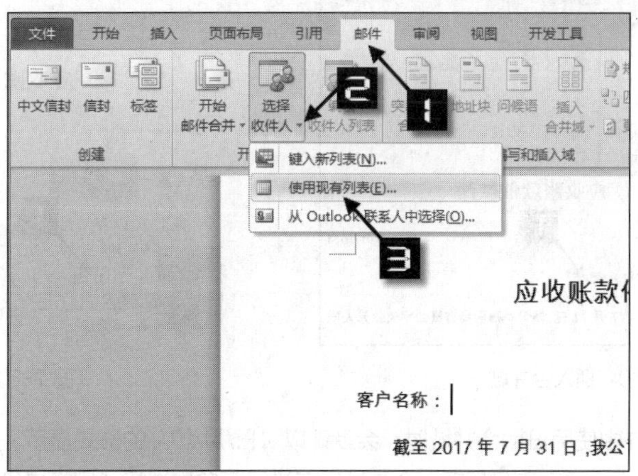

图 7-58 选择收件人

步骤 3 在弹出的【选择数据源】对话框中，找到包含应收账款记录的 Excel 文件所在路径，单击选中 Excel 记录文件，然后单击【打开】按钮，弹出【选择表格】对话框。

单击选中存放包含应收账款记录的工作表名称，保留"数据首行包含列标题"的默认勾选，单击【确定】按钮，如图 7-59 所示。

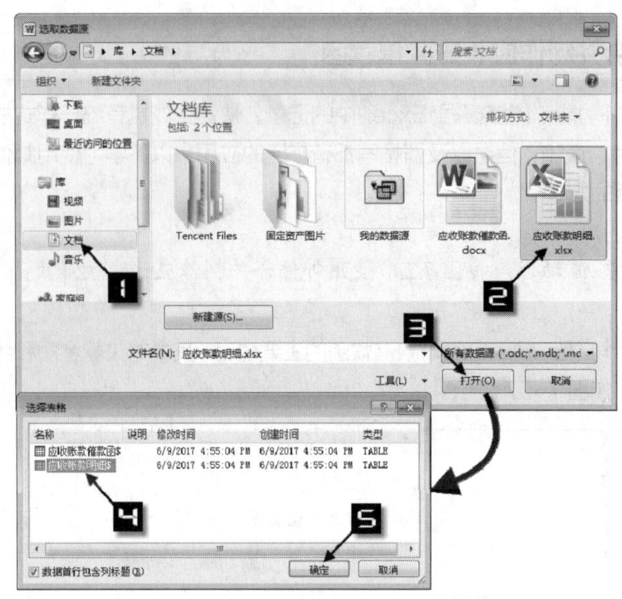

图 7-59　选择数据源

步骤 4　鼠标指针定位到“客户名称”之后，在【邮件】选项卡下单击【插入合并域】下拉按钮，在下拉列表中选择“客户名称”，如图 7-60 所示。

步骤 5　鼠标指针定位到文字“尚有贵公司欠款”之后，重复步骤 4 的方法，插入合并域“截至今日_欠款”。鼠标指针定位到文字“贵公司应当在”之后，重复步骤 4 的方法，插入合并域“约定支付日期”。

步骤 6　选中合并域“客户名称”，然后按住<Ctrl>键不放，依次选中“截至今日_欠款”和“约定支付日期”，单击鼠标右键，在弹出的浮动工具栏中单击“下划线”命令，如图 7-61 所示。

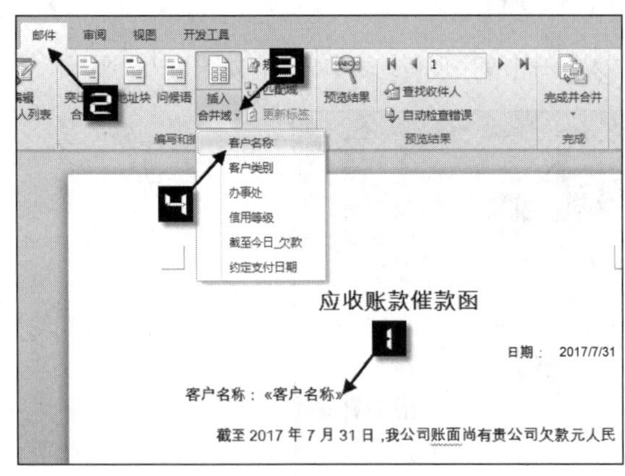

图 7-60　插入合并域

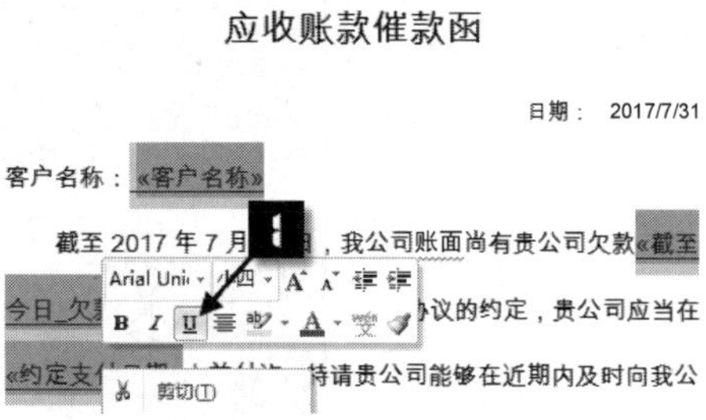

图 7-61　添加下划线

步骤 7　在邮件合并中使用日期合并域时，会默认以“日/月/年”的形式显示。如果要显示为“年/月/日”的日期样式，可以右键单击“约定支付日期”合并域，在快捷菜单中选择“切换域代码”命令，然后在原有域代码之后加上格式代码“\@yyyy 年 MM 月 DD 日”。注意添加的格式代码和原有的域代码之间要保留一个空格，如图 7-62 所示。

步骤 8　如果数据源中包含数字，在邮件合并完成后有可能会出现多位无意义的小数，也需要进行必要的设置。右键单击包含数字的“«截至今日_欠款”合并域，在快捷菜单中选择“切换域代码”命令，然后在原有域代码之后加上格式代码“\#"0.00"”，表示保留两位小数，如图 7-63 所示。

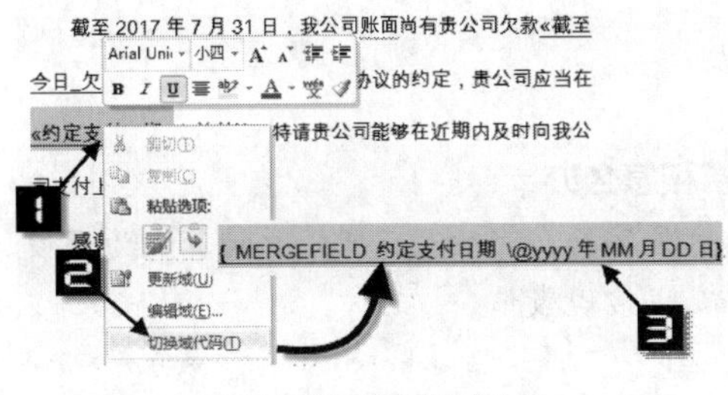

截至 2017 年 7 月 31 日，我公司账面尚有贵公司欠款{ MERGEFIELD 截至今日_欠款 \#"0.00"}元人民币，按照有关合

图 7-62 添加格式代码　　　　图 7-63 设置小数位数

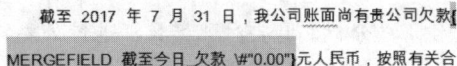

步骤 9 在【邮件】选项卡下依次单击【完成并合并】→【编辑单个文档】命令，在弹出的【合并到新文档】对话框中保留默认选项，单击【确定】按钮，即可生成一个名为“信函 1”的 Word 文档，如图 7-64 所示。

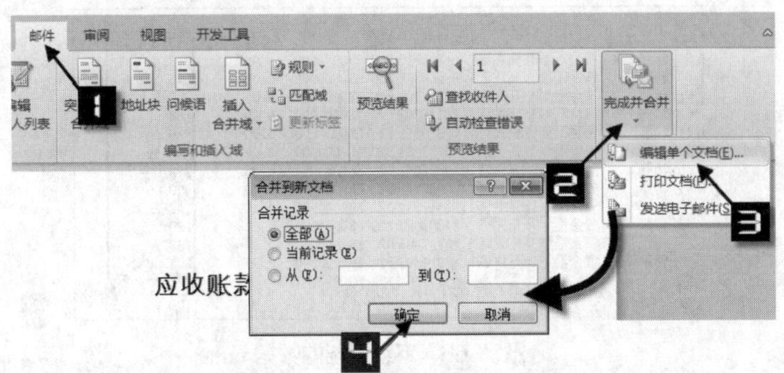

图 7-64 完成并合并

至此，批量生成了多页相同样式的文本内容，每一页对应 Excel 中的一条记录，如图 7-65 所示。

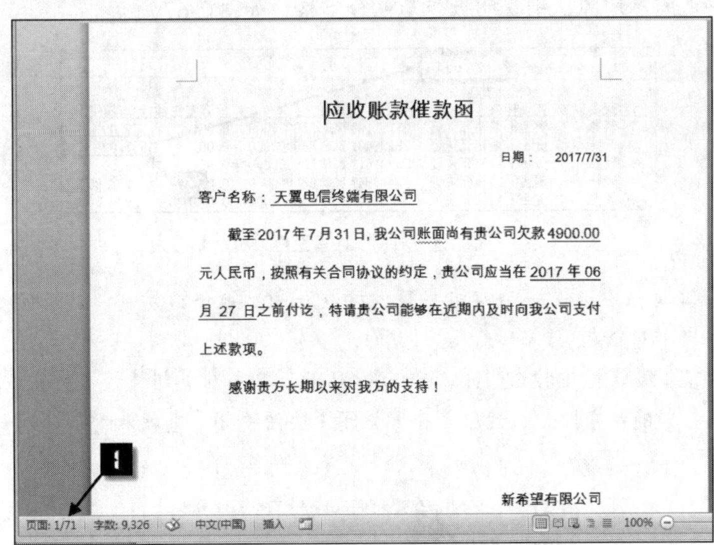

图 7-65 批量生成多页记录

最后按<Ctrl+S>组合键保存文档即可。

【提示】如果将 Excel 文档用作邮件合并的数据源，应确保数据表的首行为标题行。并且需要将有关联的多项记录存放在同一行内。如本例中，不同客户的有关记录都依次存放在不同行内，由每一行中的多项内容构成一条完整的记录。

系统导出的数据无法求和怎么办

在系统内导出的对账单往往会有一些空格或是不可见字符，影响、正常汇总计算。为了便于汇总分析，需要对此类数据进行必要的处理，使其变成常规数值。

素材所在位置为：

光盘：\素材\第 7 章 流动资产管理\系统导出的数据不能求和怎么办.xlsx

以图 7-66 为例，选择 G 列数据区域时，会发现在状态栏内只有计数项，而没有求和、最大值、最小值等汇总方式。如果此时用 SUM 函数求和，结果也会返回 0。

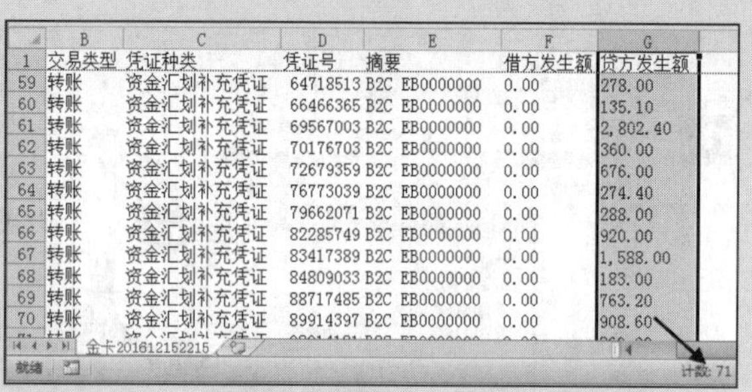

	B	C	D	E	F	G
1	交易类型	凭证种类	凭证号	摘要	借方发生额	贷方发生额
59	转账	资金汇划补充凭证	64718513	B2C EB0000000	0.00	278.00
60	转账	资金汇划补充凭证	66466365	B2C EB0000000	0.00	135.10
61	转账	资金汇划补充凭证	69567003	B2C EB0000000	0.00	2,802.40
62	转账	资金汇划补充凭证	70176703	B2C EB0000000	0.00	360.00
63	转账	资金汇划补充凭证	72679359	B2C EB0000000	0.00	676.00
64	转账	资金汇划补充凭证	76773039	B2C EB0000000	0.00	274.40
65	转账	资金汇划补充凭证	79662071	B2C EB0000000	0.00	288.00
66	转账	资金汇划补充凭证	82285749	B2C EB0000000	0.00	920.00
67	转账	资金汇划补充凭证	83417389	B2C EB0000000	0.00	1,588.00
68	转账	资金汇划补充凭证	84809033	B2C EB0000000	0.00	183.00
69	转账	资金汇划补充凭证	88717485	B2C EB0000000	0.00	763.20
70	转账	资金汇划补充凭证	89914397	B2C EB0000000	0.00	908.60

图 7-66 系统导出的数据

出现这种情况，可以先使用以下方法检查数据前后有没有空格。

步骤 1 单击任意有数值的单元格，鼠标指针放到编辑栏内检查鼠标指针位置，如果鼠标指针位置和字符之间有间隙，则说明数值后包含空格，如图 7-67 所示。

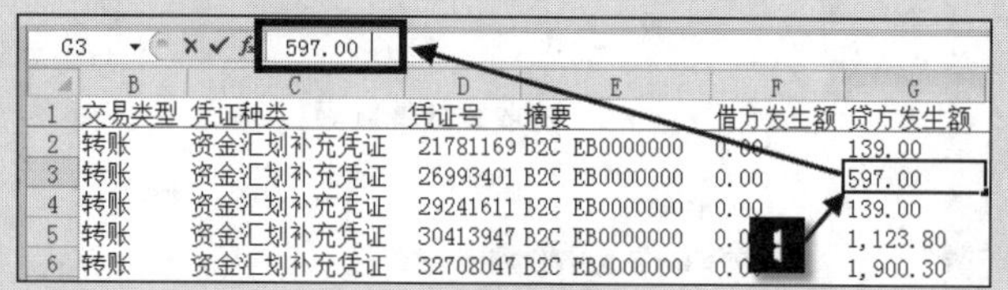

	B	C	D	E	F	G
1	交易类型	凭证种类	凭证号	摘要	借方发生额	贷方发生额
2	转账	资金汇划补充凭证	21781169	B2C EB0000000	0.00	139.00
3	转账	资金汇划补充凭证	26993401	B2C EB0000000	0.00	597.00
4	转账	资金汇划补充凭证	29241611	B2C EB0000000	0.00	139.00
5	转账	资金汇划补充凭证	30413947	B2C EB0000000	0.0	1,123.80
6	转账	资金汇划补充凭证	32708047	B2C EB0000000	0.0	1,900.30

图 7-67 检查空格

步骤 2 在编辑栏中选中一个空格字符，按<Ctrl+C>组合键复制，然后按<Ctrl+H>组合键调出【查找和替换】对话框。

在“查找内容”编辑框中按<Ctrl+V>组合键粘贴，单击【全部替换】按钮，在弹出的 Excel 提示对话框中单击【确定】按钮，最后单击【关闭】按钮关闭【查找和替换】对话框，如图 7-68 所示。

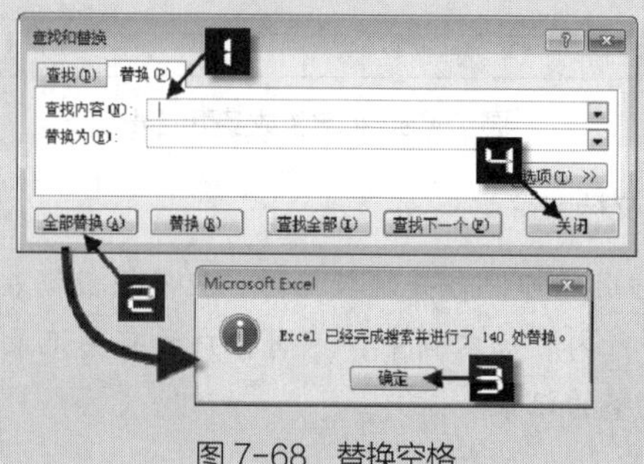

图 7-68 替换空格

替换空格后，再次选中数值所在区域，检查状态栏中是否有求和、最大值、最小值等汇总方式。如果仍然无法正常汇总，则说明单元格中包含不可见字符。处理不可见字符的步骤如下。

步骤 1 单击 G2 单元格，按<Shift+Ctrl+↓>组合键选中 G 列数据区域，然后按<Ctrl+C>组合键复制。

步骤 2 在桌面新建一个 txt 格式的记事本文档，按<Ctrl+V>组合键，将复制的数值粘贴到记事本中，如图 7-69 所示。

步骤 3 在记事本中，使用鼠标选中任意一个双引号和数值之间的部分，按<Ctrl+C>组合键复制，然后按<Ctrl+H>组合键调出【替换】对话框。

步骤 4 在“查找内容”编辑框中按<Ctrl+V>组合键粘贴，单击【全部替换】按钮，最后单击右上角的“关闭”按钮关闭【替换】对话框，如图 7-70 所示。

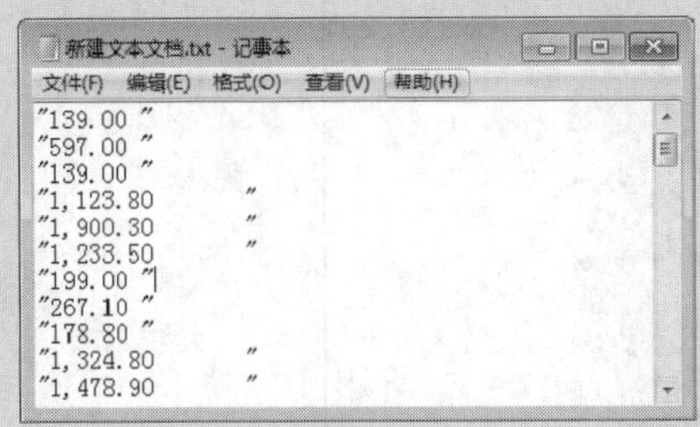

图 7-69 将数值粘贴到记事本中

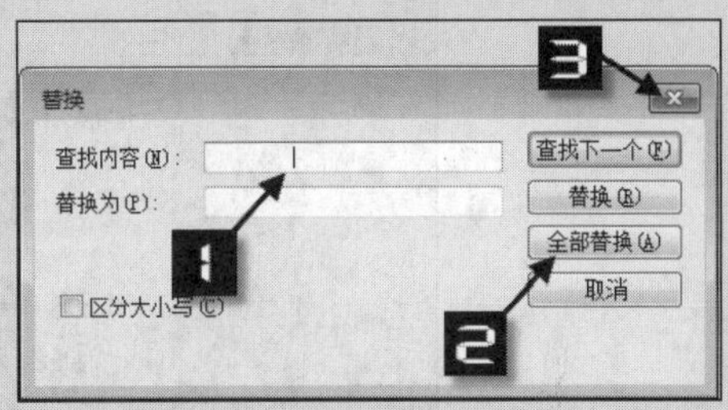

图 7-70 记事本中的替换对话框

步骤 5 替换完成后，按<Ctrl+A>组合键全选记事本中的内容，按<Ctrl+C>组合键复制。切换到 Excel 工作表中，单击 G2 单元格，按<Ctrl+V>组合键粘贴。此时在状态栏中可以看到平均值、求和等汇总选项，说明数据可正常汇总，如图 7-71 所示。

	B	C	D	E	F	G
1	交易类型	凭证种类	凭证号	摘要	借方发生额	贷方发生额
2	转账	资金汇划补充凭证	21781169	B2CEB0000000	0.00	139
3	转账	资金汇划补充凭证	26993401	B2CEB0000000	0.00	597
4	转账	资金汇划补充凭证	29241611	B2CEB0000000	0.00	139
5	转账	资金汇划补充凭证	30413947	B2CEB0000000	0.00	1,123.80
6	转账	资金汇划补充凭证	32708047	B2CEB0000000	0.00	1,900.30
7	转账	资金汇划补充凭证	37378081	B2CEB0000000	0.00	1,233.50
8	转账	资金汇划补充凭证	38684365	B2CEB0000000	0.00	199
9	转账	资金汇划补充凭证	41802427	B2CEB0000000	0.00	267.1
10	转账	资金汇划补充凭证	42656071	B2CEB0000000	0.00	178.8
11	转账	资金汇划补充凭证	44353741	B2CEB0000000	0.00	1,324.80
12	转账	资金汇划补充凭证	46723925	B2CEB0000000	0.00	1,478.90
13	转账	资金汇划补充凭证	48771371	B2CEB0000000	0.00	59.7

金卡201612152215 操作页
就绪 平均值: 986.1828571 计数: 70 求和: 69032.8

图 7-71 清除不可见字符后的数据

7.3 存货管理

存货是企业在生产经营过程中为了销售或是耗用而储备的物资，包括原材料、在产品、产成品等。企业存货在流动资产中占有较大比重，存货管理水平的高低会对企业的财务状况和经营成果产生较大的影响。

存货管理的核心问题是对何时进货以及每次进货量等问题进行选择，本节以制作经济订货批量表为例，学习 Excel 在存货管理中的应用。

存货的目的是为了满足生产经营的需要，而存货必然会产生相应的成本，经济订货批量是指使存货的相关总成本最低的一次订货批量。基本的经济订货批量表建立在以下假定条件之上：一是订购的存货能够立即到货，二是全年的存货需求没有较大波动或不确定性，三是存货市场价格稳定。

在上述假定条件下，存货的相关成本主要包括订货成本和存储成本两项。订货成本是指采购环节发生的费用，一般与订货次数关系比较密切。存储成本是储存材料的费用，包括资金占用和机会成本、仓储费用等。

单批采购量较大时，年采购次数会降低，可以减少年采购成本。但是企业要占用更多的存货资金以及存储费用，因此存储成本会随之增加。

单批采购量减小时，资金占用和仓储成本都可以相应降低，但是随着年采购次数的增加，采购成本则随之加大。

制作经济订货批量表，可以帮助企业设置科学合理的采购量和采购次数，从而为企业降低采购环节成本提供可靠的依据，如图 7-72 所示。

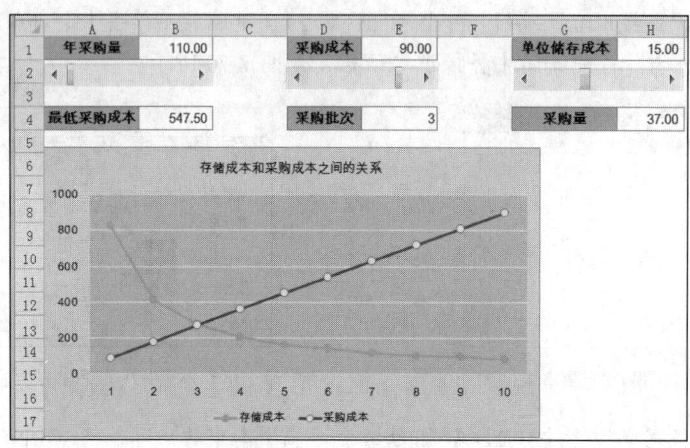

图 7-72　经济订货批量表

素材所在位置为：
光盘：\素材\第 7 章　流动资产管理\7.3　经济订货批量表.xlsx

操作步骤如下。

步骤 1　新建一个工作簿，删除 Sheet2 和 Sheet3 工作表，按<Ctrl+S>组合键，保存为“经济订货批量表.xlsx”。

步骤 2　在 A1～G4 单元格范围内，依次输入项目名称，包括年采购量、采购成本、单位存储成本、最低存储成本、采购批次和采购量。

在 A7:F17 单元格范围内，制作年采购次数和对应的采购数量、平均存量以及存储成本和采购成本对照表的计算模型，如图 7-73 所示。

	A	B	C	D	E	F	G	H
1	年采购量			采购成本			单位储存成本	
2								
3								
4	最低采购成本			采购批次			采购量	
5								
6								
7	年采购批次	采购数量	平均存量	存储成本	采购成本	总成本		
8	1							
9	2							
10	3							
11	4							
12	5							
13	6							
14	7							
15	8							
16	9							
17	10							

图 7-73　经济订货批量表模型

步骤 3 在【开发工具】选项卡下单击【插入】下拉按钮，在弹出的下拉菜单中，选择“表单控件”区域的【滚动条】按钮，然后拖曳鼠标在工作表中画出滚动条的大小，释放鼠标，即可插入一个滚动条窗体控件，如图 7-74 所示。

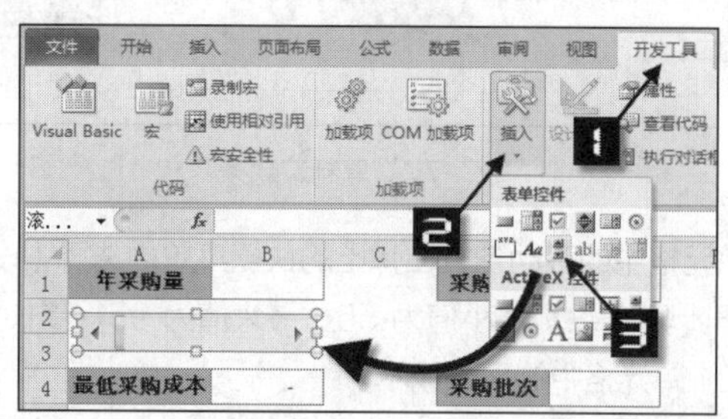

图 7-74　插入滚动条控件

步骤 4 右键单击控件，在弹出的快捷菜单中选择【设置控件格式】命令，打开【设置控件格式】对话框。

步骤 5 在【设置控件格式】对话框中，切换到【控制】选项卡下，设置如下数值。

1）在“最小值”右侧的编辑框中输入 150。

2）在“最大值”右侧的编辑框中输入 950。

3）单击“步长”右侧的微调按钮，设置为 10。表示鼠标每单击一次滚动条两端的三角按钮，单元格中的数值增加或是减少 10。

4）单击“页步长”右侧的微调按钮，设置为 100。表示鼠标每单击一次滚动条中间的空白处，单元格中的数值增加或是减少 100，目的是方便快速调整滚动条。

5）单击“单元格链接”右侧的折叠按钮，选择 B1 单元格，以此来控制年采购量。具体操作时，可根据产品的产销量灵活设置最大值和最小值的范围。最后单击【确定】按钮关闭对话框，如图 7-75 所示。

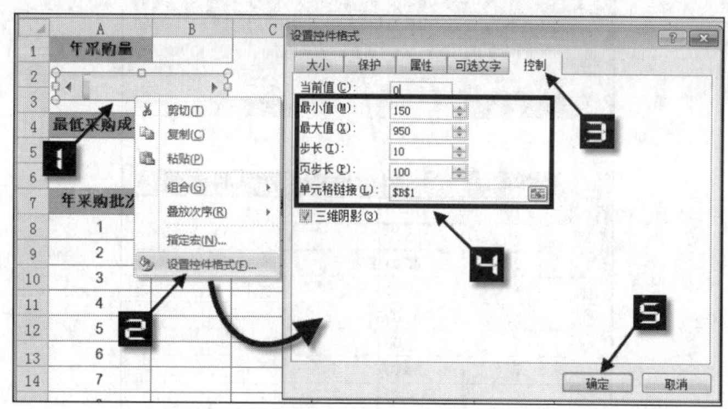

图 7-75　设置控件格式

步骤 6 右键单击滚动条，使其处于选中状态。然后按住滚动条外侧的调节柄拖曳鼠标，调整滚动条大小。再将鼠标指针悬停在滚动条上，变成“✥”时，按住 Ctrl 键，按下鼠标左键不放，拖曳鼠标将滚动条移动到右侧 D2 单元格位置，如图 7-76 所示。

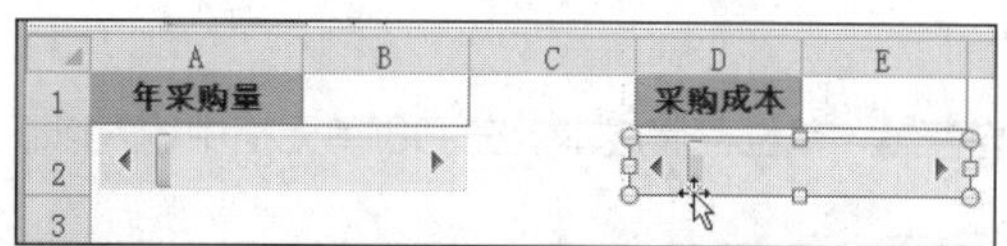

图 7-76　调整滚动条位置

步骤 7 右键单击滚动条，在弹出的快捷菜单中单击【复制】命令，然后单击 G2 单元格，按<Ctrl+V>组合键粘贴，如图 7-77 所示。

图 7-77　复制滚动条

步骤 8 右键单击 D2 单元格中的滚动条，在弹出的快捷菜单中选择【设置控件格式】命令，打开【设置控件格式】对话框。然后参照步骤 5 设置最小值为 55，最大值为 95，步长为 1，页步长为 10，单元格链接为 E1 单元格，以此来控制 E1 单元格中的采购成本。

步骤 9 参照步骤 8，设置 G2 单元格中的滚动条最小值为 12，最大值为 20，步长为 1，页步长为 2，单元格链接为 H1 单元格。以此来控制 H1 单元格中的单位储存成本。

以上设置在实际应用时可根据数据情况设置最大值和最小值的范围区间。设置完成后，调整不同控件按钮，可分别控制不同单元格中的数值变化，效果如图 7-78 所示。

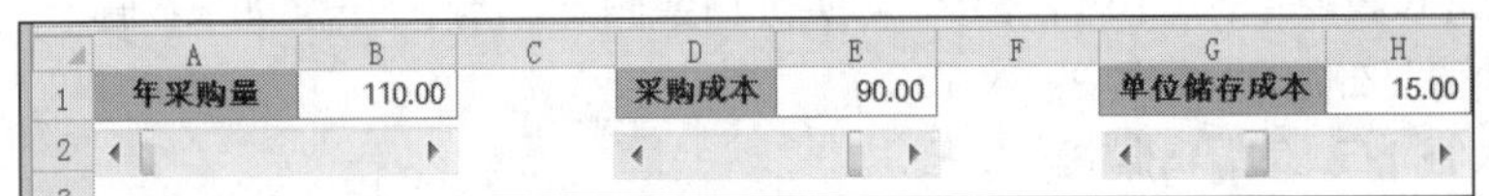

图 7-78　添加控件调节按钮

步骤 10 每次采购数量=年采购量/年采购批次。在 B8 单元格中输入以下公式，然后将公式向下复制到 B17 单元格，如图 7-79 所示。

```
=ROUNDUP($B$1/A8,0)
```

B8　=ROUNDUP($B$1/A8,0)

	A	B	C	D	E
1	年采购量	110.00		采购成本	90.00
2					
3					
4	最低采购成本			采购批次	
5					
6					
7	年采购批次	采购数量	平均存量	存储成本	采购成本
8	1	110.00			
9	2	55.00			
10	3	37.00			
11	4	28.00			
12	5	22.00			
13	6	19.00			
14	7	16.00			
15	8	14.00			
16	9	13.00			
17	10	11.00			

图 7-79　计算每次采购数量

步骤 11 平均存量=每次采购数量/2。在 C8 单元格中输入以下公式，然后将公式向下复制到 C17 单元格。

```
=B8/2
```

步骤 12 存储成本=平均存量×单位存储成本。在 D8 单元格中输入以下公式，然后将公式向下复制到 D17 单元格，如图 7-80 所示。

```
=C8*$H$1
```

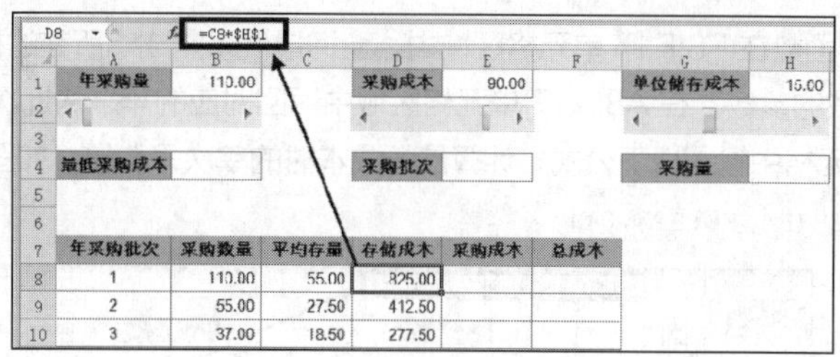

D8 =C8*$H$1

	A	B	C	D	E	F	G	H
1	年采购量	110.00		采购成本	90.00		单位储存成本	15.00
2								
3								
4	最低采购成本			采购批次			采购量	
5								
6								
7	年采购批次	采购数量	平均存量	存储成本	采购成本	总成本		
8	1	110.00	55.00	825.00				
9	2	55.00	27.50	412.50				
10	3	37.00	18.50	277.50				

图 7-80　计算存储成本

步骤 13　采购成本=年采购次数 × 单次采购成本。在 E8 单元格中输入以下公式，然后将公式向下复制到 E17 单元格。

```
=A8*$E$1
```

步骤 14　总成本=存储成本+采购成本。在 F8 单元格输入以下公式，然后将公式向下复制到 F17 单元格，输入公式后的表格模型如图 7-81 所示。

```
=D8+E8
```

	A	B	C	D	E	F	G	H
1	年采购量	110.00		采购成本	90.00		单位储存成本	15.00
2								
3								
4	最低采购成本			采购批次			采购量	
5								
6								
7	年采购批次	采购数量	平均存量	存储成本	采购成本	总成本		
8	1	110.00	55.00	825.00	90.00	915.00		
9	2	55.00	27.50	412.50	180.00	592.50		
10	3	37.00	18.50	277.50	270.00	547.50		
11	4	28.00	14.00	210.00	360.00	570.00		
12	5	22.00	11.00	165.00	450.00	615.00		
13	6	19.00	9.50	142.50	540.00	682.50		
14	7	16.00	8.00	120.00	630.00	750.00		
15	8	14.00	7.00	105.00	720.00	825.00		
16	9	13.00	6.50	97.50	810.00	907.50		
17	10	11.00	5.50	82.50	900.00	982.50		

图 7-81　输入公式的表格模型

步骤 15　在 B4 单元格输入以下公式，计算最低采购成本。

```
=MIN(F8:F17)
```

公式的作用是计算总成本所在的 F8:F17 单元格区域中的最小值。

步骤 16　在 E4 单元格输入以下公式，计算最低成本时的采购批次，如图 7-82 所示。

```
=INDEX(A8:A17,MATCH(B4,F8:F17,0))
```

E4 =INDEX(A8:A17,MATCH(B4,F8:F17,0))

	A	B	C	D	E	F
1	年采购量	110.00		采购成本	90.00	
2						
3						
4	最低采购成本	547.50		采购批次	3	
5						
6						
7	年采购批次	采购数量	平均存量	存储成本	采购成本	总成本
8	1	110.00	55.00	825.00	90.00	915.00
9	2	55.00	27.50	412.50	180.00	592.50
10	3	37.00	18.50	277.50	270.00	547.50
11	4	28.00	14.00	210.00	360.00	570.00
12	5	22.00	11.00	165.00	450.00	615.00
13	6	19.00	9.50	142.50	540.00	682.50
14	7	16.00	8.00	120.00	630.00	750.00
15	8	14.00	7.00	105.00	720.00	825.00
16	9	13.00	6.50	97.50	810.00	907.50
17	10	11.00	5.50	82.50	900.00	982.50

图 7-82　计算最低成本时的采购批次

公式先使用 MATCH 函数在 F8:F17 单元格区域中，查询最低采购成本所在的相对位置，计算结果为 3。然后以此作为 INDEX 函数的参数，在 A8:A17 单元格区域中返回对应的年采购批次。

步骤 17 在 H4 单元格中输入以下公式，计算最低成本时的单次采购量，如图 7-83 所示。

```
=INDEX(B8:B17,MATCH(B4,F8:F17,0))
```

H4 =INDEX(B8:B17,MATCH(B4,F8:F17,0))

年采购量	110.00	采购成本	90.00	单位储存成本	15.00
最低采购成本	547.50	采购批次	3	采购量	37.00

年采购批次	采购数量	平均存量	存储成本	采购成本	总成本
1	110.00	55.00	825.00	90.00	915.00
2	55.00	27.50	412.50	180.00	592.50
3	37.00	18.50	277.50	270.00	547.50
4	28.00	14.00	210.00	360.00	570.00
5	22.00	11.00	165.00	450.00	615.00
6	19.00	9.50	142.50	540.00	682.50
7	16.00	8.00	120.00	630.00	750.00
8	14.00	7.00	105.00	720.00	825.00
9	13.00	6.50	97.50	810.00	907.50
10	11.00	5.50	82.50	900.00	982.50

图 7-83　计算最低成本时的单次采购量

步骤 18 选中存储成本和采购成本所在的 D7:E17 单元格区域，依次单击【插入】选项卡下的【折线图】→【带数据标记的折线图】命令，插入默认效果的折线图，如图 7-84 所示。

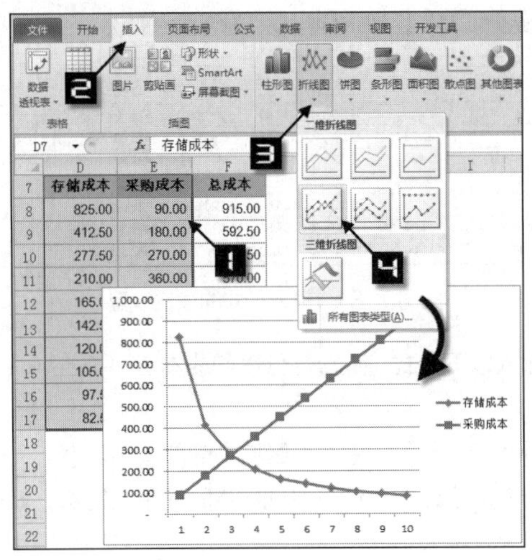

图 7-84　插入折线图

步骤 19 添加图表标题，再对图表进行简单美化，效果如图 7-85 所示。

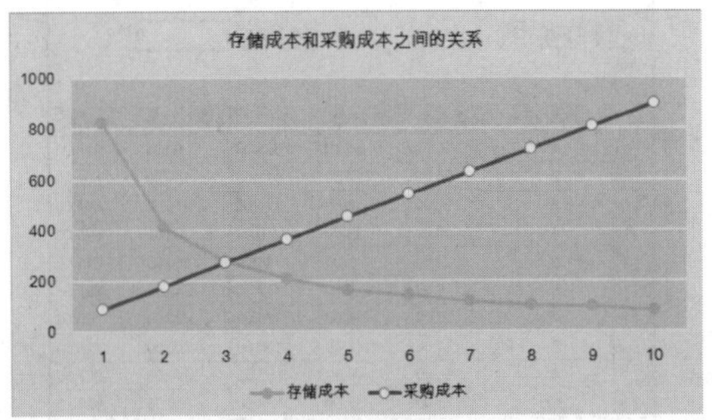

图 7-85　美化后的折线图

设置完成后，调整控件按钮即可计算出最低采购成本、采购批次以及采购量，并且在图表中能够清晰展示存储成本和采购成本之间的关系，如图 7-86 所示。

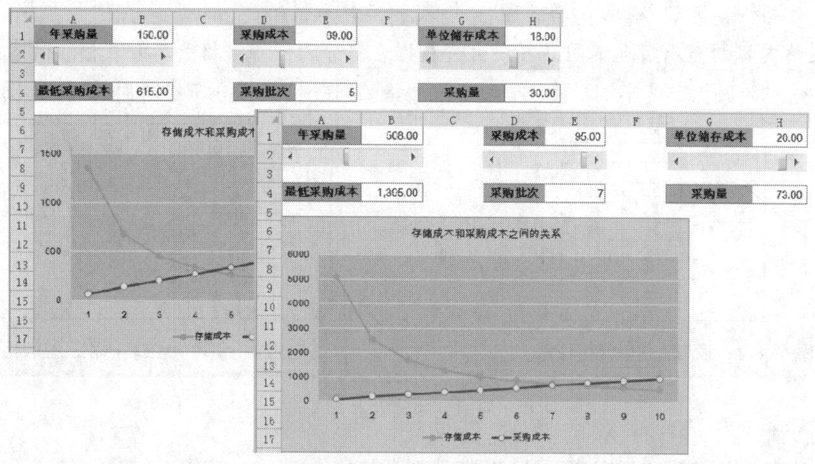

图 7-86　完成后的计算模型

扩展知识点

1. 快速选中行或列数据范围

灵活使用<Ctrl>键、<Shift>键和方向键的组合，可以快速选中行或列的数据范围，提高工作效率。

（1）选中 A1 单元格，按下<Ctrl+Shift+→>组合键，可选中从 A1 单元格开始到当前数据范围最右侧所有的单元格，如图 7-87 所示。

（2）选中 C4 单元格，按下<Ctrl+Shift+↓>组合键，可选中从 C4 单元格开始到当前数据范围最底部所有的单元格，如图 7-88 所示。

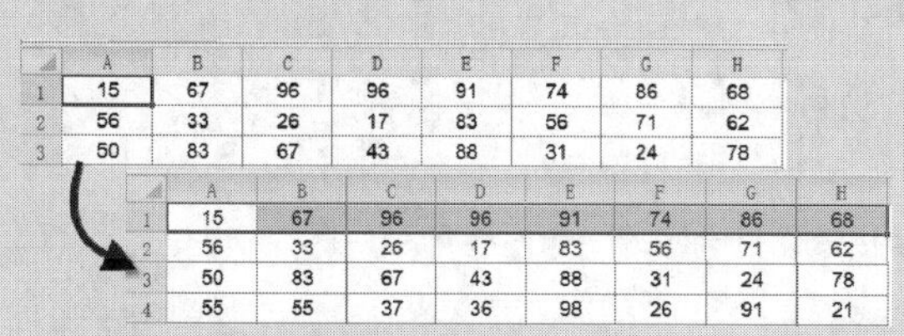

	A	B	C	D	E	F	G	H
1	15	67	96	96	91	74	86	68
2	56	33	26	17	83	56	71	62
3	50	83	67	43	88	31	24	78

	A	B	C	D	E	F	G	H
1	15	67	96	96	91	74	86	68
2	56	33	26	17	83	56	71	62
3	50	83	67	43	88	31	24	78
4	55	55	37	36	98	26	91	21

图 7-87　使用组合键选择数据范围 1

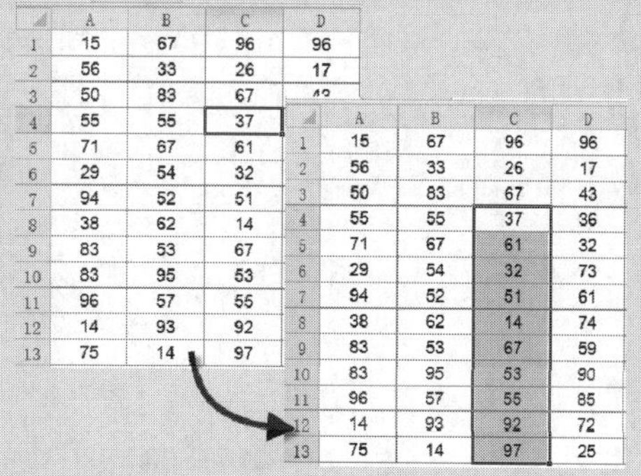

	A	B	C	D
1	15	67	96	96
2	56	33	26	17
3	50	83	67	43
4	55	55	37	
5	71	67	61	
6	29	54	32	
7	94	52	51	
8	38	62	14	
9	83	53	67	
10	83	95	53	
11	96	57	55	
12	14	93	92	
13	75	14	97	

	A	B	C	D
1	15	67	96	96
2	56	33	26	17
3	50	83	67	43
4	55	55	37	36
5	71	67	61	32
6	29	54	32	73
7	94	52	51	61
8	38	62	14	74
9	83	53	67	59
10	83	95	53	90
11	96	57	55	85
12	14	93	92	72
13	75	14	97	25

图 7-88　使用组合键选择数据范围 2

2. 快速移动活动单元格的位置

（1）选中 A1 单元格，双击单元格底部的粗边框，可移动到当前数据范围内 A 列最后一行的位置。

（2）选中 A1 单元格，按下<Ctrl+↓>组合键，可移动到当前数据范围内 A 列最后一行的位置。

（3）选中 A1 单元格，按下<Ctrl+→>组合键，可移动到当前数据范围内最右侧一列的位置。

（4）无论活动单元格位于哪个单元格，按<Ctrl+Home>组合键，可移动到 A1 单元格。

3. 一维表格和二维表格

素材所在位置为：

光盘：\素材\第 7 章 流动资产管理\一维表和二维表.xlsx

根据表格内容的布局情况不同，习惯上将数据表格分为一维表格和二维表格。两者的区别是一维表格每一列中的数据都是不同的类别，而二维表格的同一类数据分布在不同的列，如图 7-90 所示。

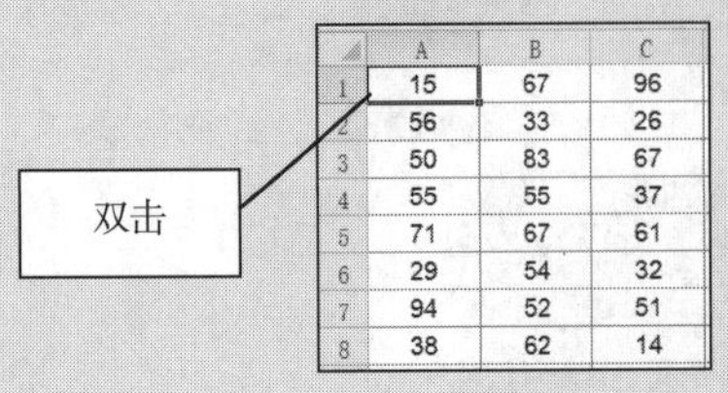

	A	B	C
1	15	67	96
2	56	33	26
3	50	83	67
4	55	55	37
5	71	67	61
6	29	54	32
7	94	52	51
8	38	62	14

图 7-89　移动活动单元格位置

姓名	项目	金额
白如雪	餐补	200
白如雪	加班	300
白如雪	奖励	500
白如雪	补助	200
陆一鸣	餐补	210
陆一鸣	加班	320
陆一鸣	奖励	188
陆一鸣	补助	180

一维数据表

姓名	餐补	加班	奖励	补助
白如雪	200	300	500	200
陆一鸣	210	320	188	180

二维数据表

图 7-90　一维表格和二维表格

小技巧

二维表格转换为一维表格

如果存放基础数据的表格为二维表格样式，会对后续的汇总分析以及图表制作等操作带来诸多不便。使用数据透视表的多重合并计算数据区域功能，能够快速将二维表格转换为一维表格，如图 7-91 所示。

二维表格转换为一维表格

操作步骤如下。

步骤 1 依次按<Alt>键、<D>键、<P>键，打开【数据透视表与数据透视图向导--步骤 1（共 3 步）】对话框，单击选中“多重合并计算数据区域”单选按钮，然后单击【下一步】按钮。在弹出的【数据透视表与数据透视图向导--步骤 2a（共 3 步）】对话框中再次单击【下一步】按钮，如图 7-92 所示。

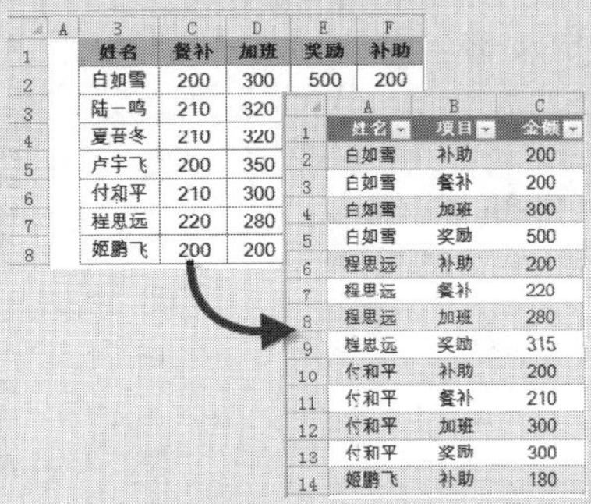

姓名	餐补	加班	奖励	补助
白如雪	200	300	500	200
陆一鸣	210	320		
夏吾冬	210	320		
卢宇飞	200	350		
付和平	210	300		
程思远	220	280		
姬鹏飞	200	200		

姓名	项目	金额
白如雪	补助	200
白如雪	餐补	200
白如雪	加班	300
白如雪	奖励	500
程思远	补助	200
程思远	餐补	220
程思远	加班	280
程思远	奖励	315
付和平	补助	200
付和平	餐补	210
付和平	加班	300
付和平	奖励	300
姬鹏飞	补助	180

图 7-91　二维表格转换为一维表格

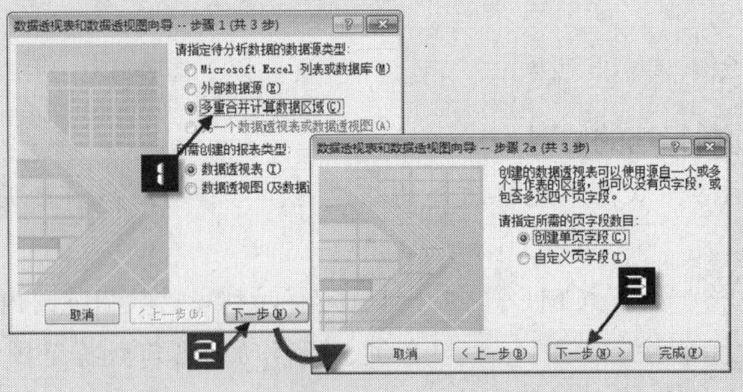

图 7-92　数据透视表和数据透视图向导

步骤 2 在弹出的【数据透视表与数据透视图向导--步骤 2b（共 3 步）】对话框中，单击“选定区域”右侧的折叠按钮，然后选中数据表中的 B1:F8 单元格区域，然后单击【添加】按钮，再单击【下一步】按钮，如图 7-93 所示。

步骤 3 在弹出的【数据透视表与数据透视图向导--步骤 3（共 3 步）】对话框中，单击选中“现有工作表”单选按钮，然后单击右侧的折叠按钮，选择数据透视表的显示位置，如 I1 单元格，最后单击【完成】按钮，如图 7-94 所示。

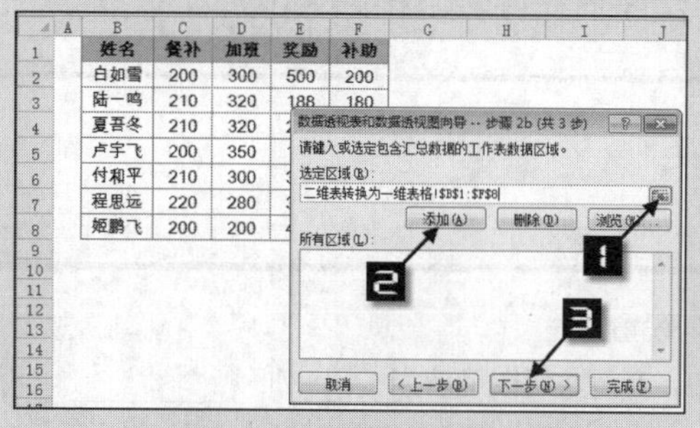

图 7-93 选定数据区域

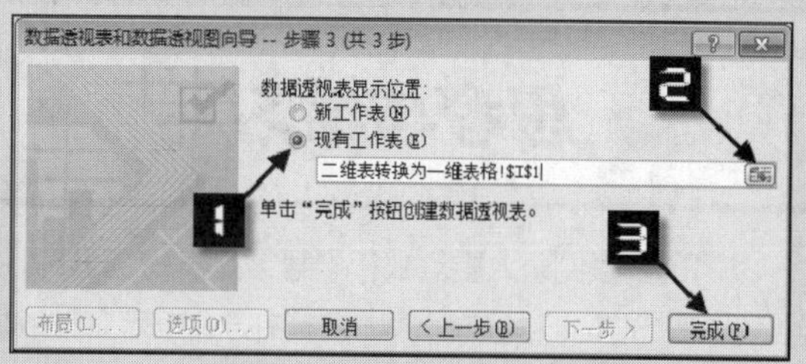

图 7-94 选择数据透视表显示位置

此时会生成一个默认样式的数据透视表，如图 7-95 所示。

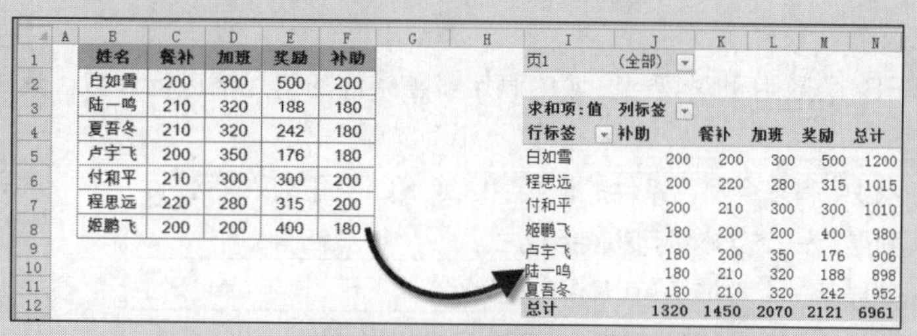

图 7-95 以二维表格为数据源生成的数据透视表

步骤 4 双击透视表右下角的汇总单元格（本例为 N12），Excel 即可自动插入一个新工作表，并且将数据透视表数据源的明细数据显示为一维表格样式，如图 7-96 所示。

步骤 5 单击 D 列列标，然后按<Ctrl+->组合键删除“页 1”所在列，然后依次修改列标题为“姓名”“项目”和“金额”，如图 7-97 所示。

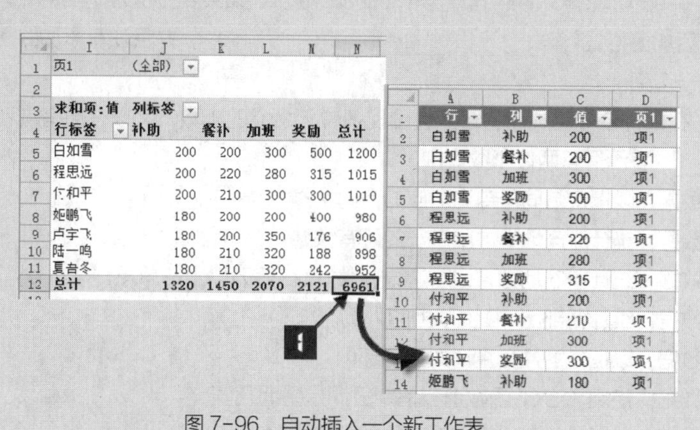

图 7-96 自动插入一个新工作表

	A	B	C
1	姓名	项目	金额
2	白如雪	补助	200
3	白如雪	餐补	200
4	白如雪	加班	300
5	白如雪	奖励	500
6	程思远	补助	200
7	程思远	餐补	220
8	程思远	加班	280
9	程思远	奖励	315
10	付和平	补助	200
11	付和平	餐补	210
12	付和平	加班	300
13	付和平	奖励	300
14	姬鹏飞	补助	180

Sheet1 二维表转换为一

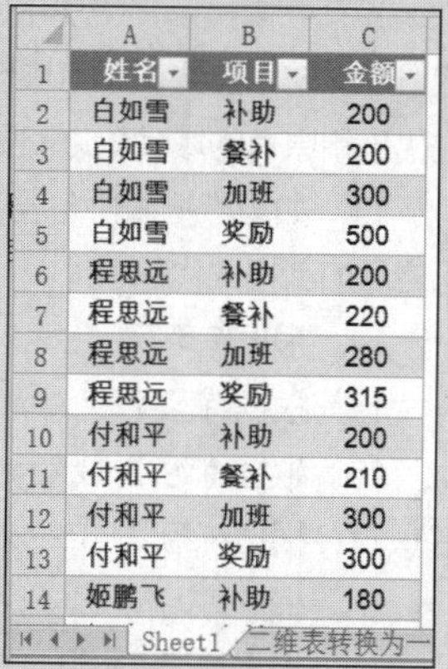

图 7-97 处理完成后的表格

本章小结

本章主要学习了 Excel 在流动资产管理中的应用，包括最佳现金持有量的计算、应收账款管理以及存货管理等。同时学习了使用图表比较不同现金持有量下的总成本、以及利用 Excel 删除重复项功能来提取不重复值和 Excel 数据透视图的制作。还学习了 SUMIF 函数、SUMIFS 函数、LOOKUP 函数、VLOOKUP 函数、TEXT 函数的用法，以及使用邮件合并功能批量生成格式化文本等内容。

思考与练习

1. 要限制录入重复银行卡号或是身份证号码，应如何设置？

2. SUMIF 函数用于对范围中符合指定条件的值求和，其语法可以理解为：SUMIF ________。

3. SUMIFS 函数的作用是对区域中符合多个条件的单元格求和，其语法可以理解为：SUMIFS ________________。

4. SUMIF 函数的求和范围是第______参数，而 SUMIFS 函数的求和范围是第______参数，使用时注意不要混淆。

5. COUNTIFS 函数用于对某一区域内满足多重条件的单元格进行计数。其语法可以理解为：COUNTIFS________________。

6. 如果查询区域中有多个符合条件的记录，LOOKUP 函数仅返回______记录。

7. 要返回 A 列最后一个文本，可以使用公式________________。

8. 要返回 A 列最后一个数值，可以使用公式________________。

9. 要返回 A 列最后一个非空单元格的内容，可以使用公式________________。

10. 设置单元格格式与 TEXT 函数有以下区别：

（1）设置单元格的格式，仅仅是____________________。

（2）使用 TEXT 函数可以将数值转换为带格式的文本，其实质已经转换为__________。

11. VLOOKUP 函数是使用频率非常高的查询函数之一，第三参数中的列号，不能理解为工作表中实际的列号，而是____________________。

12. 在邮件合并中使用日期合并域时，会默认以“日/月/年”的形式显示。如果要显示为“年/月/日”的日期样式，需要在原有域代码之后加上格式代码____________________，并且注意添加的格式代码和原有的域代码之间要保留一个空格。

13. 如果数据源中包含数字，在邮件合并完成后有可能会出现多位无意义的小数，可以在原有域代码之后加上格式代码__________，表示保留两位小数。

14. 根据练习 7-1.xlsx 中的数据，以指定合同号查询对应的合同金额。

15. 根据练习 7-2.xlsx 中的数据，统计原产地为“山东”的所有数量。

16. 根据练习 7-3.xlsx 中的数据，统计原产地为“山东”，并且数量在 5 万以上的总量。

17. 根据练习 7-4.xlsx 中的数据，统计各部门 40 岁以上的人数。

18. 根据练习 7-5.xlsx 中的数据，以指定的姓名查询对应的部门。

19. 根据练习 7-6.xlsx 中的数据，使用 TEXT 函数返回指定日期是星期几。

20. 根据练习 7-7.xlsx 中的数据，以指定的工号查询对应的部门和姓名。

第 8 章

销售分析

销售不仅是将产品售卖给客户的过程，也是了解客户和产品市场价格以及需求信息的过程，通过对销售数据的统计和客户需求的统计分析，有助于对市场营销的研究和把握。本章学习使用 Excel 对销售数据进行简单的汇总与分析。

8.1 从不同角度汇总分析销售数据

8.1.1 按日期分段汇总销售数据

在日常工作中，很多基础数据表中记录的内容虽然很多，但是能够展示的有效信息却非常有限。尤其是一些采购类、销售类的数据表，数据量往往非常大，需要经过提炼才能从数据中发掘出更多有价值的信息。

使用数据透视表的组合功能，能够对日期类型的数据项采取多种组合方式，增强数据透视表分类汇总的适用性，使得数据透视表的汇总方式能够适合更多的应用场景。

素材所在位置为：
光盘：\素材\第 8 章 销售分析\8.1.1 按日期分段汇总销售数据.xlsx

如图 8-1 所示，是某企业销售记录的部分内容，需要汇总各客户在不同月份的业务发生额。

	C	D	E	F	G	H	I	J	K	L	M
1	仓库	出库日期	出库单号	出库类别编码	出库类别	部门编码	销售部门	业务员	客户	制单人	存货编码
2	A-1库区	2017/1/1	7878200035963	205	销售出库	0000	集团本部	马金伟	广东博大进出口有限公司	刘萌萌	04020002
3	A-1库区	2017/1/1	7878200035963	205	销售出库	0000	集团本部	马金伟	广东博大进出口有限公司	刘萌萌	04020002
4	A-1库区	2017/1/1	7878200035963	205	销售出库	0000	集团本部	马金伟	广东博大进出口有限公司	刘萌萌	04020002
5	A-1库区	2017/1/1	7878200035963	205	销售出库	0000	集团本部	马金伟	广东博大进出口有限公司	刘萌萌	04020002
6	A-1库区	2017/1/1	7878200035963	205	销售出库	0000	集团本部	马金伟	广东博大进出口有限公司	刘萌萌	04020002
7	A-1库区	2017/1/1	7878200035963	205	销售出库	0000	集团本部	马金伟	广东博大进出口有限公司	刘萌萌	04020002
8	A-1库区	2017/1/1	7878200035964	205	销售出库	0000	集团本部	马金伟	广东博大进出口有限公司	刘萌萌	04020002
9	A-1库区	2017/1/1	7878200035964	205	销售出库	0000	集团本部	马金伟	广东博大进出口有限公司	刘萌萌	04020002
10	A-1库区	2017/1/1	7878200035964	205	销售出库	0000	集团本部	马金伟	广东博大进出口有限公司	刘萌萌	04020002
11	A-1库区	2017/1/1	7878200035964	205	销售出库	0000	集团本部	马金伟	广东博大进出口有限公司	刘萌萌	04020002
12	A-1库区	2017/1/1	7878200035964	205	销售出库	0000	集团本部	马金伟	广东博大进出口有限公司	刘萌萌	04020002
13	A-1库区	2017/1/1	7878200035964	205	销售出库	0000	集团本部	马金伟	广东博大进出口有限公司	刘萌萌	04020002
14	A-1库区	2017/1/1	7878200035964	205	销售出库	0000	集团本部	马金伟	广东博大进出口有限公司	刘萌萌	04020002

图 8-1 销售记录

操作步骤如下。

步骤 1 单击数据区域任意单元格，如 A4，在【插入】选项卡下单击【数据透视表】命令按钮。在弹出的【创建数据透视表】对话框中保留默认选项，单击【确定】按钮，如图 8-2 所示。

步骤 2 在【数据透视表字段列表】中将“出库日期”字段拖动到“列标签”区域，将“客户”字段拖曳到“行标签”区域，将“金额”字段拖动到数值区域，然后关闭【数据透视表字段列表】对话框，如图 8-3 所示。

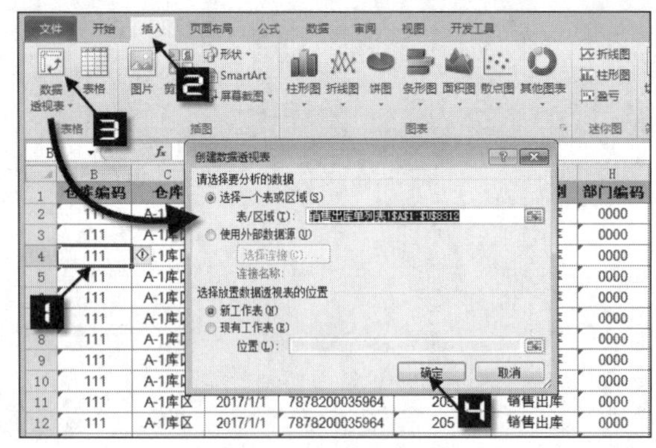

图 8-2 插入数据透视表

图 8-3 调整数据透视表布局

步骤 3 单击数据透视表任意单元格，按<Ctrl+A>组合键选中整个数据透视表。然后在【开始】选项卡下设置字体字号，如图 8-4 所示。

步骤 4 在【设计】选项卡下单击“数据透视表样式”命令组右侧的下拉按钮，在数据透视表样式库中选择一种样式，如“数据透视表样式中等深浅 9”，然后单击【报表布局】下拉按钮，在下拉菜单中选择【以表格形式显示】命令，如图 8-5 所示。

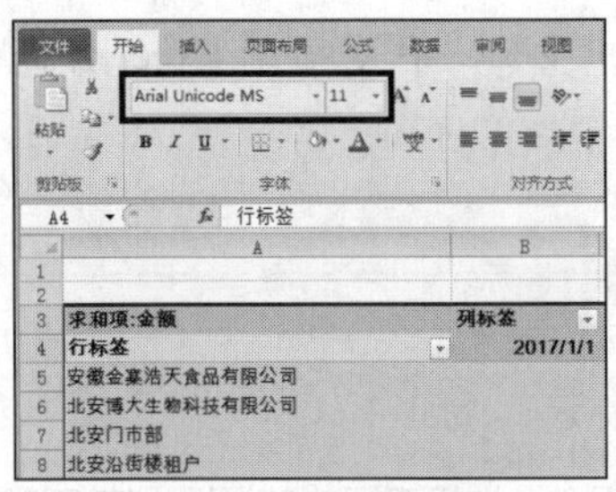

图 8-4 选中数据透视表设置字体字号

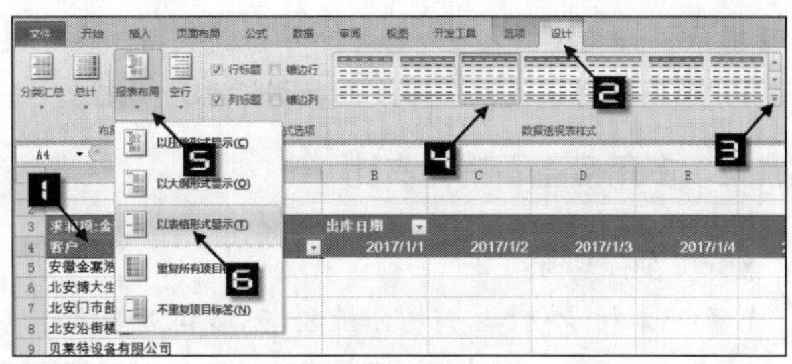

图 8-5 设置数据透视表样式和布局

步骤 5 右键单击数据透视表任意列字段标题单元格，如 B4，在扩展菜单中选择【创建组】命令。在弹出的【分组】对话框中，用户可以指定的步长包括秒、分、小时、日、月、季度和年等多种选项。本例中的销售数据都是 2017 年，因此可以仅选择月和季度，最后单击【确定】按钮，如图 8-6 所示。

步骤 6 单击选中第三行行号，然后单击鼠标右键，在弹出的快捷菜单中选择【隐藏】命令，如图 8-7 所示。

图 8-6 数据透视表分组

图 8-7 隐藏数据透视表首行内容

步骤 7 选中数据透视表字段标题区域，在【开始】选项卡下设置对齐方式为“居中”和“垂直居中”，如图 8-8 所示。

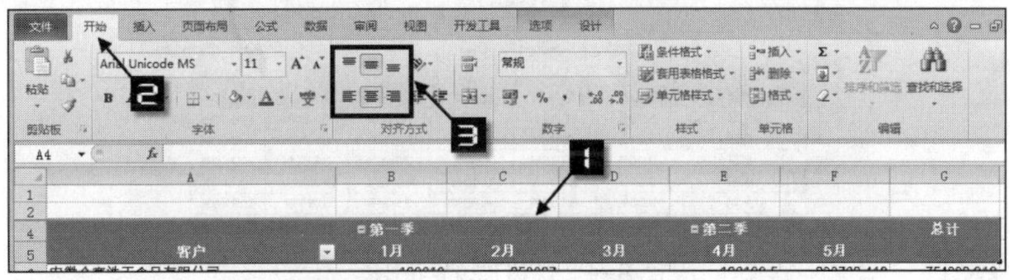

图 8-8 设置字段标题对齐方式

完成后的数据透视表局部效果如图 8-9 所示。

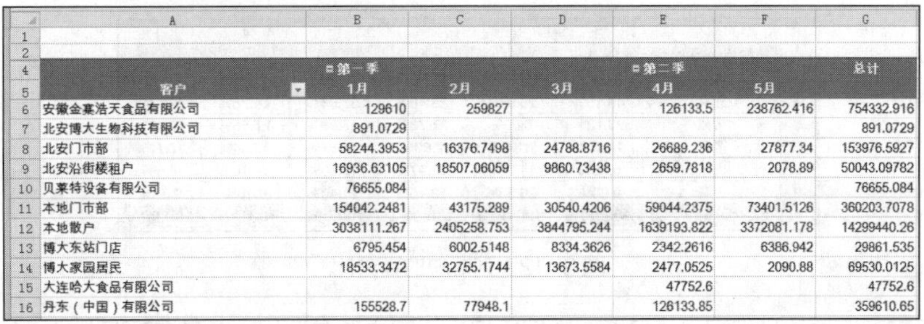

	第一季			第二季		总计
客户	1月	2月	3月	4月	5月	
安徽金寨浩天食品有限公司	129610	259827		126133.5	238762.416	754332.916
北安博大生物科技有限公司	891.0729					891.0729
北安门市部	58244.3953	16376.7498	24788.8716	26689.236	27877.34	153976.5927
北安沿街楼租户	16936.63105	18507.06059	9860.73438	2659.7818	2078.89	50043.09782
贝莱特设备有限公司	76655.084					76655.084
本地门市部	154042.2481	43175.289	30540.4206	59044.2375	73401.5126	360203.7078
本地散户	3038111.267	2405258.753	3844795.244	1639193.822	3372081.178	14299440.26
博大东站门店	6795.454	6002.5148	8334.3626	2342.2616	6386.942	29861.535
博大家园居民	18533.3472	32755.1744	13673.5584	2477.0525	2090.88	69530.0125
大连哈大食品有限公司				47752.6		47752.6
丹东（中国）有限公司	155528.7	77948.1		126133.85		359610.65

图 8-9 完成后的数据透视表效果

【提示】如果数据表中包含多个年份的数据，在分组时必须选中步长“年”，否则 Excel 会将所有年份中的同一月或是同一季度的数据汇总到一起。

8.1.2 多角度查看销售占比

素材所在位置为：
光盘：\素材\第 8 章 销售分析\8.1.2 多角度查看销售占比.xlsx

如图 8-10 所示，该数据透视表展示的是各销售地区不同商品的金额汇总。选择不同的数据透视表值汇总方式，可以快速从多个角度查看占比情况。

	A	B	C	D	E	F	G
3	求和项:销售金额	品名					
4	销售地区	按摩椅	跑步机	微波炉	显示器	液晶电视	总计
5	北京	139200	442200	95000	637500	1365000	2678900
6	杭州	67200		68500	303000	850000	1288700
7	南京	76800	424600	19000	250500	430000	1200900
8	山东		217800	34500	301500	435000	988800
9	上海		391600	30000	192000	5000	618600
10	总计	283200	1476200	247000	1684500	3085000	6775900

图 8-10 数据透视表

如果要显示各销售地区不同商品的占比情况，可以右键单击数据透视表数值区域任意单元格，在快捷菜单中依次选择【值显示方式】→【行汇总的百分比】命令，如图 8-11 所示。

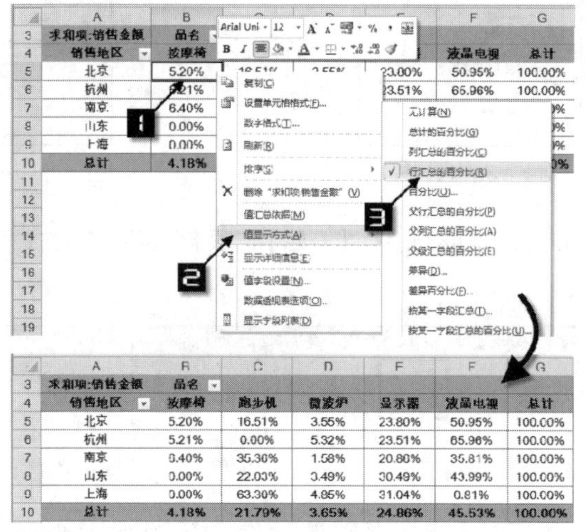

	A	B	C	D	E	F	G
3	求和项:销售金额	品名					
4	销售地区	按摩椅	跑步机	微波炉	显示器	液晶电视	总计
5	北京	5.20%	16.51%	3.55%	23.80%	50.95%	100.00%
6	杭州	5.21%	0.00%	5.32%	23.51%	65.96%	100.00%
7	南京	6.40%	35.36%	1.58%	20.86%	35.81%	100.00%
8	山东	0.00%	22.03%	3.49%	30.49%	43.99%	100.00%
9	上海	0.00%	63.30%	4.85%	31.04%	0.81%	100.00%
10	总计	4.18%	21.79%	3.65%	24.86%	45.53%	100.00%

图 8-11 行汇总的百分比

如果要显示各商品在不同销售地区的占比情况，只需右键单击数据透视表数值区域任意单元格，在快捷菜单中依次选择【值显示方式】→【列汇总的百分比】命令，完成后的效果如图 8-12 所示。

	A	B	C	D	E	F	G
3	求和项:销售金额	品名					
4	销售地区	按摩椅	跑步机	微波炉	显示器	液晶电视	总计
5	北京	49.15%	29.96%	38.46%	37.85%	44.25%	39.54%
6	杭州	23.73%	0.00%	27.73%	17.99%	27.55%	19.02%
7	南京	27.12%	28.76%	7.69%	14.87%	13.94%	17.72%
8	山东	0.00%	14.75%	13.97%	17.90%	14.10%	14.59%
9	上海	0.00%	26.53%	12.15%	11.40%	0.16%	9.13%
10	总计	100.00%	100.00%	100.00%	100.00%	100.00%	100.00%

图 8-12 列汇总的百分比

如果要查看某一汇总的详细记录，只需在数据透视表中双击该单元格，即可自动插入一个新工作表，并且显示该汇总下的所有详细记录，如图 8-13 所示。

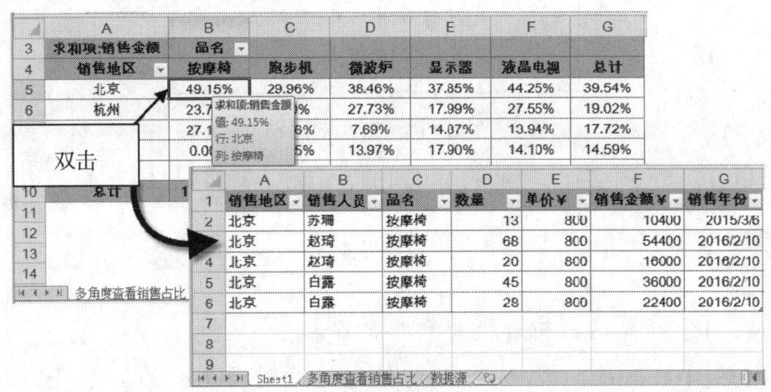

	A	B	C	D	E	F	G
1	销售地区	销售人员	品名	数量	单价¥	销售金额¥	销售年份
2	北京	苏珊	按摩椅	13	800	10400	2015/3/6
3	北京	赵琦	按摩椅	68	800	54400	2016/2/10
4	北京	赵琦	按摩椅	20	800	16000	2016/2/10
5	北京	白露	按摩椅	45	800	36000	2016/2/10
6	北京	白露	按摩椅	28	800	22400	2016/2/10

图 8-13　查看明细记录

处理选定区域不能分组问题

使用 Excel 数据透视表按月份创建组时，经常会遇到“选定区域不能分组”的提示，如图 8-14 所示。

图 8-14　选定区域不能分组

导致分组失败的主要原因：一是组合字段的数据类型不一致，二是需要组合的日期数据格式不正确，三是组合字段数据源中包含空白单元格。

可以先对数据源数据进行检查处理，将数据源中的空白内容替换为 0，同时检查数据源中的日期字段是否包含如“2017.1.8”等 Excel 无法识别的不规范数据。

小技巧

在合并单元格中添加序号

素材所在位置为：

光盘：\素材\第 8 章 销售分析\在合并单元格中添加序号.xlsx

在合并单元格中添加序号

在如图 8-15 所示的销售信息中，按照不同的销售地区使用了合并单元格。

如果需要在 A 列大小不一的合并单元格内添加序号，按常规方法在首个合并单元格内输入数值 1，拖动填充柄填充序列时会弹出如图 8-16 所示的对话框，无法完成操作。

	A	B	C	D
1	序号	销售地区	销售人员	销售金额¥
2		北京	季若言	10400
3			简直秋	54400
4			裴鸣宇	16000
5		上海	林美楠	36000
6			夏吾冬	22400
7		天津	杜晨曦	45000
8		重庆	白家华	36000
9			谷晨丹	25680
10			卢毅合	88750
11			白若康	22400

图 8-15　合并单元格添加序号

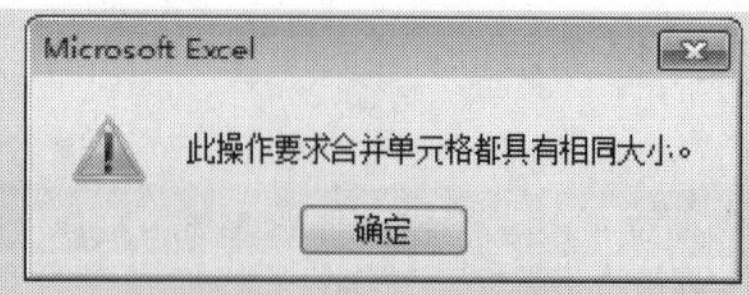

图 8-16　提示对话框

解决的方法是同时选中要输入序号的 A2:A11 单元格区域，在编辑栏输入以下公式，按<Ctrl+Enter>组合键。

```
=COUNTA(B$2:B2)
```

COUNTA 函数用于计算区域中非空单元格的个数。

以 B$2:B2 作为计数参数，第一个 B$2 使用行绝对引用，第二个 B2 使用相对引用，按<Ctrl+Enter>组合键在选中多个单元格中同时输入公式后，引用区域会自动进行扩展。

在 A2 单元格中，公式的引用范围是 B$2:B2；在 A5 单元格中，公式的引用范围扩展为 B$2:B5；依此类推。也就是开始位置是 B2 单元格，结束位置是公式所在行，COUNTA 函数统计该区域内不为空的单元格数量，计算结果即等同于序号。

8.2 借助图表展示销售利润的变化和趋势

8.2.1 制作销售利润和同比增长率图表

公司的净利润是反映公司扣除所有支出费用后的利润，计算公式如下：

营业利润 = 营业收入 − 营业成本 − 税金及附加 − 销售费用 − 管理费用 − 财务费用 − 资产减值损失 ± 公允价值变动损益 + 投资收益

利润总额=营业利润+营业外收入−营业外支出

净利润=利润总额−所得税费用

净利润同比增长率反应的是与某年同一时期比较后的对比数据，计算公式为：

净利润同比增长率=（当期净利润−上月（上年）当期净利润）/当期净利润

如图 8-17 所示，是某公司两个年度 1～6 月份的利润和增长率数据，需要以此数据制作图表。

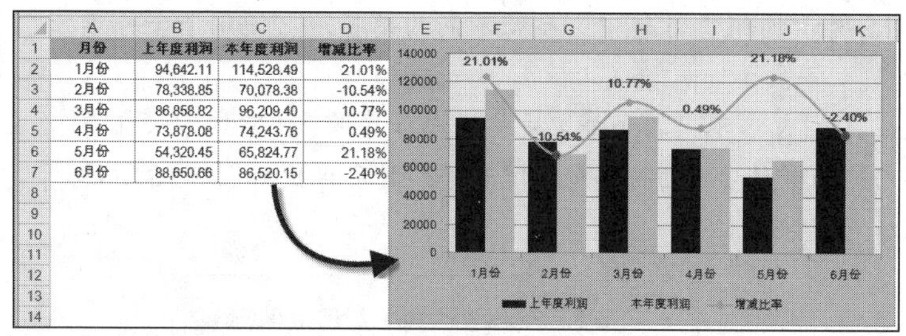

月份	上年度利润	本年度利润	增减比率
1月份	94,642.11	114,528.49	21.01%
2月份	78,338.85	70,078.38	-10.54%
3月份	86,858.82	96,209.40	10.77%
4月份	73,878.08	74,243.76	0.49%
5月份	54,320.45	65,824.77	21.18%
6月份	88,650.66	86,520.15	-2.40%

图 8-17　利润和增长率图表

在此图表中，可以直观展示两个年度各月份的利润差异以及增长率变化趋势，同时对负增长数据点进行突出显示。

素材所在位置为：

光盘：\素材\第 8 章 销售分析\8.2.1 制作销售利润和同比增长率图表.xlsx

具体制作步骤如下。

步骤 1 首先在 E 列建立辅助列，用于在图表中显示负增长的数据点。在 E2 单元格输入以下公式，然后向下复制到 E7 单元格，如图 8-18 所示。

```
=IF(D2<0,D2,NA())
```

E2 =IF(D2<0,D2,NA())

	A	B	C	D	E
1	月份	上年度利润	本年度利润	增减比率	辅助
2	1月份	94,642.11	114,528.49	21.01%	#N/A
3	2月份	78,338.85	70,078.38	-10.54%	-10.54%
4	3月份	86,858.82	96,209.40	10.77%	#N/A
5	4月份	73,878.08	74,243.76	0.49%	#N/A
6	5月份	54,320.45	65,824.77	21.18%	#N/A
7	6月份	88,650.66	86,520.15	-2.40%	-2.40%

图 8-18　在辅助列中输入公式

NA()函数的作用是返回错误值#N/A。制作折线图时，如果单元格内容为“#N/A”，在图表中显示为直线连接数据点。

IF 函数判断 D2 单元格的增减比率是否小于 0，如果小于 0 时返回 D2 单元格本身的内容，否则返回错误值#N/A。

步骤 2 单击数据区域任意单元格，在【插入】选项卡依次单击【柱形图】→【簇状柱形图】，如图 8-19 所示。

步骤 3 在【布局】选项卡下单击最左侧的“图表元素”下拉按钮，在下拉列表中选择“系列"增减比率"”，然后单击【设置所选内容格式】命令，打开【设置数据系列格式】对话框。单击选中“次坐标轴”单选按钮，不要关闭对话框，如图 8-20 所示。

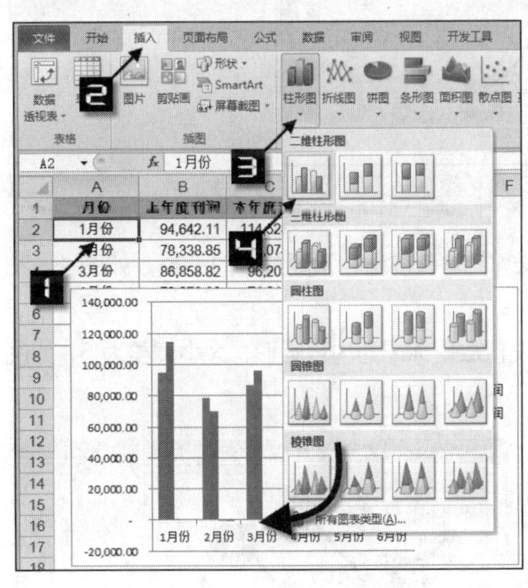

图 8-19　插入柱形图

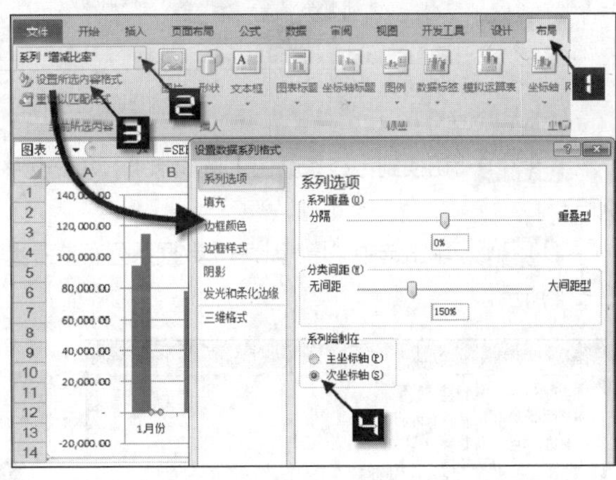

图 8-20　设置增减比率为次坐标轴

步骤 4 在“图表元素”下拉列表中选择“系列"辅助"”，在【设置数据系列格式】对话框中设置为次坐标轴，单击【关闭】按钮关闭对话框。

步骤 5 在图表中单击选中“增减比率”数据系列，依次单击【设计】→【更改图表类型】命令，在弹出的【更改图表类型】对话框中，选中折线图，最后单击【确定】按钮，如图 8-21 所示。

步骤 6 在图表中单击选中“辅助”数据系列，以同样的方法更改图表类型为折线图。

步骤 7 双击图表中的“辅助”数据系列，从弹出的【设置数据系列格式】对话框切换到【数据标记选项】选项卡下：

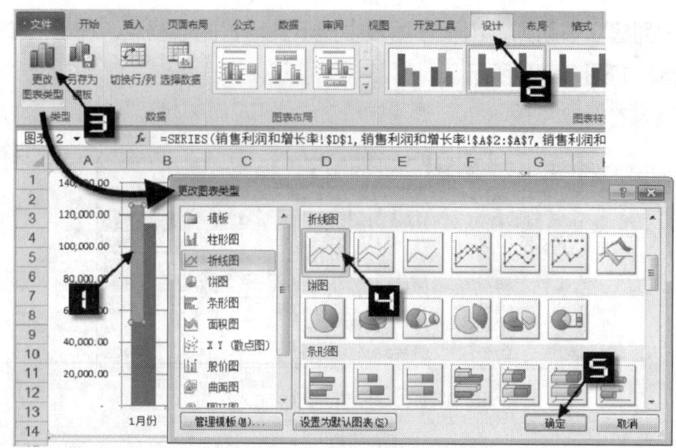

图 8-21　更改图表类型

（1）单击选中“数据标记类型”下的【内置】单选按钮；

（2）单击【类型】右侧的下拉按钮，选择圆形；

（3）单击【大小】右侧的微调按钮，设置大小为 7，如图 8-22 所示。

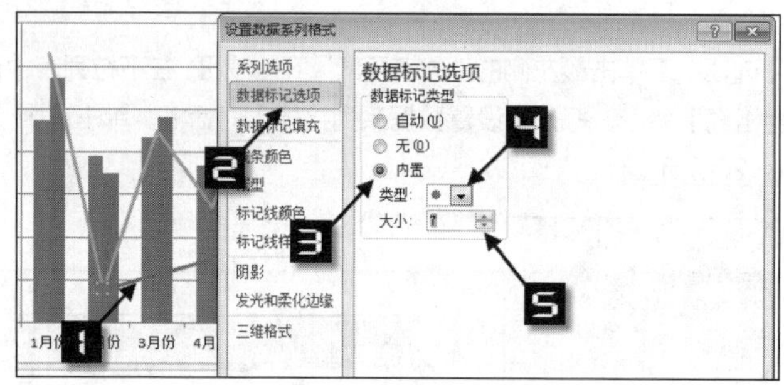

图 8-22　设置数据标记 1

步骤 8　切换到【线条颜色】选项卡下，单击选中“无线条”单选按钮，不要关闭对话框，如图 8-23 所示。

步骤 9　单击选中“增减比率”数据系列，参考步骤 7，设置数据标记为内置圆形，大小调整为 5，如图 8-24 所示。

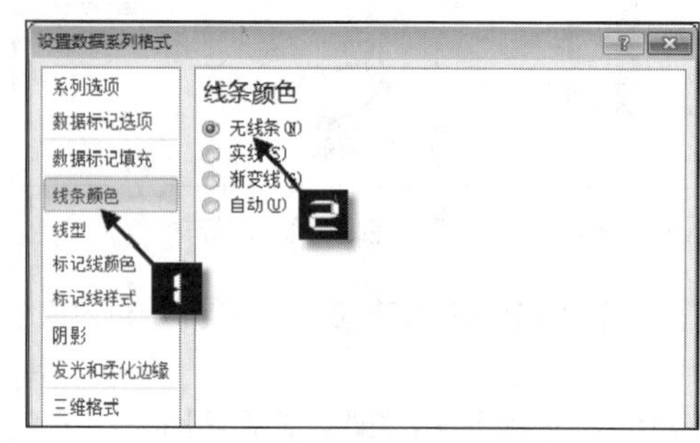

图 8-23　设置线条颜色

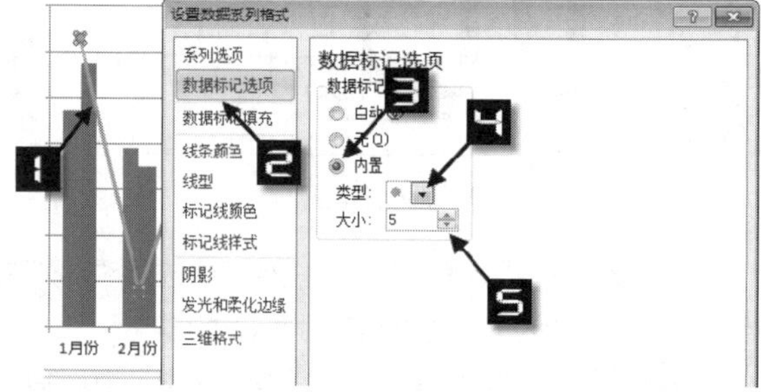

图 8-24　设置数据标记 2

步骤 10　切换到【线条颜色】选项卡下，单击选中“实线”单选按钮，然后单击“颜色”右侧的下拉按钮，在主题颜色面板中选择“橙色，强调文字颜色 6”。

切换到【线型】选项卡下，勾选“平滑线”复选框，如图 8-25 所示。

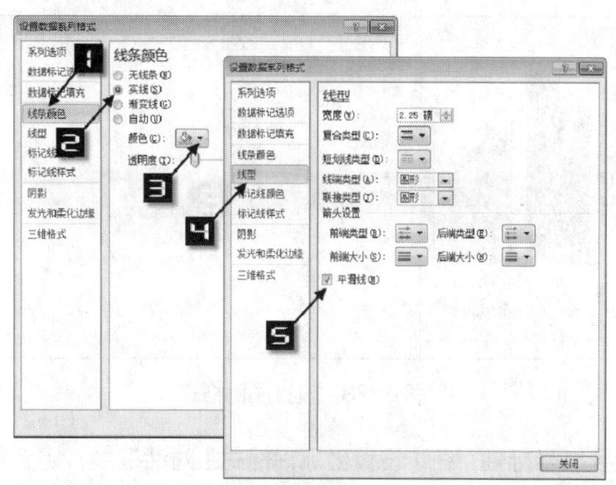

图 8-25　设置线条颜色和线型

步骤 11　选中图表次要纵坐标轴，【设置数据系列格式】对话框自动变为【设置坐标轴格式】对话框。

（1）将“最小值”设置为“固定”-0.5；

（2）将主要刻度线类型设置为“无”；

（3）将坐标轴标签设置为“无”，不要关闭对话框，如图 8-26 所示。

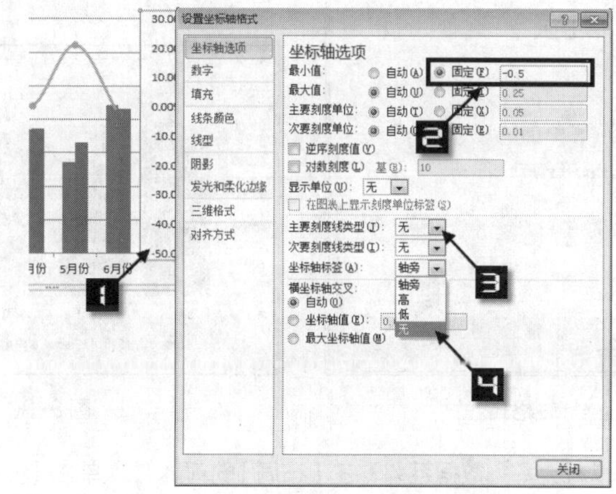

图 8-26　设置次要纵坐标轴格式

步骤 12　单击选中“本年度利润”数据系列，在【设置数据系列格式】对话框中设置分类间距为 45%，如图 8-27 所示。

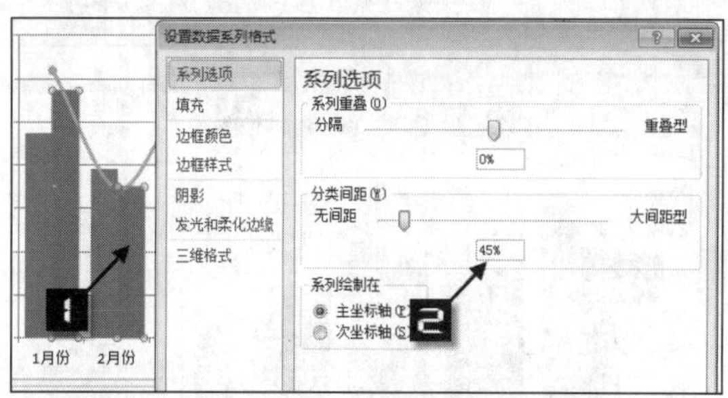

图 8-27　设置分类间距

步骤 13　单击选中图例项，在【设置图例格式】对话框中，单击选中“底部”单选按钮，如图 8-28 所示。

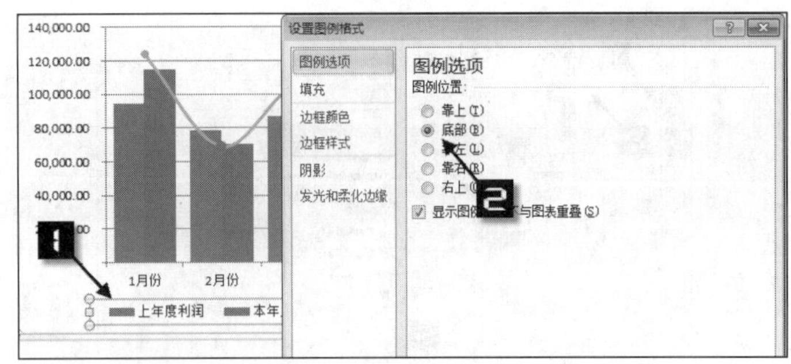

图 8-28　设置图例格式

步骤 14　单击选中主要纵坐标轴，在【设置坐标轴格式】对话框中，切换到【数字】选项卡下。然后单击“类别”列表中的“常规”选项，最后单击【关闭】按钮关闭对话框，如图 8-29 所示。

步骤 15　单击选中图例项，再单击选中其中的“辅助”图例项，按<Delete>键删除，如图 8-30 所示。

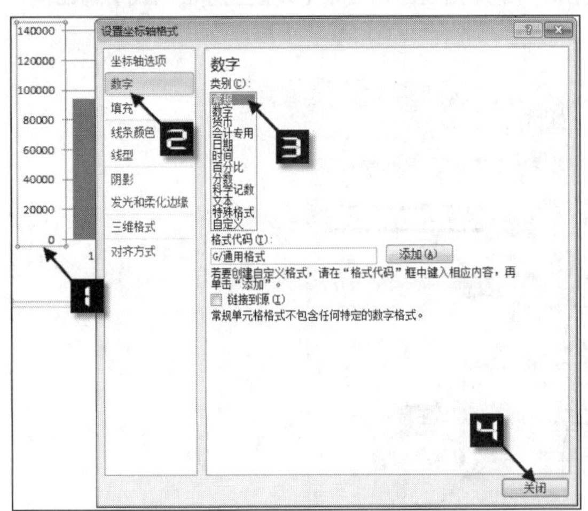

图 8-29　设置坐标轴格式

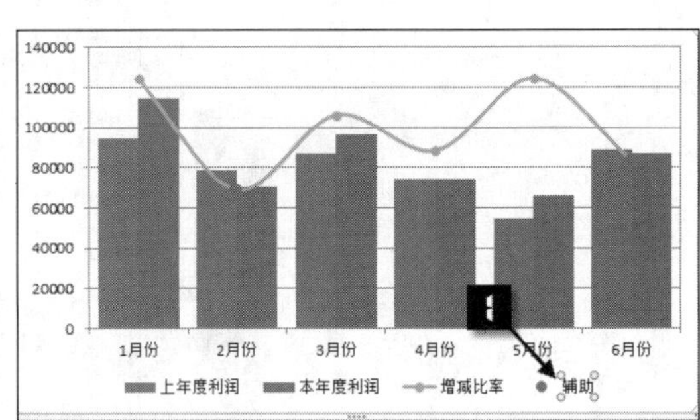

图 8-30　处理图例项

步骤 16　单击选中“增减比率”数据系列，在【布局】选项卡依次单击【数据标签】→【上方】命令，如图 8-31 所示。

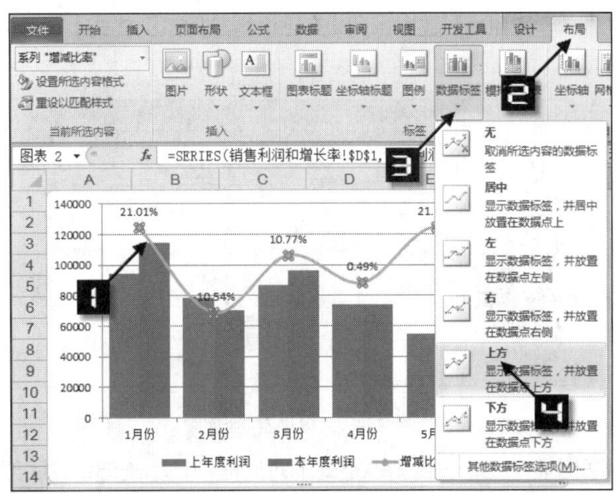

图 8-31　添加数据标签

步骤 17 单击选中图表，在【开始】选项卡下设置字体为“Arial Unicode MS”。然后单击选中数据标签，设置为深红色加粗字体，如图 8-32 所示。

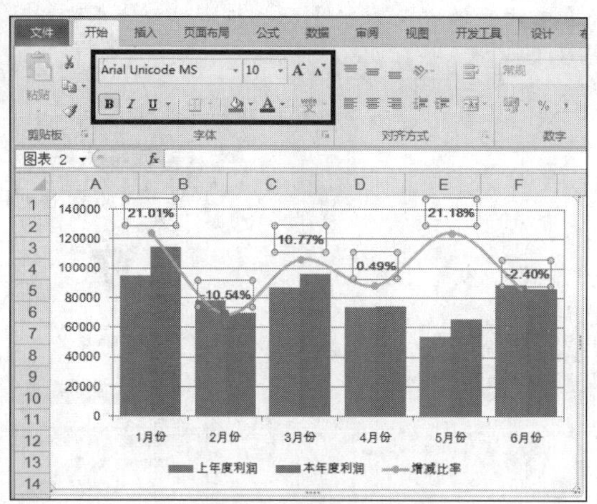

图 8-32 设置数据标签字体格式

步骤 18 单击选中“本年度利润”数据系列，在【格式】选项卡下单击【形状填充】下拉按钮，在主题颜色面板中选择“橙色”。单击选中“上年度利润”数据系列，以同样的方法设置形状填充为黑色，如图 8-33 所示。

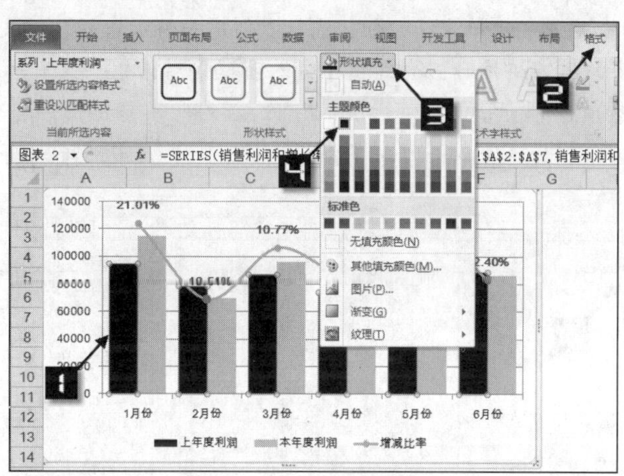

图 8-33 设置形状填充颜色

步骤 19 最后参照步骤 18，对以下元素进行设置：

（1）设置“辅助”系列的形状填充颜色为红色；

（2）设置图表区的形状填充颜色为“水绿色，强调文字颜色 5，淡色 40%”；

（3）设置绘图区的形状填充颜色为“水绿色，强调文字颜色 5，淡色 80%”。

小技巧

应用 WinRAR 软件对文件加密

除了利用 Excel 自带的加密功能外，还可以借助 WinRAR 软件对重要文件进行加密处理。WinRAR 是一款常用的压缩工具，如果电脑中安装了该软件，右键单击某个文件时，在快捷菜单中就会出现与之有关的选项。

步骤1 如图 8-34 所示，在需要加密的文件“主要客户信息表.xlsx”上单击鼠标右键，在扩展菜单中选择“添加到压缩文件”。

步骤2 在弹出的【压缩文件名和参数】对话框中，单击【常规】选项卡下的【设置密码】按钮，如图 8-35 所示。

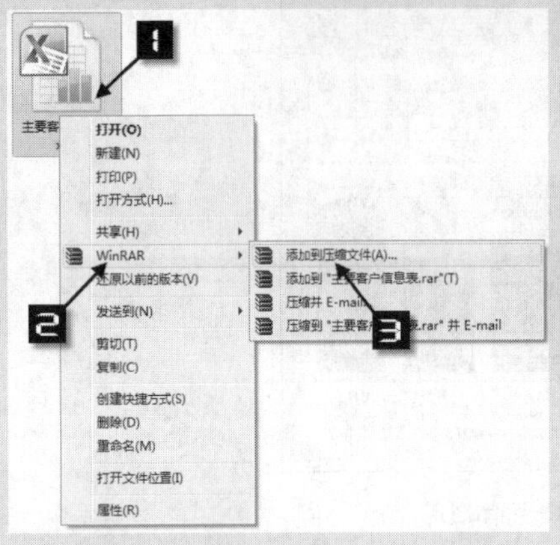

图 8-34 使用压缩软件对文件加密

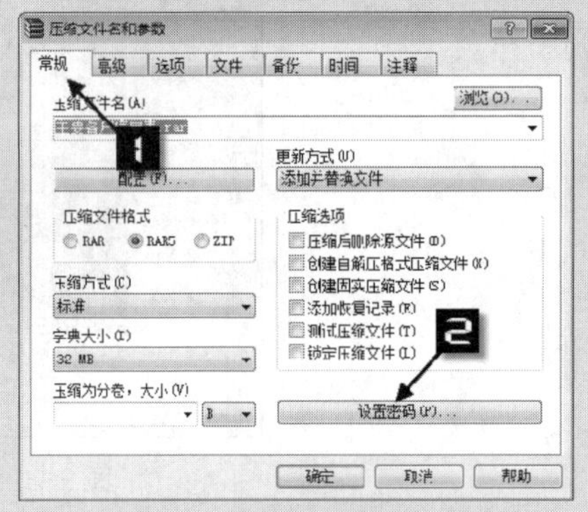

图 8-35 压缩文件名和参数

步骤3 在弹出的【输入密码】对话框中输入密码并进行确认，单击【确定】按钮返回【带密码压缩】对话框，然后单击【确定】按钮，就可以创建一份加密的压缩文件，如图 8-36 所示。

当需要打开加密的压缩文件时，会弹出【输入密码】对话框，只有输入正确的密码才能打开该压缩文件，如图 8-37 所示。

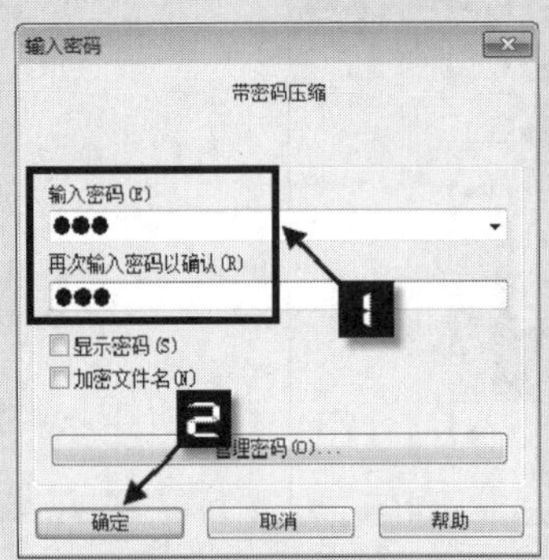

图 8-36 设置密码

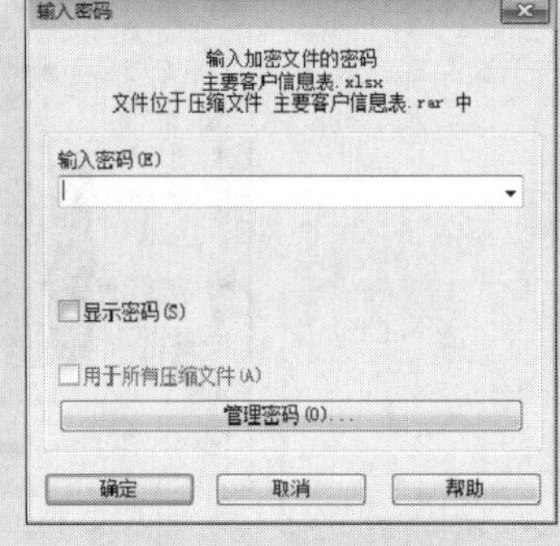

图 8-37 输入密码

实际工作中，密码设置得越复杂，对于不知道密码的人而言，试图打开该加密文件的可能性就越低。

8.2.2 制作各月份销售利润趋势图

素材所在位置为：

光盘：\素材\第 8 章 销售分析\8.2.2 制作各月份销售利润趋势图.xlsx

假定将销售利润划分为 2 万元以下、2 万～5 万元、5 万～9 万元三个区间，以各月份的销售利润数据制作折线图，不仅能够清晰展示出数据变化趋势，还可以直观展示各月份销售利润处于哪个区间，如图 8-38 所示。

制作各月份销售利润趋势图

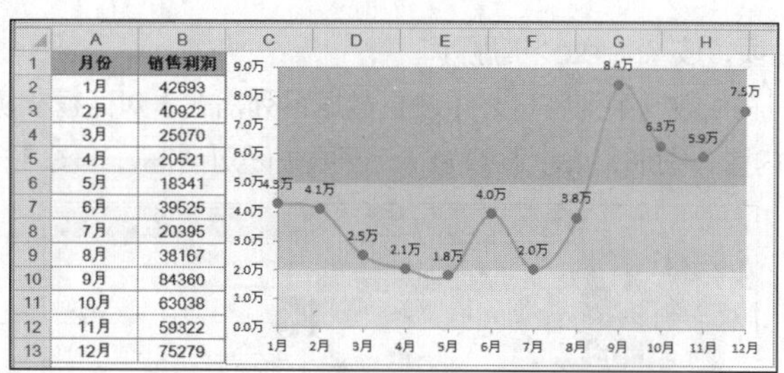

月份	销售利润
1月	42693
2月	40922
3月	25070
4月	20521
5月	18341
6月	39525
7月	20395
8月	38167
9月	84360
10月	63038
11月	59322
12月	75279

图 8-38　各月份销售利润趋势图

操作步骤如下。

步骤 1　如图 8-39 所示，首先在 C~E 列建立三个辅助系列：

在 C2 单元格输入第一档的上限 20000，然后向下复制到 C13 单元格。

在 D2 单元格输入第二档上限与第一档上限之差 30000，即 50000-20000 的结果。

在 E2 单元格输入第三档上限与第二档上限之差 40000，即 90000-50000 的结果。

步骤 2　单击数据区域任意单元格，如 A2，在【插入】选项卡下依次单击【面积图】→【堆积面积图】命令，如图 8-40 所示。

月份	销售利润	辅助1	辅助2	辅助3
1月	42693	20000	30000	40000
2月	40922	20000	30000	40000
3月	25070	20000	30000	40000
4月	20521	20000	30000	40000
5月	18341	20000	30000	40000
6月	39525	20000	30000	40000
7月	20395	20000	30000	40000
8月	38167	20000	30000	40000
9月	84360	20000	30000	40000
10月	63038	20000	30000	40000
11月	59322	20000	30000	40000
12月	75279	20000	30000	40000

图 8-39　添加辅助数据系列

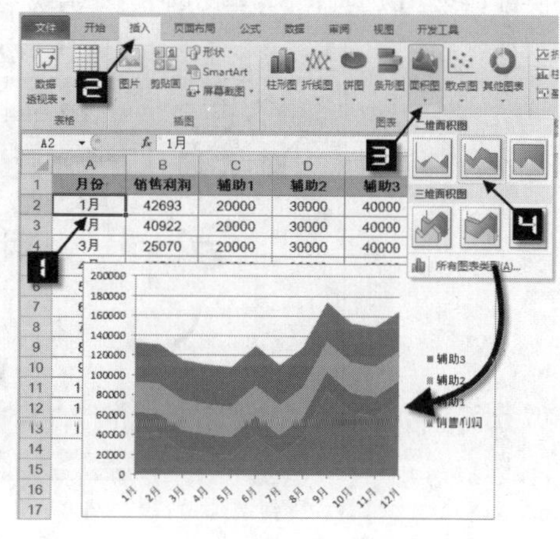

图 8-40　插入面积图

步骤 3　单击选中"销售利润"数据系列，在【设计】选项卡下单击【更改图表类型】按钮，弹出【更改图表类型】对话框。选中图表样式中的折线图，最后单击【确定】按钮，如图 8-41 所示。

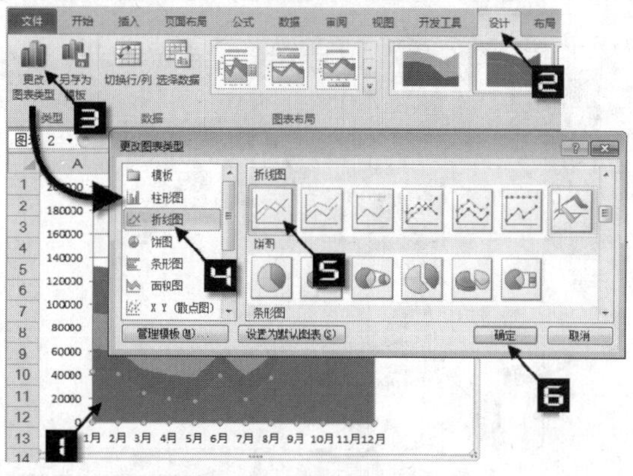

图 8-41　更改图表类型

步骤 4 单击选中图例项，按<Delete>键删除。

步骤 5 双击“销售利润”数据系列，打开【设置数据系列格式】对话框。切换到【数据标记选项】选项卡下，将数据标记设置为内置，圆形，大小调整为 7，不要关闭对话框，如图 8-42 所示。

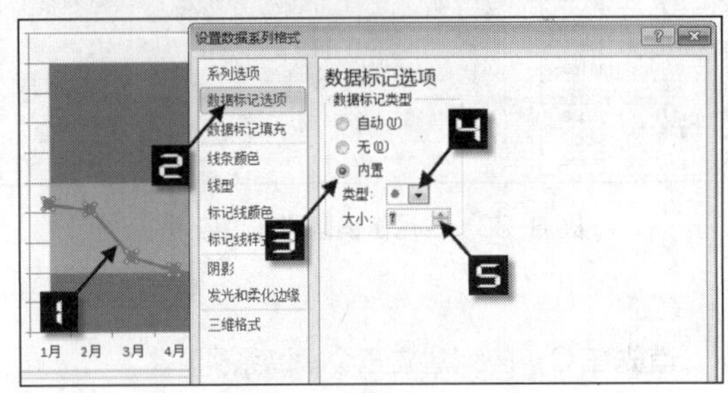

图 8-42 设置数据标记类型

步骤 6 切换到【数据标记填充】选项卡下，单击选中“纯色填充”单选按钮，然后单击“颜色”右侧的下拉按钮，在主题颜色面板中选择“橙色”。

切换到【线条颜色】选项卡下，单击选中“实线”单选按钮，然后设置颜色为“橙色”。

切换到【线型】选项卡下，单击选中“平滑线”复选框，不要关闭对话框，如图 8-43 所示。

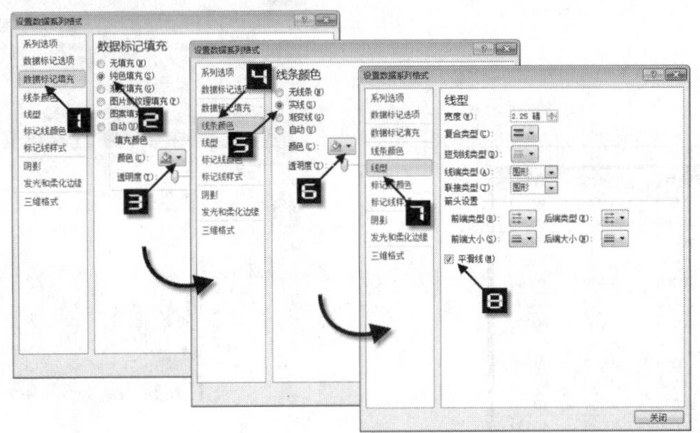

图 8-43 设置数据系列格式

步骤 7 单击选中水平轴，在【设置坐标轴格式】对话框的“位置坐标轴”下单击选中“在刻度线上”单选按钮，设置此选项，可以使面积图两侧不显示空白。

切换到【线条颜色】选项卡下，单击选中“实线”单选按钮，然后设置颜色为“水绿色”，如图 8-44 所示。

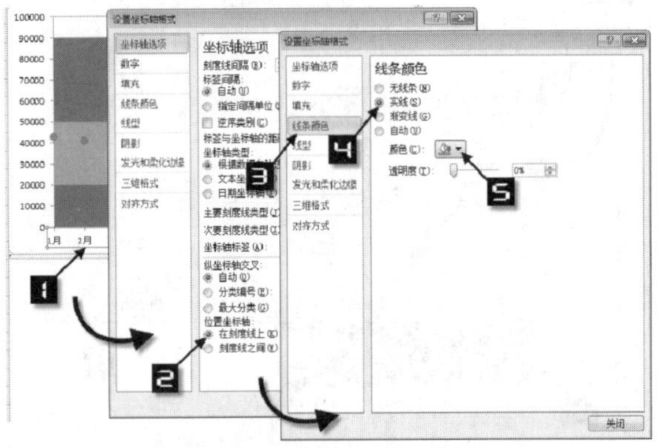

图 8-44 设置坐标轴格式

步骤 8 单击选中纵坐标轴，在【设置坐标轴格式】对话框中，将最大值设置为 90000，即第三个区间的上限，如图 8-45 所示。

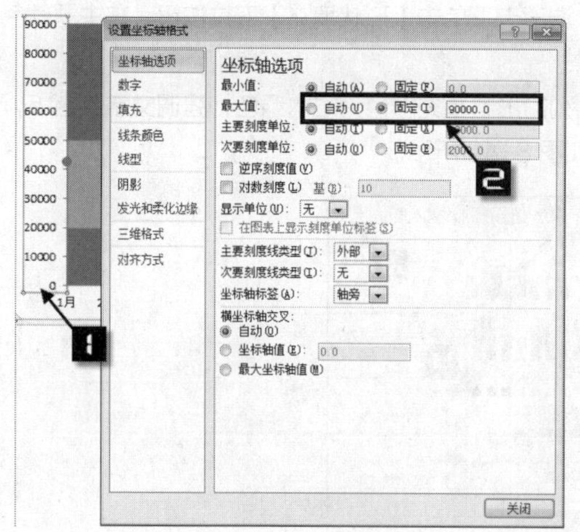

图 8-45 设置纵坐标轴最大值

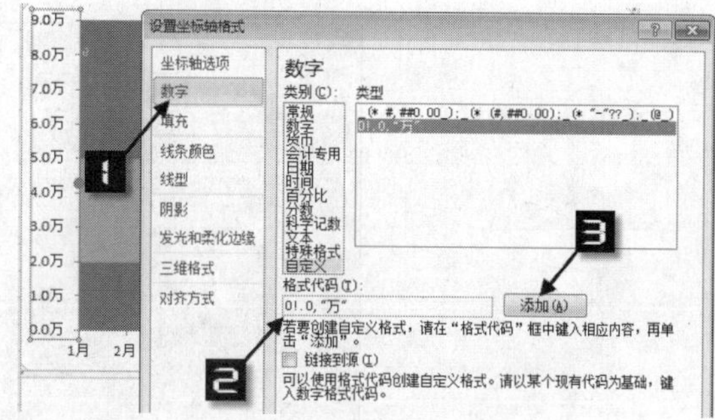

图 8-46 设置坐标轴数字格式

步骤 9 切换到【数字】选项卡下，在“数字类别”列表中选择“自定义”，然后清除已有格式代码，输入“0!.0,"万"”，单击【添加】按钮，如图 8-46 所示。

步骤 10 切换到【线条颜色】选项卡下，单击选中“实线”单选按钮，然后设置颜色为“水绿色”，最后单击右上角的关闭按钮，关闭对话框，如图 8-47 所示。

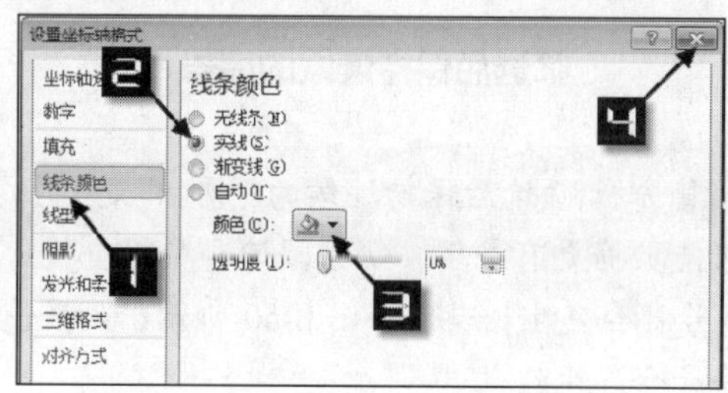

图 8-47 设置坐标轴线条颜色

步骤 11 单击选中“销售利润”数据系列，在【布局】选项卡下依次单击【数据标签】→【上方】命令，如图 8-48 所示。

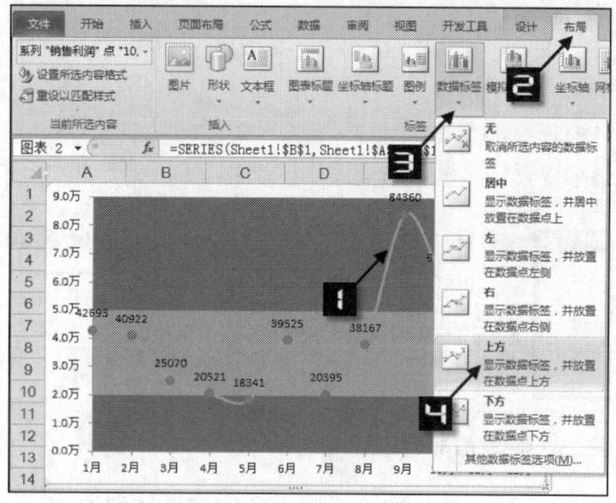

图 8-48 添加数据标签

步骤 12 双击数据标签打开【设置数据标签格式】对话框，切换到【数字】选项卡下，设置自定义格式代码为“0!.0,"万"”。

步骤 13 单击选中“辅助 3”数据系列，在【格式】选项卡下单击【形状填充】下拉按钮，在主题颜色面板中选择“水绿色，强调文字颜色 5，淡色 40%”。

同样的方法，依次设置“辅助 2”和“辅助 1”数据系列的形状填充颜色为“水绿色，强调文字颜色 5，淡色 60%”和“水绿色，强调文字颜色 5，淡色 80%”。如图 8-49 所示。

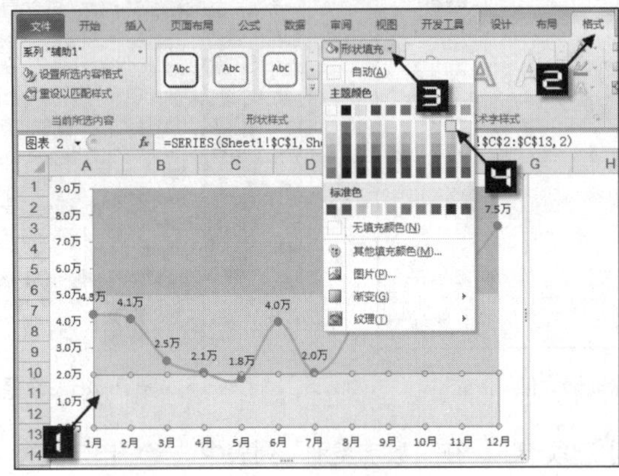

图 8-49 设置形状填充颜色

筛选后保持连续的序号

素材所在位置为：

光盘：\素材\第 8 章 销售分析\筛选后保持连续的序号.xlsx

在表格中使用序号能够使数据更有条理，便于阅读和数据查找。但是按常规方法输入序号后，一旦数据经过筛选，序号就会发生错乱。如图 8-50 所示，如果使用筛选操作仅显示财务部和质保部的数据，A 列的序号会发生错乱。

如需执行筛选操作后 A 列的序号依然能保持连续，可以先清除筛选，然后在 A2 单元格输入以下公式，向下复制到 A13 单元格。再次执行筛选操作，A 列中的序号即可始终保持连续，如图 8-51 所示。

```
=SUBTOTAL(3,B$2:B2)*1
```

	A	B	C
1	序号	部门	姓名
2	1	生产部	何雪仪
3	2	财务部	张春豪
4	3	质保部	谢子秋
5	4	生产部	郭靖安
6	5	生产部	[illegible]
7	6	财务部	
8	7	质保部	
9	8	质保部	
10	9	财务部	
11	10	销售部	
12	11	销售部	
13	12	生产部	

	A	B	C
1	序号	部门	姓名
3	2	财务部	张春豪
4	3	质保部	谢子秋
7	6	财务部	叶与桐
8	7	质保部	李翠萍
9	8	质保部	钱本多
10	9	财务部	杜学礼

图 8-50 筛选后序号发生错乱

A3 =SUBTOTAL(3,B$2:B3)*1

	A	B	C
1	序号	部门	姓名
3	1	财务部	张春豪
4	2	质保部	谢子秋
7	3	财务部	叶与桐
8	4	质保部	李翠萍
9	5	质保部	钱本多
10	6	财务部	杜学礼

图 8-51 筛选后序号保持连续

SUBTOTAL 函数只统计可见单元格的内容，通过给定不同的第一参数，可以完成计数、求和、平均值、乘积等多种汇总方式。

第一参数为数字 1～11 或 101～111，用于指定使用哪种函数运算规则。如果使用 1～11，统计结果将包括手动隐藏的行。如果使用 101～111，则排除手动隐藏的行。第二参数是要对其进行汇总计算的单元格区域。

本例中，SUBTOTAL 函数第一参数使用 3，就是告诉 SUBTOTAL 函数要执行的汇总方式是 COUNTA 函数。COUNTA 函数用于计算区域中非空单元格的个数，用 SUBTOTAL(3,区域)，就是始终计算区域中可见的非空单元格个数。

公式中的 B$2:B2 部分，是 SUBTOTAL 函数要统计的范围。对两个“B2”分别使用行绝对引用和相对引用的方式，当公式向下填充时依次变为 B$2:B3、B$2:B4……。即从 B2 单元格开始，自动扩展至公式所在行的动态统计范围。

在对使用了 SUBTOTAL 函数的工作表进行筛选操作时，Excel 会将最后一行数据作为汇总行，从而导致筛选结果发生错误。通过乘 1 计算，可以避免筛选时导致的最后一行序号出错。

本章小结

本章学习了使用 Excel 对销售数据进行简单的汇总与分析，包括使用数据透视表按日期进行分组汇总、以不同的值显示方式从多角度查看销售占比、销售利润和同比增长率图表以及销售利润趋势图的制作。同时学习了如何在合并单元格中添加连续序号以及生成筛选后保持连续的序号等 Excel 技巧。

思考与练习

1. 如果数据表中包含多个年份的数据，在使用 Excel 数据透视表进行分组时必须选中步长______，否则 Excel 会将所有年份中的同一月或是同一季度的数据汇总到一起。
2. 在数据透视表中选择不同的____________，可以快速从多个角度查看占比情况。
3. 导致 Excel 数据透视表分组失败的主要原因：一是____________，二是____________，三是____________。
4. COUNTA 函数的作用是计算区域中____________的个数。
5. 根据练习 8-1.xlsx 提供的数据和模拟效果，按年月汇总销售报表。
6. 根据练习 8-2.xlsx 提供的数据和模拟效果，以不同角度汇总销售数据占比情况。
7. 根据练习 8-3.xlsx 提供的数据和模拟效果，使用图表展示销售收入和同比增长率。
8. 根据练习 8-4.xlsx 提供的数据，在合并单元格中添加序号。
9. 根据练习 8-5.xlsx 提供的数据，生成筛选时保持连续的序号。
10. 根据练习 8-6.xlsx 提供的数据和模拟效果，制作填充区域的折线图。

第 9 章

利润管理

利润是指企业在一定会计期间的经营成果，包括各项收入减去费用后的净额、直接计入当期利润的利得和损失等，是企业生存发展的核心指标。

利润管理是对企业生产经营过程中成本、销量和利润之间的关系进行分析，辅助企业进行经营决策。利润管理是企业目标管理的重要组成部分，其行为结果会直接或间接地影响到各经济主体的利益。

本章主要学习利用 Excel 在利润管理中的应用。

9.1 本量利分析

本量利分析，即产量成本利润分析，也叫保本分析或盈亏平衡分析。本量利分析通过分析生产成本、销售利润和产品数量三者的关系，掌握盈亏变化的规律，研究其变动的规律性，以便为企业进行经营决策和目标控制提供有效信息。

9.1.1 制作表格形式的本量利计算模型

素材所在位置为：
光盘：\素材\第 9 章 利润管理\9.1.1 制作表格形式的本量利计算模型.xlsx

1. 本量利分析的前提条件

在现实经济生活中，成本、销售数量、价格和利润之间的关系非常复杂，为了建立本量利分析理论，必须对上述复杂的关系做一些基本假设，由此来限定本量利分析的范围。

（1）成本性态假设。假定所有成本在相关范围内均按成本性态划分为固定成本和变动成本两大部分。

（2）模型线性假设。包括固定成本不变假设、变动成本与业务量呈现完全线性关系假设以及销售收入与销售数量呈现完全线性关系假设。

（3）产销平衡假设。本量利分析中的量是指销售量而不是生产量。当产销不平衡时，会影响到收入与成本之间的关系，因此假设产销平衡。

（4）品种结构稳定假设。假设在一个生产和销售多种产品的企业里，每种产品的销售收入占总销售收入的比重不会发生变化。

2. 制作本量利计算模型

A 公司生产和销售某种产品，产品的预计产销量、销售单价、单位变动成本、年固定经营成本的相关数据如图 9-1 所示。需要以此建立一个对该公司进行保本分析的模拟计算模型。

操作步骤如下。

步骤 1 首先在 A6:A16 单元格中输入需要计算的指标名称，如销售收入、变动成本总额、单位边际贡献、盈亏临界点销量、盈亏临界点销售额、实现目标利润销量、实现目标利润销售额、安全边际量、安全边际额、安全边际率和盈亏临界点作业率等，如图 9-2 所示。

	A	B
1	现有或预计产销量	5000
2	单位售价	99
3	单位变动成本	53
4	固定成本总额	175000
5	目标利润	350000

图 9-1 已知相关数据

	A	B
1	现有或预计产销量	5000
2	单位售价	99
3	单位变动成本	53
4	固定成本总额	175000
5	目标利润	350000
6	销售收入	
7	变动成本总额	
8	单位边际贡献	
9	盈亏临界点销量	
10	盈亏临界点销售额	
11	实现目标利润销量	
12	实现目标利润销售额	
13	安全边际量	
14	安全边际额	
15	安全边际率	
16	盈亏临界点作业率	

图 9-2 输入需要计算的指标

步骤 2 销售收入计算公式为：

销售收入=预计产销量×单位售价

在 B6 单元格输入以下公式计算销售收入，计算结果为 495000。

```
=B2*B1
```

步骤 3 变动成本总额计算公式为：

变动成本总额=预计产销量×单位变动成本

在 B7 单元格输入以下公式计算变动成本总额，计算结果为 265000。

```
=B3*B1
```

步骤 4 单位边际贡献是运用盈亏分析原理进行产品生产决策的一个十分重要的指标，通常边际贡献又称为“边际利润”或“贡献毛益”等。一般可分为单位产品的边际贡献和全部产品的边际贡献，其中单位边际贡献的计算方法为：

单位边际贡献=销售单价-单位变动成本

在 B8 单元格中输入以下公式计算单位边际贡献，计算结果为 46。

```
=B2-B3
```

步骤 5 盈亏临界点又称零利润点、保本点、盈亏平衡点、损益分歧点、收益转折点。以盈亏平衡点为界限，当销售收入高于盈亏平衡点时企业盈利，反之为亏损。盈亏临界点销量计算公式为：

盈亏临界点销量=固定成本/（单位售价-单位变动成本）

在 B9 单元格中输入以下公式计算盈亏临界点销量，计算结果为 3804。

```
=ROUND(B4/(B2-B3),0)
```

步骤 6 盈亏临界点销售额计算公式为：

盈亏临界点销售额=盈亏临界点销量×单位售价

在 B10 单元格中输入以下公式计算盈亏临界点销售额，计算结果为 376596。

```
=ROUND(B2*B9,0)
```

步骤 7 实现目标利润销量也称为保利点，是指在单价和成本水平确定的情况下，为确保预先确定的目标利润能够实现而达到的销售量。实现目标利润销量计算公式为：

目标利润销量=（固定成本总额+目标利润）/（单位售价-单位变动成本）

在 B11 单元格中输入以下公式计算目标利润销量，计算结果为 11413。

```
=ROUND((B4+B5)/(B2-B3),0)
```

步骤 8 实现目标利润销售额计算公式为：

实现目标利润销售额=单位售价×实现目标利润销量

在 B12 单元格中输入以下公式计算实现目标利润销售额，计算结果为 1129887。

```
=ROUND(B2*B11,0)
```

步骤 9 在财务管理中，安全边际是指正常销售额超过盈亏临界点销售额的差额，它表明销售量下降多少企业仍不致亏损。安全边际计算公式为：

安全边际=预计产销量-盈亏临界点销量

在 B13 单元格中输入以下公式计算安全边际量，计算结果为 1196。

```
=B1-B9
```

步骤 10 安全边际量或安全边际额的数值越大，企业发生亏损的可能性就越小。安全边际额计算公式为：

安全边际额=安全边际量×单位售价

在 B14 单元格中输入以下公式计算安全边际额，计算结果为 118404。

```
=ROUND(B13*B2,0)
```

步骤 11 安全边际率是指安全边际量与实际或预计的销售量的比例，用来评价企业的经营安全程度。计算公式为：

安全边际率=安全边际量/实际或预计的销售量

在 B15 单元格中输入以下公式计算安全边际率，计算结果为 23.92%。

```
=B13/B1
```

步骤 12 盈亏临界点作业率也称为保本作业率，是指保本点业务量占实际或预计销售业务量的百分比。计算公式为：

盈亏临界点作业率=盈亏临界点的销售量/正常开工的作业量

在 B16 单元格中输入以下公式计算盈亏临界点作业率，计算结果为 76.08%。

```
=B9/B1
```

公式全部输入后的效果如图 9-3 所示。

	A	B	C
1	现有或预计产销量	5000	
2	单位售价	99	
3	单位变动成本	53	
4	固定成本总额	175000	
5	目标利润	350000	
6	销售收入	495000	=B2*B1
7	变动成本总额	265000	=B3*B1
8	单位边际贡献	46	=B2-B3
9	盈亏临界点销量	3804	=ROUND(B4/(B2-B3),0)
10	盈亏临界点销售额	376596	=ROUND(B2*B9,0)
11	实现目标利润销量	11413	=ROUND((B4+B5)/(B2-B3),0)
12	实现目标利润销售额	1129887	=ROUND(B2*B11,0)
13	安全边际量	1196	=B1-B9
14	安全边际额	118404	=ROUND(B13*B2,0)
15	安全边际率	23.92%	=B13/B1
16	盈亏临界点作业率	76.08%	=B9/B1

图 9-3 公式输入后的效果

3. 在计算模型中添加调节按钮

在工作表中建立好本量利计算模型之后，可以通过调整预计产销量、单位售价以及单位变动成本等数据，来观察其他各项指标的变动规律。参考 7.3 中的步骤依次添加调节按钮，并依次设置控件格式，根据实际需要对控件的最大值、最小值、步长和单元格链接等进行设置。

设置完成后，分别调整产销量、单位售价、单位变动成本和固定成本总额右侧滚动条的范围，即可查看其他各项主要指标的变动情况，如图 9-4 所示。

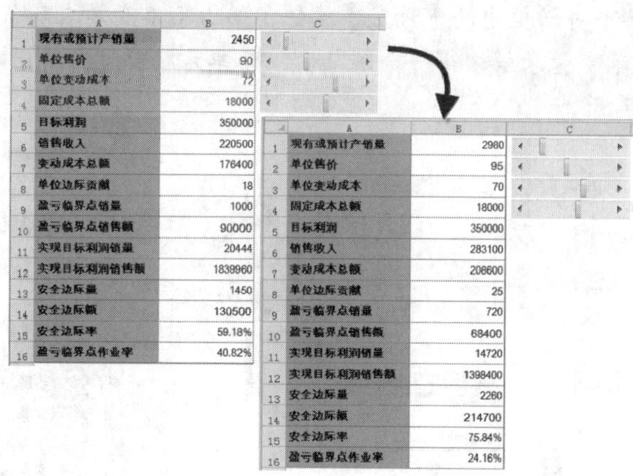

	A	B
1	现有或预计产销量	2450
2	单位售价	90
3	单位变动成本	72
4	固定成本总额	18000
5	目标利润	350000
6	销售收入	220500
7	变动成本总额	176400
8	单位边际贡献	18
9	盈亏临界点销量	1000
10	盈亏临界点销售额	90000
11	实现目标利润销量	20444
12	实现目标利润销售额	1839960
13	安全边际量	1450
14	安全边际额	130500
15	安全边际率	59.18%
16	盈亏临界点作业率	40.82%

	A	B
1	现有或预计产销量	2980
2	单位售价	95
3	单位变动成本	70
4	固定成本总额	18000
5	目标利润	350000
6	销售收入	283100
7	变动成本总额	208600
8	单位边际贡献	25
9	盈亏临界点销量	720
10	盈亏临界点销售额	68400
11	实现目标利润销量	14720
12	实现目标利润销售额	1398400
13	安全边际量	2260
14	安全边际额	214700
15	安全边际率	75.84%
16	盈亏临界点作业率	24.16%

图 9-4 使用滚动条调整本量利范围

使用单变量求解计算保本产销量

素材所在位置为：

光盘：\素材\第 9 章 利润管理\使用单变量求解计算保本产销量.xlsx

如图 9-5 所示，是某设备销售公司的简易利润计算表。其中每台设备平均进价+其他相关费用 20 万元，平均售价 22.4 万元，公司固定支出的费用为 65 万元。要求计算每月销售多少台设备才能保本。

	A	B
1	预计销量	50
2	平均进价+其他相关费用	20
3	单位售价	22.4
4	销售金额	1120
5	固定成本总额	65
6	变动成本总额	1000
7	预计销售利润	55

图 9-5　简易利润计算表

其中 B4 单元格销售金额计算公式为=B3*B1，即单位售价×预计销量。

B6 单元格变动成本总额计算公式为=B2*B1，即（平均进价+其他相关费用）×预计销量。

B7 单元格预计销售利润计算公式为=B4-B5-B6，即销售金额-固定成本总额-变动成本总额。

以下使用单变量求解的方法计算保本销售量，操作步骤如下。

步骤 1　依次单击【数据】选项卡下的【模拟分析】下拉按钮，在下拉菜单中选择【单变量求解】命令，弹出【单变量求解】对话框。

步骤 2　在【单变量求解】对话框中：

（1）单击“目标单元格”右侧的折叠按钮，选择预计销售利润所在单元格，即 B7 单元格。注意目标单元格必须包含公式，并且引用包括可变单元格的值进行运算。

（2）在目标值编辑框中输入所期望的值，本例为计算保本销量，因此销售利润设置为 0。如果计算盈利值为 100 时的销量，此处就填写 100。

（3）单击“可变单元格”右侧的折叠按钮，选择预计销量所在单元格，即 B1 单元格。可变单元格是最终需要计算出结果的单元格，本例是需要预测的销量。

如图 9-6 所示。

单击【单变量求解】对话框中的【确定】按钮，弹出【单变量求解状态】对话框，提示用户“对单元格 B7 进行单变量求解求得一个解”。在 B7 单元格利润为 0 时，B1 单元格的保本销量为 27.08，如图 9-7 所示。

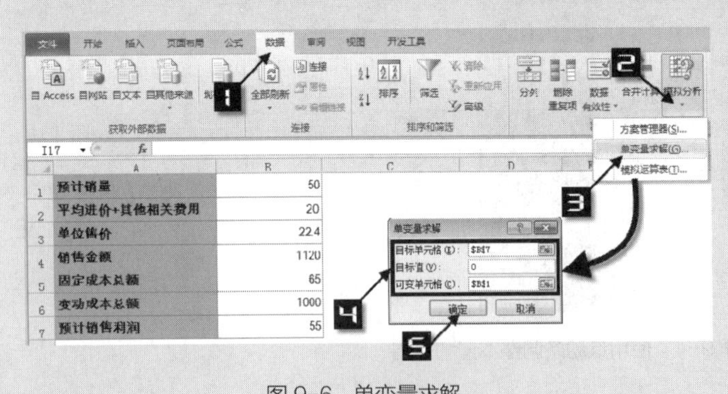

图 9-6　单变量求解

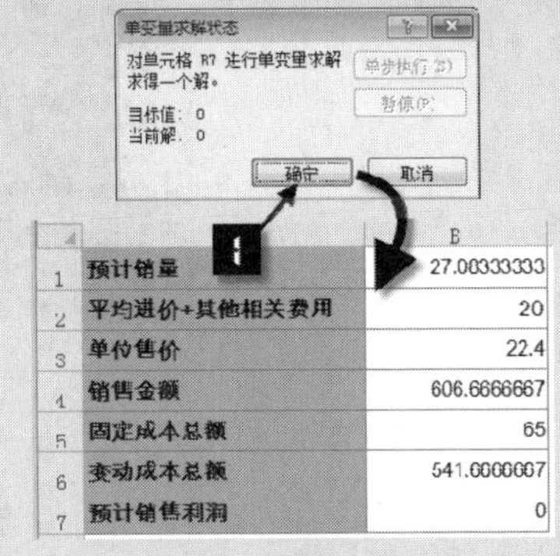

图 9-7　单变量求解状态

小技巧

使用分列功能快速处理不规范日期

素材所在位置为：

光盘：\素材\第 9 章　利润管理\使用分列功能快速处理不规范日期.xlsx

在日常工作中，往往收到一些由他人录入的不规范数据，给后续的数据汇总带来麻烦。如图 9-8 所示的信息表中，B 列是直接使用 8 位数值表示的日期。

	A	B	C
1	客户姓名	合同签订日期	客户所在地
2	燕如生	20160213	北京大兴
3	夏沁雨	20170816	河北廊坊
4	乔昭宁	20171002	山东济南
5	汪诗敏	20160804	广东中山
6	纪若烟	20150615	辽宁鞍山
7	秦问言	20160303	山西大同
8	伊守蓝	20171012	河南洛阳
9	叶叔颖	20150824	甘肃兰州
10	俞心庭	20170609	江苏苏州
11	欧千洛	20161230	浙江温州

图 9-8　人员信息表

这种不规范的日期形式在实际工作中较为常见，但是在 Excel 中，只能将其识别为 8 位数值，而无法作为日期处理。使用分列功能能够将 8 位的数值快速转换为日期。

操作步骤如下。

步骤1　单击 B 列列标，选中 B 列整列，在【数据】选项卡中单击【分列】按钮，在弹出的【文本分列向导-第 1 步，共 3 步】对话框中单击【下一步】按钮，如图 9-9 所示。

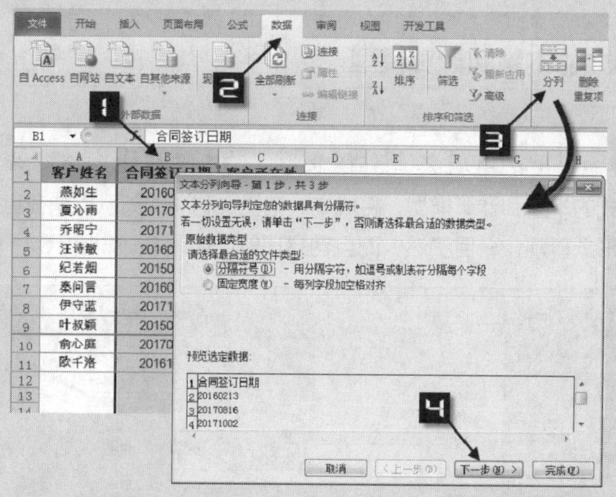

图 9-9　文本分列向导 1

步骤2　在弹出的【文本分列向导-第 2 步，共 3 步】对话框中，单击【下一步】按钮，如图 9-10 所示。

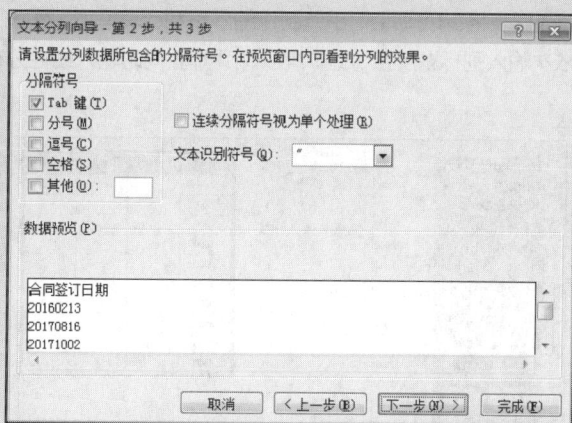

文本分列向导 - 第 2 步，共 3 步
请设置分列数据所包含的分隔符号。在预览窗口内可看到分列的效果。
分隔符号
Tab 键(T)
分号(M)
逗号(C)
空格(S)
其他(O):
连续分隔符号视为单个处理(R)
文本识别符号(Q): "
数据预览(P)
合同签订日期
20160213
20170816
20171002
取消　< 上一步(B)　下一步(N) >　完成(F)

图 9-10　文本分列向导 2

步骤3　在弹出的【文本分列向导-第 3 步，共 3 步】对话框中，选中“列数据格式”区域的“日期”单选按钮，在右侧的下拉按钮中选择“YMD”，即“年月日”的英文单词首字母，此处可根据实际数据机构来选择不同的格式类型。最后单击【完成】按钮，如图 9-11 所示。

此时 B 列的 8 位数值即可快速转换为真正的日期格式，完成后的效果如图 9-12 所示。

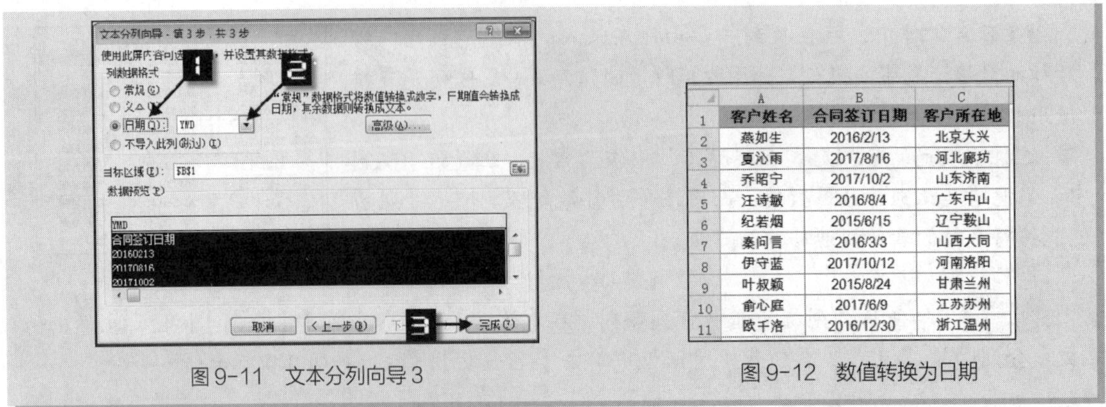

	A	B	C
1	客户姓名	合同签订日期	客户所在地
2	燕如生	2016/2/13	北京大兴
3	夏沁雨	2017/8/16	河北廊坊
4	乔昭宁	2017/10/2	山东济南
5	汪诗敏	2016/8/4	广东中山
6	纪若烟	2015/6/15	辽宁鞍山
7	秦问言	2016/3/3	山西大同
8	伊守蓝	2017/10/12	河南洛阳
9	叶叔颖	2015/8/24	甘肃兰州
10	俞心庭	2017/6/9	江苏苏州
11	欧千洛	2016/12/30	浙江温州

图 9-11　文本分列向导 3

图 9-12　数值转换为日期

9.1.2 制作图表形式的本量利计算模型

素材所在位置为：

光盘：\素材\第 9 章 利润管理\9.1.2 制作图表形式的本量利计算模型.xlsx

本节学习制作图表形式的本量利计算模型，将成本、销量、利润的关系反映在直角坐标系中，用图示表达本量利的相互关系，不仅形象直观、一目了然，而且容易理解，如图 9-13 所示。

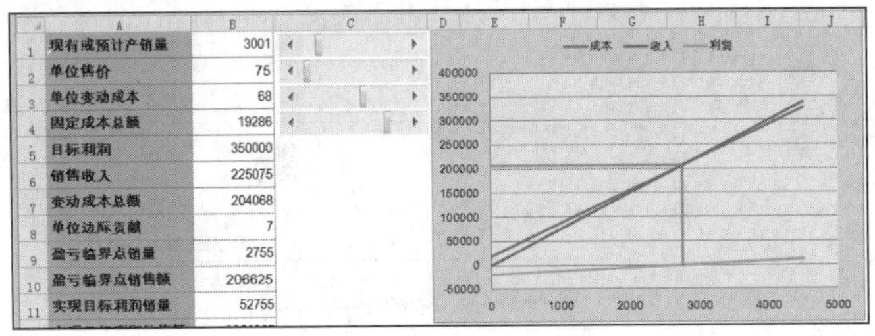

	A	B
1	现有或预计产销量	3001
2	单位售价	75
3	单位变动成本	68
4	固定成本总额	19286
5	目标利润	350000
6	销售收入	225075
7	变动成本总额	204068
8	单位边际贡献	7
9	盈亏临界点销量	2755
10	盈亏临界点销售额	206625
11	实现目标利润销量	52755

图 9-13　本量利图表

操作步骤如下。

步骤 1　制作绘图基础数据表格。以 9.1.1 小节制作的本量利计算模型工作表为基础，在 E~H 列继续输入绘图用的基础数据，并依次输入列标题产量、成本、收入和利润，同时输入线性分布的模拟产量，如图 9-14 所示。

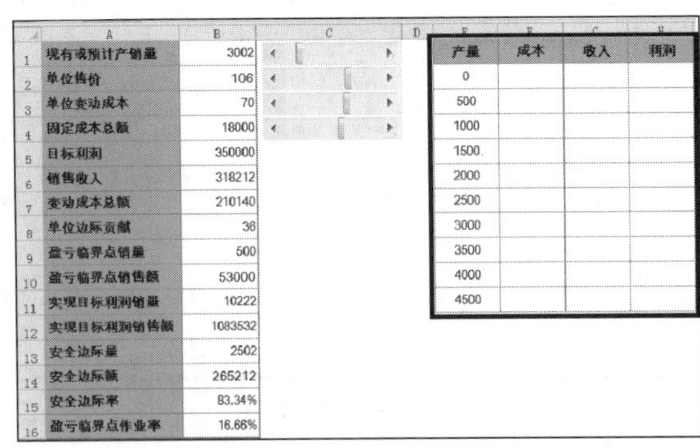

	A	B
1	现有或预计产销量	3002
2	单位售价	106
3	单位变动成本	70
4	固定成本总额	18000
5	目标利润	350000
6	销售收入	318212
7	变动成本总额	210140
8	单位边际贡献	36
9	盈亏临界点销量	500
10	盈亏临界点销售额	53000
11	实现目标利润销量	10222
12	实现目标利润销售额	1083532
13	安全边际量	2502
14	安全边际额	265212
15	安全边际率	83.34%
16	盈亏临界点作业率	16.66%

产量	成本	收入	利润
0			
500			
1000			
1500			
2000			
2500			
3000			
3500			
4000			
4500			

图 9-14　准备基础数据

步骤 2　成本=产量×单位变动成本+固定成本总额

在 F2 单元格中输入以下公式，计算不同产量下的成本，并将公式向下复制到 F11 单元格，如图 9-15 所示。

```
=E2*$B$3+$B$4
```

步骤 3 收入=产量×单位售价

在 G2 单元格中输入以下公式计算不同产量下的销售收入，并将公式向下复制到 G11 单元格，如图 9-16 所示。

```
=E2*$B$2
```

F2 =E2*$B$3+$B$4

	A	B	C	D	E	F
1	现有或预计产销量	3002			产量	成本
2	单位售价	106			0	18000
3	单位变动成本	70			500	53000
4	固定成本总额	18000			1000	88000
5	目标利润	350000			1500	123000
6	销售收入	318212			2000	158000
7	变动成本总额	210140			2500	193000
8	单位边际贡献	36			3000	228000
9	盈亏临界点销量	500			3500	263000
10	盈亏临界点销售额	53000			4000	298000
11	实现目标利润销量	10222			4500	333000

图 9-15 计算不同产量下的成本

G2 =E2*$B$2

	A	B	C	D	E	F	G
1	现有或预计产销量	3002			产量	成本	收入
2	单位售价	106			0	18000	0
3	单位变动成本	70			500	53000	53000
4	固定成本总额	18000			1000	88000	106000
5	目标利润	350000			1500	123000	159000
6	销售收入	318212			2000	158000	212000
7	变动成本总额	210140			2500	193000	265000
8	单位边际贡献	36			3000	228000	318000
9	盈亏临界点销量	500			3500	263000	371000
10	盈亏临界点销售额	53000			4000	298000	424000
11	实现目标利润销量	10222			4500	333000	477000

图 9-16 计算不同产量下的收入

步骤 4 利润=收入-成本

在 H2 单元格中输入以下公式计算销售利润，并将公式向下复制到 H11 单元格，如图 9-17 所示。

```
=G2-F2
```

H2 =G2-F2

	A	B	C	D	E	F	G	H
1	现有或预计产销量	3002			产量	成本	收入	利润
2	单位售价	106			0	18000	0	-18000
3	单位变动成本	70			500	53000	53000	0
4	固定成本总额	18000			1000	88000	106000	18000
5	目标利润	350000			1500	123000	159000	36000
6	销售收入	318212			2000	158000	212000	54000
7	变动成本总额	210140			2500	193000	265000	72000
8	单位边际贡献	36			3000	228000	318000	90000
9	盈亏临界点销量	500			3500	263000	371000	108000
10	盈亏临界点销售额	53000			4000	298000	424000	126000
11	实现目标利润销量	10222			4500	333000	477000	144000

图 9-17 计算不同产量下的利润

步骤 5 基础数据准备好之后，单击数据区域任意单元格，如 G8，在【插入】选项卡下单击【散点图】下拉按钮，在下拉列表中选择带平滑线的散点图，如图 9-18 所示。

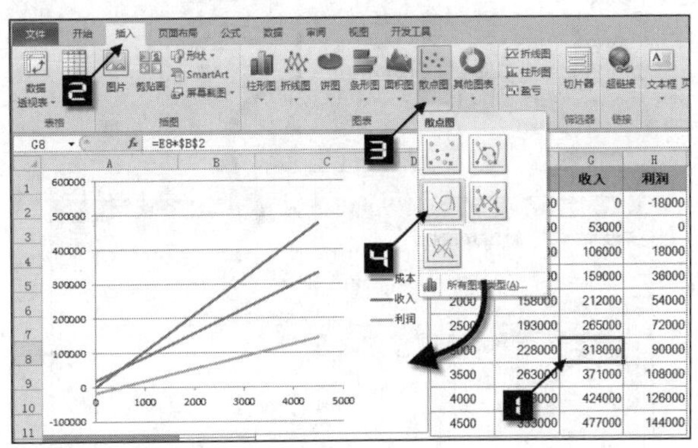

图 9-18 插入散点图

步骤 6 准备盈亏平衡线辅助数据。在工作表空白区域分别准备两组盈亏平衡线的辅助数据。

第一组 x 轴（水平轴）数据：在 E15 单元格中输入以下公式，向下复制到 E16 单元格。

```
=$B$9
```

第一组 y 轴（垂直轴）数据：在 F15 单元格中输入 0，在 F16 单元格中输入以下公式：

```
=$B$10
```

第二组 x 轴（水平轴）数据：在 E18 单元格中输入 0，在 E19 单元格中输入以下公式。

```
=$B$9
```

第二组 y 轴（垂直轴）数据：在 F18 单元格中输入以下公式，向下复制到 F19 单元格。

```
=$B$10
```

两组平衡线辅助数据，分别引用的是 B9 单元格的盈亏临界点销量和 B10 单元格的盈亏临界点销售额，如图 9-19 所示。

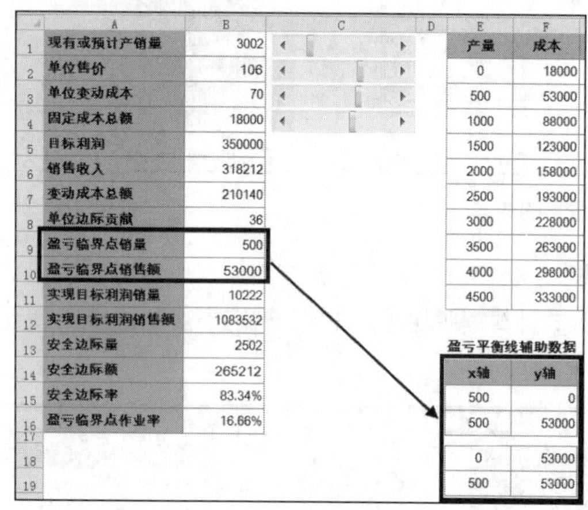

图 9-19　准备盈亏平衡线辅助数据

步骤 7　在图表中添加平衡线数据系列。右键单击绘图区，在弹出的快捷菜单中单击“选择数据”命令，打开【选择数据源】对话框。在【选择数据源】对话框中单击【添加】按钮，打开【编辑数据系列】对话框，如图 9-20 所示。

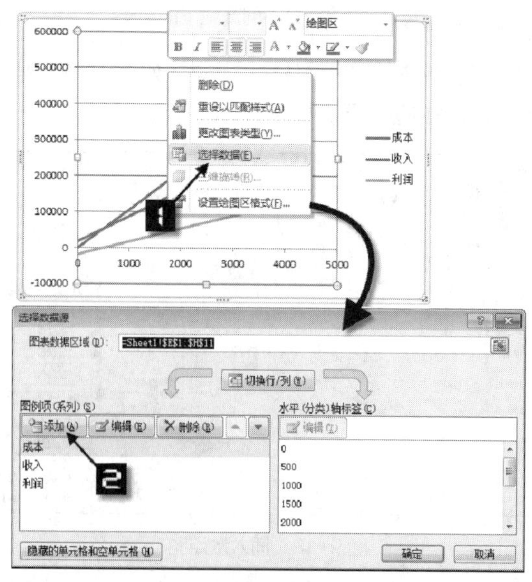

图 9-20　选择数据源

步骤 8　在【编辑数据系列】对话框中，单击“x 轴系列值”右侧的折叠按钮，选择第一组 x 轴（水平轴）

数据，即 E15:E16 单元格区域。

清除“y 轴系列值”编辑框内的默认内容，单击右侧的折叠按钮，第一组 y 轴（垂直轴）数据，即 F15:F16 单元格区域，单击【确定】按钮，返回【选择数据源】对话框，如图 9-21 所示。

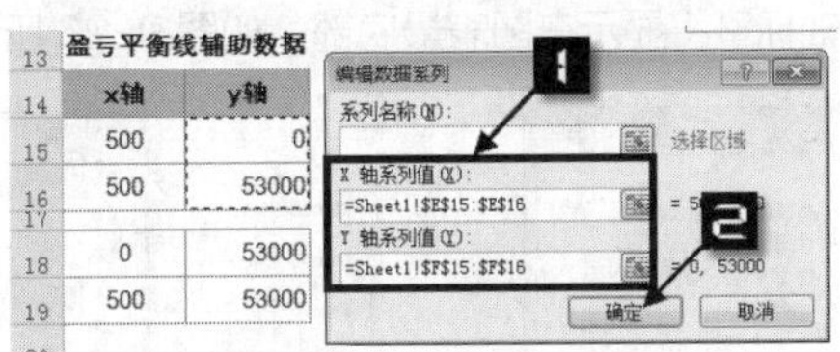

图 9-21　编辑数据系列 1

添加第一组 x 轴和 y 轴后，可以在图表中添加一个垂直方向的数据系列。

步骤 9　在【选择数据源】对话框中再次单击【添加】按钮，参照步骤 8 中的操作，添加第二组 x 轴（水平轴）数据，即 E18:E19 单元格区域。

清除“y 轴系列值”编辑框内的默认内容，添加第二组 y 轴（垂直轴）数据，即 F18:F19 单元格区域，单击【确定】按钮，返回【选择数据源】对话框，再次单击【确定】按钮关闭对话框，如图 9-22 所示。

添加第二组 x 轴和 y 轴后，可以在图表中添加一个水平方向的数据系列。

步骤 10　单击选中图例项，再次单击选中其中的图例系列 4，按<Delete>键删除。同样的方法，选中图例系列 5，按<Delete>键删除，如图 9-23 所示。

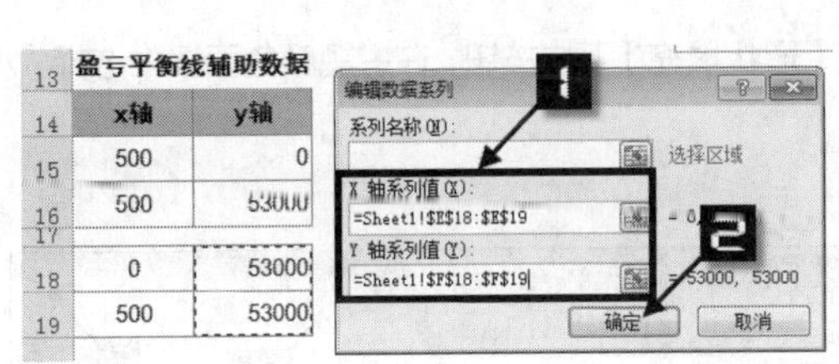

图 9-22　编辑数据系列 2

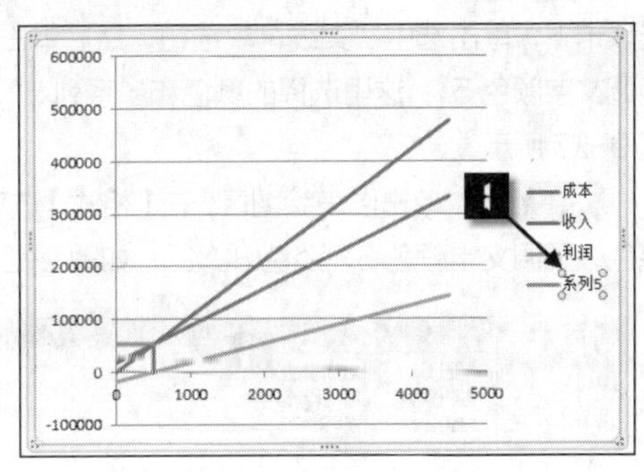

图 9-23　删除图例项

步骤 11　双击图例项，在弹出的【设置图例格式】对话框中，选中“靠上”单选钮，不要关闭对话框，如图 9-24 所示。

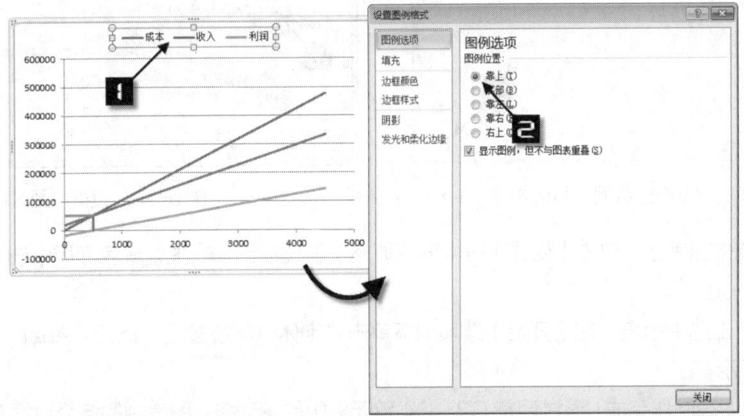

图 9-24　设置图例格式

步骤 12 单击选中图表垂直轴，此时【设置图例格式】对话框会自动更改为【设置坐标轴格式】对话框。单击“主要刻度线类型”右侧的下拉按钮，在下拉菜单中选择“无”，如图 9-25 所示。

步骤 13 单击选中图表水平轴，在【设置坐标轴格式】对话框中，主要刻度线类型设置为“无”，坐标轴标签设置为“低”，此时的水平轴标签将显示在图表最底部，如图 9-26 所示。

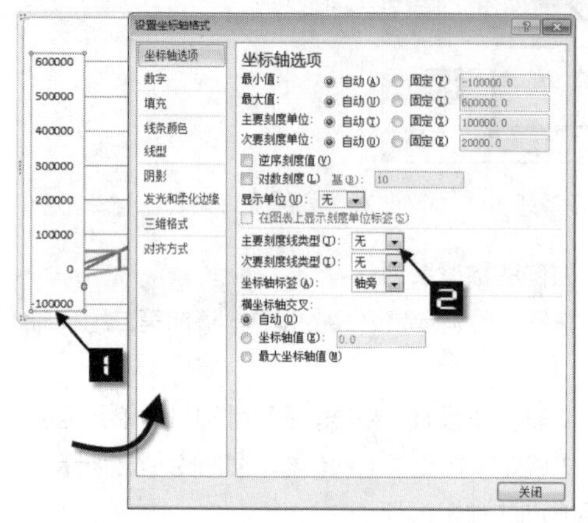

图 9-25 设置坐标轴格式 1

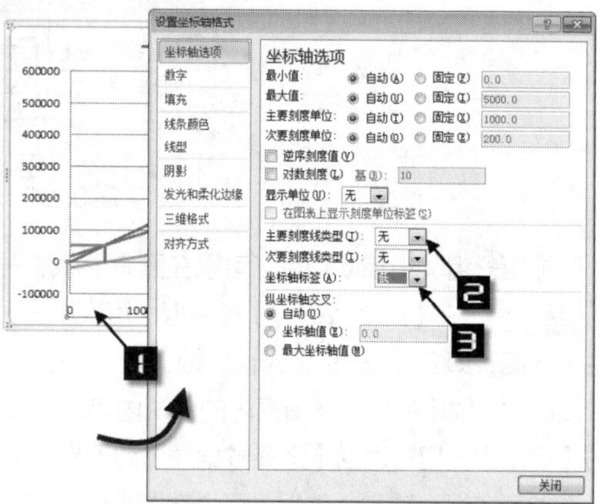

图 9-26 设置坐标轴格式 2

步骤 14 单击选择图表中的“系列 4”数据系列，在【设置坐标轴格式】对话框中，切换到【线条颜色】选项卡下，单击选中“实线”单选钮，然后单击“颜色”右侧的下拉按钮，在主题颜色面板中选择“水绿色，强调文字颜色 5”，这里选择的颜色和“系列 5”数据系列颜色相同，最后单击【关闭】按钮，关闭对话框。如图 9-27 所示。

步骤 15 单击图表绘图区，在【格式】选项卡下单击【形状填充】下拉按钮，在主题颜色面板中选择“水绿色，强调文字颜色 5，淡色 80%”，如图 9-28 所示。

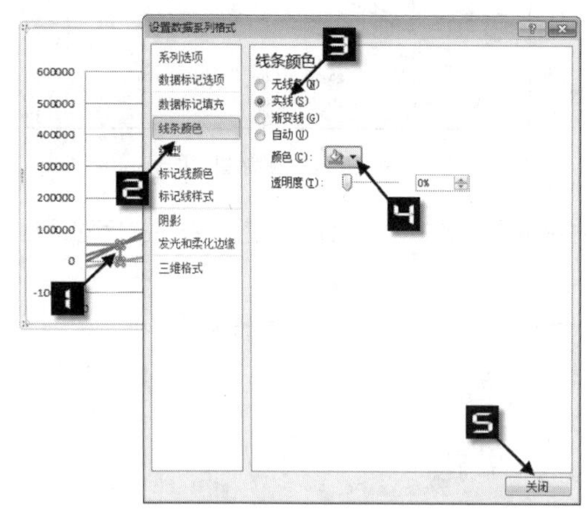

图 9-27 设置数据系列格式

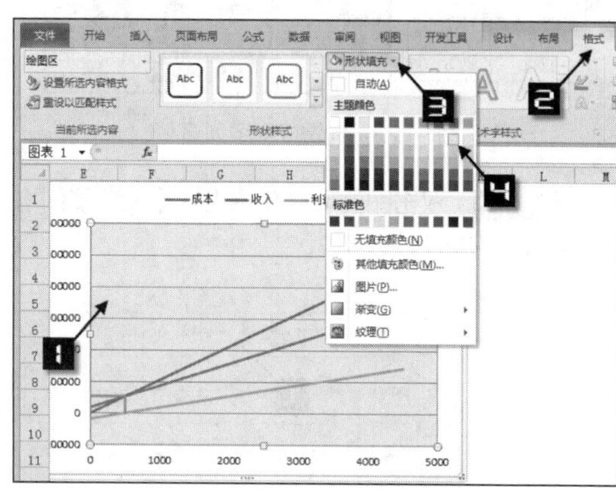

图 9-28 设置绘图区填充色

步骤 16 单击图表区，单击【格式】→【形状填充】下拉按钮，在主题颜色面板中选择“水绿色，强调文字颜色 5，淡色 60%”。

步骤 17 单击选中图表，在【开始】选项卡下单击“字体”下拉按钮，选择“Arial Unicode MS”字体，如图 9-29 所示。

至此，本量利图表制作完成，通过调整 C2～C4 单元格中的滚动条，图表中的各个数据系列会随之发生变化，如图 9-30 所示。

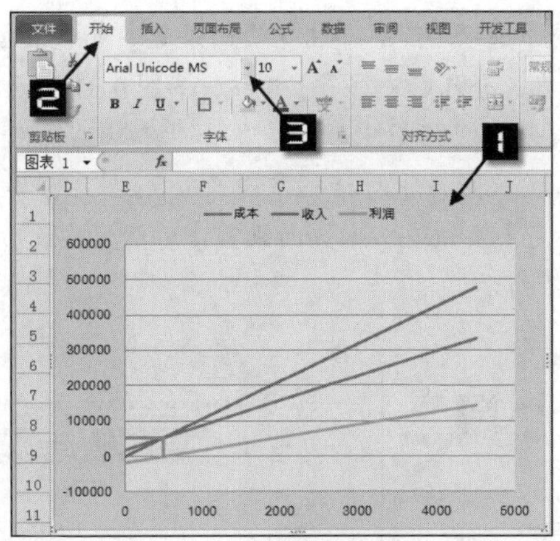

图 9-29　设置图表字体

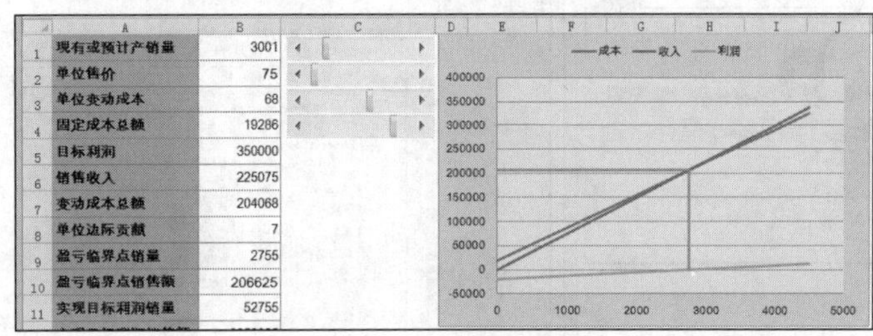

图 9-30　本量利图表

尽管本量利分析是一种简便、有效的管理工具，但由于本量利分析是建立在一系列假设基础之上的，所以其应用有一定的局限性，主要表现在以下几个方面。

（1）无法对总成本做到准确划分。

（2）在实际经济活动中，随着产销量突破一定的范围，固定成本会呈阶梯状变化，而变动成本往往受经营规模和生产率的影响，呈曲线变化。在较长的时间范围内，生产要素价格也不可能一直保持不变，所以总成本与销售收入不会总是呈线性变化关系。

（3）影响企业成本和收入的因素除了产销量之外，还受劳动生产率、市场情况等其他因素影响。

（4）在企业实际运作中，很难实现实际产量与销量完全相同。

（5）产品的销售价格并非固定不变的，对多品种生产企业来说，产品结构的变动，也会影响本量利分析的应用。

综上所述，本量利分析对于企业的管理者来说只能用于短期的计划与决策，其分析结果只能作为决策的参考依据，而不能代替管理者的判断与经验。

在页眉中添加公司 logo

素材所在位置为：

光盘：\素材\第 9 章　利润管理\在页眉中添加公司 logo.xlsx

在公司的宣传手册或者培训手册上添加公司的 logo 作为页眉，都会起到非常好的宣传作用。

在页眉中添加公司 logo

步骤 1　首先准备一张公司 logo 的图片。

步骤 2 在【页面布局】选项卡下，单击【页面设置】命令组右下角的对话框启动器按钮，打开【页面设置】对话框，单击【自定义页眉】按钮，如图 9-31 所示。

步骤 3 在弹出的【页眉】对话框中，首先单击“中”编辑框，然后单击控件区域的“插入图片”按钮，在弹出的【插入图片】对话框中选择 logo 图片，单击【插入】按钮关闭【插入图片】对话框，再单击【确定】按钮返回【页面设置】对话框，最后单击【确定】按钮关闭【页面设置】对话框，如图 9-32 所示。

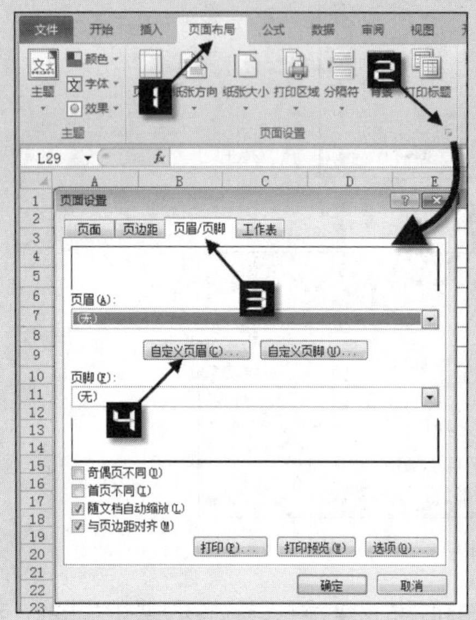

图 9-31 页眉设置对话框

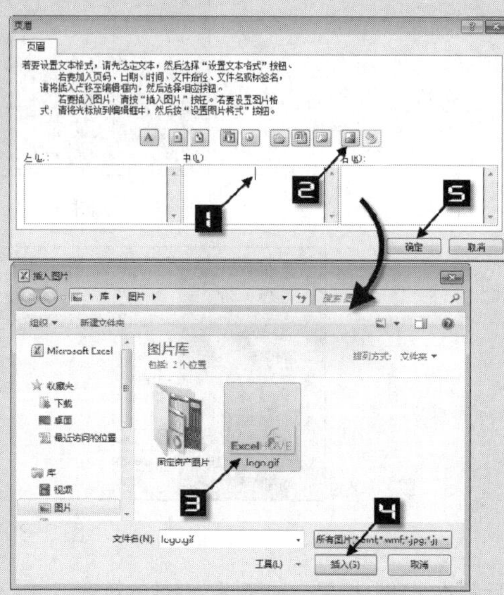

图 9-32 在页眉中插入图片

设置完成后，单击快速访问工具栏的【打印预览】按钮，可查看打印效果，如图 9-33 所示。

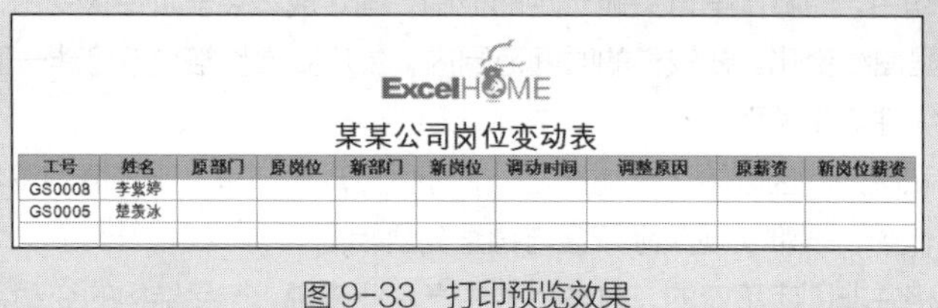

图 9-33 打印预览效果

9.2 利润构成分析

9.2.1 制作简单的利润构成瀑布图

瀑布图是在 Excel 默认堆积柱形图基础上更进一步处理而成，因为形似瀑布流水而称为“瀑布图”。这种图表类型是由麦肯锡顾问公司所独创，适用于表达多个特定数值之间的数量变化关系。

制作简单的利润构成瀑布图

素材所在位置为：

光盘：\素材\第 9 章 利润管理\9.2.1 制作简单的利润构成瀑布图.xlsx

在财务工作中，使用瀑布图能够展示各项费用在销售收入中的构成情况，真实反映利润的形成过程，如图 9-34 所示。

操作步骤如下。

步骤 1 首先输入辅助数据。在 C2 单元格中输入 0，在 C3 单元格中输入以下公式，向下复制到 C9 单元格，如图 9-35 所示。

```
=$B$2-SUM($B$3:B3)
```

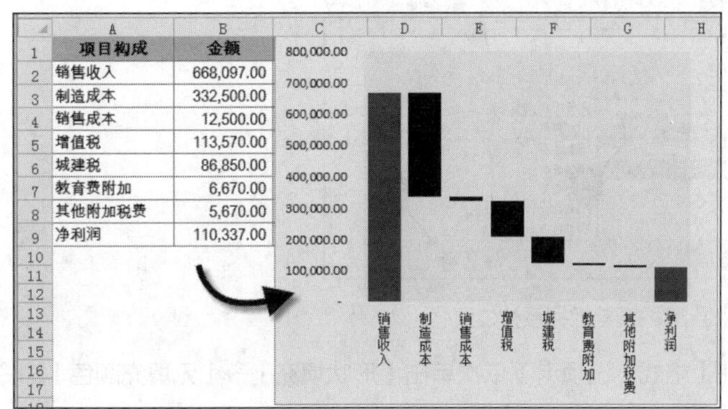

项目构成	金额
销售收入	668,097.00
制造成本	332,500.00
销售成本	12,500.00
增值税	113,570.00
城建税	86,850.00
教育费附加	6,670.00
其他附加税费	5,670.00
净利润	110,337.00

图 9-34 利润构成瀑布图

=$B$2-SUM($B$3:B3)

项目构成	金额	辅助列
销售收入	668097	0
制造成本	332500	335597
销售成本	12500	323097
增值税	113570	209527
城建税	86850	122677
教育费附加	6670	116007
其他附加税费	5670	110337
净利润	110337	0

图 9-35 输入辅助数据

SUM 函数参数为$B$3:B3，以动态扩展的数据区域，对 B3 开始到当前行 B 列的支出金额求和。再使用 B2 单元格中的销售收入金额减去 SUM 函数的计算结果，最终在各行中得到销售收入依次减去各项支出的剩余金额。

步骤 2 单击数据区域任意单元格，如 A2，在【插入】选项卡下单击【柱形图】下拉按钮，在下拉列表中选择“堆积柱形图”命令，如图 9-36 所示。

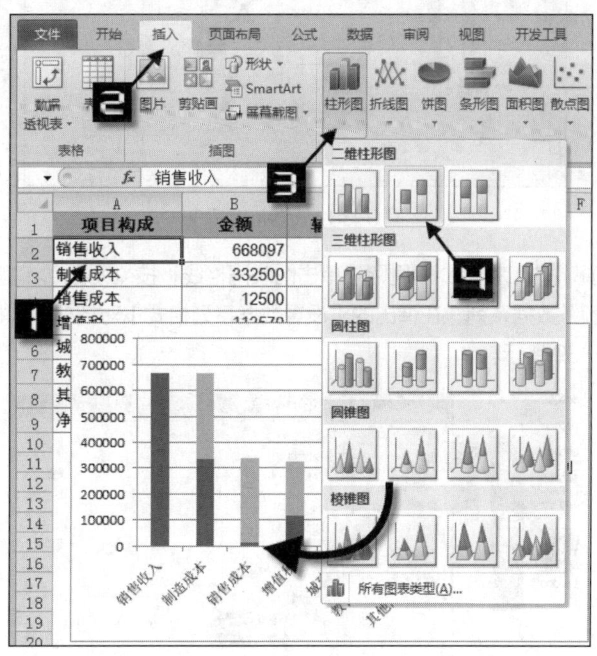

图 9-36 插入堆积柱形图

步骤 3 右键单击图表，在弹出的【选择数据源】对话框中，单击选中“辅助列”系列，然后单击“上移”按钮调整图表中的系列位置，最后单击【确定】按钮关闭对话框，如图 9-37 所示。

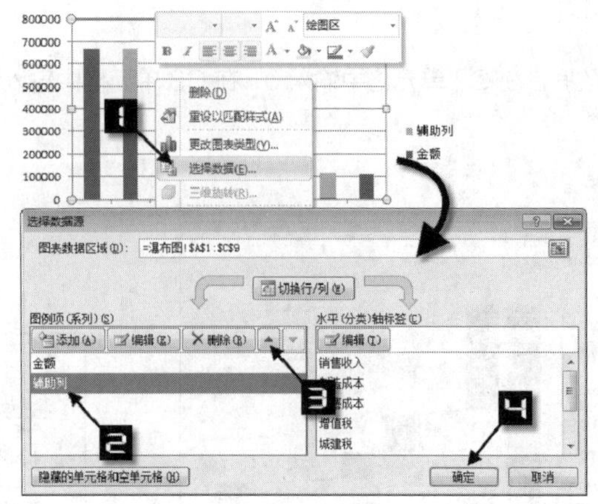

图 9-37 调整数据系列位置

步骤 4 单击选中“辅助列”系列，在【格式】选项卡下依次单击【形状填充】→【无填充颜色】命令，如图 9-38 所示。

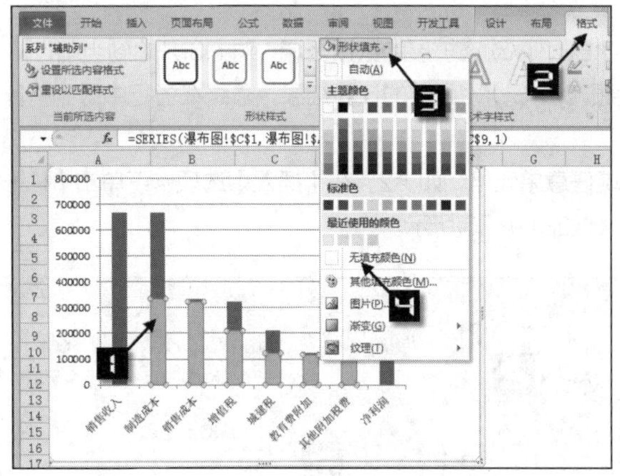

图 9-38 设置形状填充

步骤 5 单击图例项，按<Delete>键删除。单击图表网格线，按<Delete>键删除。

步骤 6 双击“金额”数据系列，在弹出的【设置数据系列格式】对话框中，将分类间距设置为 40%，不要关闭对话框，如图 9-39 所示。

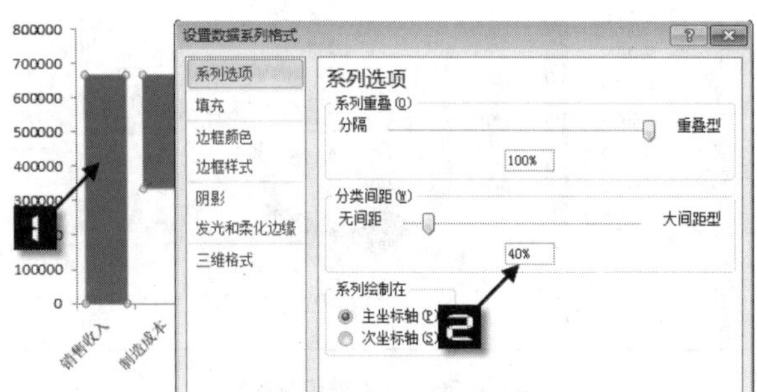

图 9-39 设置分类间距

步骤 7 单击选中图表水平轴，在【设置坐标轴格式】对话框中：

（1）主要刻度线类型设置为无；

（2）线条颜色设置为无线条；

（3）文字方向设置为竖排，如图 9-40 所示。

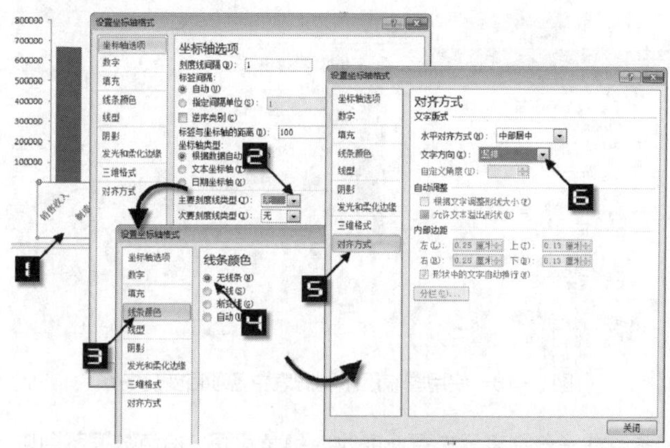

图 9-40　设置坐标轴格式

步骤 8　单击选中图表垂直轴，在【设置坐标轴格式】对话框中将主要刻度线类型设置为无，将线条颜色设置为无线条，然后关闭【设置坐标轴格式】对话框。

步骤 9　选中“金额”数据系列，依次单击【格式】→【形状填充】命令，在主题颜色面板中选择黑色。然后单击选中“销售收入”数据点，将形状填充颜色设置为深红色。单击选中“净利润”数据点，以同样的方法将形状填充颜色设置为深红色，如图 9-41 所示。

步骤 10　单击选中绘图区，依次单击【格式】→【形状填充】→【其他填充颜色】命令，在弹出的【颜色】对话框中，切换到【自定义】选项卡下，在“红色”“绿色”和“蓝色”右侧的编辑框中分别输入 RGB 值 255、227 和 139，最后单击【确定】按钮，如图 9-42 所示。

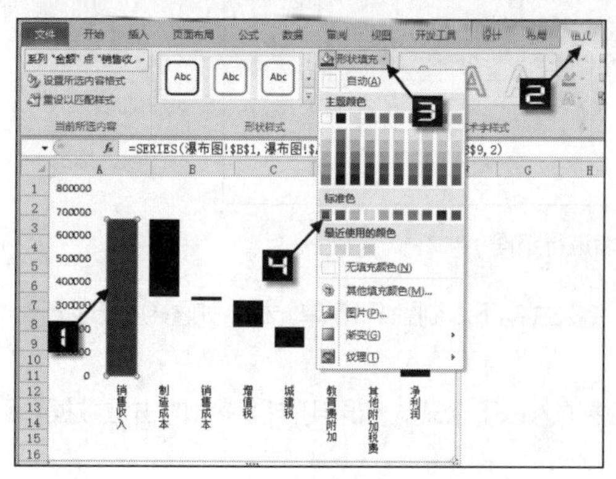

图 9-41　设置形状填充颜色

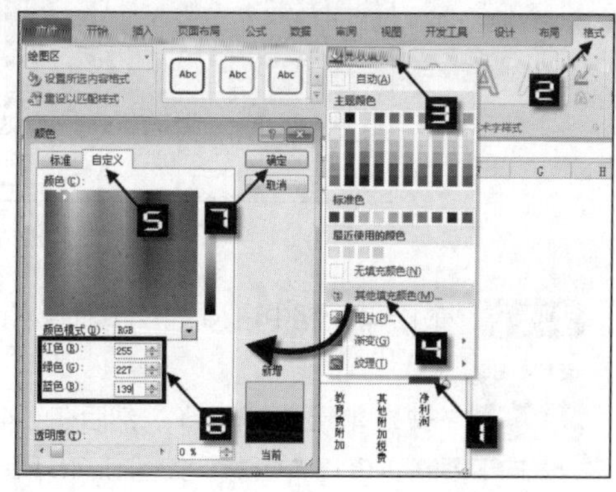

图 9-42　设置绘图区格式

步骤 11　单击选中图表区，参照步骤 10，将 RGB 值设置为 255、235 和 171。最后设置图表字体，完成制作。

9.2.2　年度利润构成分析

9.2.1 的瀑布图制作方法适合在数据构成比较简单的情况下使用，即第一项为收入，最后一项为结余，中间其他项目均为支出。如果中间的其他项目同时包含支出和收入，图表制作过程则会相对复杂。

素材所在位置为：

光盘：\素材\第 9 章 利润管理\9.2.2 年度利润构成分析.xlsx

如图 9-43 所示，是某企业的上年度利润表，包含各个项目的详细记录，要使用图表展示净利润构成情况时，需要先对基础数据结构进行重新布局。

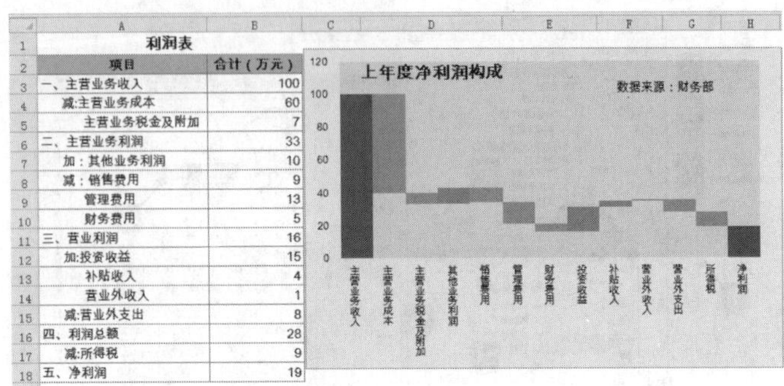

	A	B
1	利润表	
2	项目	合计（万元）
3	一、主营业务收入	100
4	减:主营业务成本	60
5	主营业务税金及附加	7
6	二、主营业务利润	33
7	加：其他业务利润	10
8	减：销售费用	9
9	管理费用	13
10	财务费用	5
11	三、营业利润	16
12	加:投资收益	15
13	补贴收入	4
14	营业外收入	1
15	减:营业外支出	8
16	四、利润总额	28
17	减:所得税	9
18	五、净利润	19

图 9-43　使用图表展示利润表中各项目变化关系

本例中，左右两侧的紫色柱子分别表示主营业务收入和净利润，橙色数据系列表示收入项目，水绿色数据系列表示支出项目。

操作步骤如下。

步骤 1　首先对利润表进行整理。将利润表中的各个项目依次填写到 D3～D15 单元格。在 E 列写入合计金额，收入部分以正数表示，支出部分以负数表示，并且依次在 F2～J2 单元格中输入“累计”“占位”“结余”“正数”和“负数”的字段标题，如图 9-44 所示。

	A	B
1	利润表	
2	项目	合计（万元）
3	一、主营业务收入	100
4	减:主营业务成本	60
5	主营业务税金及附加	7
6	二、主营业务利润	33
7	加：其他业务利润	10
8	减：销售费用	9
9	管理费用	13
10	财务费用	5
11	三、营业利润	16
12	加:投资收益	15
13	补贴收入	4
14	营业外收入	1
15	减:营业外支出	8
16	四、利润总额	28
17	减:所得税	9
18	五、净利润	19

	D	E	F	G	H	I	J
2	项目	合计（万元）	累计	占位	结余	正数	负数
3	主营业务收入	100					
4	主营业务成本	-60					
5	主营业务税金及附加	-7					
6	其他业务利润	10					
7	销售费用	-9					
8	管理费用	-13					
9	财务费用	-5					
10	投资收益	15					
11	补贴收入	4					
12	营业外收入	1					
13	营业外支出	-8					
14	所得税	-9					
15	净利润	-19					

图 9-44　对利润表进行整理

步骤 2　在 F3 单元格中输入以下公式计算累计金额，将公式向下复制到 F15 单元格，如图 9-45 所示。

```
=SUM(E$3:E3)
```

步骤 3　在 G3 单元格中输入 0，然后在 G4 单元格中输入以下公式，结果用作图表中的占位数据系列，再将公式向下复制到 G15 单元格，如图 9-46 所示。

F3　=SUM(E$3:E3)

	D	E	F
1			
2	项目	合计（万元）	累计
3	主营业务收入	100	100
4	主营业务成本	-60	40
5	主营业务税金及附加	-7	33
6	其他业务利润	10	43
7	销售费用	-9	34
8	管理费用	-13	21
9	财务费用	-5	16
10	投资收益	15	31
11	补贴收入	4	35
12	营业外收入	1	36
13	营业外支出	-8	28
14	所得税	-9	19
15	净利润	-19	0

图 9-45　计算累计金额

G4　=IF(E4>0,F3,F4)

	D	E	F	G
1				
2	项目	合计（万元）	累计	占位
3	主营业务收入	100	100	0
4	土营业务成本	-60	40	40
5	主营业务税金及附加	-7	33	33
6	其他业务利润	10	43	33
7	销售费用	-9	34	34
8	管理费用	-13	21	21
9	财务费用	-5	16	16
10	投资收益	15	31	16
11	补贴收入	4	35	31
12	营业外收入	1	36	35
13	营业外支出	-8	28	28
14	所得税	-9	19	19
15	净利润	-19	0	0

图 9-46　计算图表占位数据

步骤 4 在 H3 单元格中输入=F3，然后在 H15 单元格中输入“=-E15”，结果用作图表中的结余数据系列。

步骤 5 在 I4 单元格中输入以下公式，结果用作图表中的正数数据系列，将公式向下复制到 I14 单元格，如图 9-47 所示。

```
=IF(E4>0,E4,"")
```

步骤 6 在 J4 单元格中输入以下公式，结果用作图表中的负数数据系列，将公式向下复制到 J14 单元格，如图 9-48 所示。

```
=IF(E4<0,-E4,"")
```

I4 =IF(E4>0, E4, "")

	D	E	F	G	H	I
1						
2	项目	合计（万元）	累计	占位	结余	正数
3	主营业务收入	100	100	0	100	
4	主营业务成本	-60	40	40		
5	主营业务税金及附加	-7	33	33		
6	其他业务利润	10	43	33		10
7	销售费用	-9	34	34		
8	管理费用	-13	21	21		
9	财务费用	-5	16	16		
10	投资收益	15	31	16		15
11	补贴收入	4	35	31		4
12	营业外收入	1	36	35		1
13	营业外支出	-8	28	28		
14	所得税	-9	19	19		
15	净利润	-19	0	0	19	

图 9-47　计算图表正数数据系列

J4 =IF(E4<0, -E4, "")

	D	E	F	G	H	I	J
1							
2	项目	合计（万元）	累计	占位	结余	正数	负数
3	主营业务收入	100	100	0	100		
4	主营业务成本	-60	40	40			60
5	主营业务税金及附加	-7	33	33			7
6	其他业务利润	10	43	33		10	
7	销售费用	-9	34	34			9
8	管理费用	-13	21	21			13
9	财务费用	-5	16	16			5
10	投资收益	15	31	16		15	
11	补贴收入	4	35	31		4	
12	营业外收入	1	36	35		1	
13	营业外支出	-8	28	28			8
14	所得税	-9	19	19			9
15	净利润	-19	0	0	19		

图 9-48　计算图表负数数据系列

步骤 7 先选中 D2:D15 单元格区域，然后按住<Ctrl>键不放，拖曳鼠标选中 G2:J15 单元格区域。在【插入】选项卡下单击【柱形图】下拉按钮，在下拉列表中选择堆积柱形图，如图 9-49 所示。

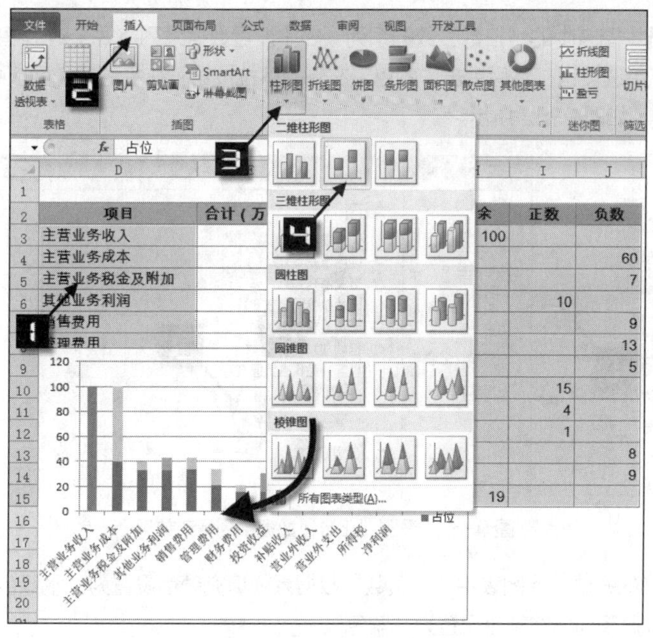

图 9-49　插入堆积柱形图

步骤 8 选中图例项，按<Delete>键删除。选中图表网格线，按<Delete>键删除。

步骤 9 双击图表中的“占位”数据系列，弹出【设置数据系列格式】对话框。将分类间距调整为 0%，不要关闭对话框，如图 9-50 所示。

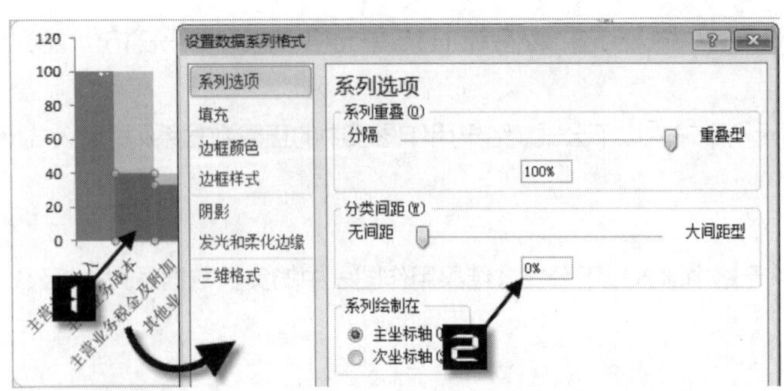

图 9-50　调整分类间距

步骤 10　保持“占位”数据系列的选中状态，从【设置数据系列格式】对话框切换到【填充】选项卡，单击选中“无填充”单选按钮，如图 9-51 所示。

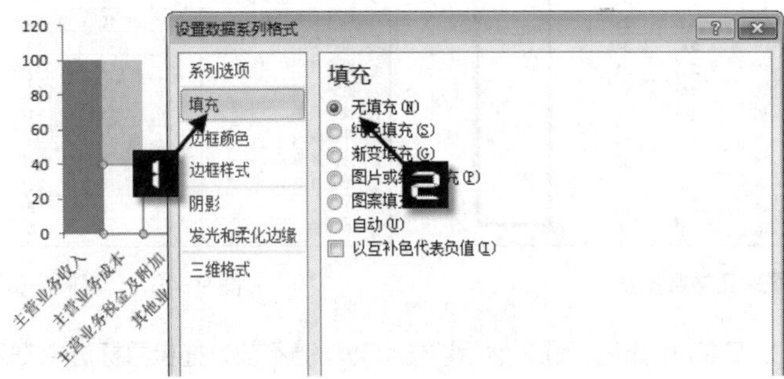

图 9-51　设置“占位”数据系列填充效果

步骤 11　单击选中图表中的“正数”数据系列，在【设置数据系列格式】对话框的【填充】选项卡下，单击选中【纯色填充】单选按钮，然后单击“颜色”右侧的下拉按钮，在主题颜色面板中选择“橙色，强调文字颜色 6，深色 25%”，如图 9-52 所示。

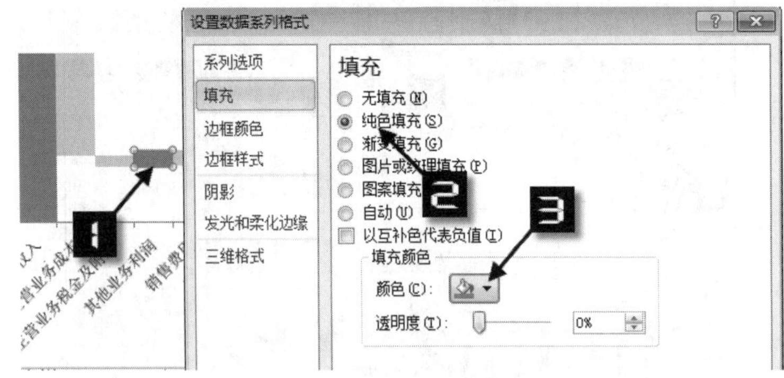

图 9-52　设置“正数”数据系列填充效果

步骤 12　用同样的方法，将图表中的“负数”数据系列填充颜色设置为“水绿色，强调文字颜色 6”，将图表中的“结余”数据系列填充颜色设置为“紫色”。

步骤 13　单击图表水平轴，【设置数据系列格式】对话框自动转换为【设置坐标轴格式】对话框。

（1）单击“主要刻度线类型”右侧的下拉按钮，在下拉列表中选择“无”；

（2）切换到【线条颜色】选项卡下，单击选中“无线条”单选钮；

（3）切换到【对齐方式】选项卡下，将文字方向设置为“竖排”，如图 9-53 所示。

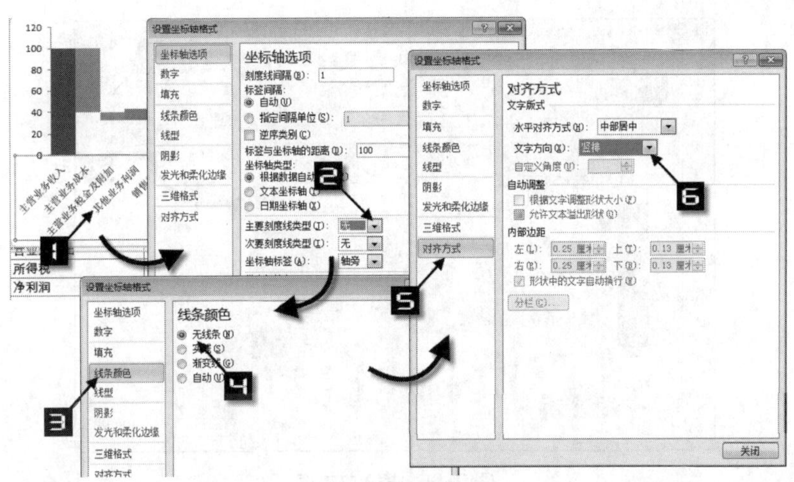

图 9-53　设置坐标轴格式 1

步骤 14　参考步骤 13，将图表垂直轴的“主要刻度线类型”设置为“无”，将“线条颜色”设置为“无线条”，最后关闭【设置坐标轴格式】对话框。

步骤 15　依次设置图表区和绘图区的填充颜色，设置图表字体。

步骤 16　如图 9-54 所示，依次单击【布局】→【图表标题】→【居中覆盖标题】命令，添加图表标题。然后将标题修改为“上年度净利润构成”，并将标题向左侧略微拖动。

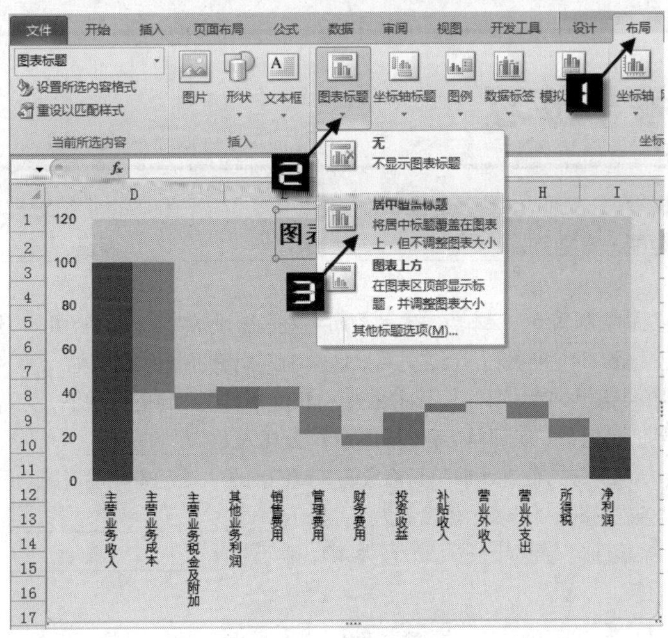

图 9-54　添加图表标题

步骤 17　单击选中图表，然后依次单击【插入】→【文本框】→【横排文本框】命令，拖曳鼠标在图表中画出一个矩形文本框，如图 9-55 所示。

步骤 18　单击选中文本框，依次单击【格式】→【形状填充】→【无填充颜色】命令。

步骤 19　保持文本框的选中状态，依次单击【格式】→【形状轮廓】→【无轮廓】命令。

步骤 20　在文本框中输入“数据来源：财务部”，然后调整字体和字号，完成图表制作。

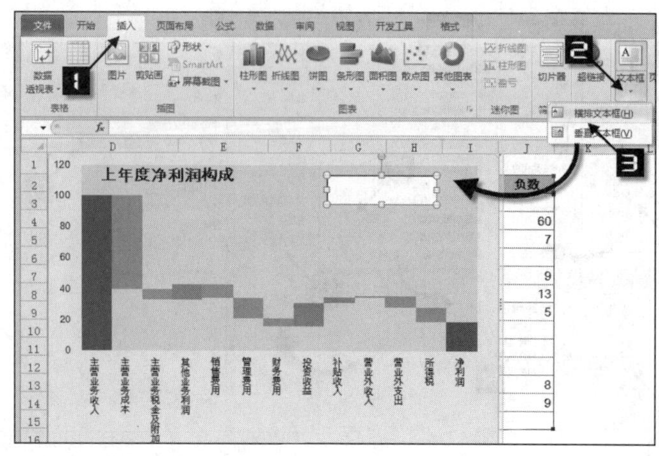

图 9-55 插入文本框

本章小结

本章主要学习了利用 Excel 进行本量利分析的过程，包括制作表格形式的本量利计算模型和制作本量利图表，以及本量利分析的前提和局限性。同时学习了使用图表对利润构成进行分析。通过本章的学习，用户能够熟悉本量利分析的主要指标和操作步骤以及瀑布图的制作技巧。

思考与练习

1. 为了建立本量利分析理论，必须对成本、销售数量、价格和利润的关系做一些基本假设，由此来限定本量利分析的范围，主要包括__________假设、__________假设、__________假设和__________假设。

2. 盈亏临界点又称零利润点、保本点、盈亏平衡点、损益分歧点、收益转折点。以盈亏平衡点为界限，当销售收入高于盈亏平衡点时企业盈利，反之为亏损。盈亏临界点销量计算公式为____________。

3. 实现目标利润销量也称为保利点，是指在单价和成本水平确定的情况下，为确保预先确定的目标利润能够实现而达到的销售量。实现目标利润销量计算公式为____________。

4. 使用滚动条能够比较方便地调节单元格数值，请说出插入滚动条和设置滚动条属性的主要步骤。

5. 在设置滚动条属性时，“步长”值设置为 1，表示____________________。

6. 在设置滚动条属性时，“页步长”值设置为 10，表示____________________，目的是方便快速调整滚动条。

7. 本量利分析有一定的局限性，主要表现在以下几个方面：__________________。

8. 某企业每月固定成本 1200 元，计划销售量 600 件，单价 12 元，欲实现目标利润 800 元，其单位变动成本为________元。

9. 在使用单变量求解时，目标单元格必须包含公式，并且引用包括_______单元格的值进行运算。

10. 使用分列功能，可以将 8 位数值表示的日期快速转换为真正的日期格式，请模拟一组数据进行分列转换操作，熟悉列格式的类型选择。

11. 准备一张图片，然后在页眉中添加自定义页眉。

12. 以练习 9-1.xlsx 提供数据，制作瀑布图。

第 10 章

成本费用管理

及时准确地统计分析企业的各项成本和费用，可以协助企业负责人合理地进行成本控制与费用管理。成本和费用的降低，意味着企业利润的增加，因此成本费用统计也是会计核算和监督工作中非常重要的一环。本章学习 Excel 在成本费用管理中的应用。

10.1 按科目汇总费用总额

素材所在位置为：
光盘：\素材\第 10 章 成本费用管理\10.1 按科目汇总费用总额.xlsx

如图 10-1 所示，是从系统导出的凭证记录部分内容，需要使用函数公式和数据透视表两种方法，根据不同月份汇总各会计科目金额。

	A	B	C	D	E
1	日期	凭证号数	会计科目	科目编码	金额
2	2017/1/5	记-1006	管理费用/办公费	550201	332.00
3	2017/1/6	记-1008	管理费用/办公费	550201	210.00
4	2017/1/6	记-1008	管理费用/车辆费	550204	300.00
5	2017/1/7	记-1009	管理费用/车辆费	550204	340.00
6	2017/1/7	记-1009	管理费用/业务招待费	550202	92.50
7	2017/1/8	记-1012	管理费用/通讯费	550205	200.00
8	2017/1/8	记-1012	管理费用/业务招待费	550202	480.00
9	2017/1/9	记-1013	管理费用/业务招待费	550202	199.50
10	2017/1/10	记-1016	管理费用/业务招待费	550202	920.00
11	2017/1/10	记-1016	管理费用/办公费	550201	80.00
12	2017/1/11	记-1017	管理费用/维修费	550209	180.00

图 10-1　凭证记录

10.1.1 使用函数公式法汇总费用总额

使用函数公式进行汇总时，首先需要制作一个汇总表的框架，然后再使用公式进行汇总，操作步骤如下。

步骤 1 单击 C 列列标，按<Ctrl+C>组合键复制，然后单击 G1 单元格，按<Enter>键粘贴。

步骤 2 单击 G 列任意单元格，如 G2，在【数据】选项卡下单击【删除重复项】命令按钮，打开【删除重复项】对话框。保留其中的默认选项，单击【确定】按钮，在弹出的 Excel 提示对话框中再次单击【确定】按钮，完成不重复科目的提取，如图 10-2 所示。

步骤 3 在 H1 单元格中输入“1 月”，然后拖动 H1 单元格右下角的填充柄，向右复制到 M1 单元格。单击 H1 单元格，按<Ctrl+A>组合键选中当前连续数据区域，在【开始】选项卡下设置单元格边框，最终效果如图 10-3 所示。

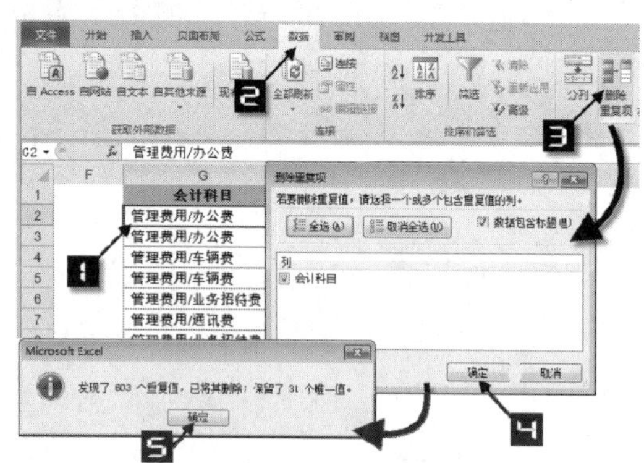

图 10-2　删除重复项

	G	H	I	J	K	L	M
1	会计科目	1月	2月	3月	4月	5月	6月
2	管理费用/办公费						
3	管理费用/车辆费						
4	管理费用/业务招待费						
5	管理费用/通讯费						
6	管理费用/维修费						
7	营业费用/港务费						
8	财务费用/银行手续费						
9	管理费用/交通费						
10	管理费用/广告费						
11	管理费用/社保						
12	管理费用/其他费用						
13	营业费用/安全评价费						

图 10-3　汇总表框架

步骤 4 在 H2 单元格输入以下公式，拖动 H2 单元格右下角填充柄，向右复制到 M2 单元格，保持 H2:M2 单元格区域的选中状态，再双击 M2 单元格右下角的填充柄，将公式快速填充到当前数据区域的最后一行，如图 10-4 所示。

```
=SUMPRODUCT((MONTH($A$2:$A$635)&"月"=H$1)*($C$2:$C$635=$G2),$E$2:$E$635)
```

	G	H	I	J	K	L	M
1	会计科目	1月	2月	3月	4月	5月	6月
2	管理费用/办公费	11914	30774.6	84128.85	8528.4	0	0
3	管理费用/车辆费	997	7655	85784.8	36195	0	0
4	管理费用/业务招待费	41137	14626	125042	50554.4	0	0
5	管理费用/通讯费	2176.44	2236.37	8762.64	9055.88	0	0
6	管理费用/维修费	7849.9	16900.5	40556.9	33546.44	0	0
7	营业费用/港务费	1758.7	1992.7	3005.2	1604.9	0	0
8	财务费用/银行手续费	1364.9	1928.44	5878.21	13558.2	0	0
9	管理费用/交通费	27	918	1841	2059	0	0
10	管理费用/广告费	400	420	0	585	0	0
11	管理费用/社保	6321.34	0	21601.16	53579.21	0	0
12	管理费用/其他费用	1760	194	1760	490	0	0

图 10-4　使用公式汇总

步骤 5 保持当前单元格区域的选中状态，按<Ctrl+1>组合键，调出【设置单元格格式】对话框。切换到【数字】选项卡下，在左侧的分类列表中单击选中“会计专用”，然后单击右侧的“货币符号”下拉按钮，在下拉列表中选择“无”，最后单击【确定】按钮，如图 10-5 所示。

完成后的表格局部效果如图 10-6 所示。

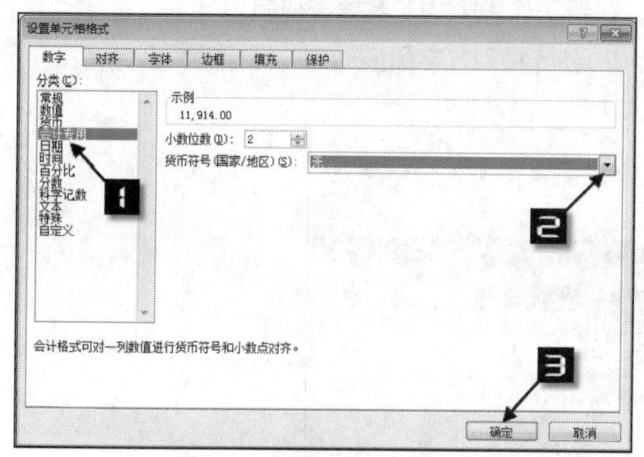

图 10-5　设置数字格式

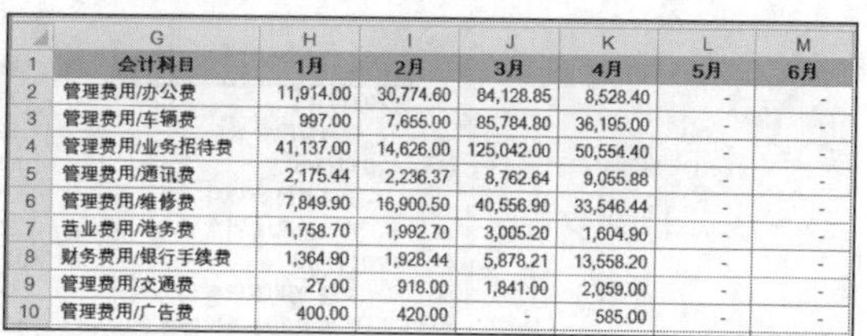

	G	H	I	J	K	L	M
1	会计科目	1月	2月	3月	4月	5月	6月
2	管理费用/办公费	11,914.00	30,774.60	84,128.85	8,528.40	-	-
3	管理费用/车辆费	997.00	7,655.00	85,784.80	36,195.00	-	-
4	管理费用/业务招待费	41,137.00	14,626.00	125,042.00	50,554.40	-	-
5	管理费用/通讯费	2,175.44	2,236.37	8,762.64	9,055.88	-	-
6	管理费用/维修费	7,849.90	16,900.50	40,556.90	33,546.44	-	-
7	营业费用/港务费	1,758.70	1,992.70	3,005.20	1,604.90	-	-
8	财务费用/银行手续费	1,364.90	1,928.44	5,878.21	13,558.20	-	-
9	管理费用/交通费	27.00	918.00	1,841.00	2,059.00	-	-
10	管理费用/广告费	400.00	420.00	-	585.00	-	-

图 10-6　汇总结果

MONTH 函数

MONTH 函数返回以序列号表示的日期中的月份。该函数语法为：

```
MONTH(serial_number)
```

参数可以是单个的单元格引用，也可以是多个单元格区域的引用。

【公式讲解】

本例中使用的多条件汇总公式为：

```
=SUMPRODUCT((MONTH($A$2:$A$635)&"月"=H$1)*($C$2:$C$635=$G2),$E$2:$E$635)
```

公式中使用了两组条件分别进行判断，第一组条件为(MONTH($A$2:$A$635)&"月"=H$1)，第二组条件为($C$2:$C$635=$G2)。

第一组条件中的“MONTH($A$2:$A$635)”部分，先使用 MONTH 函数分别返回 A2:A635 单元格中日期的月份值，然后将函数结果连接字符“月”，使其变成类似“1 月、1 月……2 月、2 月……”的字符串。最后将这些字符串分别与 H1 单元格中的字符进行比较，返回逻辑值 TRUE 或是 FALSE。

第二组条件中，直接使用等号判断 C2:C635 单元格区域中的会计科目是否等于 G2 单元格中指定的科目名称，返回逻辑值 TRUE 或是 FALSE。

将两组条件的逻辑值结果相乘，如果两个条件同时符合，最终结果返回 1，否则返回 0。

最后使用 SUMPRODUCT 函数进行求和汇总，得到两个条件同时符合条件下对应的 E2:E635 单元格区域之和。

【注意】使用 MONTH 函数时，该函数会将被引用的空单元格识别为一个不存在的日期 1900 年 1 月 0 日，因此返回月份 1。实际使用时，可以加上非空单元格的判断条件。

【提示】本例中，凭证日期均为同一年中的数据，因此不需要对年份进行判断。如果实际数据中包含多个年份的数据，还需要使用 YEAR 函数对年份判断。YEAR 函数返回日期的年份值，使用方法与 MONTH 函数完全相同。

10.1.2 使用数据透视表汇总费用总额

相对于使用函数公式，使用数据透视表进行汇总更加简单快捷。操作步骤如下。

步骤 1 单击数据区域任意单元格，单击【插入】选项卡下的【数据透视表】按钮，在弹出的【创建数据透视表】对话框中，保留默认设置，单击【确定】按钮，在新工作表中插入数据透视表。

步骤 2 在数据透视表字段列表中，分别将“日期”和“会计科目”字段拖动到“行标签”区域，将“金额”字段拖动到“数值”区域，如图 10-7 所示。

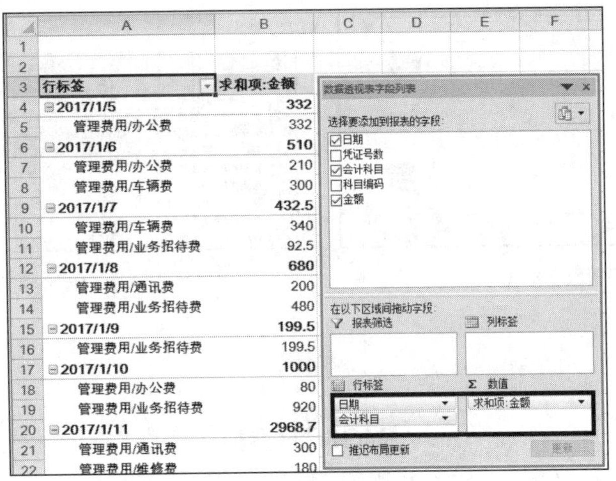

图 10-7 调整数据透视表布局

步骤 3 在【设计】选项卡下单击【报表布局】下拉按钮，在下拉列表中选择【以表格形式显示】命令，如图 10-8 所示。

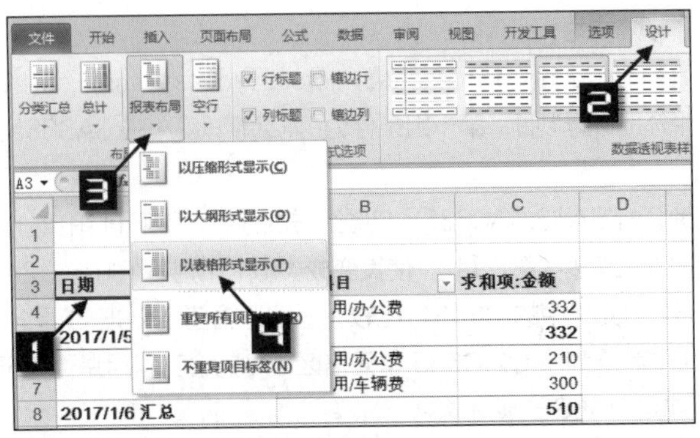

图 10-8 调整报表布局

步骤 4 右键单击日期字段，在快捷菜单中去掉“分类汇总 "日期"”的勾选，如图 10-9 所示。

步骤 5 右键单击“日期”字段任意单元格，在快捷菜单中选择【创建组】命令，打开【分组】对话框。单击选中步长列表中的“月”，最后单击【确定】按钮，如图 10-10 所示。

图 10-9 不显示分类汇总

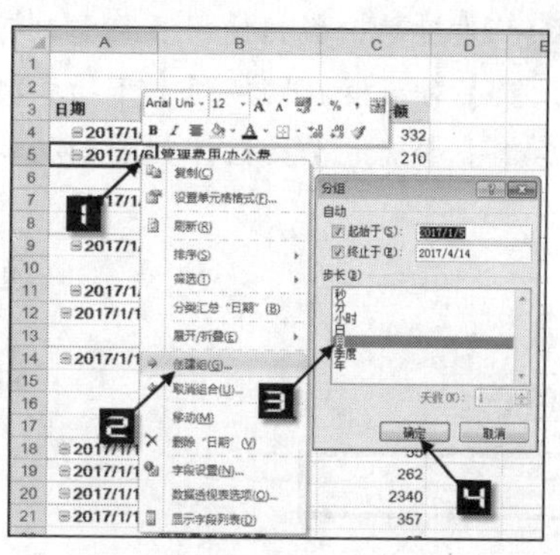

图 10-10 对日期字段分组

步骤 6 在数据透视表字段列表中，将“日期”字段从“行标签”区域拖曳到“列标签”区域，如图 10-11 所示。

步骤 7 在【设计】选项卡下，单击【数据透视表样式】命令组的下拉按钮，在数据透视表样式库中选择一种样式，如“数据透视表样式深色 2”，完成后的局部效果如图 10-12 所示。

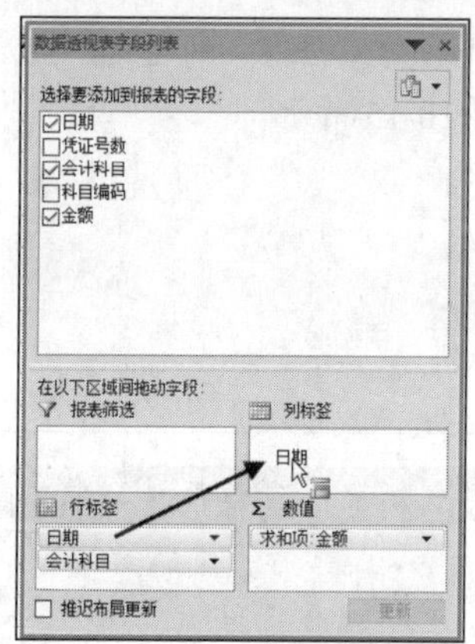

图 10-11 调整数据透视表布局

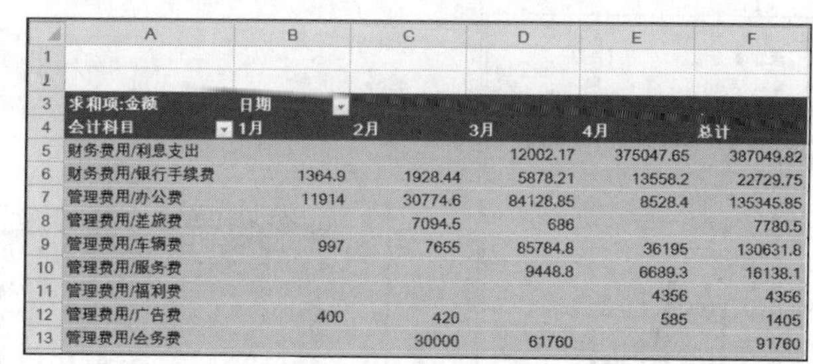

求和项:金额	日期				
会计科目	1月	2月	3月	4月	总计
财务费用/利息支出			12002.17	375047.65	387049.82
财务费用/银行手续费	1364.9	1928.44	5878.21	13558.2	22729.75
管理费用/办公费	11914	30774.6	84128.85	8528.4	135345.85
管理费用/差旅费		7094.5	686		7780.5
管理费用/车辆费	997	7655	85784.8	36195	130631.8
管理费用/服务费			9448.8	6689.3	16138.1
管理费用/福利费				4356	4356
管理费用/广告费	400	420		585	1405
管理费用/会务费		30000	61760		91760

图 10-12 完成后的局部汇总效果

在数据透视表中显示无数据的项目

在 10.1.2 小节中，由于数据源中只有 1～4 月份的数据，因此生成的数据透视表也只能显示 1～4 月的汇总结果。如果要制作同时显示 1～6 月数据的汇总表格，可以按以下步骤操作。

在数据透视表中显示无数据的项目

步骤 1 重复 10.1.2 小节步骤 1～步骤 4，插入数据透视表并设置透视表的报表布局，并且取消分类汇总。

步骤 2 右键单击“日期”字段任意单元格，在快捷菜单中选择【创建组】命令，打开【分组】对话框。在“起始于”编辑框中输入开始日期 2017/1/1，在“终止于”编辑框中输入截止日期 2017/6/30，单击选中步长列表中的“月”，最后单击【确定】按钮，如图

10-13 所示。

步骤 3 在数据透视表字段列表中，将“日期”字段从“行标签”区域拖曳到“列标签”区域。

步骤 4 右键单击数据透视表任意列字段标题，在快捷菜单中选择【字段设置】命令，打开【字段设置】对话框。切换到【布局和打印】选项卡下，单击选中“显示无数据的项目”复选框，最后单击【确定】按钮，如图 10-14 所示。

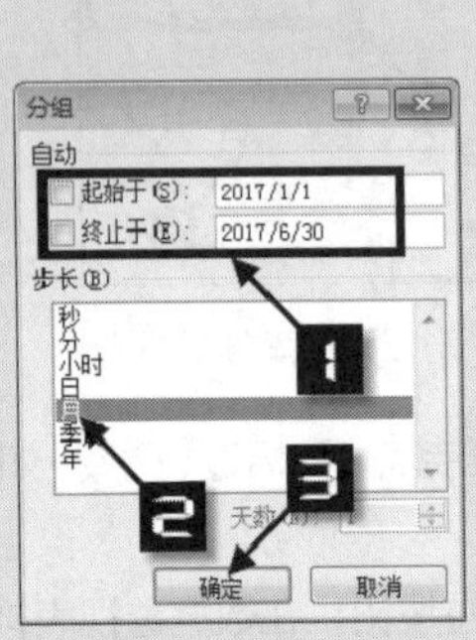

图 10-13 创建组

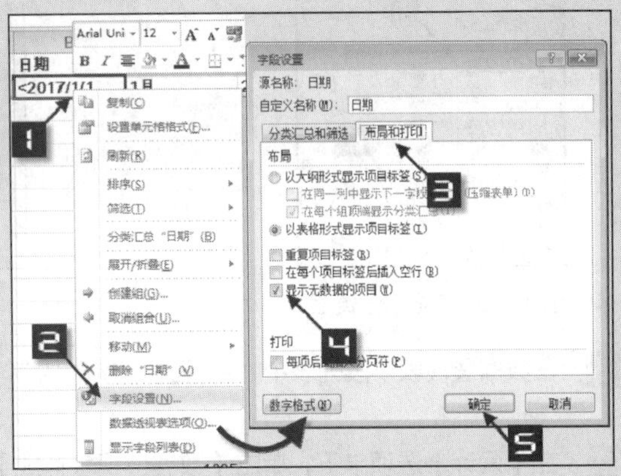

图 10-14 显示无数据的项目

步骤 5 单击数据透视表列字段的筛选按钮，在下拉列表中先去掉“全部”的勾选，然后依次单击选中 1 月～6 月的复选框，最后单击【确定】按钮，如图 10-15 所示。

最后设置数据透视表样式，完成后的局部效果如图 10-16 所示。

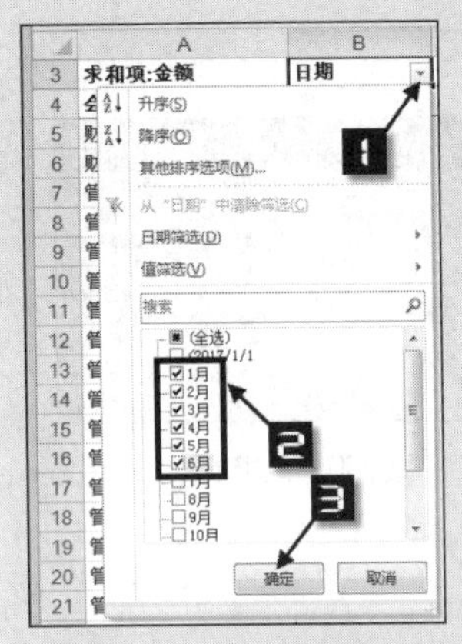

图 10-15 列字段筛选

	A	B	C	D	E	F	G	H
3	求和项:金额	日期						
4	会计科目	1月	2月	3月	4月	5月	6月	总计
5	财务费用/利息支出			12002.17	375047.65			387049.82
6	财务费用/银行手续费	1364.9	1928.44	5878.21	13558.2			22729.75
7	管理费用/办公费	11914	30774.6	84128.85	8528.4			135345.85
8	管理费用/差旅费		7094.5	686				7780.5
9	管理费用/车辆费	997	7655	85784.8	36195			130631.8
10	管理费用/服务费			9448.8	6689.3			16138.1
11	管理费用/福利费				4356			4356
12	管理费用/广告费	400	420		585			1405
13	管理费用/会务费		30000	61760				91760
14	管理费用/检测费			10073				10073
15	管理费用/交通费	27	918	1841	2059			4845

图 10-16 完成后的数据透视表局部效果

10.2 年度生产成本分析

生产成本是企业为生产一定种类和数量的产品所发生各种的耗用，可以是一定时期生产产品的单位成本，也可以是生产一定产品而发生的成本总额。一般由直接材料费、直接人工费和其他费用构成。

实际工作中，年度成本分析包括各月成本结构比例、各生产成本要素的比例等。通过产品成本的分析，能了解企业整体生产经营管理水平。

素材所在位置为：
光盘：\素材\第 10 章 成本费用管理\10.2 年度生产成本分析.xlsx

10.2.1 制作年度生产成本分析表

首先需要准备年度生产成本分析的基础数据，操作步骤如下。

步骤 1 新建一个 Excel 工作簿，按<Ctrl+S>组合键保存为“年度生产成本分析.xlsx”。将 Sheet1 工作表重命名为“基础数据”，删除 Sheet2 和 Sheet3 工作表。

步骤 2 在“基础数据”工作表内输入基础数据，项目包括直接材料、直接人工、制造费用和其他，如图 10-17 所示。

	A	B	C	D	E	F	G	H	I	J	K	L	M
1	项目	1月	2月	3月	4月	5月	6月	7月	8月	9月	10月	11月	12月
2	直接材料	605750	631850	653850	684650	634650	556350	524650	680150	554650	675810	504710	884730
3	直接人工	49276	55122	52216	53144	53144	49950	49140	52950	43140	54144	43144	53050
4	制造费用	10558	98720	89527	85950	77954	70750	68954	85954	56054	85950	55750	85950
5	其他	1250	1200	1380	1450	1800	1680	2400	1340	1990	1450	1500	2770

图 10-17 输入基础数据

10.2.2 计算各项成本占比

将各月的成本项目以百分比形式显示，能够更为直观的看出差异状况。创建数据透视表后，使用不同值显示方式，能够快速实现这一要求。如图 10-18 所示，分别展示了每个月各项目的占比以及每个项目在各月份的占比状况。

	月份												
项目	1月	2月	3月	4月	5月	6月	7月	8月	9月	10月	11月	12月	总计
直接材料	90.84%	80.30%	82.04%	82.97%	82.69%	81.97%	81.32%	82.91%	84.57%	82.68%	83.41%	86.19%	83.50%
直接人工	7.39%	7.01%	6.55%	6.44%	6.92%	7.36%	7.62%	6.45%	6.58%	6.62%	7.13%	5.17%	6.69%
制造费用	1.58%	12.55%	11.23%	10.42%	10.16%	10.42%	10.69%	10.48%	8.55%	10.52%	9.21%	8.37%	9.59%
其他	0.19%	0.15%	0.17%	0.18%	0.23%	0.25%	0.37%	0.16%	0.30%	0.18%	0.25%	0.27%	0.22%
总计	100.00%	100.00%	100.00%	100.00%	100.00%	100.00%	100.00%	100.00%	100.00%	100.00%	100.00%	100.00%	100.00%

	月份												
项目	1月	2月	3月	4月	5月	6月	7月	8月	9月	10月	11月	12月	总计
直接材料	7.98%	8.32%	8.61%	9.02%	8.36%	7.33%	6.91%	8.96%	7.31%	8.90%	6.65%	11.65%	100.00%
直接人工	8.10%	9.06%	8.58%	8.73%	8.73%	8.21%	8.08%	8.70%	7.09%	8.90%	7.09%	8.72%	100.00%
制造费用	1.21%	11.32%	10.27%	9.86%	8.94%	8.11%	7.91%	9.86%	6.43%	9.86%	6.39%	9.86%	100.00%
其他	6.19%	5.94%	6.83%	7.17%	8.91%	8.31%	11.88%	6.63%	9.85%	7.17%	7.42%	12.71%	100.00%
总计	7.33%	8.65%	8.77%	9.08%	8.44%	7.46%	7.10%	9.02%	7.21%	8.99%	6.65%	11.29%	100.00%

图 10-18 计算各项成本占比

1. 计算每个月各成本项目的占比

本例中的基础数据使用了二维数据表的形式，因此在插入数据透视表时，需要使用“多重合并计算数据区域”功能，操作步骤如下。

步骤 1 依次按<Alt>键、<D>键、<P>键，打开【数据透视表与数据透视图向导 —步骤 1（共 3 步）】对话框。单击选中“多重合并计算数据区域”单选按钮，然后单击【下一步】按钮。在弹出的【数据透视表与数据透视图向导 —步骤 2a（共 3 步）】对话框中再次单击【下一步】按钮，如图 10-19 所示。

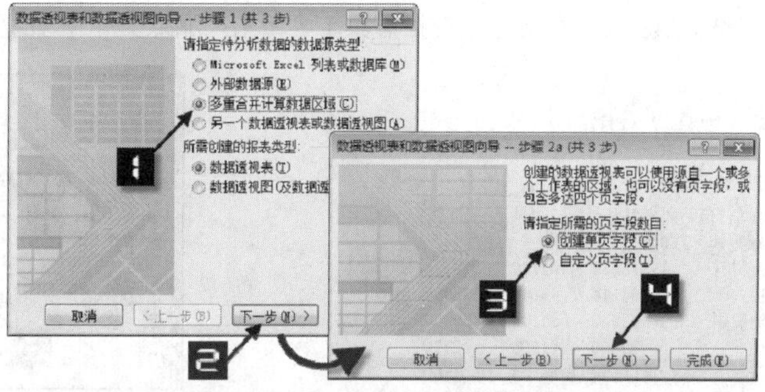

图 10-19 数据透视表和数据透视图向导

步骤 2 在弹出的【数据透视表与数据透视图向导一步骤 2b（共 3 步）】对话框中，单击“选定区域”右侧的折叠按钮，然后选中数据表中的 A1:M5 单元格区域，然后单击【添加】按钮，再单击【下一步】按钮，如图 10-20 所示。

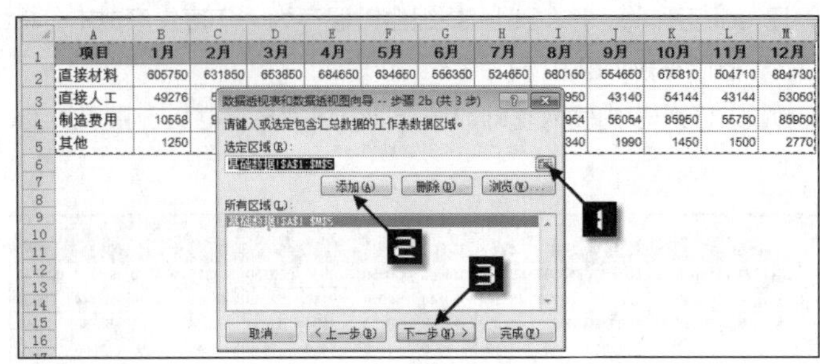

图 10-20 选择数据区域

步骤 3 在弹出的【数据透视表与数据透视图向导一步骤 3（共 3 步）】对话框中，单击选中“新工作表”单选按钮，然后单击【完成】按钮，如图 10-21 所示。

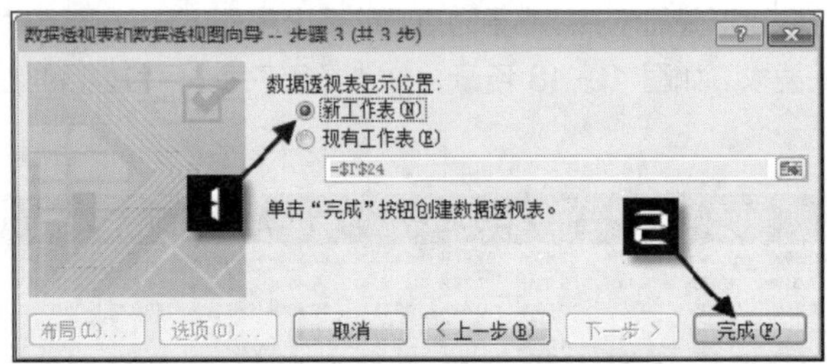

图 10-21 指定数据透视表显示位置

步骤 4 Excel 在新工作表中生成一个数据透视表，样式如图 10-22 所示。

	A	B	C	D	E	F	G	H	I	J	K	L	M	N
1	页1	(全部)												
2														
3	求和项:值	列标签												
4	行标签	10月	11月	12月	1月	2月	3月	4月	5月	6月	7月	8月	9月	总计
5	其他	1450	1500	2770	1250	1200	1380	1450	1800	1680	2400	1340	1990	20210
6	直接材料	675810	504710	884730	605750	631850	653850	684650	634650	556350	524650	680150	554650	7591800
7	直接人工	54144	43144	53050	49276	55122	52216	53144	53144	49950	49140	52950	43140	608420
8	制造费用	85950	55750	85950	10558	98720	89527	85950	77954	70750	68954	85954	56054	872071
9	总计	817354	605104	1026500	666834	786892	796973	825194	767548	678730	645144	820394	655834	9092501

图 10-22 数据透视表

步骤 5 拖动“其他”项目所在单元格的边框，将其拖动到底部，如图 10-23 所示。同时选中 10 月、11 月和 12 月的字段标题，将其拖动到最右侧。

步骤 6 右键单击筛选区域的 B1 单元格，在扩展菜单中单击“删除页 1”，如图 10-24 所示。

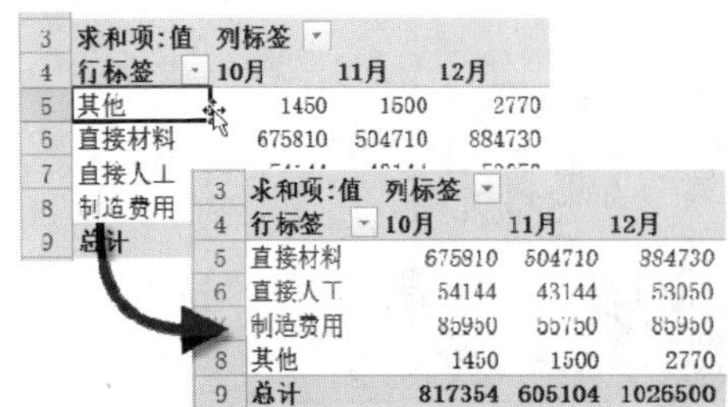

图 10-23 调整项目位置

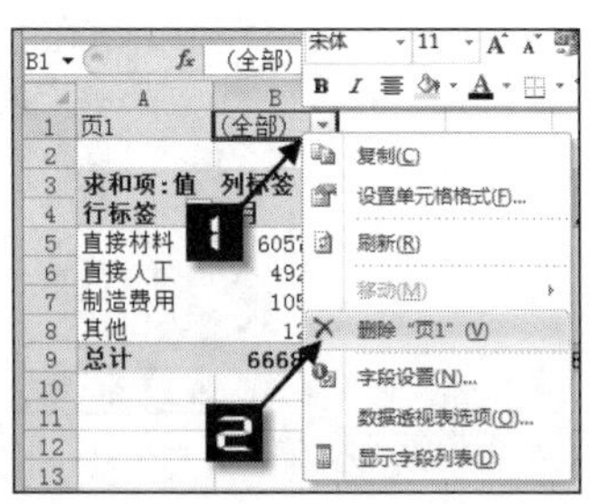

图 10-24 删除页 1

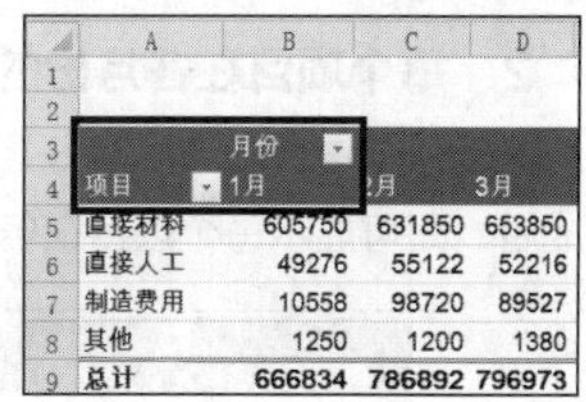

	月份		
项目	1月	2月	3月
直接材料	605750	631850	653850
直接人工	49276	55122	52216
制造费用	10558	98720	89527
其他	1250	1200	1380
总计	666834	786892	796973

图 10-25　修改数据透视表字段标题

步骤 7　单击数据透视表任意单元格，在【设计】选项卡下选择一种数据透视表样式，如“数据透视表样式中等深浅 2”。然后按<Ctrl+A>组合键，选中数据透视表，在【开始】选项卡下设置字体字号。

步骤 8　单击数据透视表左上角的“求和项:值”，输入一个空格。然后依次修改行标签和列标签为“项目”和“月份”，如图 10-25 所示。

步骤 9　右键单击数据透视表任意单元格，如 B4，在弹出的扩展菜单中选择“数据透视表选项”命令，打开【数据透视表选项】对话框，在【布局和格式】选项卡下勾选“合并且居中排列带标签的单元格”复选框，然后去掉“更新时自动调整列宽”复选框，最后单击【确定】按钮，如图 10-26 所示。

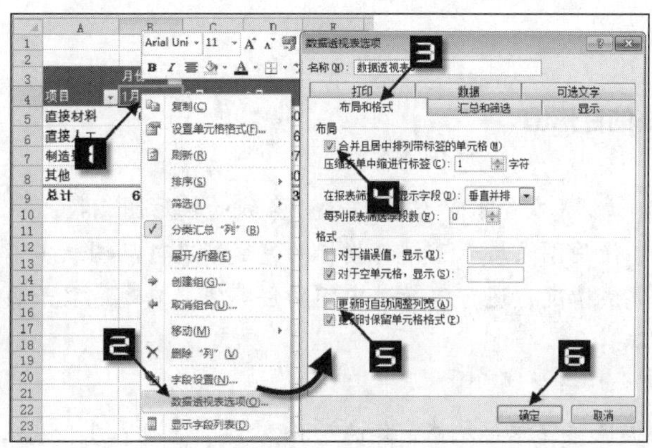

图 10-26　数据透视表选项

步骤 10　单击数据透视表值区域任意单元格，如 C5，在扩展菜单中依次选择“值显示方式”→“列汇总的百分比”，如图 10-27 所示。

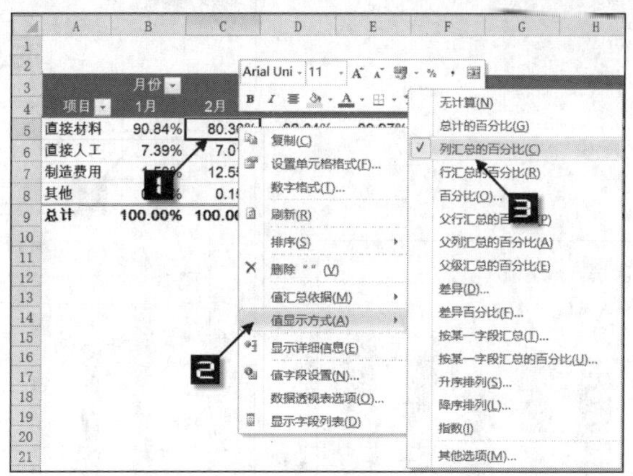

图 10-27　设置值显示方式

设置完成后，数据透视表中即可显示各月份不同成本的占比，如图 10-28 所示。

	月份												
项目	1月	2月	3月	4月	5月	6月	7月	8月	9月	10月	11月	12月	总计
直接材料	90.84%	80.30%	82.04%	82.97%	82.69%	81.97%	81.32%	82.91%	84.57%	82.68%	83.41%	86.19%	83.50%
直接人工	7.39%	7.01%	6.55%	6.44%	6.92%	7.36%	7.62%	6.45%	6.58%	6.62%	7.13%	5.17%	6.69%
制造费用	1.58%	12.55%	11.23%	10.42%	10.16%	10.42%	10.69%	10.48%	8.55%	10.52%	9.21%	8.37%	9.59%
其他	0.19%	0.15%	0.17%	0.18%	0.23%	0.25%	0.37%	0.16%	0.30%	0.18%	0.25%	0.27%	0.22%
总计	100.00%	100.00%	100.00%	100.00%	100.00%	100.00%	100.00%	100.00%	100.00%	100.00%	100.00%	100.00%	100.00%

图 10-28　每个月各成本项目的占比

2. 每个项目在各月份的占比状况

单击数据透视表值区域任意单元格，在扩展菜单中依次选择“值显示方式”→“行汇总的百分比”。设置完成后，即可显示每个项目在各月份的占比状况，如图 10-29 所示。

项目	月份 1月	2月	3月	4月	5月	6月	7月	8月	9月	10月	11月	12月	总计
直接材料	7.98%	8.32%	8.61%	9.02%	8.36%	7.33%	6.91%	8.96%	7.31%	8.90%	6.65%	11.65%	100.00%
直接人工	8.10%	9.06%	8.58%	8.73%	8.73%	8.21%	8.08%	8.70%	7.09%	8.90%	7.09%	8.72%	100.00%
制造费用	1.21%	11.32%	10.27%	9.86%	8.94%	8.11%	7.91%	9.86%	6.43%	9.86%	6.39%	9.86%	100.00%
其他	6.19%	5.94%	6.83%	7.17%	8.91%	8.31%	11.88%	6.63%	9.85%	7.17%	7.42%	13.71%	100.00%
总计	**7.33%**	**8.65%**	**8.77%**	**9.08%**	**8.44%**	**7.46%**	**7.10%**	**9.02%**	**7.21%**	**8.99%**	**6.65%**	**11.29%**	**100.00%**

图 10-29　每个项目在各月份的占比状况

1. 制作带任务线的柱形图

素材所在位置为：

光盘：\素材\第 10 章 成本费用管理\制作带任务线的柱形图.xlsx

制作带任务线的柱形图

如图 10-30 所示，使用图表展示了销售指标的完成情况，从图表中不仅可以展示每个人的完成情况，还可以通过中间的任务线，直观地显示每个人的销售额是否达标。

操作步骤如下。

步骤 1 单击数据区域任意单元格，如 A2，依次单击【插入】→【柱形图】命令，在下拉列表中选择簇状柱形图，如图 10-31 所示。

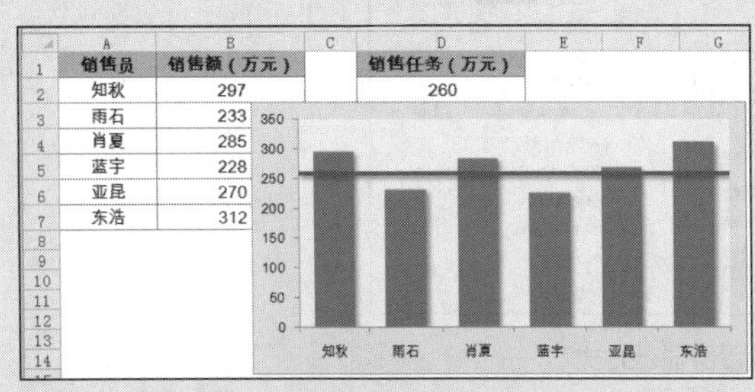

图 10-30　带平均线的柱形图

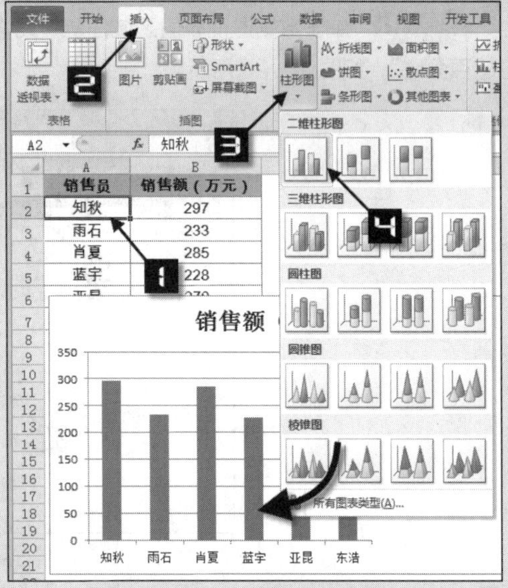

图 10-31　插入簇状柱形图

步骤 2 将 D2 单元格的销售任务数据向下复制，使数据行数和左侧的销售数据相同。然后选中 D2:D7 单元格区域，按<Ctrl+C>组合键复制，再单击图表绘图区，按<Ctrl+V>组合键粘贴，如图 10-32 所示。

步骤 3 右键单击“系列 2”数据系列，在快捷菜单中选择【更改系列图表类型】命令，弹出【更改图表类型】对话框，在图表类型列表中选中折线图，最后单击【确定】按钮，如图 10-33 所示。

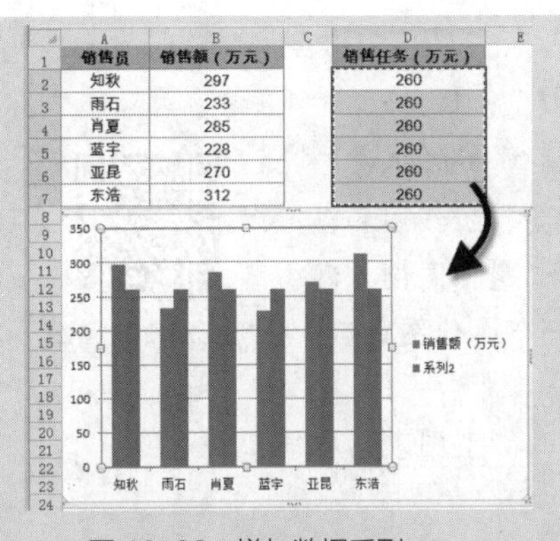

图 10-32　增加数据系列

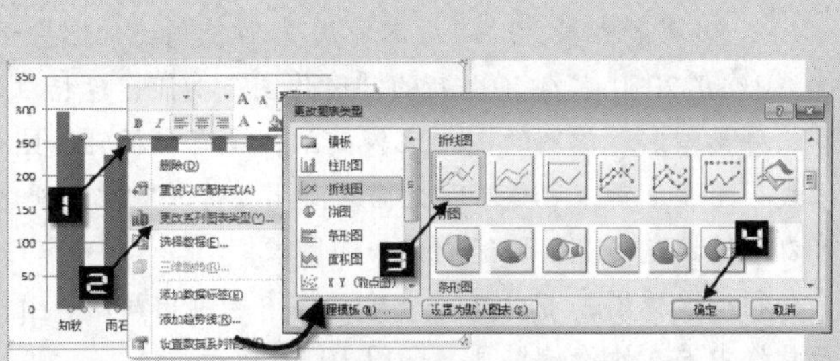

图 10-33　更改图表类型

步骤 4　清除图表网格线和图例项。

步骤 5　单击选中“系列 2”数据系列，然后依次单击【布局】→【趋势线】→【其他趋势线选项】命令，打开【设置趋势线格式】对话框，如图 10-34 所示。

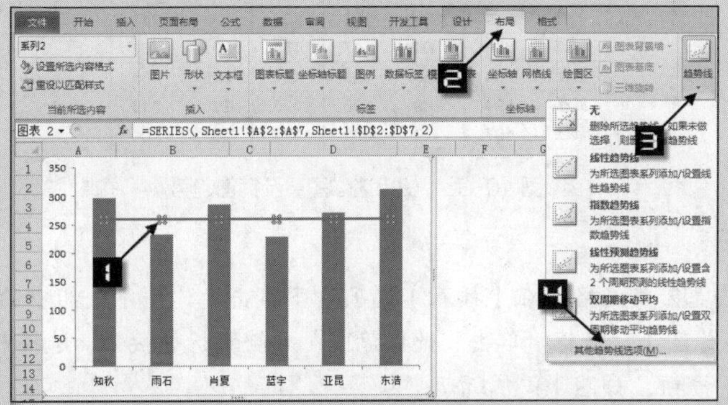

图 10-34　其他趋势线选项

步骤 6　在“趋势预测”命令组下，设置为前推 0.5 周期，倒推 0.5 周期。

切换到【线条颜色】选项卡下，设置线条为实线，颜色为红色。

切换到【线型】选项卡下，设置宽度为 2.75 磅，最后单击右上角的【关闭】按钮关闭对话框，如图 10-35 所示。

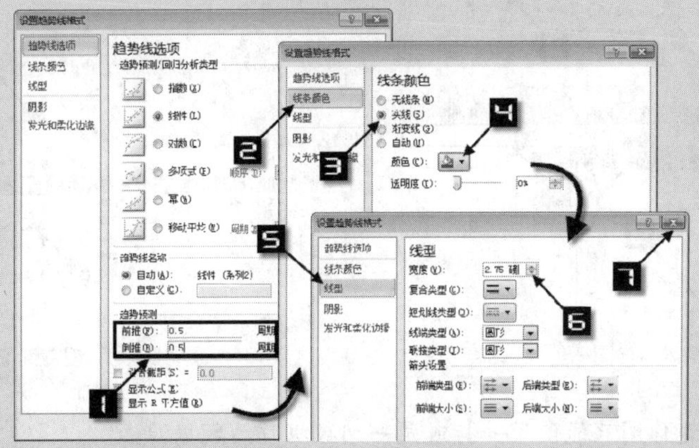

图 10-35　设置趋势线格式

最后对图表进行适当美化，完成制作。

2. 使用迷你图展示销售趋势

素材所在位置为：

光盘：\素材\第 10 章 成本费用管理\使用迷你图展示销售趋势.xlsx

使用迷你图展示销售趋势

Excel 2010 提供了全新的“迷你图”功能，包括柱形图、折线图和盈亏三种类型。迷你图的图形比较简洁，没有坐标轴、图表标题、图例、网格线等图表元素，主要体现数据的变化趋势或对比。创建一个迷你图之后，可以通过填充功能，快速创建一组图表。

利用迷你图，可以在一个单元格中绘制出简洁、直观的微型图表，展示数据中潜在的价值信息，如图 10-36 所示。

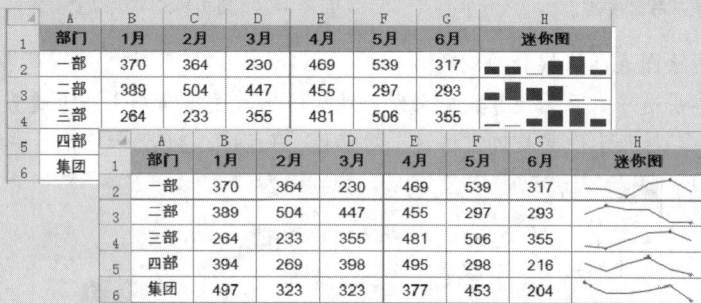

	A	B	C	D	E	F	G	H
1	部门	1月	2月	3月	4月	5月	6月	迷你图
2	一部	370	364	230	469	539	317	
3	二部	389	504	447	455	297	293	
4	三部	264	233	355	481	506	355	
5	四部							
6	集团							

	A	B	C	D	E	F	G	H
1	部门	1月	2月	3月	4月	5月	6月	迷你图
2	一部	370	364	230	469	539	317	
3	二部	389	504	447	455	297	293	
4	三部	264	233	355	481	506	355	
5	四部	394	269	398	495	298	216	
6	集团	497	323	323	377	453	204	

图 10-36　使用迷你图展示销售趋势

操作步骤如下。

步骤 1　单击 H2 单元格，在【插入】选项卡下单击迷你图命令组中的【折线图】命令按钮，弹出【创建迷你图】对话框。单击“数据范围”右侧的折叠按钮，选择 B2:G2 单元格区域，最后单击【确定】按钮，如图 10-37 所示。

步骤 2　按住 H2 单元格右下角填充柄向下拖动到 H6 单元格，即可在多个单元格内生成多个迷你图。

选中 H2:H6 单元格区域，依次单击【设计】→【标记颜色】→【低点】命令在主题颜色面板中选择绿色。同样的方法，设置高点为红色，如图 10-38 所示。

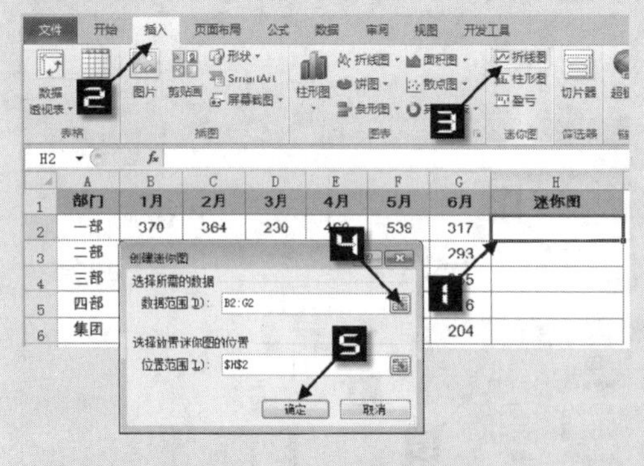

图 10-37　插入迷你图

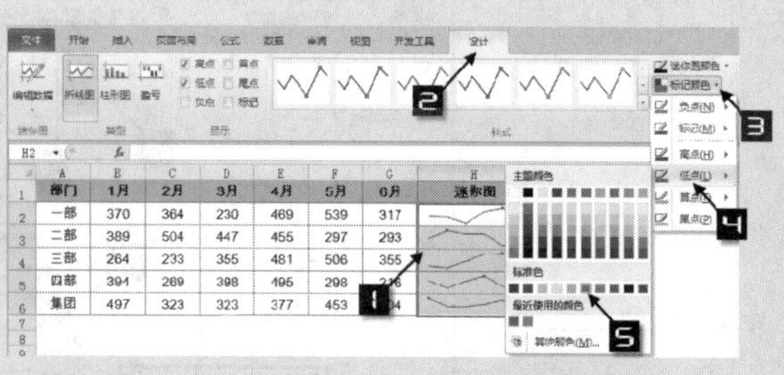

图 10-38　设置迷你图标记颜色

【提示】单个迷你图只能使用一行或是一列数据作为数据源。

如需更改迷你图的图表类型，可以先选中已有迷你图区域中的任意一个单元格，然后单击【设计】选项卡下的迷你图类型按钮即可，如图 10-39 所示。

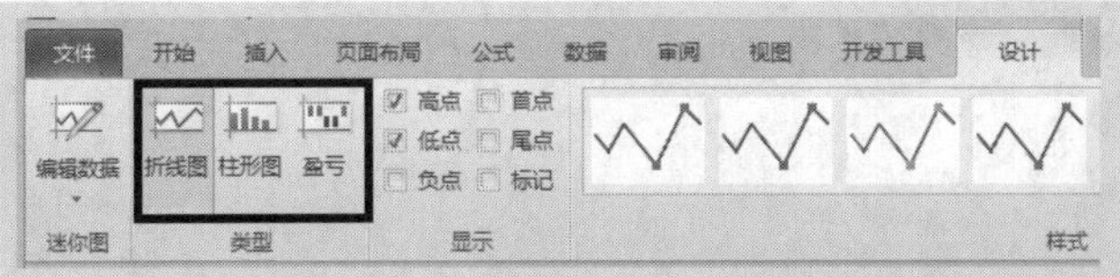

图 10-39 更改迷你图的图表类型

清除迷你图有以下两种常用方法。

 选中迷你图所在单元格区域，单击鼠标右键，在弹出的快捷菜单上依次单击【迷你图】→【清除所选的迷你图】命令。

方法 2 选中迷你图所在单元格区域，单击【设计】选项卡中的【清除】命令。

本章小结

本章主要对 Excel 在成本费用管理中的应用方法展开介绍，内容包括使用函数公式汇总费用额、使用数据透视表汇总费用额，以及使用数据透视表实现年度生产成本的分析。同时学习了带平均线的柱形图制作和使用迷你图展示数据变化趋势。通过本章的学习，用户能够提升成本费用统计分析的水平和数据处理效率。

思考与练习

1. MONTH 函数返回以序列号表示的日期中的月份。如果被引用的是空单元格，会返回_______。实际使用时，可以加上非空单元格的判断条件。
2. 要在数据透视表中显示无数据的项目，需要哪些主要设置或步骤？
3. 制作带平均线的柱形图时，图表中显示出的平均值实际上是添加的趋势线，因为默认趋势线距离图表左右两侧会有一定的空白区域，所以需要设置趋势线格式为前推__________周期，倒推__________周期。
4. 模拟一组数据，制作带平均线的柱形图，仅制作出基本图表效果即可，美化过程可以省略。
5. Excel 2010 提供了全新的“迷你图”功能，包括_______、_______和_______三种类型。
6. 单个迷你图只能使用一行或是一列数据作为数据源，这种说法正确吗？
7. 如需更改迷你图的图表类型，可以先选中已有迷你图区域中的任意一个单元格，然后_________即可。
8. 手工模拟一组数据，制作不同类型的迷你图。

第11章

全面预算管理

全面预算是企业在一定的时期内各项业务活动、财务表现等方面的总体预测，包括经营预算（如开发预算、销售预算、销售费用预算、管理费用预算等）、资本支出预算（如固定资产投资预算）和财务预算（如投资预算、资金预算、预计利润表、预计资产负债表等）。

本章学习 Excel 在企业全面预算中的应用方法。

11.1 全面预算的主要内容

全面预算通常以企业目标利润为预算目标，以销售前景为预算的编制基础，综合考虑市场和企业生产营销诸因素进行编制。它是企业管理层讨论通过的企业未来一定期间经营思想、经营目标、经营决策的财务数量说明和经济责任约束的依据。

全面预算管理是企业内部控制的重要方法，其内容涵盖了企业经营活动的全过程，主要包括以下三个方面。

1. 经营预算

经营预算是指与企业日常业务直接相关、具有实质性的基本活动的预算，与企业的利润表数据紧密相关。经营预算主要包括销售数量预算、销售金额预算、销售成本预算、期末存货预算、营业费用预算、管理费用预算、财务费用预算、制造费用预算、人力资源预算等。这些预算以实物量指标和价值量指标分别反映企业收入与费用的构成情况。

2. 资本支出预算

资本支出预算是指企业不经常发生的一次性业务的预算，如企业固定资产的购置、扩建、改建、更新等都必须在投资项目可行性研究的基础上编制预算，具体反映投资的时间、规模、收益以及资金的筹措方式等。

3. 财务预算

财务预算是指与企业现金收支、经营成果和财务状况有关的各项预算，主要包括现金预算、预计损益、预计资产负债、预计现金流量、关键营运指标预算等。这些预算以价值量指标总括反映经营预算和资本支出预算的结果。

11.2 编制预算申请表和预算执行表

素材所在位置为：
光盘：\素材\第 11 章 全面预算管理\11.2 全面预算管理.xlsx

11.2.1 编制预算申请表

要执行全面预算数据的记录和预算与执行情况的对比，首先需要在 Excel 中创建预算申请表，具体操作步骤如下。

步骤 1 新建 Excel 工作簿，按<Ctrl+S>组合键保存为“预算管理.xlsx”。

步骤 2 将工作表 Sheet1～Sheet2 依次重命名为“预算申请表”和“预算执行表”，删除 Sheet3 工作表。

步骤 3 在“预算申请表”工作表中输入基础数据并设置单元格格式，效果如图 11-1 所示。

步骤 4 依次为预算申请表设置公式。

```
D6  =SUM(D7:D12)
D13  =SUM(D14:D17)
D18  =SUM(D19:D23)
D24  =SUM(D25:D28)
D29  =SUM(D30:D32)
D5  =SUM(D6:D32)/2
```

输入完成后的效果如图 11-2 所示。

第一分公司2017年度预算申请表

		编制日期：	2016/10/31
	部门	预算开支项目	预算支出
		总计	
	办公室	合计	
		员工保险费用	19,000.00
		汽车费用	15,000.00
		食堂费用	12,000.00
		固话及管理人员通讯费	5,000.00
		职工劳保费用	4,000.00
		办公用品	1,000.00
	财务部	合计	
		针式打印机	3,000.00
		电费	20,000.00
		各种税费	55,000.00
		还借款	100,000.00
	生产部	合计	
		新增配电箱及电源线等	30,000.00
		购置叉车一部	70,000.00
		电动葫芦	7,000.00
		吊装费	15,000.00
		车间改造彩钢板	12,000.00
	物资部	合计	
		塑料制品有限公司	30,800.00
		金属制品有限公司	210,000.00
		机械机工厂	120,000.00
		顺发润滑油有限公司	18,000.00
	营销部	合计	
		差旅费	26,000.00
		招待费	12,000.00
		宣传册印刷费	23,000.00
	预算员：		审批：

图 11-1 预算申请表

第一分公司2017年度预算申请表

		编制日期：	2016/10/31
	部门	预算开支项目	预算支出
		总计	807,800.00
	办公室	合计	56,000.00
		员工保险费用	19,000.00
		汽车费用	15,000.00
		食堂费用	12,000.00
		固话及管理人员通讯费	5,000.00
		职工劳保费用	4,000.00
		办公用品	1,000.00
	财务部	合计	178,000.00
		针式打印机	3,000.00
		电费	20,000.00
		各种税费	55,000.00
		还借款	100,000.00
	生产部	合计	134,000.00
		新增配电箱及电源线等	30,000.00
		购置叉车一部	70,000.00
		电动葫芦	7,000.00
		吊装费	15,000.00
		车间改造彩钢板	12,000.00
	物资部	合计	378,800.00
		塑料制品有限公司	30,800.00
		金属制品有限公司	210,000.00
		机械机工厂	120,000.00
		顺发润滑油有限公司	18,000.00
	营销部	合计	61,000.00
		差旅费	26,000.00
		招待费	12,000.00
		宣传册印刷费	23,000.00
	预算员：		审批：

图 11-2 预算申请表公式设置

11.2.2 编制预算执行表

接下来基于经审批的预算申请表，制作预算执行表。操作步骤如下。

步骤 1 在“预算申请表”工作表中单击工作表左上角的全选按钮，选中全部工作表，然后按<Ctrl+C>组合键复制，如图 11-3 所示。

第一分公司2017年度预算申请表

	编制日期：	2016/10/31
部门	预算开支项目	预算支出
	总计	807,800.00
办公室	合计	56,000.00
	员工保险费用	19,000.00
	汽车费用	15,000.00

图 11-3 全选工作表

步骤 2 切换到“预算执行表”工作表，单击 A1 单元格，按<Ctrl+V>组合键粘贴。

步骤 3 将 B1 单元格中的标题修改为“第一分公司 2017 年 1 月份预算执行表”。

步骤 4 拖曳鼠标选中 3～6 行的行号，按<Ctrl++>组合键插入四个空白行。

步骤 5 输入基础数据。

（1）在 C3:C6 单元格中依次输入“全年预算额”、“截止本月执行额”、“执行比例”和“截止本月预算进度结余”。

（2）在 D7 单元输入预算执行表制作日期“2017/2/6”。

（3）在 E8、F8 单元格分别输入“预算执行”和“执行比例”。

（4）在 E 列依次输入预算实际执行数据。

最后设置单元格格式，效果如图 11-4 所示。

	A	B	C	D	E	F
1			第一分公司2017年1月份预算执行表			
2						
3			全年预算额			
4			截止本月执行额			
5			执行比例			
6			截止本月预算进度结余			
7			编制日期：	2017/2/6		
8		部门	预算开支项目	预算支出	预算执行	执行比例
9			总计	807,800.00		
10		办公室	合计	56,000.00		
11			员工保险费用	19,000.00	1,492.16	
12			汽车费用	15,000.00	1,290.60	
13			食堂费用	12,000.00	925.54	
14			固话及管理人员通讯费	5,000.00	388.00	
15			职工劳保费用	4,000.00	312.00	
16			办公用品	1,000.00	52.56	
17		财务部	合计	178,000.00		
18			针式打印机	3,000.00	228.80	
19			电费	20,000.00	1,763.10	
20			各种税费	55,000.00	3,701.72	
21			还借款	100,000.00	8,000.00	
22		生产部	合计	134,000.00		

图 11-4　创建预算执行表

步骤 6　将 D5 单元格数字格式设置为百分比格式，然后依次在 D3～D6 单元格中输入以下公式。

```
D3  =D9
D4  =E9
D5  =D4/D3
D6  =D3-D4
```

步骤 7　依次将 D 列的预算支出合计计算公式向右复制到 E 列，计算执行预算的合计数。

步骤 8　在 F9 单元格输入以下公式。

```
=IF(E9=0,0,E9/D9)
```

拖动 F9 单元格右下角的填充柄，将公式向下复制到 F36 单元格。然后单击 F36 单元格右下角的【自动填充选项】按钮，选择“不带格式填充”单选按钮，如图 11-5 所示。

设置完成后的预算执行表局部效果如图 11-6 所示。

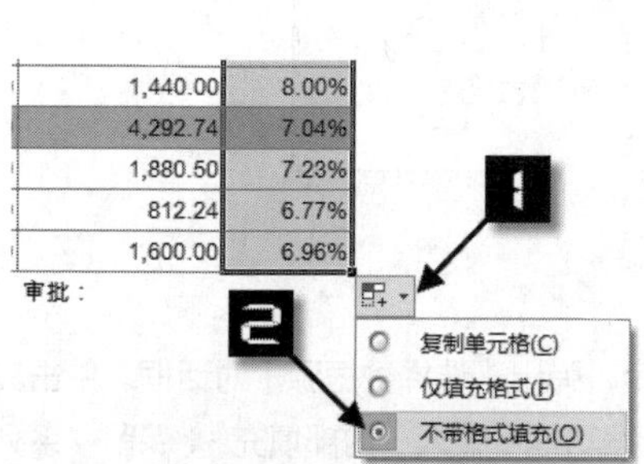

图 11-5　不带格式填充

	A	B	C	D	E	F
1			第一分公司2017年1月份预算执行表			
2						
3			全年预算额	807,800.00		
4			截止本月执行额	62,951.14		
5			执行比例	7.79%		
6			截止本月预算进度结余	744,848.86		
7			编制日期：	2017/2/6		
8		部门	预算开支项目	预算支出	预算执行	执行比例
9			总计	807,800.00	62,951.14	7.79%
10		办公室	合计	56,000.00	4,460.86	7.97%
11			员工保险费用	19,000.00	1,492.16	7.85%
12			汽车费用	15,000.00	1,290.60	8.60%
13			食堂费用	12,000.00	925.54	7.71%
14			固话及管理人员通讯费	5,000.00	388.00	7.76%
15			职工劳保费用	4,000.00	312.00	7.80%
16			办公用品	1,000.00	52.56	5.26%
17		财务部	合计	178,000.00	13,693.62	7.69%
18			针式打印机	3,000.00	228.80	7.63%
19			电费	20,000.00	1,763.10	8.82%
20			各种税费	55,000.00	3,701.72	6.73%
21			还借款	100,000.00	8,000.00	8.00%
22		生产部	合计	134,000.00	10,199.93	7.61%

图 11-6　预算执行表

11.3 绘制预算执行比例图表

素材所在位置为：

光盘：\素材\第 11 章 全面预算管理\11.3 绘制预算执行比例图表.xlsx

以图表形式展示预算执行情况，能够使数据更加直观，如图 11-7 所示。

操作步骤如下。

步骤 1 在工作表中依次输入全年预算额、截止本月执行额和执行比例等基础数据。在 D4 单元格中输入公式“=1-C4”，作为图表辅助数据点，如图 11-8 所示。

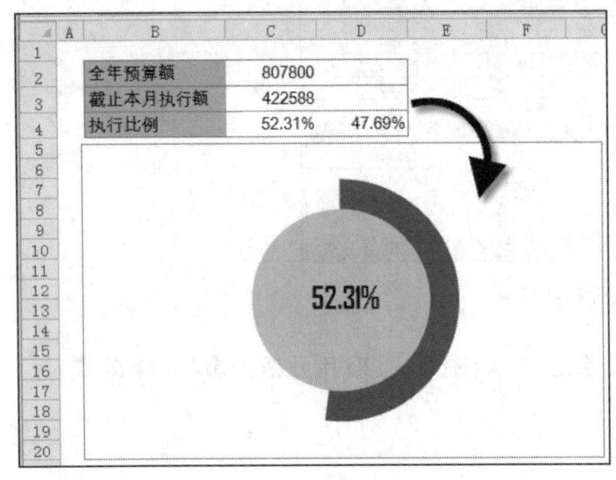

图 11-7 预算执行比例图表

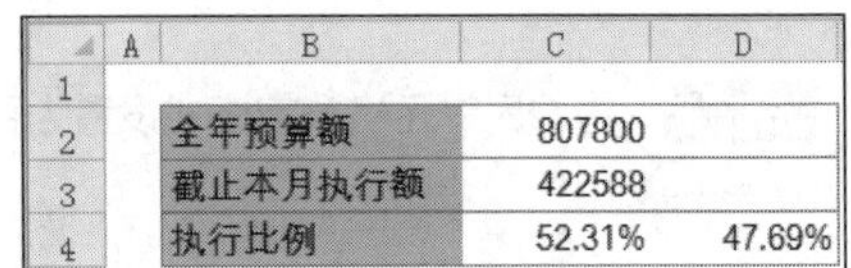

	B	C	D
2	全年预算额	807800	
3	截止本月执行额	422588	
4	执行比例	52.31%	47.69%

图 11-8 预算执行情况表数据

步骤 2 选中 C4:D4 单元格，单击【插入】选项卡下的【其他图表】下拉按钮，在下拉菜单中选择“圆环图”，如图 11-9 所示。

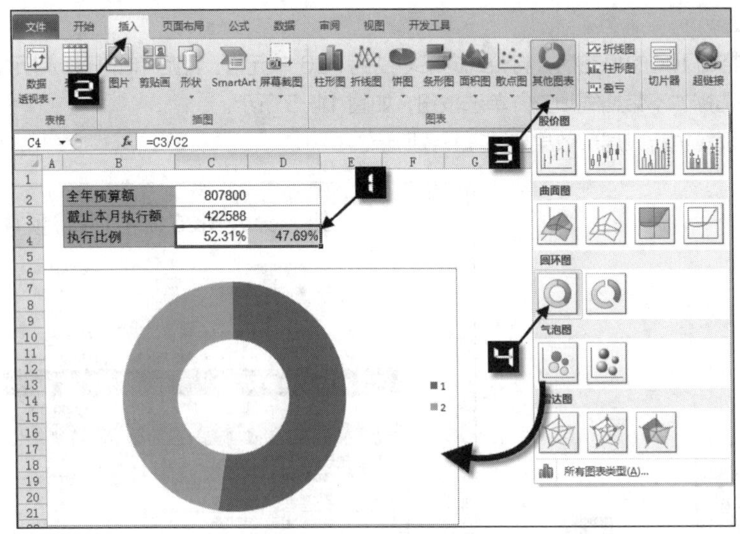

图 11-9 插入圆环图

步骤 3 单击选中图例项，按<Delete>键清除。

步骤 4 右键单击圆环图，在扩展菜单中选择【选择数据】命令，弹出【选择数据源】对话框。单击其中的【添加】按钮，弹出【编辑数据系列】对话框。在“系列名称”编辑框中输入“内部填充”，保留“系列值”的默认选项，依次单击【确定】按钮关闭对话框，如图 11-10 所示。

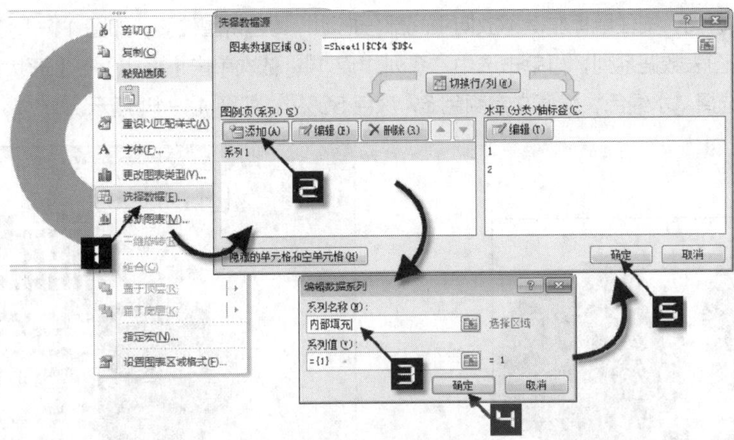

图 11-10　选择数据源

步骤 5　单击选中图表中的“内部填充”数据系列，在【设计】选项卡下单击【更改图表类型】命令按钮，在弹出的【更改图表类型】对话框中单击选中“饼图”，最后单击【确定】按钮关闭对话框，如图 11-11 所示。

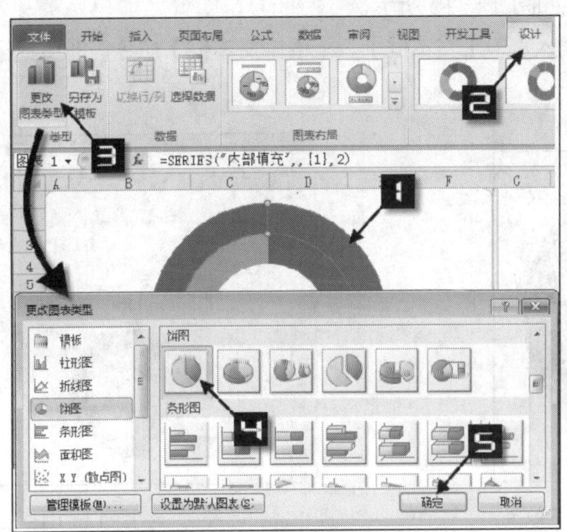

图 11-11　更改图表类型

步骤 6　双击图表中间部分的“内部填充”数据系列，弹出【设置数据系列格式】对话框。勾选“次坐标轴”单选按钮，然后将饼图分离程度设置为 33%。分离程度越大，绘制出的饼图越小。最后单击右上角的“关闭”按钮关闭对话框，如图 11-12 所示。

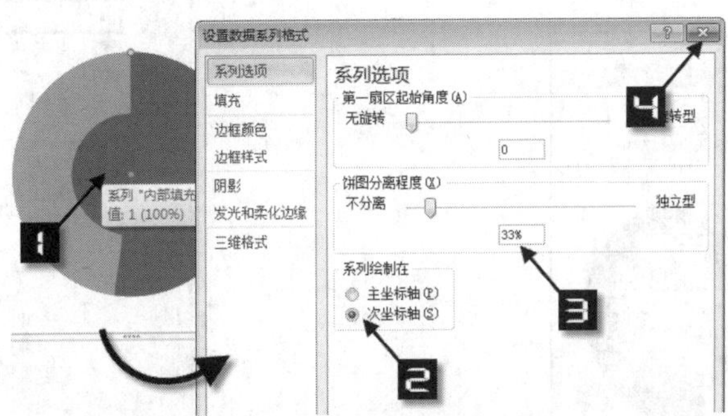

图 11-12　设置数据系列格式

步骤 7 单击饼图，按住鼠标左键不放向中间部分拖动，调整饼图位置，如图 11-13 所示。

步骤 8 单击图表数据系列，再单击选中“系列 1 点 1”，依次单击【格式】→【形状填充】下拉按钮，在主题颜色面板中选择“水绿色，强调文字颜色 5，深色 50%”，如图 11-14 所示。

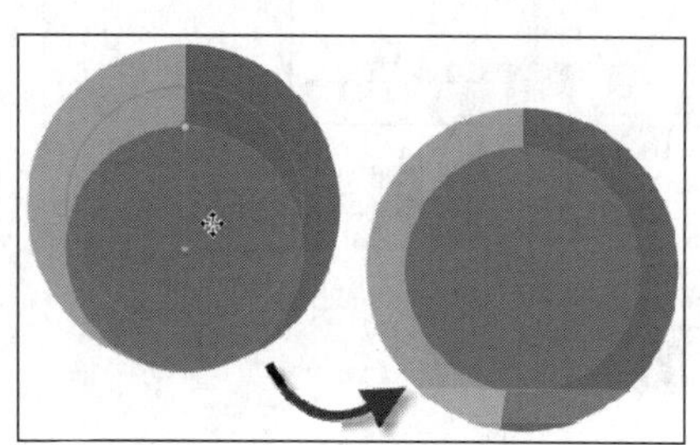

图 11-13 调整饼图位置

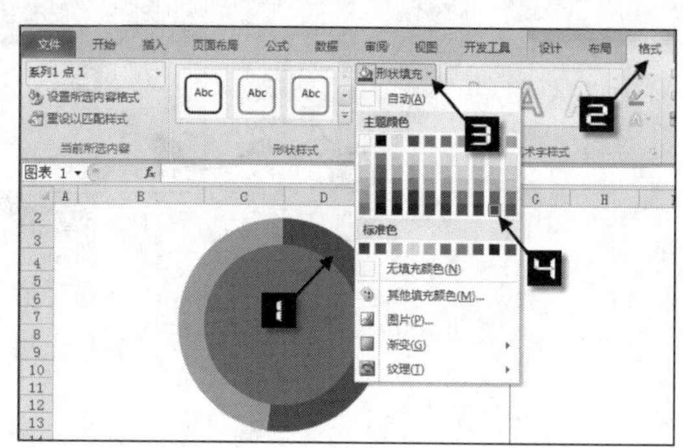

图 11-14 设置数据点颜色

步骤 9 同样的方法，设置“系列 1 点 2”的形状填充为无填充颜色，设置“系列内部填充”的形状填充为橙色，设置完成后的效果如图 11-15 所示。

步骤 10 依次单击【插入】→【文本框】→【横排文本框】命令，拖曳鼠标在图表中心位置画出一个文本框的轮廓，如图 11-16 所示。

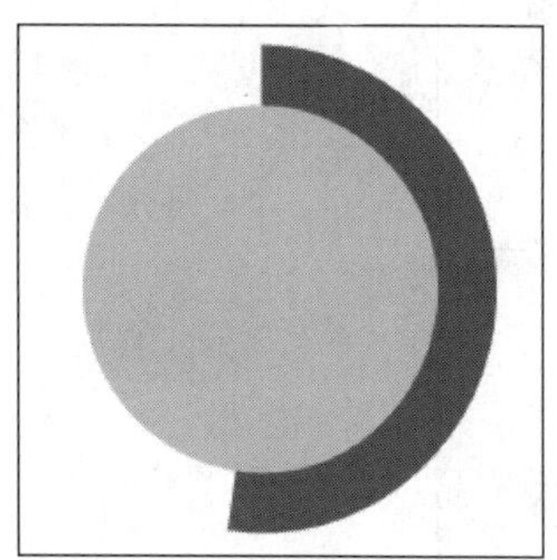

图 11-15 设置填充色后的效果

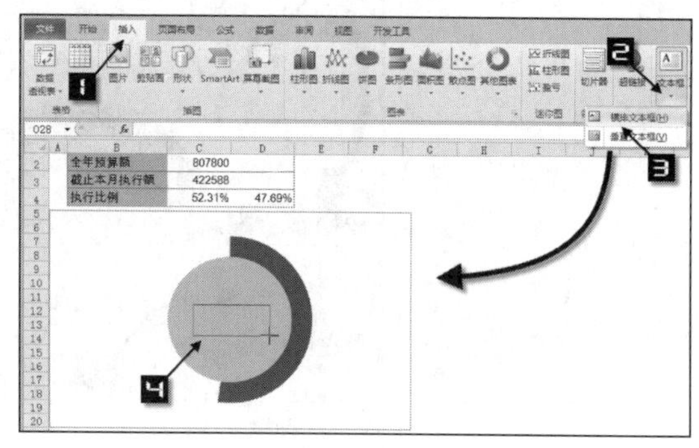

图 11-16 插入文本框

步骤 11 单击选中文本框，在编辑栏内输入等号“=”，然后单击 C4 单元格，再按<Enter>键，使文本框中的内容能够与单元格中的执行比例数值保持一致，如图 11-17 所示。

步骤 12 保持文本框的选中状态，在【开始】选项卡下设置字体、字号和对齐方式，如图 11-18 所示。

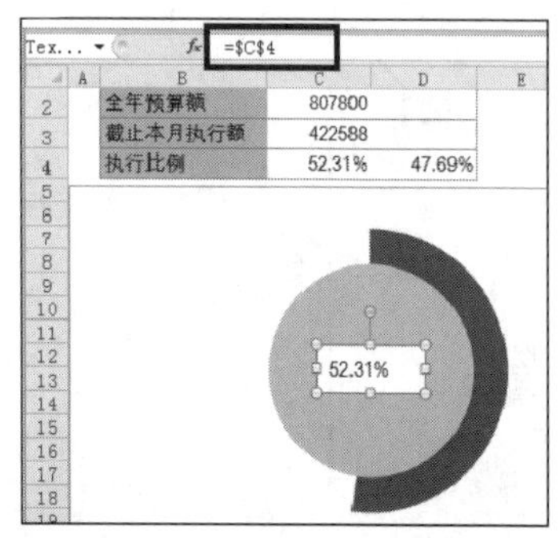

图 11-17 添加单元格引用

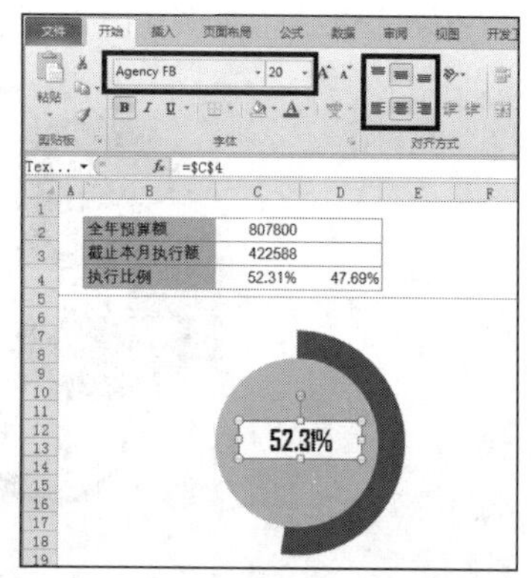

图 11-18 设置文本框字体字号和对齐方式

步骤 13 保持文本框的选中状态，依次单击【格式】→【形状填充】下拉按钮，在主题颜色面板中选择“无填充颜色”。单击【形状轮廓】下拉按钮，在下拉列表中选择“无轮廓”，如图 11-19 所示。

步骤 14 保持文本框的选中状态，按住<Ctrl>键不放单击选中图表区，然后单击鼠标右键，在扩展菜单中依次单击【组合】→【组合】命令，完成图表制作。如图 11-20 所示。

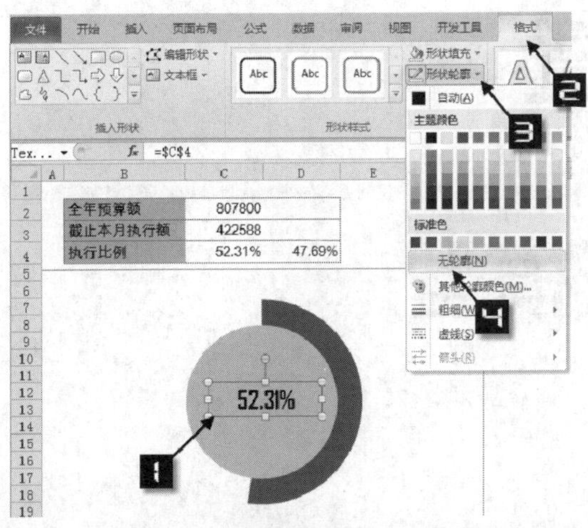

图 11-19 设置文本框形状填充和形状轮廓

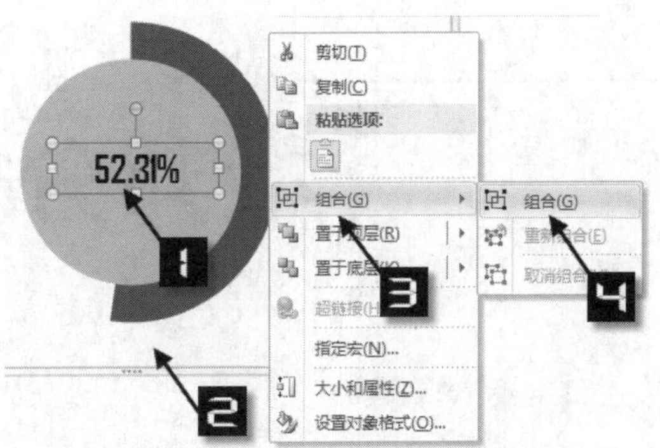

图 11-20 组合文本框和图表

本章小结

本章重点介绍 Excel 在全面预算中的应用，主要学习了预算申请表、预算执行表的编制，以及预算及实际执行情况的比较方法，最后学习了预算执行比例图表的制作。

思考与练习

1. 全面预算主要包括______预算、______预算和______预算三个方面。
2. 全面预算通常以______为预算目标，以______为预算的编制基础，综合考虑市场和企业生产营销诸因素进行编制。
3. 经营预算以实物量指标和______指标分别反映企业收入与费用的构成情况。
4. 财务预算是指与企业现金收支、经营成果和财务状况有关的各项预算，以______指标总括反映经营预算和资本支出预算的结果。
5. 以练习 11-1.xlsx 提供的数据，使用公式计算某企业集团 2017 年管理费用预算表中的全年合计以及差异量。
6. 以练习 11-2.xlsx 提供的数据，绘制预算执行比例图表。

第 12 章

杜邦分析模型

杜邦分析法又称杜邦分析体系，是利用几种主要的财务比率之间的内在联系，对企业财务状况和经营状况进行综合分析和评价的一种经典方法。其基本思想是将企业净资产收益率（权益报酬率）逐级分解为多项财务比率乘积，有助于深入分析比较企业经营业绩。由于这种分析方法最早由美国杜邦公司使用，故名杜邦分析法。

本章学习在 Excel 中建立杜邦分析模型的主要步骤。

12.1 杜邦分析法中的主要财务指标关系和模型创建

12.1.1 主要财务指标关系

杜邦分析法的特点是，将若干个用以评价企业经营效率和财务状况的比率按其内在联系有机地结合起来，形成一个完整的指标体系，并最终通过权益报酬率来综合反映。

杜邦分析法中的主要财务指标关系如图 12-1 所示。

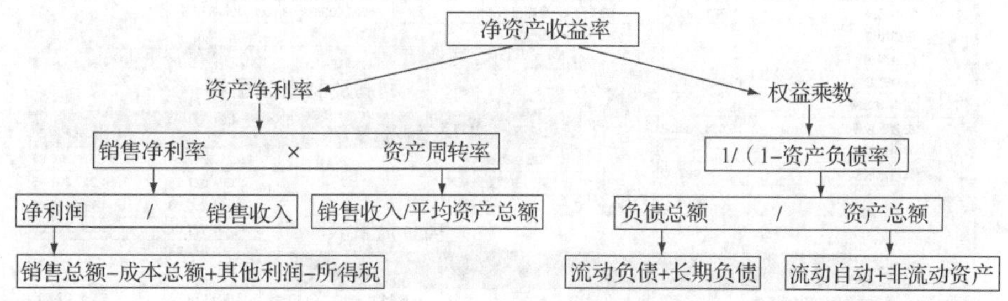

图 12-1　杜邦分析法财务指标关系

各项财务指标计算公式为：

净资产收益率=资产净利率×权益系数

资产净利率=销售净利率×资产周转率

权益系数=1/(1-资产负债率)

销售净利率=净利润/销售收入

资产周转率=销售收入/平均资产总额

净利润=销售总额-成本总额+其他利润-所得税

资产负债率=负债总额/资产总额

负债总额=流动负债+长期负债

资产总额=流动资产+非流动资产

其中的净资产收益率，又称为股东权益报酬率、净值报酬率、权益报酬率、权益利润率或是净资产利润率，是公司税后利润除以净资产得到的百分比率。该指标反映股东权益的收益水平，用以衡量公司运用自有资本获得净收益的能力。指标值越高，说明投资带来的收益越高，是整个分析系统的起点和核心，反映了投资者的净资产获利能力的大小。

权益系数也称为权益乘数，表明了企业的负债程度。该指标越大，企业的负债程度越高。

资产净利率是销售利润率和资产周转率的乘积，是企业销售成果和资产运营的综合反映，要提高总资产收益率，就必须要增加销售收入，降低资金占用额。

资产周转率反映企业资产实现销售收入的综合能力。分析时，需要综合销售收入分析企业资产结构是否合理，即流动资产和长期资产的结构比率关系。同时还要分析流动资产周转率、存货周转率、应收账款周转率等有关资产使用效率指标，找出总资产周转率高低变化的确切原因。

12.1.2 建立杜邦分析模型

素材所在位置为：
光盘：\素材\第 12 章 杜邦分析模型\12.1.2 杜邦分析模型.xlsx

杜邦分析法的过程相当于将权益报酬率进行分解，以分析哪些指标影响了权益报酬率。首先从权益报酬率开始，根据资产负债表和利润表中的资料逐步分解计算各指标。再将计算出的指标填入杜邦分析模型，继而逐步进行前后期对比分析，或是进行企业间的横向对比分析。

具体步骤如下。

步骤 1 首先在同一工作簿内准备好杜邦分析模型使用到的主要财务报表，包括资产负债表、利润及利润分配表、现金流量表以及财务比率表，如图 12-2 所示。

图 12-2 主要财务报表

步骤 2 根据各项财务指标关系，制作杜邦分析模型的基本框架，效果如图 12-3 所示。

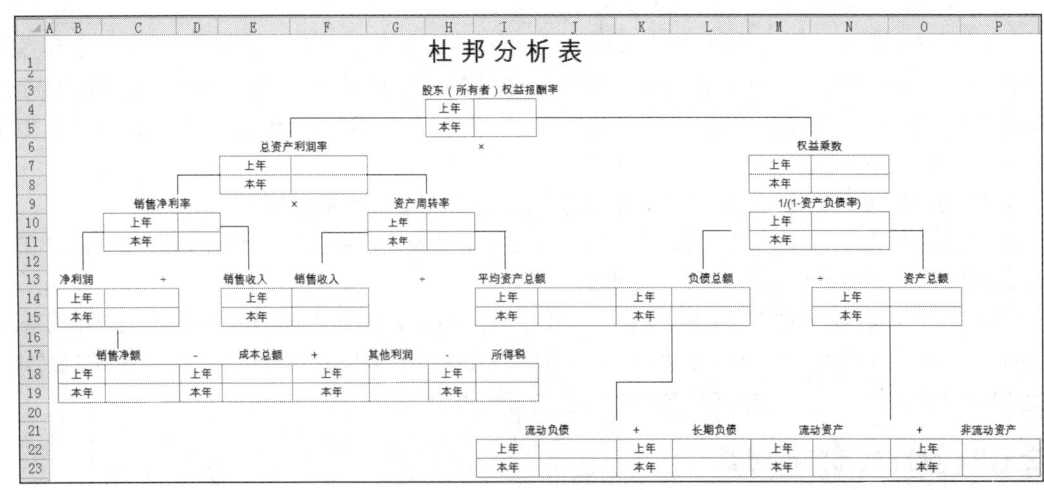

图 12-3 杜邦分析模型框架

步骤 3 在杜邦分析模型中依次引入其他财务报表中的数据。以上年度财务指标为例，使用的公式如表 12-1 所示。

表 12-1　　在杜邦模型中引用上年度财务指标

单元格	计算项目	公式
I4	股东（所有者）权益报酬率	=财务比率表!F6
F7	总资产利润率	=IF(资产负债表!C35=0,0,利润及利润分配表!C18/资产负债表!C35)
D10	销售净利率	=财务比率表!F10
H10	资产周转率	=财务比率表!F25
C14	净利润	=利润及利润分配表!C18
F14	销售收入	=利润及利润分配表!C3
J14	平均资产总额	=资产负债表!C35
C18	净销售额	=利润及利润分配表!C3
E18	成本总额	=利润及利润分配表!C4+利润及利润分配表!C5+利润及利润分配表!C8+利润及利润分配表!C9+利润及利润分配表!C10
G18	其他利润	=利润及利润分配表!C7+利润及利润分配表!C12+利润及利润分配表!C13+利润及利润分配表!C14-利润及利润分配表!C15
I18	所得税	=利润及利润分配表!C17
N7	权益乘数	=1/(1-财务比率表!F17)
N10	资产负债率	=财务比率表!F17
L14	负债总额	=资产负债表!F22
O14	资产总额	=资产负债表!C35
J22	流动负债额	=资产负债表!F15
L22	长期负债额	=资产负债表!F20
N22	流动资产	=资产负债表!C21
P22	非流动资产	=资产负债表!C35-资产负债表!C21

步骤 4　继续在杜邦模型中引用其他财务报表中的本年度财务指标，完成后的效果如图 12-4 所示。

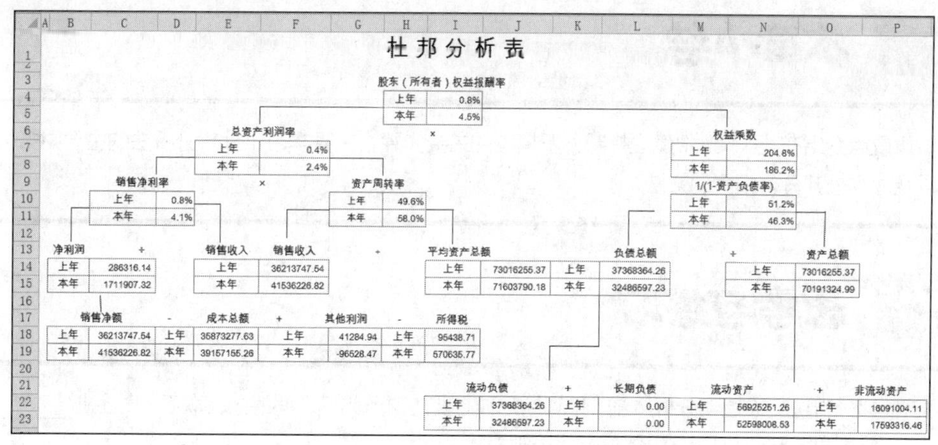

图 12-4　引入其他财务报表数据

分析模型显示，上年和本年的权益净利率分别为 0.8%和 4.5%。其计算公式为总资产利润率×权益乘数：

上年 0.8%=0.4%×204.8%

本年 4.5%=2.4%×186.2%

经过分解，可以看出总资产利润率的提升是权益净利率改变的主要原因。继续对总资产利润率进行分解，公式为：

总资产利润率 = 销售净利率 × 资产周转率

上年 0.4%=0.8%×49.6%

本年 2.4%=4.1%×58.0%

通过分解可以看出，本年的资产周转率从 49.6%上升到 58.0%，说明资产的利用控制能力有所提升。销售净利率指标从 0.8%上升到 4.1%，增幅较为明显。

对销售净利率进行分解，公式为：

销售净利率=净利润/销售收入

上年 0.8%=286316.14/36213747.54

本年 4.1%=1711907.32/41536226.82

从表中可知，公司本年度净利润和销售收入提升幅度明显，并且成本总额的增幅低于销售净利润的增幅，但是其他利润有所降低，对最终销售净利率的提升幅度带来一定影响。

通过以上分解过程可以看出，杜邦分析法能够有效解释指标变动的原因和趋势，管理层可以根据这些信息采取有针对性的应对措施。

12.2 杜邦分析模型的局限性

从企业绩效评价的角度来看，杜邦分析法只包括财务方面的信息，不能全面反映企业的实力，因此具有较大的局限性，在实际运用中需要结合企业的其他信息加以分析。

其局限性主要表现在：

一是对短期财务结果过分重视，有可能助长公司管理层的短期行为，忽略企业长期的价值创造。

二是财务指标反映的是企业过去的经营业绩，能够满足工业时代的企业要求。但在信息时代，顾客、供应商、雇员、技术创新等因素对企业经营业绩的影响越来越大，而杜邦分析法无法反映这些方面带来的影响。

三是在市场环境中，专利权、商标权、非专利性技术等无形资产对提高企业长期竞争力至关重要，杜邦分析法无法解决无形资产的估值问题。

本章小结

本章重点介绍在 Excel 中建立杜邦分析模型的主要步骤，主要学习了杜邦分析法的主要财务指标关系，以及建立杜邦分析模型的方法。

思考与练习

1. 杜邦分析法又称杜邦分析体系，是利用几种主要的财务比率之间的内在联系，对企业______状况和______状况进行综合分析和评价的一种经典方法。

2. 杜邦分析法的特点是，将若干个用以评价企业经营效率和财务状况的比率按其内在联系有机地结合起来，形成一个完整的指标体系，并最终通过______来综合反映。

3. 净资产收益率，是公司______除以______得到的百分比率，该指标反映股东权益的收益水平，用以衡量公司运用自有资本获得净收益的能力。指标值越高，说明投资带来的收益越高。

4. 权益系数表明了企业的负债程度。该指标越大，企业的负债程度______。

5. 在建立杜邦分析模型时，可能使用到的主要财务报表包括________、________、________以及________。